ŒUVRES

DE

P. CORNEILLE

TOME IV

PARIS. — IMPRIMERIE DE CH. LAHURE ET Cie
Rue de Fleurus, 9

OEUVRES

DE

P. CORNEILLE

NOUVELLE ÉDITION

REVUE SUR LES PLUS ANCIENNES IMPRESSIONS
ET LES AUTOGRAPHES

ET AUGMENTÉE

de morceaux inédits, des variantes, de notices, de notes, d'un lexique des mots
et locutions remarquables, d'un portrait, d'un fac-simile, etc.

PAR M. CH. MARTY-LAVEAUX

TOME QUATRIÈME

PARIS

LIBRAIRIE DE L. HACHETTE ET Cie

BOULEVARD SAINT-GERMAIN

1862

POMPÉE

TRAGÉDIE

1641

NOTICE.

Le génie espagnol attirait Corneille avec une violence impérieuse dont il nous a lui-même fait l'aveu dans l'*Épître* qu'il a placée en tête du *Menteur*. « J'ai cru, dit-il, que nonobstant la guerre des deux couronnes, il m'étoit permis de trafiquer en Espagne. Si cette sorte de commerce étoit un crime, il y a long-temps que je serois coupable, je ne dis pas seulement pour *le Cid*, où je me suis aidé de D. Guillen de Castro, mais aussi pour *Médée*, dont je viens de parler, et pour *Pompée* même, où pensant me fortifier du secours de deux Latins, j'ai pris celui de deux Espagnols, Sénèque et Lucain étant tous deux de Cordoue[1]. »

Sa prédilection pour Lucain datait de loin; il avait remporté un prix de rhétorique pour une traduction en vers françois d'un morceau de la *Pharsale*, et, après les éclatants triomphes de la scène, il se plaisait encore à se rappeler cette humble victoire de collége et le bonheur qu'elle lui avait causé[2].

Huet s'exprime ainsi dans le paragraphe de ses *Origines de Caen* consacré à Malherbe : « S'il a manqué de goût dans le discernement de la belle poésie, ce défaut lui a été commun avec plusieurs excellents poëtes que j'ai connus. Le grand Corneille, prince des poëtes dramatiques françois, m'a avoué, non sans quelque peine et quelque honte, qu'il préféroit Lucain à Virgile. Mais cela est plus excusable dans un poëte de théâtre, qui cherchant à plaire au peuple et s'étant fait un long usage de tourner ses pensées de ce côté-là, y avoit aussi formé son goût, et n'étoit plus touché que de ce qui touche

---

1. Voyez plus loin, p. 131.
2. Voyez *l'Esprit du grand Corneille*, par François de Neufchâteau, p. 401.

le plus le vulgaire, de ces sentiments héroïques, de ces figures brillantes et de ces expressions relevées[1]. »

Boileau, moins accommodant, ne peut contenir son indignation, et l'exhale dans ces vers de l'*Art poétique*[2], qui paraissent bien s'appliquer à Corneille :

> Tel excelle à rimer, qui juge sottement ;
> Tel s'est fait par ses vers distinguer dans la ville,
> Qui jamais de Lucain n'a distingué Virgile.

Corneille tenait très-fort à prouver qu'il possédait le secret de cette diction majestueuse si sérieusement admirée par lui chez autrui : c'était la qualité dont il était le plus fier ; il ne souffrait pas qu'on élevât un doute à cet égard, et sa susceptibilité sur ce point nous a valu *la Mort de Pompée*. « J'ai fait *Pompée*, dit-il dans l'*Épître* qui est en tête du *Menteur*, pour satisfaire à ceux qui ne trouvoient pas les vers de *Polyeucte* si puissants que ceux de *Cinna*, et leur montrer que j'en saurois bien retrouver la pompe, quand le sujet le pourroit souffrir. »

1. *Origines de Caen*, chapitre XXIV (édition de 1702, p. 545 et 546 ; 2ᵉ édition, 1706, p. 366). — La Bibliothèque impériale possède un exemplaire de cette dernière édition tout rempli d'additions manuscrites de Huet. Il y a écrit en regard du passage que nous venons de citer la note que voici : « Il a déclaré ce sentiment au public dans la préface qui est à la tête de sa comédie de *la Mort de Pompée*. » Corneille, dans son avis *Au lecteur*, parle en effet de son admiration pour Lucain ; mais il n'indique en aucune façon qu'il le préfère à Virgile. — Dans les mémoires de Huet publiés en 1718 sous ce titre : *Petri Danielis Huetii.... Commentarius de rebus ad eum pertinentibus* (p. 313 et 314), le jugement que nous venons d'extraire des *Origines de Caen* est ainsi développé : « Cohorrui equidem aliquando, quum
« candide fateretur mihi, non tamen sine ingenua quadam verecun-
« dia, se Lucanum Virgilio anteferre : homo scilicet vulgi plausus sec-
« tari solitus, totusque ad secundas populi admirationes compositus,
« grandes illas, magnificas, et acutas aucupabatur sententias, multitu-
« dini commovendæ idoneas, iis neglectis poeticæ artis virtutibus, quæ
« sitæ sunt in ingeniosa et prudenti inventione, in accurata constitu-
« tione suscepti operis, in æqua partium divisione ac consensione, in
« styli dignitate per omnes partes diffusa, et ad eas tamen subjectam-
« que materiam accommodata. Parum ad hæc respexit Cornelius, nec
« satis perspecta habuit, suoque delectatus artificio, cætera contemsit. »

2. Chant IV, vers 82-84.

NOTICE.

Toutefois l'idée de transporter à la scène les plus beaux morceaux de la *Pharsale* ne s'est pas offerte d'elle-même à Corneille : il la doit bien évidemment à Chaulmer, auteur d'une traduction abrégée des *Annales* de Baronius, qui a publié en 1638, chez Antoine de Sommaville, un des libraires de notre poëte, *la Mort de Pompée*, tragédie. Cette pièce, dédiée à Richelieu, diffère tout à fait par le plan de celle de Corneille. Elle a, il est vrai, le mérite de mieux justifier son titre, car Pompée en est le principal personnage, mais ce mérite est à peu près le seul qu'elle possède. L'auteur a eu cependant la pensée de substituer à l'unique discours de Photin sur le parti à prendre à l'égard de Pompée une véritable délibération, déjà dramatique, qui a été de quelque utilité à Corneille pour l'admirable scène par laquelle sa pièce commence[1].

Rappelons, pour être complet, que Garnier a publié en 1574 une tragédie intitulée *Cornélie*. On y trouve, entre la veuve de Pompée et Philippe, l'affranchi de Pompée, une scène déclamatoire et peu intéressante, mais dont toutefois certains traits ont fourni à Voltaire de curieux rapprochements avec la pièce de Corneille. Nous les avons reproduits dans les notes dont notre texte est accompagné[2].

Corneille nous apprend qu'il composa *la Mort de Pompée* dans le même hiver que *le Menteur*[3] ; les frères Parfait la placent la dernière parmi les pièces de l'année 1641, mais ils ne disent pas sur quel théâtre elle a été représentée. D'après le *Journal du Théâtre françois* de Mouhy[4], la tragédie de Chaulmer fut jouée par la troupe du Marais en 1638[5], et celle de Corneille en 1641, par la troupe Royale[6]. Au premier abord, cette assertion semble être confirmée par un passage d'une mazarinade de 1649, intitulée *Lettre de Bellerose à l'abbé de la Rivière*. En effet, la femme de Bellerose, comédienne de l'hôtel de Bourgogne, y est appelée « cette Cléopatre.... cette impératrice de

---

1. Voyez la seconde partie de l'*Appendice* qui suit *Pompée*, p. 111-115.
2. Voyez p. 87, note 1, et p. 90, note 3.
3. Voyez ci-après l'*Épître* placée en tête du *Menteur*, p. 130.
4. Voyez tome III, p. 467, note 1.
5. Tome II, fol. 756 recto. — 6. Tome II, fol. 814 recto.

nos jeux; » mais il est bien probable qu'il est question ici du rôle principal de la *Cléopatre* de Benserade, représentée en 1635, et non du personnage de Cléopatre dans *la Mort de Pompée*. Ce passage de la notice que Lemazurier consacre à Mme Bellerose paraît le prouver : « Cette actrice faisait partie de la troupe de l'hôtel de Bourgogne.... Benserade en devint si passionnément amoureux, qu'il quitta pour elle la Sorbonne, où il étudiait, et l'état ecclésiastique, auquel ses parents le destinaient. Peu s'en fallut qu'il n'embrassât l'état de comédien pour être plus sûr de lui plaire; il se borna cependant à lui faire hommage de sa tragédie de *Cléopatre*[1]. » Suivant l'édition de M. Lefèvre, ce fut au Marais que *Pompée* fut représenté. En effet, la distribution des rôles est ainsi faite dans cette édition : CÉSAR, *d'Orgemont*; CORNÉLIE, *Mlle Duclos*; PTOLOMÉE, *Floridor*; mais il est impossible de savoir d'où ces renseignements sont tirés.

Ce qui est certain, c'est qu'en 1663 *Pompée* était joué par la troupe de Molière, et que Molière lui-même remplissait dans cette pièce le rôle de César. Ce passage de *l'Impromptu de l'hôtel de Condé*[2] ne laisse aucun doute à ce sujet :

LE MARQUIS.
Cet homme est admirable,
Et dans tout ce qu'il fait il est inimitable.
ALCIDON.
Il est vrai qu'il récite avecque beaucoup d'art,
Témoin dedans *Pompée* alors qu'il fait César.
Madame, avez-vous vu dans ces tapisseries
Ces héros de romans?
LA MARQUISE.
Oui.
LE MARQUIS.
Belles railleries.
ALCIDON.
Il est fait tout de même : il vient le nez au vent,
Les pieds en parenthèse, et l'épaule en avant,
Sa perruque qui suit le côté qu'il avance,
Plus pleine de laurier qu'un jambon de Mayence,
Les mains sur les côtés d'un air peu négligé,
La tête sur le dos comme un mulet chargé,

1. Tome II, p. 45.
2. Scène III. Voyez sur cette pièce, tome II, p. 8, note 3.

Les yeux fort égarés, puis débitant se rôles,
D'un hoquet éternel sépare ses paroles,
Et lorsque l'on lui dit : *Et commandez ici,*
il répond :
Connoissez-vous César, de lui parler ainsi ?
Que m'offriroit de pis la fortune ennemie,
A moi qui tiens le sceptre égal à l'infamie[1] *?...*

Plus tard, l'élève de prédilection de Molière, Michel Baron, a rempli à son tour ce même rôle avec un grand succès[2].

Cornélie fut un des triomphes d'Adrienne le Couvreur. Le plus beau portrait de cette actrice, que la gravure de Drevet a rendu presque populaire, est celui où Coypel l'a représentée dans ce rôle, vêtue de deuil et portant l'urne qui contient les cendres de Pompée. La vue de cette belle peinture a inspiré à Mlle Clairon les réflexions suivantes : « L'ignorance et la fantaisie font faire tant de contre-sens au théâtre, qu'il est impossible que je les relève tous ; mais il en est un que je ne puis passer sous silence : c'est de voir arriver Cornélie en noir. Le vaisseau dans lequel elle fuit, le peu de moments qui se sont écoulés entre l'assassinat de son époux et son arrivée à Alexandrie, n'ont pu lui laisser le temps ni les moyens de se faire faire des habits de veuve ; et certainement les dames romaines n'avaient point la précaution d'en tenir de tout prêts dans leur bagage. La célèbre le Couvreur, en se faisant peindre dans ce vêtement, prouve qu'elle le portait au théâtre. Ce devrait être une autorité imposante pour moi-même ; mais, d'après la réputation qui lui reste, j'ose croire qu'elle n'a fait cette faute que d'après quelques raisons que j'ignore, et qu'elle-même en sentait tout le ridicule[3]. »

Les *Mémoires pour Marie-Françoise Dumesnil* répondent, non sans raison, à Mlle Clairon : « Êtes-vous bien sûre qu'il fallût à une dame romaine, pour se mettre en deuil, tout l'attirail d'une dame française ? Êtes-vous bien sûre qu'elle eût

---

1. Voyez *Pompée*, acte III, scène II, vers 807-810. Au dernier vers, on lit dans toutes les éditions de Corneille *trône*, au lieu de *sceptre*.
2. Lemazurier, tome I, p. 85.
3. *Mémoires d'Hippolyte Clairon*, p. 55 et 56.

besoin de marchandes de modes, de cordonniers, de tailleurs, de frangiers, de bijoutiers, pour se revêtir des habits funèbres?... Je me permettrai de vous proposer une moyenne proportionnelle. L'actrice qui jouera Cornélie ne pourra désormais être en deuil d'appareil, mais elle portera un voile noir relevé et se drapera de noir. Il est à croire que la célèbre le Couvreur ne s'est permis aucune innovation en portant des habits de deuil dans le rôle de Cornélie. Il est à croire que l'actrice qui l'avait précédée jouait le rôle dans le même costume sous les yeux de Corneille[1]. »

Du reste, Mlle Clairon nous apprend qu'elle ne représenta jamais Cornélie : « Ayant à jouer ce rôle, dit-elle, j'ai fait sur lui toutes les études dont j'étais capable : aucune ne m'a réussi. La modulation que je voulais établir d'après le personnage historique n'allait point du tout avec le personnage théâtral; autant le premier me paraissait noble, simple, touchant, autant l'autre me paraissait gigantesque, déclamatoire et froid. Je me gardai bien de penser que le public et Corneille eussent tort : ma vanité n'allait point jusque-là; mais pour ne pas la compromettre, je me promis de me taire, et de ne jamais jouer Cornélie[2]. » Elle comprit, au contraire, et joua parfaitement dans la même pièce le rôle de Cléopatre[3].

Un jour la représentation de *Pompée* causa à une des spectatrices un genre d'émotion que Corneille n'avait assurément ni cherché ni prévu. Cette historiette est racontée dans une note d'une chanson du *Recueil Maurepas*[4], et comme cette chanson est inédite et n'a que trois couplets, nous allons la rapporter en entier.

CHANSON.

Sur l'air : *Amants, aimez vos chaînes.*

A Bonne de Pons, femme de Michel Sublet, marquis d'Heudicourt, grand louvetier de France.

N'êtes-vous pas un astre
De la maison de Pons,

---

1. Pages 43-45.
2. *Sur Cornélie dans la Mort de Pompée.* (*Mémoires d'Hippolyte Clairon*, p. 118 et 119.)
3. Lemazurier, tome II, p. 86.
4. Tome IV, p. 453-455, année 1678.

De celle de Lanclastre,
Toulouze et d'Arragon?
— J'en viens en droite ligne;
Ne suis-je pas très-digne
D'en porter l'écusson
Et d'en avoir le nom?

Farasie de Guienne,
Elisabeth de Foix
Pouvoient bien être reines
En épousant des rois;
Mais dès qu'on n'est point maître,
On se fait honneur d'être
Dedans notre maison
Toujours sire de Pons.

L'on pourroit sans machine,
S'il en étoit besoin,
Pousser mon origine
Encore un peu plus loin;
Car jusqu'au grand Pompée,
Avecque ma lignée,
J'irois en vérité
Sans mon humilité.

Le quatrième vers du dernier couplet donne lieu à la note suivante : « L'auteur raille ici sur les chimères de la maison de Cossé à propos de celle de la maison de Pons, et surtout sur Marie de Cossé, veuve de Charles de la Porte, duc de la Meilleraye, pair et maréchal de France, etc., laquelle étoit plus entêtée que personne de la maison sur l'étrange chimère dont elle est infatuée. La maison de Cossé est originaire du Maine, où leur fief existe encore, qui est une grosse paroisse appelée Cossé. Ils étoient au service des ducs d'Anjou et du Maine, leurs souverains, qu'ils suivirent à la conquête du royaume de Naples. La branche aînée y périt; et la cadette, qui étoit restée en Anjou, où ils étoient seigneurs d'une petite terre appelée Beaulieu, dans la sénéchaussée de Baugé, a fondé la branche des ducs de Brissac. Malgré tout cela, François de Cossé, second duc de Brissac, s'avisa de vouloir venir des Cossa de Naples, bien qu'ils fussent différents en armoiries; et non content de cette chimère, il y en ajouta une autre, qui étoit de venir de

Cocceius Nerva, empereur romain l'an 98, et enfin de Jules César. Il laissa cette fantaisie à ses enfants, dont la plus entêtée étoit la maréchale duchesse de la Meilleraye. On conte d'elle qu'un jour étant à la comédie, on y représenta *la Mort de Pompée* de l'illustre Pierre Corneille, et que comme elle y pleuroit amèrement, quelqu'un lui demanda pourquoi elle versoit tant de larmes ; à quoi elle répondit : « Je pense bien, « c'étoit mon oncle ; » parce que Pompée étoit gendre de Jules César[1]. »

L'édition originale de la tragédie de Corneille a pour titre : LA MORT DE POMPEE, TRAGEDIE. *A Paris, chez Antoine de Sommauille.... et Augustin Courbé....* M.DC.XLIV. *Auec priuilege du Roy.*

Elle forme un volume in-4° de 7 feuillets et 100 pages, orné d'un frontispice de Chauveau représentant le meurtre de Pompée. L'achevé d'imprimer est du 16 février ; le privilége, commun à *la Mort de Pompée* et au *Menteur*, avait été accordé le 22 janvier à Corneille, qui l'avait cédé aux deux libraires dont les noms figurent sur le titre. Cette tragédie a été imprimée sous la même date et avec la même adresse dans le format in-12.

La dédicace, adressée à Mazarin, est suivie, dans ces deux éditions de 1644, d'une pièce de vers intitulée : *A Son Éminence, Remercîment*, présentée trois mois auparavant par Corneille au Cardinal, pour lui rendre grâce d'un présent, dont le poëte se sentait d'autant plus touché qu'il n'avait rien eu à faire pour l'obtenir. On trouvera dans les *Poésies diverses* ce remercîment, et le court avis *Au lecteur* dont il est suivi dans 'édition in-12 seulement, avis où Corneille rappelle les circonstances qui le lui ont inspiré.

---

1. Voyez sur la maréchale, et principalement sur ses prétentions nobiliaires et sur l'étalage qu'elle faisait à la comédie, où elle se plaçait devant Mme de Longueville elle-même, les *Historiettes* de Tallemant des Réaux, tome II, p. 220-223, 225 et 226.

ÉPÎTRE.

A MONSEIGNEUR

L'ÉMINENTISSIME CARDINAL MAZARIN[1].

Monseigneur,

Je présente le grand Pompée à Votre Éminence, c'est-à-dire le plus grand personnage de l'ancienne Rome au plus illustre de la nouvelle. Je mets sous la protection du premier ministre de notre jeune roi un héros qui dans sa bonne fortune fut le protecteur de beaucoup de rois, et qui dans sa mauvaise eut encore des rois pour ses ministres. Il espère de la générosité de Votre Éminence qu'elle ne dédaignera pas de lui conserver cette seconde vie que j'ai tâché de lui redonner, et que lui rendant cette justice qu'elle fait rendre par tout le royaume, elle le vengera pleinement de la mauvaise politique de la cour d'Égypte. Il l'espère, et avec raison, puisque dans le peu de séjour qu'il a fait en France, il a déjà su de la voix publique que les maximes dont vous vous servez pour la conduite de cet État ne sont point fondées sur d'autres principes que sur ceux de la vertu. Il a su d'elle les obligations que vous a la France de l'avoir choisie pour votre seconde mère, qui vous est d'autant plus redevable, que les grands services que vous lui rendez sont de purs effets de votre inclination et de votre

---

1. Giulio Mazarini, dit Mazarin, né en 1602 à Pescina, dans les Abruzzes, mort en 1661. Pour l'occasion qui donna lieu à cette dédicace de Corneille, voyez la fin de la *Notice*, p. 10. — Les éditions antérieures à 1660 sont les seules qui contiennent la présente *Épître* et l'avis *Au lecteur* qui la suit. — L'édition originale a deux fois *Monseigneur* dans le titre : A MONSEIGNEUR MONSEIGNEUR, etc.

zèle, et non pas des devoirs de votre naissance. Il a su d'elle que Rome[1] s'est acquittée envers notre jeune monarque de ce qu'elle devoit à ses prédécesseurs, par le présent qu'elle lui a fait de votre personne. Il a su d'elle enfin que la solidité de votre prudence et la netteté de vos lumières enfantent des conseils si avantageux pour le gouvernement, qu'il semble que ce soit vous à qui, par un esprit de prophétie, notre Virgile ait adressé ce vers il y a plus de seize siècles :

Tu regere imperio populos, Romane, memento[2].

Voilà, MONSEIGNEUR, ce que ce grand homme a appris en apprenant à parler françois :

Pauca, sed a pleno venientia pectore veri[3];

et comme la gloire de V. É. est assez assurée sur la fidélité de cette voix publique, je n'y mêlerai point la foiblesse de mes pensées, ni la rudesse de mes expressions, qui pourroient diminuer quelque chose de son éclat; et je n'ajouterai rien aux célèbres témoi-

---

1. VAR. (édit. de 1648-1656) : Il a su que Rome.
2. Virgile, *Énéide*, livre VI, vers 852 : « Toi, Romain, songe à gouverner les peuples. »
3. Corneille emprunte ce vers, en le modifiant légèrement, au poëte qui lui a fourni le fond même de sa tragédie, à Lucain. Voici le passage d'où il l'a tiré (*Pharsale*, livre IX, vers 186-189) :

Non tamen ad Magni pervenit gratius umbram
Omne quod in Superos audet convicia vulgus,
Pompeiumque Deis obicit, quam pauca Catonis
Verba, sed a pleno venientia pectore veri.

Brébeuf a ainsi paraphrasé ces quatre vers :

Ce murmure animé, ces cris audacieux
Qui reprochent Pompée à la rigueur des Dieux,
Ces regrets arrivant à ces mânes insignes,
Semblent n'être pour eux que des devoirs indignes;

ÉPÎTRE.

gnages qu'elle vous rend, qu'une profonde vénération pour les hautes qualités qui vous les ont acquis, avec une protestation très-sincère et très-inviolable d'être toute ma vie,

MONSEIGNEUR,

De V. É.,

Le très-humble, très-obéissant
et très-fidèle serviteur,

CORNEILLE.

> Mais au lieu que la plainte et les tristes propos
> En altèrent le calme et troublent le repos,
> L'éloge raccourci que Caton leur envoie
> Va jusque dans les cieux en rehausser la joie,
> Et pour sortir d'un cœur plein de la vérité,
> Il devient un surcroît à leur félicité.

La *Pharsale* de Brébeuf est postérieure d'une dizaine d'années au *Pompée* de Corneille : elle a paru de 1653 à 1655, en cinq parties, réunies plus tard sous un titre commun portant la date de 1656. Nous citerons çà et là, de préférence à toute autre traduction, cette œuvre presque contemporaine, très-propre, ce nous semble, à rehausser par la comparaison le génie de Corneille, que Brébeuf au reste admirait sincèrement et auquel il rend cet éclatant hommage dans l'*Avertissement* des « sept et huitième livres » de la *Pharsale* : « Je ne me suis pas satisfait moi-même dans les sujets que M. de Corneille a traités, et ses nobles expressions étoient si présentes à mon esprit, qu'elles n'étoient pas un médiocre empêchement aux miennes. Dans ce poëme inimitable qu'il a fait de *la Mort de Pompée*, il a traduit avec tant de succès, ou même rehaussé avec tant de force ce qu'il a emprunté de Lucain, et il a porté si haut la vigueur de ses pensées et la majesté de son raisonnement, qu'il est sans doute un peu malaisé de le suivre; mais je crois, lecteur, qu'il m'a été permis de n'égaler pas un style qui semble être la dernière élévation du génie, et que je ne serai pas coupable dans votre esprit pour n'avoir pas imité assez heureusement ce qui a été l'admiration de tout le monde. »

AU LECTEUR[1].

Si je voulois faire ici ce que j'ai fait en mes deux derniers ouvrages[2], et te donner le texte ou l'abrégé des auteurs dont cette histoire est tirée, afin que tu pusses remarquer en quoi je m'en serois écarté pour l'accommoder au théâtre, je ferois un avant-propos dix fois plus long que mon poëme, et j'aurois à rapporter des livres entiers de presque tous ceux qui ont écrit l'histoire romaine. Je me contenterai de t'avertir que celui dont je me suis le plus servi a été le poëte Lucain, dont la lecture m'a rendu si amoureux de la force de ses pensées et de la majesté de son raisonnement, qu'afin d'en enrichir notre langue, j'ai fait cet effort pour réduire en poëme dramatique ce qu'il a traité en épique[3]. Tu trouveras ici cent ou deux cents vers traduits ou imités de lui[4]. J'ai tâché de le suivre dans le reste[5], et de prendre son caractère quand son exemple m'a manqué : si je suis de-

---

1. Voyez ci-dessus, p. 11, note 1.
2. Var. (édit. de 1648-1656) : en mes derniers ouvrages. — Dans l'impression originale dont nous suivons le texte pour ces préliminaires, Corneille ne parle que de ses deux derniers ouvrages, parce que pour le Cid et Horace il n'a pas donné les extraits de Mariana et de Tite Live dans la première édition de chacune de ces pièces, mais seulement dans les recueils antérieurs à 1660 : voyez tome III, p. 79, note 1, et p. 262, note 1.
3. L'avis Au lecteur finit ici dans les éditions de 1654 et de 1656.
4. Voyez ci-après l'Appendice, p. 103 et suivantes.
5. Var. (édit. de 1648, 1652 et 1655) : cent ou deux cents vers traduits ou imités de lui, que tu reconnoîtras aux mêmes marques que tu as déjà reconnu ce que j'ai emprunté de D. Guillen de Castro dans le Cid. J'ai tâché de suivre ce grand homme dans le reste. — Les impressions de 1648, 1652 et 1655 sont les seules qui aient cette variante, parce qu'elles sont aussi les seules où Corneille ait placé au bas des pages, pour le Cid, les extraits de Guillen de Castro : voyez tome III, p. 199, note 2.

meuré bien loin derrière, tu en jugeras. Cependant j'ai cru ne te déplaire pas de te donner ici trois passages qui ne viennent pas mal à mon sujet. Le premier est un épitaphe[1] de Pompée, prononcé par Caton dans Lucain. Les deux autres sont deux peintures de Pompée et de César, tirées de Velleius Paterculus. Je les laisse en latin, de peur que ma traduction n'ôte trop de leur grâce et de leur force; les dames se les feront expliquer[2].

EPITAPHIUM POMPEII MAGNI[3].

CATO, apud LUCANUM, lib. IX (vers. 190-214)[4].

Civis obit, inquit, multo majoribus impar
Nosse modum juris, sed in hoc tamen utilis ævo,
Cui non ulla fuit justi reverentia : salva
Libertate potens, et solus plebe parata
Privatus servire sibi, rectorque senatus,

1. Ce mot était masculin à cette époque. Voyez le *Lexique*.
2. On aimait assez alors à laisser ainsi certains passages latins sans les traduire, afin de donner aux beaux esprits une occasion facile de briller auprès des dames. Voyez tome III, p. 45 et 46, ce que Balzac écrit à Scudéry dans une circonstance analogue.
3. Cet extrait latin et les deux suivants ne sont que dans les éditions de 1644-1652 et dans celle de 1655.
4. « Enfin les cieux, dit-il, nous ravissent un homme
Sur qui rouloit encor l'espérance de Rome,
Et qui bien qu'en vertu cédant à nos aïeux,
Fut pourtant l'ornement de ce siècle odieux.
En ce temps où l'orgueil s'est rendu légitime,
Où la loi de l'honneur cède à celle du crime,
Il n'a point jusqu'au trône élevé ses projets :
Il vouloit des amis, et non pas des sujets.
Sous lui la liberté n'a point été blessée;
Ses grandeurs n'ont jamais révolté sa pensée.
Bien que Rome fût prête à porter ses liens,
Il n'a dans ses Romains vu que ses citoyens.

Sed regnantis, erat. Nil belli jure poposcit;
Quæque dari voluit, voluit sibi posse negari.
Immodicas possedit opes, sed plura retentis
Intulit; invasit ferrum, sed ponere norat.
Prætulit arma togæ, sed pacem armatus amavit.
Juvit sumpta ducem, juvit[1] *dimissa potestas.*
Casta domus, luxuque carens, corruptaque nunquam
Fortuna domini. Clarum et venerabile nomen
Gentibus, et multum nostræ quod proderat urbi.
Olim vera fides, Sylla Marioque receptis,
Libertatis obit; Pompeio rebus adempto
Nunc et ficta perit. Non jam regnare pudebit;
Nec color imperii, nec frons erit ulla senatus.
O felix, cui summa dies fuit obvia victo,
Et cui quærendos Pharium scelus obtulit enses!

Il fut chef du sénat, mais du sénat encore
Et maître du couchant et maître de l'aurore.
Il ne s'établit point sur le droit des combats.
Ce qu'il pût autrefois ne devoir qu'à son bras,
Qu'à ce courage grand sur les plus grands courages,
Il voulut le devoir à de libres suffrages.
Les progrès éclatants de sa jeune saison
Ont enrichi l'État bien plus que sa maison.
Il sut prendre, au besoin, ou mettre bas les armes;
Il adoroit la paix au milieu des alarmes;
Et d'un visage égal il a pris ou quitté
L'éclat de la puissance et de l'autorité.
On n'a vu ses trésors que dedans ses largesses :
Sa maison étoit chaste au milieu des richesses;
Toujours la modestie et toujours la candeur
S'y trouvèrent d'accord avecque la grandeur.
Son nom fut précieux aux nations diverses,
Et pour nous d'un grand poids au fort de nos traverses.
Les remords de la honte et l'instinct du devoir
Ne sont plus un obstacle au souverain pouvoir;
Le bonheur des forfaits est un droit légitime,
Et la vertu gémit sous le pouvoir du crime.
Ton malheur, grand héros, te doit être bien cher,
De trouver une mort qu'il te falloit chercher;
D'accourcir ta douleur pour ne voir pas la nôtre,

1. Par une erreur typographique qui fait une faute de quantité, il y a ici *juvat*, au lieu de *juvit*, dans les éditions de 1648 et de 1652.

ÉPITAPHE DE POMPÉE.

Forsitan in soceri potuisses vivere regno.
Scire mori, sors prima viris; sed proxima cogi.
Et mihi, si fatis aliena in jura venimus,
Da talem, Fortuna, Jubam : non deprecor hosti
Servari, dum me servet cervice recisa.

ICON POMPEII MAGNI[1].

Velleius Paterculus, lib. II (cap. XXIX).

Fuit hic genitus matre Lucilia, stirpis senatoriæ, forma excellens, non ea qua flos commendatur ætatis, sed dignitate et constantia, quæ in illam conveniens amplitudinem, fortunam quoque ejus ad ultimum vitæ comitata est diem : innocentia eximius, sanctitate præcipuus, eloquentia medius; potentiæ, quæ honoris causa ad eum deferretur, non ut ab eo occuparetur, cupidissimus; dux bello peritissimus; civis in toga (nisi ubi vereretur ne

> Et pour ne vivre pas sous le pouvoir d'un autre.
> Je voudrois ne devoir ma perte qu'à mon bras;
> Mais la contrainte sert qui conduit au trépas.
> Si le sort n'assoupit sa haine consommée,
> Je demande en Juba le cœur de Ptolomée;
> Et pourvu que sans vie on me garde au vainqueur,
> Je puis à mon destin pardonner sa rigueur. »
> *(Traduction de Brébeuf.)*

1. Nous tirons la traduction de cet extrait et du suivant, de l'*Histoire romaine de Velleius Paterculus* publiée à Paris, chez Jean Gesselin, en 1610, in-4°. L'auteur de cette version française anonyme est J. Baudoin; elle forme l'appendice de sa traduction de Tacite. Les deux ouvrages font deux volumes. « Il (*Pompée*) eut pour mère Lucilia : il étoit de l'ordre des sénateurs, beau par excellence, non pour cette fleur de l'âge de laquelle on fait tant d'état, mais pour sa dignité et généreuse grandeur, qui lui étoit fort convenable et qui accompagna sa fortune jusques au dernier période de sa vie; il étoit parfait en bonté, des premiers en bonne vie, médiocre en éloquence, très-desireux du pouvoir qu'on lui déféroit par honneur, mais non pas pour en abuser; capitaine fort expérimenté à la guerre, vrai citoyen en temps de paix, et qui

quem haberet parem) modestissimus, amicitiarum tenax, in offensis exorabilis, in reconcilianda gratia fidelissimus, in accipienda satisfactione facillimus, potentia sua nunquam aut raro ad impotentiam usus; pæne omnium votorum[1] expers, nisi numeraretur inter maxima, in civitate libera dominaque gentium, indignari, quum omnes cives jure haberet pares, quemquam æqualem dignitate conspicere.

ICON C. J. CÆSARIS[2].

VELLEIUS PATERCULUS, lib. II (cap. XLI).

Hic, nobilissima Juliorum genitus familia, et, quod inter omnes antiquissimos constabat, ab Anchise ac Venere deducens genus, forma omnium civium excellentissimus, vigore animi acerrimus, munificentia effusissimus, animo super humanam et naturam et fidem evectus, magnitudine cogitationum, celeritate bellandi, patientia

n'avoit point son semblable; fort modeste, constant en ses amitiés, facile à pardonner étant offensé, prêt à recevoir la satisfaction de chacun; qui n'abusoit jamais ou bien rarement de son pouvoir; et, ce qui mérite d'être mis au rang des choses plus grandes, il étoit fâché de se voir le premier en dignité en une ville libre et maîtresse du monde, quoiqu'il eût à bon droit tous les citoyens pour ses pareils. » (Pages 33 et 34.)

1. Corneille suit ici le texte, évidemment fautif, de l'édition princeps (Bâle, 1520). Les éditions modernes de Velléius Paterculus ont généralement adopté la correction d'Alde Manuce, qui a substitué *vitiorum* à *votorum*. Le traducteur que nous citons dans la note précédente a sauté les mots : *pæne omnium votorum expers*, mais on voit par la suite de la phrase que son texte était aussi *votorum*.

2. « Il étoit issu de la noble race des Jules et tiroit son extraction (selon que les anciens nous ont laissé par écrit) d'Anchise et de Vénus. C'étoit le plus beau de tous les citoyens, fort subtil en vigueur et force d'esprit, très-libéral, l'âme duquel étoit relevée par-dessus

periculorum, Magno illi Alexandro, sed sobrio, neque iracundo, simillimus; qui denique semper et somno et cibo in vitam, non in voluptatem uteretur.

EXAMEN.

A bien considérer cette pièce, je ne crois pas qu'il y en aye sur le théâtre où l'histoire soit plus conservée et plus falsifiée tout ensemble. Elle est si connue, que je n'ai osé en changer les événements; mais il s'y en trouvera peu qui soient arrivés comme je les fais arriver. Je n'y ai ajouté que ce qui regarde Cornélie, qui semble s'y offrir d'elle-même, puisque, dans la vérité historique, elle étoit dans le même vaisseau que son mari lorsqu'il aborda en Égypte, qu'elle le vit descendre dans la barque, où il fut assassiné à ses yeux par Septime[1], et qu'elle fut poursuivie sur mer par les ordres de Ptolomée[2]. C'est ce qui m'a donné occasion de feindre qu'on l'atteignit, et qu'elle fut ramenée devant César, bien que l'histoire n'en parle point. La diversité des lieux où les choses se sont passées, et la longueur du temps qu'elles ont consumé dans la vérité historique, m'ont réduit à cette falsification pour les ramener dans l'unité de jour et de lieu. Pompée fut massacré devant les murs de Pélusium,

---

toute créance humaine : pareil du tout à ce grand Alexandre (mais sobre et qui ne se laissoit point vaincre à la colère) en grandeur de desseins, habilité de combattre, et patience ès dangers; qui ménageoit sa nourriture et son repos, plus pour l'usage de sa vie que pour l'entretien des voluptés. » (*Traduction de J. Baudoin*, p. 41.)

1. Voyez la *Vie de Pompée* par Plutarque, chapitres LXXVIII et suivants; et la *Pharsale* de Lucain, livre VIII, vers 560 et suivants.
2. Voyez encore la *Vie de Pompée* par Plutarque, chapitre LXXX.

qu'on appelle aujourd'hui Damiette, et César prit terre à Alexandrie. Je n'ai nommé ni l'une ni l'autre ville, de peur que le nom de l'une n'arrêtât l'imagination de l'auditeur, et ne lui fît remarquer malgré lui la fausseté de ce qui s'est passé ailleurs. Le lieu particulier est, comme dans *Polyeucte*, un grand vestibule commun à tous les appartements du palais royal; et cette unité n'a rien que de vraisemblable, pourvu qu'on se détache de la vérité historique. Le premier, le troisième et le quatrième acte y ont leur justesse manifeste; il y peut avoir quelque difficulté pour le second et le cinquième, dont Cléopatre ouvre l'un, et Cornélie l'autre. Elles sembleroient toutes deux avoir plus de raison de parler dans leur appartement; mais l'impatience de la curiosité féminine les en peut faire sortir : l'une pour apprendre plus tôt les nouvelles de la mort de Pompée, ou par Achorée, qu'elle a envoyé en être témoin, ou par le premier qui entrera dans ce vestibule; et l'autre, pour en savoir du combat de César et des Romains contre Ptolomée et les Égyptiens, pour empêcher que ce héros n'en aille donner[1] à Cléopatre avant qu'à elle, et pour obtenir de lui d'autant plus tôt la permission de partir. En quoi on peut remarquer que comme elle sait qu'il est amoureux de cette reine, et qu'elle peut douter qu'au retour de son combat, les trouvant ensemble, il ne lui fasse le premier compliment, le soin qu'elle a de conserver la dignité romaine lui fait prendre la parole la première, et obliger par là César à lui répondre avant qu'il puisse dire rien à l'autre.

Pour le temps, il m'a fallu réduire en soulèvement tumultuaire une guerre qui n'a pu durer guère moins d'un an, puisque Plutarque rapporte qu'incontinent

1. Var. (édit. de 1660-1664) : pour (empêcher qu'il n'en aille donner.

après que César fut parti d'Alexandrie, Cléopatre accoucha de Césarion[1]. Quand Pompée se présenta pour entrer en Égypte, cette princesse et le Roi son frère avoient chacun leur armée prête à en venir aux mains l'une contre l'autre, et n'avoient garde ainsi de loger dans le même palais. César, dans ses *Commentaires*, ne parle point de ses amours avec elle, ni que la tête de Pompée lui fut présentée quand il arriva : c'est Plutarque[2] et Lucain[3] qui nous apprennent l'un et l'autre; mais ils ne lui font présenter cette tête que par un des ministres du Roi, nommé Théodote, et non pas par le Roi même, comme je l'ai fait[4].

Il y a quelque chose d'extraordinaire dans le titre de

---

1. « Finablement le Roy s'estant retiré devers ses gens qui faisoient la guerre à César, il luy alla à l'encontre, et luy donna la bataille, qu'il gaigna, avec grande effusion de sang; mais quant au Roy, il ne comparut ni ne fut veu onques puis : à raison de quoy il establit royne d'Ægypte sa sœur Cléopatra, laquelle estant grosse de luy, peu de temps après accoucha d'un filz, que ceulx d'Alexandrie appellèrent Cæsarion. » (Plutarque, *Vie de César*, chapitre XLIX, traduction d'Amyot.)

2. « Puis arriva en Alexandrie, que Pompeius y avoit desjà esté mis à mort : si eut en horreur Theodotus, qui luy en presenta la teste, tournant le visage d'un autre costé pour ne la point veoir. » (*Ibidem*, chapitre XLVIII.)

3. Lucain ne nomme pas Théodote; il dit seulement (livre IX, vers 1010-1012) :

. . . . *Sed dira satelles*
Regis dona ferens, medium provectus in æquor,
Colla gerit Magni, Phario velamine tecta.

Mais un lâche suppôt d'un cruel potentat
Vient à ce conquérant offrir un attentat :
Il lui vient apporter le crime de son maître.
(*Traduction de Brébeuf*.)

— Pour les amours de César et de Cléopâtre, voyez plus haut la note 1, et le livre X de la *Pharsale*, vers 68 et suivants.

4. Acte III, scène I.

ce poëme, qui porte le nom d'un héros qui n'y parle point; mais il ne laisse pas d'en être, en quelque sorte, le principal acteur, puisque sa mort est la cause unique de tout ce qui s'y passe. J'ai justifié ailleurs[1] l'unité d'action qui s'y rencontre, par cette raison que les événements y ont une telle dépendance l'un de l'autre, que la tragédie n'auroit pas été complète, si je ne l'eusse poussée jusqu'au terme[2] où je la fais finir. C'est à ce dessein que dès le premier acte, je fais connoître la venue de César, à qui la cour d'Égypte immole Pompée pour gagner les bonnes grâces du victorieux; et ainsi il m'a fallu nécessairement faire voir quelle réception il feroit à leur lâche et cruelle politique. J'ai avancé l'âge de Ptolomée, afin qu'il pût agir, et que, portant le titre de roi, il tâchât d'en soutenir le caractère. Bien que les historiens et le poëte Lucain l'appellent communément *rex puer*, « le roi enfant[3], » il ne l'étoit pas à tel point qu'il ne fût en état d'épouser sa sœur Cléopatre, comme l'avoit ordonné son père. Hirtius dit qu'il étoit *puer jam adulta ætate*[4]; et Lucain appelle Cléopatre incestueuse, dans ce vers qu'il adresse à ce roi par apostrophe :

Incestæ sceptris cessure sorori[5];

soit qu'elle eût déjà contracté ce mariage incestueux, soit à cause qu'après la guerre d'Alexandrie et la mort de Ptolomée, César la fit épouser à son jeune frère, qu'il

    1. Dans le *Discours du poëme dramatique* : voyez tome I, p. 26.
    2. Var. (édit. de 1660-1664) : jusques au terme.
    3. *Pharsale*, livre VIII, vers 537, et livre X, vers 54.
    4. Ces mots se trouvent, avec une construction un peu différente (*adulta jam ætate puerum*), au chapitre XXIV du livre *de la Guerre d'Alexandrie*, attribué à Hirtius. Appien, au livre II *des Guerres civiles*, chapitre LXXXIV, dit que Ptolémée avait treize ans au moment de la mort de Pompée.
    5. *Pharsale*, livre VIII, vers 693.

rétablit dans le trône¹ : d'où l'on peut tirer une conséquence infaillible, que si le plus jeune des deux frères étoit en âge de se marier quand César partit d'Égypte, l'aîné en étoit capable quand il y arriva, puisqu'il n'y tarda pas plus d'un an.

Le caractère de Cléopatre garde une ressemblance ennoblie par ce qu'on y peut imaginer de plus illustre. Je ne la fais amoureuse que par ambition, et en sorte qu'elle semble n'avoir point d'amour qu'en tant qu'il peut servir à sa grandeur. Quoique la réputation qu'elle a laissée la fasse passer pour une femme lascive et abandonnée à ses plaisirs, et que Lucain, peut-être en haine de César, la nomme en quelque endroit *meretrix regina*², et fasse dire ailleurs à l'eunuque Photin, qui gouvernoit sous le nom de son frère Ptolomée :

Quem non e nobis credit Cleopatra nocentem,
*A quo casta fuit*³ *?*

je trouve qu'à bien examiner l'histoire, elle n'avoit que de l'ambition sans amour, et que par politique elle se servoit des avantages de sa beauté pour affermir sa fortune. Cela paroît visible, en ce que les historiens ne marquent point qu'elle se soit donnée qu'aux deux pre-

---

1. Voyez le livre *de la Guerre d'Alexandrie*, chapitre XXXIII, et Dion Cassius, livre XLII, chapitre XLIV.
2. Nous ne trouvons point cette expression dans Lucain ; mais Cléopatre est ainsi désignée par Properce (livre III, élégie XI, vers 39) et par Pline l'ancien (livre IX, chapitre LVIII).
3. *Pharsale*, livre X, vers 369 et 370. Il y a *credet* dans le texte de Lucain.

> Bien que nos actions nous rendent peu coupables,
> Elle nous punira d'être peu punissables,
> Et ce sera pour nous ou crime ou lâcheté
> De n'avoir osé rien contre sa chasteté.
> (*Traduction de Brébeuf.*)

miers hommes du monde, César et Antoine; et qu'après la déroute de ce dernier, elle n'épargna aucun artifice pour engager Auguste dans la même passion qu'ils avoient eue pour elle, et fit voir par là qu'elle ne s'étoit attachée qu'à la haute puissance d'Antoine, et non pas à sa personne.

Pour le style, il est plus élevé en ce poëme qu'en aucun des miens, et ce sont, sans contredit, les vers les plus pompeux que j'aye faits. La gloire n'en est pas toute à moi : j'ai traduit de Lucain tout ce que j'y ai trouvé de propre à mon sujet; et comme je n'ai point fait de scrupule d'enrichir notre langue du pillage que j'ai pu faire chez lui, j'ai tâché, pour le reste, à entrer si bien dans sa manière de former ses pensées et de s'expliquer, que ce qu'il m'a fallu y joindre du mien sentît son génie, et ne fût pas indigne d'être pris pour un larcin que je lui eusse fait[1]. J'ai parlé, en l'examen de *Polyeucte*[2], de ce que je trouve à dire en la confidence que fait Cléopatre à Charmion au second acte[3]; il ne me reste qu'un mot touchant les narrations d'Achorée, qui ont toujours passé pour fort belles[4] : en quoi je ne veux pas aller contre le jugement du public, mais seulement faire remarquer de nouveau[5] que celui qui les fait et les personnes qui les écoutent ont l'esprit assez tranquille pour avoir toute la patience qu'il y faut donner. Celle du troisième acte, qui est à mon gré la plus magnifique, a été accusée de n'être pas reçue par une personne digne de la recevoir; mais bien que Charmion qui l'écoute ne soit qu'une domestique de Cléopatre, qu'on peut toutefois prendre

1. Voyez l'Examen de *Médée*, tome II, p. 338 et 339.
2. Voyez tome III, p. 483 et 484.
3. Voyez acte II, scène I.
4. Voyez acte II, scène II, et acte III, scène I.
5. Voyez l'Examen de *Médée*, tome II, p. 336 et 337.

pour sa dame d'honneur, étant envoyée exprès par cette reine pour l'écouter, elle tient lieu de cette reine même, qui cependant montre un orgueil digne d'elle, d'attendre la visite de César dans sa chambre sans aller au-devant de lui. D'ailleurs Cléopatre eût rompu tout le reste de ce troisième acte, si elle s'y fût montrée; et il m'a fallu la cacher par adresse de théâtre, et trouver pour cela dans l'action un prétexte qui fût glorieux pour elle, et qui ne laissât point paroître le secret de l'art qui m'obligeoit à l'empêcher de se produire.

LISTE DES ÉDITIONS QUI ONT ÉTÉ COLLATIONNÉES POUR LES VARIANTES DE *POMPÉE*.

ÉDITIONS SÉPARÉES.

1644 in-4°; | 1644 in-12.

RECUEILS.

1648 in-12;	1660 in-8°;
1652 in-12;	1663 in-fol.;
1654 in-12;	1664 in-8°;
1655 in-12;	1668 in-12;
1656 in-12;	1682 in-12.

ACTEURS.

JULES CÉSAR.
MARC ANTOINE.
LÉPIDE.
CORNÉLIE, femme de Pompée[1].
PTOLOMÉE, roi d'Égypte.
CLÉOPATRE, sœur de Ptolomée[2].
PHOTIN, chef du conseil d'Égypte[3].
ACHILLAS, lieutenant général des armées du roi d'Égypte.
SEPTIME, tribun romain, à la solde du roi d'Égypte.
CHARMION, dame d'honneur de Cléopatre[4].
ACHORÉE, écuyer de Cléopatre[5].
PHILIPPE, affranchi de Pompée[6].
Troupe de Romains.
Troupe d'Égyptiens.

La scène est en Alexandrie, dans le palais de Ptolomée[7].

1. Var. (édit. de 1644) : veuve de Pompée. — Cornélie est placée avant Lépide dans les éditions de 1644-1656.
2. Var. (édit. de 1644) : reine d'Égypte ; — (édit. de 1648) : femme de Ptolomée.
3. Var. (édit. de 1644-1656) : gouverneur du roi d'Égypte.
4. Var. (édit. de 1644-1656) : dame d'honneur de la Reine.
5. Var. (édit. de 1644-1656) : écuyer de la Reine.
6. Ce nom manque à la liste des acteurs, dans les éditions de 1644-1656. — Corneille a trouvé dans Lucain les noms de Photin (*Pothinus*, dans quelques manuscrits de César *Photinus*), d'Achillas, de Septime (*Septimius*), du prêtre Achorée, dont il a fait un écuyer de Cléopatre. *Charmion* est, chez Plutarque (*Vie d'Antoine*, chapitre lxxxv), le nom d'une des femmes de cette reine. L'affranchi Philippe est nommé dans la *Vie de Pompée* du même auteur (chapitres lxxviii et lxxx).
7. Var. (édit. de 1644-1664) : dans le palais royal de Ptolomée.

POMPÉE.

TRAGÉDIE[1].

ACTE I.

SCÈNE PREMIÈRE[2].

PTOLOMÉE, PHOTIN, ACHILLAS, SEPTIME.

PTOLOMÉE.

Le destin se déclare, et nous venons d'entendre
Ce qu'il a résolu du beau-père et du gendre.
Quand les Dieux étonnés sembloient se partager,
Pharsale a décidé ce qu'ils n'osoient juger.
Ses fleuves teints de sang, et rendus plus rapides   5
Par le débordement de tant de parricides,
Cet horrible débris d'aigles, d'armes, de chars,
Sur ses champs empestés confusément épars,
Ces montagnes de morts[3] privés d'honneurs suprêmes,

---

1. *Var.* LA MORT DE POMPÉE, TRAGÉDIE. (1644)
2. Voyez la IIe partie de l'*Appendice*, p. 111-115.
3. Corneille paraît se rappeler ici ce passage de la fin du VIIe livre de la *Pharsale* (vers 789-791) :

> *Cernit propulsa cruore*
> *Flumina, et excelsos cumulis æquantia colles*
> *Corpora.*

Les mots « ces montagnes de morts » font penser à l'hyperbole par laquelle

Que la nature force à se venger eux-mêmes, 10
Et dont les troncs pourris exhalent dans les vents¹
De quoi faire la guerre au reste des vivants,
Sont les titres affreux dont le droit de l'épée,
Justifiant César, a condamné Pompée².
Ce déplorable chef du parti le meilleur, 15
Que sa fortune lasse abandonne au malheur,
Devient un grand exemple, et laisse à la mémoire
Des changements du sort une éclatante histoire³.
Il fuit, lui qui, toujours triomphant et vainqueur,
Vit ses prospérités égaler son grand cœur; 20
Il fuit, et dans nos ports, dans nos murs, dans nos villes;
Et contre son beau-père ayant besoin d'asiles,
Sa déroute orgueilleuse en cherche aux mêmes lieux
Où contre les Titans en trouvèrent les Dieux :
Il croit que ce climat, en dépit de la guerre, 25
Ayant sauvé le ciel, sauvera bien la terre,
Et dans son désespoir à la fin se mêlant,
Pourra prêter l'épaule au monde en chancelant⁴.
Oui, Pompée avec lui porte le sort du monde,
Et veut que notre Égypte, en miracles féconde, 30

Brébeuf, renchérissant sur Corneille, a rendu plus tard, dans un autre endroit de la *Pharsale*, le *tot corpora fusa* de Lucain (livre VII, vers 652) :

De mourants et de morts cent montagnes plaintives.

C'est de toute sa traduction le vers le plus connu, grâce à la critique de Boileau (*Art poétique*, chant I, vers 98-100) :

Mais n'allez point aussi sur les pas de Brébeuf,
Même en une Pharsale, entasser sur les rives
De morts et de mourants cent montagnes plaintives.

— Fontenelle nous apprend que Corneille « avoit traduit sa première scène de *Pompée* en vers (*latins*) du style de Sénèque le tragique, pour lequel il n'avoit pas d'aversion, non plus que pour Lucain. » (*OEuvres*, tome III, p. 124.) Cette traduction est perdue.

1. *Var.* Et de leurs troncs pourris exhale dans les vents. (1644-56)
2. *Var.* Justifie César et condamne Pompée. (1644-56)
3. *Var.* Des changements du sort une effroyable histoire. (1644-56)
4. *Var.* Pourra prêter épaule au monde chancelant. (1644)

ACTE I, SCÈNE I.

Serve à sa liberté de sépulcre ou d'appui,
Et relève sa chute, ou trébuche sous lui.
　C'est de quoi, mes amis, nous avons à résoudre.
Il apporte en ces lieux les palmes ou la foudre :
S'il couronna le père, il hasarde le fils[1];
Et nous l'ayant donnée, il expose Memphis.
Il faut le recevoir, ou hâter son supplice[2],
Le suivre, ou le pousser dedans le précipice.
L'un me semble peu sûr, l'autre peu généreux,
Et je crains d'être injuste et[3] d'être malheureux.
Quoi que je fasse enfin, la fortune ennemie
M'offre bien des périls, ou beaucoup d'infamie :
C'est à moi de choisir, c'est à vous d'aviser
A quel choix vos conseils doivent me disposer[4].
Il s'agit de Pompée, et nous aurons la gloire
D'achever de César ou troubler la victoire;
Et je puis dire enfin que jamais potentat[5]
N'eut à délibérer d'un si grand coup d'État.

PHOTIN.

Seigneur, quand par le fer les choses sont vidées[6],
La justice et le droit sont de vaines idées;
Et qui veut être juste en de telles saisons,
Balance le pouvoir, et non pas les raisons.
　Voyez donc votre force, et regardez Pompée,
Sa fortune abattue et sa valeur trompée.
César n'est pas le seul qu'il fuie en cet état :
Il fuit et le reproche et les yeux du sénat,
Dont plus de la moitié piteusement étale

---

1. *Var.* S'il couronne le père, il hasarde le fils. (1648-56)
2. *Var.* Il faut ou recevoir ou hâter son supplice. (1644-56)
3. Dans l'édition de 1692, *ou* a été substitué à *et*.
4. *Var.* A quel choix vos conseils me doivent disposer. (1644-68)
5. *Var.* Et jamais potentat n'a vu sous le soleil
　　Matière plus illustre agiter son conseil. (1644-56)
6. *Var.* Sire, quand par le fer les choses sont vidées. (1644-63)

Une indigne curée aux vautours de Pharsale ;
Il fuit Rome perdue, il fuit tous les Romains,
A qui par sa défaite il met les fers aux mains ; 60
Il fuit le désespoir des peuples et des princes
Qui vengeroient sur lui le sang de leurs provinces[1],
Leurs États et d'argent et d'hommes épuisés,
Leurs trônes mis en cendre, et leurs sceptres brisés :
Auteur des maux de tous, il est à tous en butte, 65
Et fuit le monde entier écrasé sous sa chute.
Le défendrez-vous seul contre tant d'ennemis?
L'espoir de son salut en lui seul étoit mis ;
Lui seul pouvoit pour soi : cédez alors qu'il tombe.
Soutiendrez-vous un faix sous qui Rome succombe, 70
Sous qui tout l'univers se trouve foudroyé,
Sous qui le grand Pompée a lui-même ployé?
Quand on veut soutenir ceux que le sort accable,
A force d'être juste on est souvent coupable ;
Et la fidélité qu'on garde imprudemment, 75
Après un peu d'éclat traîne un long châtiment,
Trouve un noble revers, dont les coups invincibles,
Pour être glorieux, ne sont pas moins sensibles.
   Seigneur, n'attirez point le tonnerre en ces lieux[2] :
Rangez-vous du parti des destins et des Dieux, 80
Et sans les accuser d'injustice ou d'outrage,
Puisqu'ils font les heureux, adorez leur ouvrage ;
Quels que soient leurs décrets, déclarez-vous pour eux,
Et pour leur obéir, perdez le malheureux.
Pressé de toutes parts des colères célestes, 85
Il en vient dessus vous faire fondre les restes ;
Et sa tête, qu'à peine il a pu dérober,
Toute prête de choir, cherche avec qui tomber.

1. *Var.* Qui veut venger sur lui le sang de leurs provinces. (1644-56)
2. *Var.* Sire, n'attirez point le tonnerre en ces lieux. (1644-63)

Sa retraite chez vous en effet n'est qu'un crime :
Elle marque sa haine, et non pas son estime ; 90
Il ne vient que vous perdre en venant prendre port ;
Et vous pouvez douter s'il est digne de mort !
Il devoit mieux remplir nos vœux et notre attente,
Faire voir sur ses nefs la victoire flottante :
Il n'eût ici trouvé que joie et que festins ; 95
Mais puisqu'il est vaincu, qu'il s'en prenne aux destins.
J'en veux à sa disgrâce, et non à sa personne :
J'exécute à regret ce que le ciel ordonne ;
Et du même poignard pour César destiné,
Je perce en soupirant son cœur infortuné. 100
Vous ne pouvez enfin qu'aux dépens de sa tête
Mettre à l'abri la vôtre et parer la tempête.
Laissez nommer sa mort un injuste attentat :
La justice n'est pas une vertu d'État.
Le choix des actions ou mauvaises ou bonnes 105
Ne fait qu'anéantir la force des couronnes ;
Le droit des rois consiste à ne rien épargner :
La timide équité détruit l'art de régner.
Quand on craint d'être injuste, on a toujours à craindre ;
Et qui veut tout pouvoir doit oser tout enfreindre, 110
Fuir comme un déshonneur la vertu qui le perd,
Et voler sans scrupule au crime qui lui sert[1].
   C'est là mon sentiment. Achillas et Septime
S'attacheront peut-être à quelque autre maxime :
Chacun a son avis ; mais quel que soit le leur, 115
Qui punit le vaincu ne craint point le vainqueur[2].

ACHILLAS.

Seigneur, Photin dit vrai ; mais quoique de Pompée[3]

---

1. *Var.* Et voler sans scrupule au crime qui le sert. (1644-64)
2. *Var.* Qui frappe le vaincu ne craint point le vainqueur. (1644-56)
3. *Var.* Sire, Photin dit vrai ; mais quoique de Pompée. (1644-63)

Je voie et la fortune et la valeur trompée,
Je regarde son sang comme un sang précieux,
Qu'au milieu de Pharsale ont respecté les Dieux. 120
Non qu'en un coup d'État je n'approuve le crime;
Mais s'il n'est nécessaire, il n'est point légitime :
Et quel besoin ici d'une extrême rigueur?
Qui n'est point au vaincu ne craint point le vainqueur.
Neutre jusqu'à présent, vous pouvez l'être encore : 125
Vous pouvez adorer César, si l'on l'adore;
Mais quoique vos encens le traitent d'immortel,
Cette grande victime est trop pour son autel;
Et sa tête immolée au Dieu de la victoire
Imprime à votre nom une tache trop noire : 130
Ne le pas secourir suffit sans l'opprimer;
En usant de la sorte, on ne vous peut blâmer.
Vous lui devez beaucoup : par lui Rome animée
A fait rendre le sceptre au feu roi Ptolomée;
Mais la reconnoissance et l'hospitalité 135
Sur les âmes des rois n'ont qu'un droit limité.
Quoi que doive un monarque, et dût-il sa couronne,
Il doit à ses sujets encor plus qu'à personne,
Et cesse de devoir quand la dette est d'un rang
A ne point s'acquitter qu'aux dépens de leur sang[1]. 140
S'il est juste d'ailleurs que tout se considère,
Que hasardoit Pompée en servant votre père?
Il se voulut par là faire voir tout-puissant,
Et vit croître sa gloire en le rétablissant.
Il le servit enfin, mais ce fut de la langue. 145
La bourse de César fit plus que sa harangue :
Sans ses mille talents[2], Pompée et ses discours

1. *Var.* Qu'il ne peut acquitter qu'aux dépens de leur sang. (1644)
Var. A ne point l'acquitter qu'aux dépens de leur sang. (1648-56)
2. La dette contractée envers César par Ptolémée Aulétès, père du Ptolémée
qui tua Pompée, est un fait historique. Voyez le chapitre XLVIII de la *V*te *de*

ACTE 1, SCÈNE I.

Pour rentrer en Égypte étoient un froid secours.
Qu'il ne vante donc plus ses mérites frivoles :
Les effets de César valent bien ses paroles; 150
Et si c'est un bienfait qu'il faut rendre aujourd'hui,
Comme il parla pour vous, vous parlerez pour lui.
Ainsi vous le pouvez et devez reconnoître.
Le recevoir chez vous, c'est recevoir un maître,
Qui, tout vaincu qu'il est, bravant le nom de roi, 155
Dans vos propres États vous donneroit la loi.

Fermez-lui donc vos ports, mais épargnez sa tête.
S'il le faut toutefois, ma main est toute prête :
J'obéis avec joie, et je serois jaloux[1]
Qu'autre bras que le mien portât les premiers coups. 160

SEPTIME.

Seigneur, je suis Romain : je connois l'un et l'autre[2].
Pompée a besoin d'aide, il vient chercher la vôtre;
Vous pouvez, comme maître absolu de son sort,
Le servir, le chasser, le livrer vif ou mort.
Des quatre le premier vous seroit trop funeste; 165
Souffrez donc qu'en deux mots j'examine le reste.

Le chasser, c'est vous faire un puissant ennemi,
Sans obliger par là le vainqueur qu'à demi,
Puisque c'est lui laisser et sur mer et sur terre
La suite d'une longue et difficile guerre, 170
Dont peut-être tous deux également lassés
Se vengeroient sur vous de tous les maux passés.
Le livrer à César n'est que la même chose :
Il lui pardonnera, s'il faut qu'il en dispose,
Et s'armant à regret de générosité, 175
D'une fausse clémence il fera vanité :

César par Plutarque, où, au lieu de la somme ronde de mille talents, il y a un chiffre assez compliqué, qu'Amyot traduit par un million sept cent cinquante mille écus.

1. *Var.* Je sais obéir, Sire, et je serois jaloux. (1644-63)
2. *Var.* Sire, je suis Romain : je connois l'un et l'autre. (1644-63)

Heureux de l'asservir en lui donnant la vie,
Et de plaire par là même à Rome asservie !
Cependant que forcé d'épargner son rival,
Aussi bien que Pompée il vous voudra du mal.   180
Il faut le délivrer du péril et du crime,
Assurer sa puissance, et sauver son estime,
Et du parti contraire en ce grand chef détruit,
Prendre sur vous le crime, et lui laisser le fruit[1].
C'est là mon sentiment, ce doit être le vôtre :   185
Par là vous gagnez l'un, et ne craignez plus l'autre[2] ;
Mais suivant d'Achillas le conseil hasardeux,
Vous n'en gagnez aucun, et les perdez tous deux[3].

PTOLOMÉE.

N'examinons donc plus la justice des causes,
Et cédons au torrent qui roule toutes choses[4].   190
Je passe au plus de voix, et de mon sentiment
Je veux bien avoir part à ce grand changement.
Assez et trop longtemps l'arrogance de Rome
A cru qu'être Romain c'étoit être plus qu'homme.
Abattons sa superbe avec sa liberté ;   195
Dans le sang de Pompée éteignons sa fierté ;
Tranchons l'unique espoir où tant d'orgueil se fonde,
Et donnons un tyran à ces tyrans du monde :
Secondons le destin qui les veut mettre aux fers[5],
Et prêtons-lui la main pour venger l'univers.   200
Rome, tu serviras ; et ces rois que tu braves,
Et que ton insolence ose traiter d'esclaves,
Adoreront César avec moins de douleur,
Puisqu'il sera ton maître aussi bien que le leur.
Allez donc, Achillas, allez avec Septime   205

1. *Var.* Prendre sur vous la honte, et lui laisser le fruit. (1644-64)
2. L'édition de 1682 porte, par erreur : « et ne *gagnez* plus l'autre. »
3. *Var.* Vous n'en gagnez pas un, et les perdez tous deux. (1644-68)
4. *Var.* Et cédons au torrent qui traîne toutes choses. (1644-56)
5. *Var.* Consentons au destin qui les veut mettre aux fers. (1644-56)

Nous immortaliser par cet illustre crime.
Qu'il plaise au ciel ou non, laissez-m'en le souci¹.
Je crois qu'il veut sa mort, puisqu'il l'amène ici.

ACHILLAS.

Seigneur, je crois tout juste alors qu'un roi l'ordonne².

PTOLOMÉE.

Allez, et hâtez-vous d'assurer ma couronne, 210
Et vous ressouvenez que je mets en vos mains
Le destin de l'Égypte et celui des Romains³.

SCÈNE II.

PTOLOMÉE, PHOTIN.

PTOLOMÉE.

Photin, ou je me trompe, ou ma sœur est déçue :
De l'abord de Pompée elle espère autre issue.
Sachant que de mon père il a le testament, 215
Elle ne doute point de son couronnement :
Elle se croit déjà souveraine maîtresse
D'un sceptre partagé que sa bonté lui laisse ;
Et se promettant tout de leur vieille amitié,
De mon trône en son âme elle prend la moitié⁴, 220
Où de son vain orgueil les cendres rallumées
Poussent déjà dans l'air de nouvelles fumées.

PHOTIN.

Seigneur, c'est un motif que je ne disois pas⁵,
Qui devoit de Pompée avancer le trépas.
Sans doute il jugeroit de la sœur et du frère 225
Suivant le testament du feu Roi votre père,

---

1. *Var.* Qu'il plaise au ciel ou non, laisse-m'en le souci. (1648-56)
2. *Var.* Sire, je crois tout juste alors qu'un roi l'ordonne. (1644-63)
3. Voyez au tome III, p. 391, les vers 155 et 156 de *Cinna*.
4. *Var.* De mon trône dans l'âme elle prend la moitié. (1644-56)
5. *Var.* Sire, c'est un motif que je ne disois pas. (1644-63)

Son hôte et son ami, qui l'en daigna saisir[1] :
Jugez après cela de votre déplaisir.
Ce n'est pas que je veuille, en vous parlant contre elle,
Rompre les sacrés nœuds d'une amour fraternelle;   230
Du trône et non du cœur je la veux éloigner,
Car c'est ne régner pas qu'être deux à régner;
Un roi qui s'y résout est mauvais politique :
Il détruit son pouvoir quand il le communique;
Et les raisons d'État.... Mais, Seigneur, la voici[2].   235

SCÈNE III.

PTOLOMÉE, CLÉOPATRE, PHOTIN.

CLÉOPATRE.
Seigneur, Pompée arrive, et vous êtes ici[3]!
PTOLOMÉE.
J'attends dans mon palais ce guerrier magnanime,
Et lui viens d'envoyer Achillas et Septime.
CLÉOPATRE.
Quoi? Septime à Pompée, à Pompée Achillas!
PTOLOMÉE.
Si ce n'est assez d'eux, allez, suivez leurs pas.   240
CLÉOPATRE.
Donc pour le recevoir c'est trop que de vous-même?
PTOLOMÉE.
Ma sœur, je dois garder l'honneur du diadème.
CLÉOPATRE.
Si vous en portez un, ne vous en souvenez
Que pour baiser la main de qui vous le tenez, [homme.
Que pour en faire hommage aux pieds d'un si grand

---

1. *Var.* Son hôte et son ami, qui l'en voulut saisir. (1644-56)
2. *Var.* Et les raisons d'État.... Mais, Sire, la voici. (1644-63)
3. *Var.* Sire, Pompée arrive, et vous êtes ici! (1644-60)

ACTE I, SCÈNE III.

PTOLOMÉE.
Au sortir de Pharsale est-ce ainsi qu'on le nomme?
CLÉOPATRE.
Fût-il dans son malheur de tous abandonné,
Il est toujours Pompée, et vous a couronné.
PTOLOMÉE.
Il n'en est plus que l'ombre, et couronna mon père,
Dont l'ombre et non pas moi lui doit ce qu'il espère. 250
Il peut aller, s'il veut, dessus son monument[1]
Recevoir ses devoirs et son remercîment.
CLÉOPATRE.
Après un tel bienfait, c'est ainsi qu'on le traite!
PTOLOMÉE.
Je m'en souviens, ma sœur, et je vois sa défaite.
CLÉOPATRE.
Vous la voyez de vrai, mais d'un œil de mépris. 255
PTOLOMÉE.
Le temps de chaque chose ordonne et fait le prix.
Vous qui l'estimez tant, allez lui rendre hommage;
Mais songez qu'au port même il peut faire naufrage.
CLÉOPATRE.
Il peut faire naufrage, et même dans le port!
Quoi? vous auriez osé lui préparer la mort! 260
PTOLOMÉE.
J'ai fait ce que les Dieux m'ont inspiré de faire,
Et que pour mon État j'ai jugé nécessaire.
CLÉOPATRE.
Je ne le vois que trop, Photin et ses pareils
Vous ont empoisonné de leurs lâches conseils :
Ces âmes que le ciel ne forma que de boue.... 265
PHOTIN.
Ce sont de nos conseils, oui, Madame, et j'avoue....

1. *Var.* S'il veut, il peut aller dessus son monument. (1644-56)

CLÉOPATRE.
Photin, je parle au Roi; vous répondrez[1] pour tous
Quand je m'abaisserai jusqu'à parler à vous.
PTOLOMÉE, à Photin[2].
Il faut un peu souffrir de cette humeur hautaine.
Je sais votre innocence, et je connois sa haine ; 270
Après tout, c'est ma sœur, oyez sans repartir.
CLÉOPATRE.
Ah! s'il est encor temps de vous en repentir[3],
Affranchissez-vous d'eux et de leur tyrannie ;
Rappelez la vertu par leurs conseils bannie :
Cette haute vertu dont le ciel et le sang 275
Enflent toujours les cœurs de ceux de notre rang.
PTOLOMÉE.
Quoi? d'un frivole espoir déjà préoccupée,
Vous me parlez en reine en parlant de Pompée ;
Et d'un faux zèle ainsi votre orgueil revêtu
Fait agir l'intérêt sous le nom de vertu ! 280
Confessez-le, ma sœur, vous sauriez vous en taire,
N'étoit le testament du feu Roi notre père :
Vous savez qu'il le garde.
CLÉOPATRE.
 Et vous saurez aussi
Que la seule vertu me fait parler ainsi,
Et que si l'intérêt m'avoit préoccupée, 285
J'agirois pour César, et non pas pour Pompée.
Apprenez un secret que je voulois cacher,
Et cessez désormais de me rien reprocher.
 Quand ce peuple insolent qu'enferme Alexandrie
Fit quitter au feu Roi son trône et sa patrie, 290

1. On lit dans les éditions de 1648-54 et de 1656 : « vous répondez, » pour : « vous répondrez. »
2. Cette indication manque dans les éditions de 1644-56.
3. *Var.* S'il est, Sire, encor temps de vous en repentir. (1644-63)

ACTE I, SCÈNE III.

Et que jusque dans Rome il alla du sénat[1]
Implorer la pitié contre un tel attentat,
Il nous mena tous deux pour toucher son courage
Vous, assez jeune encor; moi, déjà dans un âge
Où ce peu de beauté que m'ont donné les cieux   295
D'un assez vif éclat faisoit briller mes yeux.
César en fut épris, et du moins j'eus la gloire[2]
De le voir hautement donner lieu de le croire;
Mais voyant contre lui le sénat irrité,
Il fit agir Pompée et son autorité.   300
Ce dernier nous servit à sa seule prière,
Qui de leur amitié fut la preuve dernière :
Vous en savez l'effet, et vous en jouissez.
Mais pour un tel amant ce ne fut pas assez :
Après avoir pour nous employé ce grand homme,   305
Qui nous gagna soudain toutes les voix de Rome,
Son amour en voulut seconder les efforts,
Et nous ouvrant son cœur, nous ouvrit ses trésors :
Nous eûmes de ses feux, encore en leur naissance,
Et les nerfs de la guerre, et ceux de la puissance;   310
Et les mille talents qui lui sont encore dus
Remirent en nos mains tous nos États perdus.
Le Roi, qui s'en souvint à son heure fatale,
Me laissa comme à vous la dignité royale,
Et par son testament il vous fit cette loi[3],   315
Pour me rendre une part de ce qu'il tint de moi.
C'est ainsi qu'ignorant d'où vint ce bon office,
Vous appelez faveur ce qui n'est que justice,

---

1. *Var.* Et que par ces mutins chassé de son État,
   Il fut jusques à Rome implorer le sénat. (1644-56)
2. *Var.* César en fut épris, du moins il feignit l'être,
   Et voulut que l'effet le fît bientôt paroître. (1644-56)
3. *Var.* Et par son testament, qui doit servir de loi,
   Me rendit une part de ce qu'il tint de moi. (1644-56)

Et l'osez accuser d'une aveugle amitié,
Quand du tout qu'il me doit il me rend la moitié.   320
PTOLOMÉE.
Certes, ma sœur, le conte est fait avec adresse.
CLÉOPATRE.
César viendra bientôt, et j'en ai lettre expresse;
Et peut-être aujourd'hui vos yeux seront témoins
De ce que votre esprit s'imagine le moins.
Ce n'est pas sans sujet que je parlois en reine.   325
Je n'ai reçu de vous que mépris et que haine;
Et de ma part du sceptre indigne ravisseur,
Vous m'avez plus traitée en esclave qu'en sœur;
Même, pour éviter des effets plus sinistres,
Il m'a fallu flatter vos insolents ministres,   330
Dont j'ai craint jusqu'ici le fer ou le poison.
Mais Pompée ou César m'en va faire raison,
Et quoi qu'avec Photin Achillas en ordonne,
Ou l'une ou l'autre main me rendra ma couronne.
Cependant mon orgueil vous laisse à démêler   335
Quel étoit l'intérêt qui me faisoit parler.

SCÈNE IV.
PTOLOMÉE, PHOTIN.

PTOLOMÉE.
Que dites-vous, ami, de cette âme orgueilleuse?
PHOTIN.
Seigneur, cette surprise est pour moi merveilleuse[1];
Je n'en sais que penser, et mon cœur étonné
D'un secret que jamais il n'auroit soupçonné,   340

---

1. *Var.* Sire, cette surprise est pour moi merveilleuse. (1644-63)

Inconstant et confus dans son incertitude,
Ne se résout à rien qu'avec inquiétude.

PTOLOMÉE.

Sauverons-nous Pompée?

PHOTIN.

Il faudroit faire effort,
Si nous l'avions sauvé, pour conclure sa mort.
Cléopatre vous hait; elle est fière, elle est belle; 345
Et si l'heureux César a de l'amour pour elle,
La tête de Pompée est l'unique présent
Qui vous fasse contre elle un rempart suffisant.

PTOLOMÉE.

Ce dangereux esprit a beaucoup d'artifice.

PHOTIN.

Son artifice est peu contre un si grand service. 350

PTOLOMÉE.

Mais si, tout grand qu'il est, il cède à ses appas?

PHOTIN.

Il la faudra flatter; mais ne m'en croyez pas,
Et pour mieux empêcher qu'elle ne vous opprime,
Consultez-en encore Achillas et Septime.

PTOLOMÉE.

Allons donc les voir faire, et montons à la tour; 355
Et nous en résoudrons ensemble à leur retour.

FIN DU PREMIER ACTE.

ACTE II.

SCÈNE PREMIÈRE[1].

CLÉOPATRE, CHARMION.

CLÉOPATRE.

Je l'aime; mais l'éclat d'une si belle flamme,
Quelque brillant qu'il soit, n'éblouit point mon âme,
Et toujours ma vertu retrace dans mon cœur
Ce qu'il doit au vaincu, brûlant pour le vainqueur.   360
Aussi qui l'ose aimer porte une âme trop haute
Pour souffrir seulement le soupçon d'une faute;
Et je le traiterois avec indignité,
Si j'aspirois à lui par une lâcheté.

CHARMION.

Quoi? vous aimez César, et si vous étiez crue,   365
L'Égypte pour Pompée armeroit à sa vue,
En prendroit la défense, et par un prompt secours
Du destin de Pharsale arrêteroit le cours!
L'amour certes sur vous a bien peu de puissance.

CLÉOPATRE.

Les princes ont cela de leur haute naissance :   370
Leur âme dans leur sang prend des impressions
Qui dessous leur vertu rangent leurs passions.
Leur générosité soumet tout à leur gloire[2] :
Tout est illustre en eux quand ils daignent se croire[3];

---

1. Voyez ci-dessus l'*Examen*, p. 24.
2. *Var.* Leur générosité soumet tout à la gloire. (1656)
3. *Var.* Tout est illustre en eux quand ils osent se croire. (1644-56)

Et si le peuple y voit quelques déréglemehts, 375
C'est quand l'avis d'autrui corrompt leurs sentiments¹.
Ce malheur de Pompée achève la ruine :
Le Roi l'eût secouru, mais Photin l'assassine ;
Il croit cette âme basse, et se montre sans foi ;
Mais s'il croyoit la sienne, il agiroit en roi. 380
                        CHARMION.
Ainsi donc de César l'amante et l'ennemie....
                        CLÉOPATRE.
Je lui garde ma flamme exempte d'infamie²,
Un cœur digne de lui.
                        CHARMION.
                    Vous possédez le sien?
                        CLÉOPATRE.
Je crois le posséder.
                        CHARMION.
                    Mais le savez-vous bien³?
                        CLÉOPATRE.
Apprends qu'une princesse aimant sa renommée, 385
Quand elle dit qu'elle aime, est sûre d'être aimée⁴,
Et que les plus beaux feux dont son cœur soit épris
N'oseroient l'exposer aux hontes d'un mépris.
    Notre séjour à Rome enflamma son courage :
Là j'eus de son amour le premier témoignage, 390
Et depuis jusqu'ici chaque jour ses courriers
M'apportent en tribut ses vœux et ses lauriers⁵.
Partout, en Italie, aux Gaules, en Espagne,
La fortune le suit, et l'amour l'accompagne.

---

1. *Var.* C'est quand l'avis d'autrui corrompt les sentiments. (1644 in-12)
2. *Var.* Je lui garde une flamme exempte d'infamie. (1644-68)
3. Ce vers a été omis par erreur dans les éditions de 1648-54 et de 1656.
4. *Var.* Quand elle avoue aimer, s'assure d'être aimée,
    Et de quelque beau feu que son cœur soit épris,
    Ne s'expose jamais aux hontes d'un mépris. (1644-56)
    Var. Jamais ne dit qu'elle aime, à moins que d'être aimée. (1660)
5. Voyez l'Examen de *Polyeucte*, tome III, p. 483 et 484.

Son bras ne dompte point de peuples ni de lieux 395
Dont il ne rende hommage au pouvoir de mes yeux;
Et de la même main dont il quitte l'épée,
Fumante encor du sang des amis de Pompée,
Il trace des soupirs, et d'un style plaintif
Dans son champ de victoire il se dit mon captif. 400
Oui, tout victorieux il m'écrit de Pharsale;
Et si sa diligence à ses feux est égale,
Ou plutôt si la mer ne s'oppose à ses feux,
L'Égypte le va voir me présenter ses vœux.
Il vient, ma Charmion, jusque dans nos murailles, 405
Chercher auprès de moi le prix de ses batailles,
M'offrir toute sa gloire, et soumettre à mes lois
Ce cœur et cette main qui commandent aux rois[1];
Et ma rigueur, mêlée aux faveurs de la guerre,
Feroit un malheureux du maître de la terre. 410

CHARMION.

J'oserois bien jurer que vos charmants appas[2]
Se vantent d'un pouvoir dont ils n'useront pas,
Et que le grand César n'a rien qui l'importune,
Si vos seules rigueurs ont droit sur sa fortune.
Mais quelle est votre attente, et que prétendez-vous,
Puisque d'une autre femme il est déjà l'époux,
Et qu'avec Calphurnie[3] un paisible hyménée
Par des liens sacrés tient son âme enchaînée?

CLÉOPATRE.

Le divorce, aujourd'hui si commun aux Romains,
Peut rendre en ma faveur tous ces obstacles vains : 420

---

1. *Var.* Et le cœur et la main qui les donnent aux rois;
   Si bien que ma rigueur, ainsi que le tonnerre,
   Peut faire un malheureux du maître de la terre. (1644-56)
2. *Var.* J'oserois bien jurer que vos divins appas. (1644-63)
3. Les éditions de 1644 portent seules : « Calpurnie, » au lieu de : « Calphurnie. » — On trouve dans les inscriptions l'une et l'autre orthographe; la seconde (*Calpurnius, Calpurnia*) st la plus ordinaire.

ACTE II, SCÈNE I. 45

César en sait l'usage et la cérémonie;
Un divorce chez lui fit place à Calphurnie[1].
CHARMION.
Par cette même voie il pourra vous quitter.
CLÉOPATRE.
Peut-être mon bonheur saura mieux l'arrêter[2];
Peut-être mon amour aura quelque avantage   425
Qui saura mieux pour moi[3] ménager son courage.
Mais laissons au hasard ce qui peut arriver;
Achevons cet hymen, s'il se peut achever,
Ne durât-il qu'un jour, ma gloire est sans seconde
D'être du moins un jour la maîtresse du monde.   430
J'ai de l'ambition, et soit vice ou vertu,
Mon cœur sous son fardeau veut bien être abattu;
J'en aime la chaleur et la nomme sans cesse
La seule passion digne d'une princesse.
Mais je veux que la gloire anime ses ardeurs,   435
Qu'elle mène sans honte au faîte des grandeurs;
Et je la désavoue alors que sa manie
Nous présente le trône avec ignominie.
   Ne t'étonne donc plus, Charmion, de me voir
Défendre encor Pompée et suivre mon devoir.   440
Ne pouvant rien de plus pour sa vertu séduite,
Dans mon âme en secret je l'exhorte à la fuite,
Et voudrois qu'un orage, écartant ses vaisseaux,

   1. Avant d'épouser Calpurnie, César avait répudié sa troisième femme, Pompéia.
   2. *Var.* [Peut-être mon bonheur saura mieux l'arrêter;]
        Et si jamais le ciel favorisoit ma couche
        De quelque rejeton de cette illustre souche,
        Cette heureuse union de mon sang et du sien
        Uniroit à jamais son destin et le mien.
        Comme il n'a plus d'enfants, ces chers et nouveaux gages
        Me seroient de son cœur de précieux otages.
      [Mais laissons au hasard ce qui peut arriver.] (1644-56)
   3. Les éditions de 1682 et de 1692 portent seules : « Qui saura mieux *que moi,* » ce qui est sans doute une erreur.

Malgré lui l'enlevât aux mains de ses bourreaux.
Mais voici de retour le fidèle Achorée, 445
Par qui j'en apprendrai la nouvelle assurée.

SCÈNE II.

CLÉOPATRE, ACHORÉE, CHARMION.

CLÉOPATRE.

En est-ce déjà fait, et nos bords malheureux
Sont-ils déjà souillés d'un sang si généreux ?

ACHORÉE.

Madame, j'ai couru par votre ordre au rivage ;
J'ai vu la trahison, j'ai vu toute sa rage ; 450
Du plus grand des mortels j'ai vu trancher le sort[1] :
J'ai vu dans son malheur la gloire de sa mort ;
Et puisque vous voulez qu'ici je vous raconte
La gloire d'une mort qui nous couvre de honte,
Écoutez, admirez, et plaignez son trépas. 455
  Ses trois vaisseaux en rade avoient mis voile bas ;
Et voyant dans le port préparer nos galères,
Il croyoit que le Roi, touché de ses misères,
Par un beau sentiment d'honneur et de devoir,
Avec toute sa cour le venoit recevoir ; 460
Mais voyant que ce prince, ingrat à ses mérites,
N'envoyoit qu'un esquif rempli de satellites,
Il soupçonne aussitôt son manquement de foi[2],
Et se laisse surprendre à quelque peu d'effroi ;
Enfin, voyant nos bords et notre flotte en armes, 465

---

1. Achorée joue dans la *Pharsale*, comme nous l'avons dit (p. 26, note 6), un tout autre rôle que dans la tragédie ; mais chez Lucain, comme chez Corneille, il est favorable à Pompée : voyez la *Pharsale*, livre VIII, vers 475-481.
2. *Var.* Il soupçonna dès lors son manquement de foi,
    Et se laissa surprendre à quelque peu d'effroi. (1644-56)

Il condamne en son cœur ces indignes alarmes[1],
Et réduit tous les soins d'un si pressant ennui
A ne hasarder pas Cornélie avec lui :
« N'exposons, lui dit-il, que cette seule tête
A la réception que l'Égypte m'apprête ; 470
Et tandis que moi seul j'en courrai le danger,
Songe à prendre la fuite afin de me venger.
Le roi Juba nous garde une foi plus sincère ;
Chez lui tu trouveras et mes fils et ton père[2] ;
Mais quand tu les verrois descendre chez Pluton, 475
Ne désespère point, du vivant de Caton. »
Tandis que leur amour en cet adieu conteste[3],
Achillas à son bord joint son esquif funeste.
Septime se présente, et lui tendant la main,
Le salue empereur en langage romain ; 480
Et comme député de ce jeune monarque :
« Passez, Seigneur, dit-il, passez dans cette barque ;
Les sables et les bancs cachés dessous les eaux
Rendent l'accès mal sûr à de plus grands vaisseaux. »
Ce héros voit la fourbe, et s'en moque dans l'âme :
Il reçoit les adieux des siens et de sa femme,
Leur défend de le suivre, et s'avance au trépas
Avec le même front qu'il donnoit les États ;
La même majesté sur son visage empreinte
Entre ces assassins montre un esprit sans crainte ; 490
Sa vertu toute entière à la mort le conduit.

1. *Var.* Il condamna soudain ces indignes alarmes,
   Et pensa seulement, dans ce pressant ennui. (1644-56)
2. Après la bataille de Pharsale, le père de Cornélie, Q. Métellus Scipion, s'était retiré d'abord à Corcyre auprès de Caton, puis en Afrique, où César le vainquit, lui et Juba, roi de Numidie, à la bataille de Thapsus. — Des deux fils de Pompée et de Mucia, sa troisième femme, l'aîné, Cnéius, était en route pour l'Afrique quand il apprit la mort de son père ; le second, Sextus, était sur le vaisseau, et fut témoin avec Cornélie du meurtre de Pompée.
3. *Var.* Il dit, et cependant que leur amour conteste. (1644-56)

Son affranchi Philippe est le seul qui le suit ;
C'est de lui que j'ai su ce que je viens de dire ;
Mes yeux ont vu le reste, et mon cœur en soupire,
Et croit que César même à de si grands malheurs 495
Ne pourra refuser des soupirs et des pleurs.

CLÉOPATRE.

N'épargnez pas les miens : achevez, Achorée,
L'histoire d'une mort que j'ai déjà pleurée.

ACHORÉE.

On l'amène ; et du port nous le voyons venir,
Sans que pas un d'entre eux daigne l'entretenir. 500
Ce mépris lui fait voir ce qu'il en doit attendre.
Sitôt qu'on a pris terre, on l'invite à descendre[1] :
Il se lève ; et soudain, pour signal, Achillas[2]
Derrière ce héros tirant son coutelas,
Septime et trois des siens, lâches enfants de Rome, 505
Percent à coups pressés les flancs de ce grand homme,
Tandis qu'Achillas même, épouvanté d'horreur,
De ces quatre enragés admire la fureur.

CLÉOPATRE.

Vous qui livrez la terre aux discordes civiles,
Si vous vengez sa mort, Dieux, épargnez nos villes ! 510
N'imputez rien aux lieux, reconnoissez les mains :
Le crime de l'Égypte est fait par des Romains.
Mais que fait et que dit ce généreux courage ?

ACHORÉE.

D'un des pans de sa robe il couvre son visage,
A son mauvais destin en aveugle obéit, 515
Et dédaigne de voir le ciel qui le trahit,
De peur que d'un coup d'œil contre une telle offense[3]

1. *Var.* Enfin l'esquif aborde, on l'invite à descendre. (1644-64)
2. *Var.* Il se lève ; et soudain, par derrière, Achillas,
  Comme pour commencer, tirant son coutelas. (1644-56)
3. *Var.* De peur qu'il ne semblât contre une telle offense
  Implorer d'un coup d'œil son aide et sa vengeance. (1644-60)

Il ne semble implorer son aide ou sa vengeance.
Aucun gémissement à son cœur échappé
Ne le montre, en mourant, digne d'être frappé :　520
Immobile à leurs coups, en lui-même il rappelle¹
Ce qu'eut de beau sa vie, et ce qu'on dira d'elle;
Et tient la trahison que le Roi leur prescrit
Trop au-dessous de lui pour y prêter l'esprit.
Sa vertu dans leur crime augmente ainsi son lustre;　525
Et son dernier soupir est un soupir illustre,
Qui de cette grande âme achevant les destins,
Étale tout Pompée aux yeux des assassins.
Sur les bords de l'esquif sa tête enfin penchée²,
Par le traître Septime indignement tranchée,　530
Passe au bout d'une lance en la main d'Achillas,
Ainsi qu'un grand trophée après de grands combats.
On descend, et pour comble à sa noire aventure³
On donne à ce héros la mer pour sépulture,
Et le tronc sous les flots roule dorénavant　535
Au gré de la fortune, et de l'onde, et du vent.
La triste Cornélie, à cet affreux spectacle⁴,
Par de longs cris aigus tâche d'y mettre obstacle,
Défend ce cher époux de la voix et des yeux,
Puis n'espérant plus rien, lève les mains aux cieux;　540
Et cédant tout à coup à la douleur plus forte,
Tombe, dans sa galère, évanouie ou morte.
Les siens en ce désastre, à force de ramer,

---

1. *Var.* Immobile en leurs coups, en lui-même il rappelle. (1648-56)
2. *Var.* Sa tête, sur les bords de la barque penchée. (1644-64)
3. *Var.* Et pour combler enfin sa tragique aventure. (1644-64)
4. *Var.* A ce spectacle affreux, la pauvre Cornélie....
CLÉOP. Dieux! en quels déplaisirs est-elle ensevelie?
ACHOR. Ayant toujours suivi ce cher époux des yeux,
Je l'ai vue élever ses tristes mains aux cieux;
Puis cédant aussitôt à la douleur plus forte,|
Tomber, dans sa galère, évanouie ou morte. (1644-56)

L'éloignent de la rive, et regagnent la mer¹.
Mais sa fuite est mal sûre; et l'infâme Septime, 545
Qui se voit dérober la moitié de son crime,
Afin de l'achever, prend six vaisseaux au port,
Et poursuit sur les eaux Pompée après sa mort.
　　Cependant Achillas porte au Roi sa conquête :
Tout le peuple tremblant en détourne la tête; 550
Un effroi général offre à l'un sous ses pas
Des abîmes ouverts pour venger ce trépas;
L'autre entend le tonnerre, et chacun se figure²
Un désordre soudain de toute la nature :
Tant l'excès du forfait, troublant leurs jugements, 555
Présente à leur terreur l'excès des châtiments!
　　Philippe, d'autre part, montrant sur le rivage
Dans une âme servile un généreux courage,
Examine d'un œil et d'un soin curieux
Où les vagues rendront ce dépôt précieux, 560
Pour lui rendre, s'il peut, ce qu'aux morts on doit rendre,
Dans quelque urne chétive en ramasser la cendre,
Et d'un peu de poussière élever un tombeau
A celui qui du monde eut le sort le plus beau.
Mais comme vers l'Afrique on poursuit Cornélie, 565
On voit d'ailleurs César venir de Thessalie :
Une flotte paroit qu'on a peine à compter....

CLÉOPATRE.

C'est lui-même, Achorée, il n'en faut point douter.
Tremblez, tremblez, méchants, voici venir la foudre;
Cléopatre a de quoi vous mettre tous en poudre : 570
César vient, elle est reine, et Pompée est vengé;
La tyrannie est bas, et le sort a changé³.
Admirons cependant le destin des grands hommes,

1. *Var.* L'éloignent du rivage, et regagnent la mer. (1644-56)
2. *Var.* L'autre entend le tonnerre, et l'autre se figure. (1644 et 48)
3. *Var.* La tyrannie est bas, et le sort est changé. (1644-64)

Plaignons-les, et par eux jugeons ce que nous sommes.
　　Ce prince d'un sénat maître de l'univers, 575
Dont le bonheur sembloit au-dessus du revers¹,
Lui que sa Rome a vu plus craint que le tonnerre,
Triompher en trois fois des trois parts de la terre,
Et qui voyoit encore en ces derniers hasards
L'un et l'autre consul suivre ses étendards ; 580
Sitôt que d'un malheur sa fortune est suivie,
Les monstres de l'Égypte ordonnent de sa vie.
On voit un Achillas, un Septime, un Photin,
Arbitres souverains d'un si noble destin ;
Un roi qui de ses mains a reçu la couronne 585
A ces pestes de cour lâchement l'abandonne.
Ainsi finit Pompée ; et peut-être qu'un jour
César éprouvera même sort à son tour.
Rendez l'augure faux, Dieux qui voyez mes larmes,
Et secondez partout et mes vœux et ses armes ! 590
　　　　　　　CHARMION.
Madame, le Roi vient, qui pourra vous ouïr.

SCÈNE III.

PTOLOMÉE, CLÉOPATRE, CHARMION.

PTOLOMÉE.

Savez-vous le bonheur dont nous allons jouir,
Ma sœur ?

CLÉOPATRE.

　　　Oui, je le sais, le grand César arrive :
Sous les lois de Photin je ne suis plus captive.

PTOLOMÉE.

Vous haïssez toujours ce fidèle sujet ? 595

---

1. *Var.* De qui l'heur sembloit être au-dessus du revers. (1644-68)

CLÉOPATRE.
Non, mais en liberté je ris de son projet.
PTOLOMÉE.
Quel projet faisoit-il dont vous puissiez vous plaindre ?
CLÉOPATRE.
J'en ai souffert beaucoup, et j'avois plus à craindre :
Un si grand politique est capable de tout ;
Et vous donnez les mains à tout ce qu'il résout. 600
PTOLOMÉE.
Si je suis ses conseils, j'en connois la prudence.
CLÉOPATRE.
Si j'en crains les effets, j'en vois la violence.
PTOLOMÉE.
Pour le bien de l'État tout est juste en un roi.
CLÉOPATRE.
Ce genre de justice est à craindre pour moi :
Après ma part du sceptre, à ce titre usurpée, 605
Il en coûte la vie et la tête à Pompée.
PTOLOMÉE.
Jamais un coup d'État ne fut mieux entrepris.
Le voulant secourir, César nous eût surpris :
Vous voyez sa vitesse ; et l'Égypte troublée
Avant qu'être en défense en seroit accablée ; 610
Mais je puis maintenant à cet heureux vainqueur
Offrir en sûreté mon trône et votre cœur.
CLÉOPATRE.
Je ferai mes présents ; n'ayez soin que des vôtres,
Et dans vos intérêts n'en confondez point d'autres.
PTOLOMÉE.
Les vôtres sont les miens, étant de même sang. 615
CLÉOPATRE.
Vous pouvez dire encore, étant de même rang,
Étant rois l'un et l'autre ; et toutefois je pense
Que nos deux intérêts ont quelque différence.

ACTE II, SCÈNE III.

PTOLOMÉE.

Oui, ma sœur; car l'État dont mon cœur est content,
Sur quelques bords du Nil à grand'peine s'étend[1]; 620
Mais César, à vos lois soumettant son courage,
Vous va faire régner sur le Gange et le Tage.

CLÉOPATRE.

J'ai de l'ambition, mais je la sais régler :
Elle peut m'éblouir, et non pas m'aveugler.
Ne parlons point ici du Tage ni du Gange; 625
Je connois ma portée, et ne prends point le change.

PTOLOMÉE.

L'occasion vous rit, et vous en userez.

CLÉOPATRE.

Si je n'en use bien, vous m'en accuserez.

PTOLOMÉE.

J'en espère beaucoup, vu l'amour qui l'engage.

CLÉOPATRE.

Vous la craignez peut-être encore davantage; 630
Mais quelque occasion qui me rie aujourd'hui,
N'ayez aucune peur, je ne veux rien d'autrui :
Je ne garde pour vous ni haine ni colère,
Et je suis bonne sœur, si vous n'êtes[2] bon frère.

PTOLOMÉE.

Vous montrez cependant un peu bien du mépris. 635

CLÉOPATRE.

Le temps de chaque chose ordonne et fait le prix.

PTOLOMÉE.

Votre façon d'agir le fait assez connoître.

CLÉOPATRE.

Le grand César arrive, et vous avez un maître.

---

1. *Var.* Sur quelques bords du Nil bien à peine s'étend. (1648-56)
2. L'édition de 1655 porte : « si vous m'êtes, » pour : « si vous n'êtes. »

PTOLOMÉE.
Il l'est de tout le monde, et je l'ai fait le mien.
CLÉOPATRE.
Allez lui rendre hommage, et j'attendrai le sien ;   640
Allez, ce n'est pas trop pour lui que de vous-même :
Je garderai pour vous l'honneur du diadème.
Photin vous vient aider à le bien recevoir :
Consultez avec lui quel est votre devoir.

SCÈNE IV.

PTOLOMÉE, PHOTIN.

PTOLOMÉE.
J'ai suivi tes conseils ; mais plus je l'ai flattée,   645
Et plus dans l'insolence elle s'est emportée ;
Si bien qu'enfin, outré de tant d'indignités,
Je m'allois emporter dans les extrémités :
Mon bras, dont ses mépris forçoient la retenue,
N'eût plus considéré César ni sa venue,   650
Et l'eût mise en état, malgré tout son appui,
De s'en plaindre à Pompée auparavant qu'à lui[1].
L'arrogante ! à l'ouïr elle est déjà ma reine ;
Et si César en croit son orgueil et sa haine ;
Si, comme elle s'en vante, elle est son cher objet,   655
De son frère et son roi je deviens son sujet.
Non, non ; prévenons-la : c'est foiblesse d'attendre
Le mal qu'on voit venir sans vouloir s'en défendre[2].
Otons-lui les moyens de nous plus dédaigner ;
Otons-lui les moyens de plaire et de régner ;   660

1. *Var.* De se plaindre à Pompée auparavant qu'à lui. (1644-60)
2. *Var.* Le mal qu'on voit venir sans pouvoir s'en défendre. (1644-64)

Et ne permettons pas qu'après tant de bravades,
Mon sceptre soit le prix d'une de ses œillades.
                    PHOTIN.
Seigneur, ne donnez point de prétexte à César[1]
Pour attacher l'Égypte aux pompes de son char.
Ce cœur ambitieux, qui par toute la terre   665
Ne cherche qu'à porter l'esclavage et la guerre,
Enflé de sa victoire, et des ressentiments
Qu'une perte pareille imprime aux vrais amants,
Quoique vous ne rendiez que justice à vous-même,
Prendroit l'occasion de venger ce qu'il aime;   670
Et pour s'assujettir et vos États et vous,
Imputeroit à crime un si juste courroux.
                    PTOLOMÉE.
Si Cléopatre vit, s'il la voit, elle est reine.
                    PHOTIN.
Si Cléopatre meurt, votre perte est certaine.
                    PTOLOMÉE.
Je perdrai qui me perd, ne pouvant me sauver.   675
                    PHOTIN.
Pour la perdre avec joie, il faut vous conserver.
                    PTOLOMÉE.
Quoi? pour voir sur sa tête éclater ma couronne?
Sceptre, s'il faut enfin que ma main t'abandonne,
Passe, passe plutôt en celle du vainqueur.
                    PHOTIN.
Vous l'arracherez mieux de celle d'une sœur.   680
Quelques feux que d'abord il lui fasse paroître,
Il partira bientôt, et vous serez le maître.
L'amour à ses pareils ne donne point d'ardeur
Qui ne cède aisément aux soins de leur grandeur.
Il voit encor l'Afrique et l'Espagne occupées   685

1. *Var.* Sire, ne donnez point de prétexte à César. (1644-63)

Par Juba, Scipion et les jeunes Pompées;
Et le monde à ses lois n'est point assujetti,
Tant qu'il verra durer ces restes du parti.
Au sortir de Pharsale un si grand capitaine
Sauroit mal son métier s'il laissoit prendre haleine,   690
Et s'il donnoit loisir à des cœurs si hardis
De relever du coup dont ils sont étourdis.
S'il les vainc, s'il parvient où son desir aspire,
Il faut qu'il aille à Rome établir son empire,
Jouir de sa fortune et de son attentat,   695
Et changer à son gré la forme de l'État.
Jugez durant ce temps ce que vous pourrez faire.
Seigneur, voyez César, forcez-vous à lui plaire¹;
Et lui déférant tout, veuillez vous souvenir
Que les événements régleront l'avenir.   700
Remettez en ses mains trône, sceptre, couronne,
Et sans en murmurer, souffrez qu'il en ordonne :
Il en croira sans doute ordonner justement,
En suivant du feu Roi l'ordre et le testament²;
L'importance d'ailleurs de ce dernier service   705
Ne permet pas d'en craindre une entière injustice.
Quoi qu'il en fasse enfin, feignez d'y consentir,
Louez son jugement, et laissez-le partir³.
Après, quand nous verrons le temps propre aux ven-
Nous aurons et la force et les intelligences.   [geances,
Jusque-là réprimez ces transports violents
Qu'excitent d'une sœur les mépris insolents :

---

1. *Var.* Sire, voyez César, forcez-vous à lui plaire. (1644-63)
2. Avant sa mort, Ptolémée Aulétès avait envoyé son testament à Rome. Pompée en fut le dépositaire. Il y disposait de son trône en faveur de son fils aîné, le Ptolémée de notre tragédie, et de sa fille aînée Cléopatre, à la condition qu'ils se marieraient, quand ils auraient l'âge convenable, et régneraient ensemble.
3. *Var.* Louez son jugement, et le laissez partir. (1644-56)

Les bravades enfin sont des discours frivoles,
Et qui songe aux effets néglige les paroles.
PTOLOMÉE.
Ah! tu me rends la vie et le sceptre à la fois :   715
Un sage conseiller est le bonheur des rois.
Cher appui de mon trône, allons, sans plus attendre,
Offrir tout à César, afin de tout reprendre ;
Avec toute ma flotte allons le recevoir[1],
Et par ces vains honneurs séduire son pouvoir.   720

1. *Var.* Et pour vaincre d'honneur son absolu pouvoir,
  [Avec toute ma flotte allons le recevoir.] (1644-56)

FIN DU SECOND ACTE.

ACTE III.

SCÈNE PREMIÈRE.
CHARMION, ACHORÉE.

CHARMION.

Oui, tandis que le Roi va lui-même en personne
Jusqu'aux pieds de César prosterner sa couronne,
Cléopatre s'enferme en son appartement,
Et sans s'en émouvoir attend son compliment.
Comment nommerez-vous une humeur si hautaine? 725

ACHORÉE.

Un orgueil noble et juste, et digne d'une reine
Qui soutient avec cœur et magnanimité
L'honneur de sa naissance et de sa dignité :
Lui pourrai-je parler?

CHARMION.

            Non; mais elle m'envoie
Savoir à cet abord ce qu'on a vu de joie; 730
Ce qu'à ce beau présent César a témoigné;
S'il a paru content, ou s'il l'a dédaigné[1];
S'il traite avec douceur, s'il traite avec empire;
Ce qu'à nos assassins enfin il a su dire[2].

ACHORÉE.

La tête de Pompée a produit des effets 735
Dont ils n'ont pas sujet d'être fort satisfaits.

---

1. *Var.* S'il en a rendu grâce, ou s'il l'a dédaigné. (1644-56)
2. *Var.* Ce qu'à nos assassins enfin il a pu dire. (1644-64)

Je ne sais si César prendroit plaisir à feindre ;
Mais pour eux jusqu'ici je trouve lieu de craindre :
S'ils aimoient Ptolomée, ils l'ont fort mal servi.
    Vous l'avez vu partir, et moi je l'ai suivi. 740
Ses vaisseaux en bon ordre ont éloigné la ville¹,
Et pour joindre César n'ont avancé qu'un mille.
Il venoit à plein voile² ; et si dans les hasards
Il éprouva toujours pleine faveur de Mars³,
Sa flotte, qu'à l'envi favorisoit Neptune, 745
Avoit le vent en poupe ainsi que sa fortune.
Dès le premier abord notre prince étonné
Ne s'est plus souvenu de son front couronné :
Sa frayeur a paru sous sa fausse allégresse ;
Toutes ses actions ont senti la bassesse ; 750
J'en ai rougi moi-même, et me suis plaint à moi
De voir là Ptolomée, et n'y voir point de roi ;
Et César, qui lisoit sa peur sur son visage,
Le flattoit par pitié pour lui donner courage.
Lui, d'une voix tombante offrant ce don fatal : 755
« Seigneur, vous n'avez plus, lui dit-il, de rival ;
Ce que n'ont pu les Dieux dans votre Thessalie,
Je vais mettre en vos mains Pompée et Cornélie :
En voici déjà l'un, et pour l'autre, elle fuit ;
Mais avec six vaisseaux un des miens la poursuit. » 760
    A ces mots Achillas découvre cette tête :
Il semble qu'à parler encore elle s'apprête,
Qu'à ce nouvel affront un reste de chaleur
En sanglots mal formés exhale sa douleur ;
Sa bouche encore ouverte et sa vue égarée 765
Rappellent sa grande âme à peine séparée ;

---

1. Pour : *se sont éloignés de la ville*. Voyez le *Lexique*.
2. A cette époque ce mot se rencontre assez fréquemment au masculin en ce sens. Voyez le *Lexique*.
3. *Var.* Il éprouva toujours la faveur de son Mars. (1644-56)

Et son courroux mourant fait un dernier effort
Pour reprocher aux Dieux sa défaite et sa mort.
César, à cet aspect, comme frappé du foudre,
Et comme ne sachant que croire ou que résoudre, 770
Immobile, et les yeux sur l'objet attachés,
Nous tient assez longtemps ses sentiments cachés;
Et je dirai, si j'ose en faire conjecture,
Que, par un mouvement commun à la nature,
Quelque maligne joie en son cœur s'élevoit, 775
Dont sa gloire indignée à peine le sauvoit.
L'aise de voir la terre à son pouvoir soumise
Chatouilloit malgré lui son âme avec surprise,
Et de cette douceur son esprit combattu
Avec un peu d'effort rassuroit sa vertu. 780
S'il aime sa grandeur, il hait la perfidie;
Il se juge en autrui, se tâte, s'étudie,
Examine en secret sa joie et ses douleurs[1],
Les balance, choisit, laisse couler des pleurs;
Et forçant sa vertu d'être encor la maîtresse, 785
Se montre généreux par un trait de foiblesse;
Ensuite il fait ôter ce présent de ses yeux,
Lève les mains ensemble et les regards aux cieux,
Lâche deux ou trois mots contre cette insolence;
Puis tout triste et pensif il s'obstine au silence, 790
Et même à ses Romains ne daigne repartir
Que d'un regard farouche et d'un profond soupir.
Enfin, ayant pris terre avec trente cohortes,
Il se saisit du port, il se saisit des portes,
Met des gardes partout et des ordres secrets, 795
Fait voir sa défiance, ainsi que ses regrets,
Parle d'Égypte en maître et de son adversaire,

1. *Var.* Consulte à sa raison sa joie et ses douleurs,
   Examine, choisit, laisse couler des pleurs. (1644-56)

Non plus comme ennemi, mais comme son beau-père[1].
Voilà ce que j'ai vu.

CHARMION.

Voilà ce qu'attendoit,
Ce qu'au juste Osiris la Reine demandoit. 800
Je vais bien la ravir avec cette nouvelle.
Vous, continuez-lui ce service fidèle.

ACHORÉE.

Qu'elle n'en doute point. Mais César vient. Allez,
Peignez-lui bien nos gens pâles et désolés;
Et moi, soit que l'issue en soit douce ou funeste, 805
J'irai l'entretenir quand j'aurai vu le reste.

SCÈNE II.

CÉSAR, PTOLOMÉE, LÉPIDE, PHOTIN, ACHORÉE[2];
Soldats romains, Soldats égyptiens.

PTOLOMÉE.

Seigneur, montez au trône, et commandez ici.

CÉSAR.

Connoissez-vous César, de lui parler ainsi?
Que m'offriroit de pis la fortune ennemie,
A moi qui tiens le trône égal à l'infamie? 810
Certes, Rome à ce coup pourroit bien se vanter
D'avoir eu juste lieu de me persécuter;

---

1. Pompée n'avait épousé Cornélie qu'après la mort de sa seconde femme, Julie, fille de César.
2. « Un homme qui demeure sur le théâtre, seulement pour entendre ce que diront ceux qu'il y voit entrer, fait une liaison de présence sans discours, qui souvent a mauvaise grâce.... Ainsi dans le troisième acte de *Pompée*, Achorée, après avoir rendu compte à Charmion de la réception que César a faite au Roi quand il lui a présenté la tête de ce héros, demeure sur le théâtre, où il voit venir l'un et l'autre, seulement pour entendre ce qu'ils diront, et le rapporter à Cléopatre. » (*Discours des trois unités*, tome I, p. 103.)

Elle qui d'un même œil les donne et les dédaigne,
Qui ne voit rien aux rois qu'elle aime ou qu'elle craigne,
Et qui verse en nos cœurs, avec l'âme et le sang,   815
Et la haine du nom, et le mépris du rang.
C'est ce que de Pompée il vous falloit apprendre :
S'il en eût aimé l'offre, il eût su s'en défendre;
Et le trône et le Roi se seroient ennoblis
A soutenir la main qui les a rétablis.   820
Vous eussiez pu tomber, mais tout couvert de gloire :
Votre chute eût valu la plus haute victoire;
Et si votre destin n'eût pu vous en sauver,
César eût pris plaisir à vous en relever.
Vous n'avez pu former une si noble envie;   825
Mais quel droit aviez-vous sur cette illustre vie?
Que vous devoit son sang pour y tremper vos mains,
Vous qui devez respect au moindre des Romains?
Ai-je vaincu pour vous dans les champs de Pharsale[1]?
Et par une victoire aux vaincus trop fatale,   830
Vous ai-je acquis sur eux, en ce dernier effort,
La puissance absolue et de vie et de mort?
Moi qui n'ai jamais pu la souffrir à Pompée,
La souffrirai-je en vous sur lui-même usurpée,
Et que de mon bonheur vous ayez abusé   835
Jusqu'à plus attenter que je n'aurois osé?
De quel nom, après tout, pensez-vous que je nomme
Ce coup où vous tranchez du souverain de Rome,
Et qui sur un seul chef lui fait bien plus d'affront
Que sur tant de milliers ne fit le roi de Pont[2]?   840
Pensez-vous que j'ignore ou que je dissimule
Que vous n'auriez pas eu pour moi plus de scrupule,

1. *Var.* Ai-je vaincu pour vous dans le sang de Pharsale? (1648-54 et 56)
 Var. Ai-je vaincu pour vous dans le champ de Pharsale? (1655)
2. Mithridate avait fait égorger à la fois dans les villes de l'Asie tous les Romains qui s'y trouvaient.

Et que s'il m'eût vaincu, votre esprit complaisant[1]
Lui faisoit de ma tête un semblable présent?
Grâces à ma victoire, on me rend des hommages   845
Où ma fuite eût reçu toutes sortes d'outrages;
Au vainqueur, non à moi, vous faites tout l'honneur :
Si César en jouit, ce n'est que par bonheur.
Amitié dangereuse, et redoutable zèle,
Que règle la fortune, et qui tourne avec elle[2]!   850
Mais parlez, c'est trop être interdit et confus.

PTOLOMÉE.

Je le suis, il est vrai, si jamais je le fus;
Et vous-même avouerez que j'ai sujet de l'être.
  Étant né souverain, je vois ici mon maître :
Ici, dis-je, où ma cour tremble en me regardant,   855
Où je n'ai point encore agi qu'en commandant,
Je vois une autre cour sous une autre puissance,
Et ne puis plus agir qu'avec obéissance.
De votre seul aspect je me suis vu surpris :
Jugez si vos discours rassurent mes esprits[3];   860
Jugez par quels moyens je puis sortir d'un trouble
Que forme le respect, que la crainte redouble,
Et ce que vous peut dire un prince épouvanté
De voir tant de colère et tant de majesté.
Dans ces étonnements dont mon âme est frappée,   865
De rencontrer en vous le vengeur de Pompée,
Il me souvient pourtant que s'il fut notre appui,
Nous vous dûmes dès lors autant et plus qu'à lui.
Votre faveur pour nous éclata la première,
Tout ce qu'il fit après fut à votre prière :   870

  1. *Var.* Et que s'il eût vaincu, votre esprit complaisant. (1644-56)
  2. On a rapproché de ce passage ce vers bien connu des *Pontiques* d'Ovide
(livre II, épître III, vers 10) :

      Et cum fortuna statque caditque fides.

  3. *Var.* Jugez si vos discours me rendent mes esprits. (1644-56)

Il émut le sénat pour des rois outragés,
Que sans cette prière il auroit négligés;
Mais de ce grand sénat les saintes ordonnances
Eussent peu fait pour nous, Seigneur, sans vos finances[1];
Par là de nos mutins le feu Roi vint à bout; 875
Et pour en bien parler, nous vous devons le tout.
Nous avons honoré votre ami, votre gendre,
Jusqu'à ce qu'à vous-même il ait osé se prendre;
Mais voyant son pouvoir, de vos succès jaloux,
Passer en tyrannie, et s'armer contre vous.... 880

CÉSAR.

Tout beau : que votre haine en son sang assouvie
N'aille point à sa gloire; il suffit de sa vie.
N'avancez rien ici que Rome ose nier;
Et justifiez-vous sans le calomnier[2].

PTOLOMÉE.

Je laisse donc aux Dieux à juger ses pensées, 885
Et dirai seulement qu'en vos guerres passées,
Où vous fûtes forcé par tant d'indignités,
Tous nos vœux ont été pour vos prospérités[3];
Que comme il vous traitoit en mortel adversaire,
J'ai cru sa mort pour vous un malheur nécessaire; 890
Et que sa haine injuste, augmentant tous les jours,
Jusque dans les enfers chercheroit du secours;
Ou qu'enfin, s'il tomboit dessous votre puissance,
Il nous falloit pour vous craindre votre clémence,
Et que le sentiment d'un cœur trop généreux, 895
Usant mal de vos droits, vous rendît malheureux.
  J'ai donc considéré qu'en ce péril extrême

1. Voyez plus haut, p. 32, note 2.
2. *Var.* Et justifiez-vous sans la calomnier. (1648-56)
3. Toutes les éditions, excepté celles de 1644 et de 1655, donnent : « *par* vos prospérités; » nous avons néanmoins adopté la leçon *pour*, qui nous paraît seule offrir un sens.

Nous vous devions, Seigneur, servir malgré vous-même;
Et sans attendre d'ordre en cette occasion,
Mon zèle ardent l'a prise à ma confusion.   900
Vous m'en désavouez, vous l'imputez à crime;
Mais pour servir César rien n'est illégitime.
J'en ai souillé mes mains pour vous en préserver :
Vous pouvez en jouir, et le désapprouver;
Et j'ai plus fait pour vous, plus l'action est noire,   905
Puisque c'est d'autant plus vous immoler ma gloire,
Et que ce sacrifice, offert par mon devoir,
Vous assure la vôtre avec votre pouvoir.

CÉSAR.

Vous cherchez, Ptolomée, avecque trop de ruses[1],
De mauvaises couleurs et de froides excuses.   910
Votre zèle étoit faux, si seul il redoutoit
Ce que le monde entier à pleins vœux souhaitoit,
Et s'il vous a donné ces craintes trop subtiles,
Qui m'ôtent tout le fruit de nos guerres civiles,
Où l'honneur seul m'engage, et que pour terminer   915
Je ne veux que celui de vaincre et pardonner,
Où mes plus dangereux et plus grands adversaires,
Sitôt qu'ils sont vaincus, ne sont plus que mes frères;
Et mon ambition ne va qu'à les forcer,
Ayant dompté leur haine, à vivre[2] et m'embrasser.   920
    Oh! combien d'allégresse une si triste guerre
Auroit-elle laissé dessus toute la terre,
Si Rome avoit pu voir marcher en même char[3],
Vainqueurs de leur discorde, et Pompée et César!
Voilà ces grands malheurs que craignoit votre zèle.   925
O crainte ridicule autant que criminelle!

1. *Var.* Votre lâche attentat cherche avec trop de ruses. (1660-64)
2. Les éditions de 1644 in-12 et de 1648-56 portent, par une erreur singulière : « à vaincre, » pour : « à vivre. »
3. *Var.* Si l'on voyoit marcher dessus un même char. (1644-64)

Vous craigniez ma clémence! ah! n'ayez plus ce soin;
Souhaitez-la plutôt, vous en avez besoin.
Si je n'avois égard qu'aux lois de la justice[1],
Je m'apaiserois Rome avec votre supplice,   930
Sans que ni vos respects, ni votre repentir,
Ni votre dignité vous pussent garantir[2];
Votre trône lui-même en seroit le théâtre;
Mais voulant épargner le sang de Cléopatre,
J'impute à vos flatteurs toute la trahison,   935
Et je veux voir comment vous m'en ferez raison.
Suivant les sentiments dont vous serez capable,
Je saurai vous tenir innocent ou coupable.
Cependant à Pompée élevez des autels :
Rendez-lui les honneurs qu'on rend aux immortels;   940
Par un prompt sacrifice expiez tous vos crimes;
Et surtout pensez bien au choix de vos victimes.
Allez y donner ordre, et me laissez ici
Entretenir les miens sur quelque autre souci.

SCÈNE III.

CÉSAR, ANTOINE, LÉPIDE.

CÉSAR.

Antoine, avez-vous vu cette reine adorable ?   945

ANTOINE.

Oui, Seigneur, je l'ai vue, elle est incomparable[3];
Le ciel n'a point encor, par de si doux accords,
Uni tant de vertus aux grâces d'un beau corps.
Une majesté douce épand sur son visage

---

1. En marge, dans les éditions de 1644 : *Antoine sort sur le théâtre.*
2. *Var.* Ni votre dignité vous en pût garantir. (1644-56)
3. *Var.* Je l'ai vue, ô César, elle est incomparable. (1644-56)

De quoi s'assujettir le plus noble courage ;   950
Ses yeux savent ravir, son discours sait charmer ;
Et si j'étois César, je la voudrois aimer[1].
CÉSAR.
Comme a-t-elle reçu les offres de ma flamme ?
ANTOINE.
Comme n'osant la croire, et la croyant dans l'âme ;
Par un refus modeste et fait pour inviter,   955
Elle s'en dit indigne, et la croit mériter.
CÉSAR.
En pourrai-je être aimé ?
ANTOINE.
          Douter qu'elle vous aime,
Elle qui de vous seul attend son diadème,
Qui n'espère qu'en vous ! douter de ses ardeurs,
Vous qui pouvez la mettre au faîte des grandeurs[2] !   960
Que votre amour sans crainte à son amour prétende :
Au vainqueur de Pompée il faut que tout se rende ;
Et vous l'éprouverez. Elle craint toutefois
L'ordinaire mépris que Rome fait des rois,
Et surtout elle craint l'amour de Calphurnie ;   965
Mais l'une et l'autre crainte à votre aspect bannie,
Vous ferez succéder un espoir assez doux,
Lorsque vous daignerez lui dire un mot pour vous.
CÉSAR.
Allons donc l'affranchir[3] de ces frivoles craintes,
Lui montrer de mon cœur les sensibles atteintes ;   970
Allons, ne tardons plus.
ANTOINE.
          Avant que de la voir,
Sachez que Cornélie est en votre pouvoir ;

1. Voyez plus loin la note du vers 392 de *la Suite du Menteur*.
2. *Var.* Vous qui la pouvez mettre au faîte des grandeurs. (1644-60)
3. L'édition de 1682 donne *l'affermir*, pour *l'affranchir*.

68   POMPÉE.

Septime vous l'amène, orgueilleux de son crime,
Et pense auprès de vous se mettre en haute estime.
Dès qu'ils ont abordé, vos chefs, par vous instruits[1],   975
Sans leur rien témoigner, les ont ici conduits.

CÉSAR.

Qu'elle entre. Ah! l'importune et fâcheuse nouvelle!
Qu'à mon impatience elle semble cruelle!
O ciel! et ne pourrai-je enfin à mon amour
Donner en liberté ce qui reste du jour?   980

SCÈNE IV.

CÉSAR, CORNÉLIE, ANTOINE, LÉPIDE, SEPTIME.

SEPTIME.

Seigneur....

CÉSAR.

Allez, Septime, allez vers votre maître.
César ne peut souffrir la présence d'un traître,
D'un Romain lâche assez pour servir sous un roi,
Après avoir servi sous Pompée et sous moi.

(Septime rentre.)

CORNÉLIE.

César, car le destin, que dans tes fers je brave[2],   985
Me fait ta prisonnière et non pas ton esclave,
Et tu ne prétends pas qu'il m'abatte le cœur
Jusqu'à te rendre hommage, et te nommer seigneur :
De quelque rude trait qu'il m'ose avoir frappée,
Veuve du jeune Crasse[3], et veuve de Pompée,   990

---

1. *Var.* Sitôt qu'ils ont pris port, vos chefs, par vous instruits. (1644-64)
2. *Var.* César, car le destin, qui m'outre et que je brave. (1644-56)
3. Cornélie avait épousé Pompée un an après la mort du jeune Crassus, fils du triumvir, qui avait péri avec son père dans la guerre des Parthes.

Fille de Scipion, et pour dire encor plus,
Romaine, mon courage est encore au-dessus;
Et de tous les assauts que sa rigueur me livre,
Rien ne me fait rougir que la honte de vivre.
J'ai vu mourir Pompée, et ne l'ai pas suivi; 995
Et bien que le moyen m'en aye été ravi,
Qu'une pitié cruelle à mes douleurs profondes
M'aye ôté le secours et du fer et des ondes,
Je dois rougir pourtant, après un tel malheur,
De n'avoir pu mourir d'un excès de douleur : 1000
Ma mort étoit ma gloire, et le destin m'en prive
Pour croître mes malheurs et me voir ta captive.
Je dois bien toutefois rendre grâces aux Dieux[1]
De ce qu'en arrivant je te trouve en ces lieux,
Que César y commande, et non pas Ptolomée. 1005
Hélas! et sous quel astre, ô ciel! m'as-tu formée,
Si je leur dois des vœux de ce qu'ils ont permis[2]
Que je rencontre ici mes plus grands ennemis,
Et tombe entre leurs mains plutôt qu'aux mains d'un
Qui doit à mon époux son trône et sa province? [prince
César, de ta victoire écoute moins le bruit :
Elle n'est que l'effet du malheur qui me suit;
Je l'ai porté pour dot chez Pompée et chez Crasse;
Deux fois du monde entier j'ai causé la disgrâce,
Deux fois de mon hymen le nœud mal assorti 1015
A chassé tous les Dieux du plus juste parti :
Heureuse en mes malheurs, si ce triste hyménée,
Pour le bonheur de Rome, à César m'eût donnée,
Et si j'eusse avec moi porté dans ta maison
D'un astre envenimé l'invincible poison! 1020
Car enfin n'attends pas que j'abaisse ma haine :
Je te l'ai déjà dit, César, je suis Romaine;

1. *Var.* Encore ai-je sujet de rendre grâce aux Dieux. (1644-56)
2. *Var.* Si je dois grâce aux Dieux de ce qu'ils ont permis. (1644-56)

Et quoique ta captive, un cœur comme le mien,
De peur de s'oublier, ne te demande rien.
Ordonne; et sans vouloir qu'il tremble ou s'humilie,
Souviens-toi seulement que je suis Cornélie.
                    CÉSAR.
O d'un illustre époux noble et digne moitié,
Dont le courage étonne, et le sort fait pitié!
Certes, vos sentiments font assez reconnoître
Qui vous donna la main, et qui vous donna l'être;   1030
Et l'on juge aisément, au cœur que vous portez,
Où vous êtes entrée, et de qui vous sortez.
L'âme du jeune Crasse, et celle de Pompée,
L'une et l'autre vertu par le malheur trompée,
Le sang des Scipions protecteur de nos Dieux,   1035
Parlent par votre bouche et brillent dans vos yeux;
Et Rome dans ses murs ne voit point de famille
Qui soit plus honorée ou de femme ou de fille.
Plût au grand Jupiter, plût à ces mêmes Dieux,
Qu'Annibal eût bravés jadis sans vos aïeux,   1040
Que ce héros si cher dont le ciel vous sépare
N'eût pas si mal connu la cour d'un roi barbare,
Ni mieux aimé tenter une incertaine foi,
Que la vieille amitié qu'il eût trouvée en moi;
Qu'il eût voulu souffrir qu'un bonheur de mes armes
Eût vaincu ses soupçons, dissipé ses alarmes;
Et qu'enfin, m'attendant sans plus se défier,
Il m'eût donné moyen de me justifier!
Alors, foulant aux pieds la discorde et l'envie,
Je l'eusse conjuré de se donner la vie,   1050
D'oublier ma victoire, et d'aimer un rival
Heureux d'avoir vaincu pour vivre son égal;
J'eusse alors regagné son âme satisfaite[1],

1. *Var.* Alors, l'esprit content et l'âme satisfaite,
Je l'eusse fait aux Dieux pardonner sa défaite. (1644-56)

ACTE III, SCÈNE IV.

Jusqu'à lui faire aux Dieux pardonner sa défaite;
Il eût fait à son tour, en me rendant son cœur, 1055
Que Rome eût pardonné la victoire au vainqueur.
Mais puisque par sa perte, à jamais sans seconde,
Le sort a dérobé cette allégresse au monde,
César s'efforcera de s'acquitter vers vous
De ce qu'il voudroit rendre à cet illustre époux. 1060
Prenez donc en ces lieux liberté toute entière :
Seulement pour deux jours soyez ma prisonnière,
Afin d'être témoin comme après nos débats
Je chéris sa mémoire et venge son trépas,
Et de pouvoir apprendre à toute l'Italie 1065
De quel orgueil nouveau m'enfle la Thessalie.
Je vous laisse à vous-même et vous quitte un moment.
Choisissez-lui, Lépide, un digne appartement;
Et qu'on l'honore ici, mais en dame romaine,
C'est-à-dire un peu plus qu'on n'honore la Reine. 1070
Commandez, et chacun aura soin d'obéir.

CORNÉLIE.
O ciel, que de vertus vous me faites haïr[1] !

---

1. « Me sera-t-il permis de rapporter ici que Mlle de Lenclos, pressée de se rendre aux offres d'un grand seigneur qu'elle n'aimait point, et dont on lui vantait la probité et le mérite, répondit :

O ciel, que de vertus vous me faites haïr!

C'est le privilége des beaux vers d'être cités en toute occasion, et c'est ce qui n'arrive jamais à la prose. » (*Voltaire.*)

FIN DU TROISIÈME ACTE.

ACTE IV.

SCÈNE PREMIÈRE.
PTOLOMÉE, ACHILLAS, PHOTIN.

PTOLOMÉE.

Quoi? de la même main et de la même épée
Dont il vient d'immoler le malheureux Pompée,
Septime, par César indignement chassé,　　　　　1075
Dans un tel désespoir à vos yeux a passé?

ACHILLAS.

Oui, Seigneur; et sa mort a de quoi vous apprendre[1]
La honte qu'il prévient et qu'il vous faut attendre.
Jugez quel est César à ce courroux si lent[2].
Un moment pousse et rompt un transport violent;　1080
Mais l'indignation qu'on prend avec étude
Augmente avec le temps, et porte un coup plus rude;
Ainsi n'espérez pas de le voir modéré :
Par adresse il se fâche après s'être assuré.
Sa puissance établie, il a soin de sa gloire.　　　1085
Il poursuivoit Pompée, et chérit sa mémoire;
Et veut tirer à soi, par un courroux accort,
L'honneur de sa vengeance et le fruit de sa mort.

PTOLOMÉE.

Ah! si je t'avois cru, je n'aurois pas de maître :
Je serois dans le trône où le ciel m'a fait naître;　1090

---

1. *Var.* Il est mort, et mourant, Sire, il vous doit apprendre. (1644-63)
2. *Var.* Jugez César vous-même à ce courroux si lent. (1644-56)

ACTE IV, SCÈNE I.

Mais c'est une imprudence assez commune aux rois
D'écouter trop d'avis, et se tromper au choix;
Le destin les aveugle au bord du précipice;
Ou si quelque lumière en leur âme se glisse,
Cette fausse clarté, dont il les éblouit, 1095
Les plonge dans un gouffre, et puis s'évanouit.

PHOTIN.

J'ai mal connu César; mais puisqu'en son estime
Un si rare service est un énorme crime,
Il porte dans son flanc de quoi nous en laver[1];
C'est là qu'est notre grâce, il nous l'y faut trouver. 1100
Je ne vous parle plus de souffrir sans murmure,
D'attendre son départ pour venger cette injure;
Je sais mieux conformer les remèdes au mal :
Justifions sur lui la mort de son rival;
Et notre main alors également trempée 1105
Et du sang de César et du sang de Pompée,
Rome, sans leur donner de titres différents,
Se croira par vous seul libre de deux tyrans.

PTOLOMÉE.

Oui, par là seulement ma perte est évitable[2] :
C'est trop craindre un tyran que j'ai fait redoutable.
Montrons que sa fortune est l'œuvre de nos mains;
Deux fois en même jour disposons des Romains;
Faisons leur liberté comme leur esclavage.
César, que tes exploits n'enflent plus ton courage;
Considère les miens, tes yeux en sont témoins. 1115
Pompée étoit mortel, et tu ne l'es pas moins;
Il pouvoit plus que toi; tu lui portois envie;
Tu n'as, non plus que lui, qu'une âme et qu'une vie;
Et son sort que tu plains te doit faire penser

---

1. *Var.* Sire, il porte en son flanc de quoi nous en laver. (1644-63)
2. *Var.* Oui, oui, ton sentiment enfin est véritable :
   C'est trop craindre celui que j'ai fait redoutable. (1644-56)

Que ton cœur est sensible, et qu'on peut le percer[1].   1120
Tonne, tonne à ton gré, fais peur de ta justice :
C'est à moi d'apaiser Rome par ton supplice ;
C'est à moi de punir ta cruelle douceur,
Qui n'épargne en un roi que le sang de sa sœur.
Je n'abandonne plus ma vie et ma puissance[2]   1125
Au hasard de sa haine ou de ton inconstance ;
Ne crois pas que jamais tu puisses à ce prix[3]
Récompenser sa flamme ou punir ses mépris :
J'emploierai contre toi de plus nobles maximes.
Tu m'as prescrit tantôt de choisir des victimes,   1130
De bien penser au choix[4] ; j'obéis, et je voi
Que je n'en puis choisir de plus dignes[5] que toi,
Ni dont le sang offert, la fumée et la cendre
Puissent mieux satisfaire aux mânes de ton gendre.
  Mais ce n'est pas assez, amis, de s'irriter :   1135
Il faut voir quels moyens on a d'exécuter ;
Toute cette chaleur est peut-être inutile ;
Les soldats du tyran sont maîtres de la ville ;
Que pouvons-nous contre eux ? et pour les prévenir,
Quel temps devons-nous prendre, et quel ordre tenir ?

                    ACHILLAS.
Nous pouvons tout, Seigneur, en l'état où nous sommes[6].
A deux milles d'ici vous avez six mille hommes,
Que depuis quelques jours, craignant des remuements,
Je faisois tenir prêts à tous événements.
Quelques soins qu'ait César, sa prudence est déçue.   1145
Cette ville a sous terre une secrète issue,

---

1. *Var.* Que ton cœur est sensible, et qu'on le peut percer. (1644-56)
2. *Var.* Et n'abandonner pas ma vie et ma puissance. (1644-56)
3. *Var.* Ni souffrir que demain tu puisses à ce prix. (1644-56)
4. L'édition de 1682 porte seule : « aux choix, » au pluriel.
5. On lit *digne*, au singulier, dans l'édition de 1656.
6. *Var.* Nous pouvons beaucoup, Sire, en l'état où nous sommes. (1644-63)

Par où fort aisément on les peut cette nuit
Jusque dans le palais introduire sans bruit;
Car contre sa fortune aller à force ouverte,
Ce seroit trop courir vous-même à votre perte. 1150
Il nous le faut surprendre au milieu du festin,
Enivré des douceurs de l'amour et du vin.
Tout le peuple est pour nous. Tantôt, à son entrée,
J'ai remarqué l'horreur que ce peuple a montrée[1]
Lorsque avec tant de fast[2] il a vu ses faisceaux 1155
Marcher arrogamment et braver nos drapeaux;
Au spectacle insolent de ce pompeux outrage
Ses farouches regards étinceloient de rage :
Je voyois sa fureur à peine se dompter;
Et pour peu qu'on le pousse, il est prêt d'éclater; 1160
Mais surtout les Romains que commandoit Septime,
Pressés de la terreur que sa mort leur imprime,
Ne cherchent qu'à venger par un coup généreux
Le mépris qu'en leur chef ce superbe a fait d'eux.

PTOLOMÉE.

Mais qui pourra de nous approcher sa personne, 1165
Si durant le festin sa garde l'environne?

PHOTIN.

Les gens de Cornélie, entre qui vos Romains
Ont déjà reconnu des frères, des germains,
Dont l'âpre déplaisir leur a laissé paroître
Une soif d'immoler leur tyran à leur maître : 1170
Ils ont donné parole, et peuvent, mieux que nous,
Dans les flancs de César porter les premiers coups.
Son faux art de clémence, ou plutôt sa folie,
Qui pense gagner Rome en flattant Cornélie,
Leur donnera sans doute un assez libre accès 1175

---

1. *Var.* J'ai remarqué l'horreur qu'il a soudain montrée. (1644-56)
2. Voyez tome I, p. v de l'*Avertissement*, en note.

Pour de ce grand dessein assurer le succès.
 Mais voici Cléopatre : agissez avec feinte,
Seigneur, et ne montrez que foiblesse et que crainte¹.
Nous allons vous quitter, comme objets odieux
Dont l'aspect importun offenseroit ses yeux.   1180
PTOLOMÉE.
Allez, je vous rejoins.

SCÈNE II.

PTOLOMÉE, CLÉOPATRE, ACHORÉE, CHARMION.

CLÉOPATRE.
           J'ai vu César, mon frère,
Et de tout mon pouvoir combattu sa colère.
PTOLOMÉE.
Vous êtes généreuse; et j'avois attendu
Cet office² de sœur que vous m'avez rendu.
Mais cet illustre amant vous a bientôt quittée.   1185
CLÉOPATRE.
Sur quelque brouillerie, en la ville excitée :
Il a voulu lui-même apaiser les débats
Qu'avec nos citoyens ont eus³ quelques soldats⁴ ;
Et moi, j'ai bien voulu moi-même vous redire
Que vous ne craigniez rien pour vous ni votre empire;
Et que le grand César blâme votre action
Avec moins de courroux que de compassion.

---

1. *Var.* Sire, et ne lui montrez que foiblesse et que crainte. (1644-63)
2. Toutes les éditions, excepté celle de 1656, portent : « Cette office, » au féminin.
3. Il y a *eu*, sans accord, dans toutes les éditions publiées du vivant de Corneille, et même encore dans celle de 1692.
4. *Var.* Qu'avec nos citoyens ont pris quelques soldats (*a*). (1644-56)

(*a*) Voltaire a adopté cette variante dans son texte de 1764.

Il vous plaint d'écouter ces lâches politiques
Qui n'inspirent aux rois que des mœurs tyranniques :
Ainsi que la naissance, ils ont les esprits bas.   1195
En vain on les élève à régir des États :
Un cœur né pour servir sait mal comme on commande ;
Sa puissance l'accable alors qu'elle est trop grande ;
Et sa main, que le crime en vain fait redouter,
Laisse choir le fardeau qu'elle ne peut porter.   1200
                    PTOLOMÉE.
Vous dites vrai, ma sœur, et ces effets sinistres
Me font bien voir ma faute au choix de mes ministres.
Si j'avois écouté de plus nobles conseils,
Je vivrois dans la gloire où vivent mes pareils ;
Je mériterois mieux cette amitié si pure   1205
Que pour un frère ingrat vous donne la nature ;
César embrasseroit Pompée en ce palais ;
Notre Égypte à la terre auroit rendu la paix,
Et verroit son monarque encore à juste titre
Ami de tous les deux, et peut-être l'arbitre.   1210
Mais puisque le passé ne peut se révoquer[1],
Trouvez bon qu'avec vous mon cœur s'ose expliquer.
  Je vous ai maltraitée, et vous êtes si bonne,
Que vous me conservez la vie et la couronne.
Vainquez-vous tout à fait ; et par un digne effort   1215
Arrachez Achillas et Photin à la mort :
Elle leur est bien due ; ils vous ont offensée ;
Mais ma gloire en leur perte est trop intéressée.
Si César les punit des crimes de leur roi,
Toute l'ignominie en rejaillit sur moi :   1220
Il me punit en eux ; leur supplice est ma peine.
Forcez, en ma faveur, une trop juste haine.
De quoi peut satisfaire un cœur si généreux

---

1. *Var.* Mais puisque le passé ne se peut révoquer. (1644-56)

78   POMPÉE.

Le sang abject et vil de ces deux malheureux?
Que je vous doive tout : César cherche à vous plaire,
Et vous pouvez d'un mot désarmer sa colère[1].

CLÉOPATRE.

Si j'avois en mes mains leur vie et leur trépas,
Je les méprise assez pour ne m'en venger pas;
Mais sur le grand César je puis fort peu de chose,
Quand le sang de Pompée à mes desirs s'oppose.   1230
Je ne me vante pas de pouvoir le fléchir[2];
J'en ai déjà parlé, mais il a su gauchir;
Et tournant le discours sur une autre matière,
Il n'a ni refusé, ni souffert ma prière.
Je veux bien toutefois encor m'y hasarder,   1235
Mes efforts redoublés pourront mieux succéder;
Et j'ose croire....

PTOLOMÉE.

Il vient; souffrez que je l'évite :
Je crains que ma présence à vos yeux ne l'irrite[3],
Que son courroux ému ne s'aigrisse à me voir;
Et vous agirez seule avec plus de pouvoir.   1240

SCÈNE III.

CÉSAR, CLÉOPATRE, ANTOINE, LÉPIDE,
CHARMION, ACHORÉE, Romains.

CÉSAR.

Reine, tout est paisible; et la ville calmée,
Qu'un trouble assez léger avoit trop alarmée,
N'a plus à redouter le divorce intestin

---

1. *Var.* Vous pouvez d'un coup d'œil désarmer sa colère. (1644-56)
2. *Var.* Je ne me vante pas de le pouvoir fléchir. (1644-56)
3. *Var.* Je crains que de nouveau ma présence l'irrite;
   Elle pourroit l'aigrir, au lieu de l'émouvoir. (1644-56)

Du soldat insolent et du peuple mutin.
Mais, ô Dieux! ce moment que je vous ai quittée   1245
D'un trouble bien plus grand à mon âme agitée!
Et ces soins importuns, qui m'arrachoient de vous,
Contre ma grandeur même allumoient mon courroux :
Je lui voulois du mal de m'être si contraire,
De rendre ma présence ailleurs si nécessaire;   1250
Mais je lui pardonnois, au simple souvenir
Du bonheur qu'à ma flamme elle fait obtenir.
C'est elle dont je tiens cette haute espérance
Qui flatte mes desirs d'une illustre apparence,
Et fait croire à César qu'il peut former des vœux,   1255
Qu'il n'est pas tout à fait indigne de vos feux,
Et qu'il peut en prétendre une juste conquête¹,
N'ayant plus que les Dieux au-dessus de sa tête.
Oui, Reine, si quelqu'un dans ce vaste univers
Pouvoit porter plus haut la gloire de vos fers;   1260
S'il étoit quelque trône où vous pussiez paroître
Plus dignement assise en captivant son maître²,
J'irois, j'irois à lui, moins pour le lui ravir,
Que pour lui disputer le droit de vous servir;
Et je n'aspirerois au bonheur de vous plaire   1265
Qu'après avoir mis bas un si grand adversaire³.
C'étoit pour acquérir un droit si précieux
Que combattoit partout mon bras ambitieux;
Et dans Pharsale même il a tiré l'épée
Plus pour le conserver que pour vaincre Pompée.   1270
Je l'ai vaincu, Princesse; et le Dieu des combats
M'y favorisoit moins que vos divins appas :
Ils conduisoient ma main, ils enfloient mon courage;
Cette pleine victoire est leur dernier ouvrage :

1. *Var.* Et qu'il en peut prétendre une juste conquête. (1644-56)
2. *Var.* Plus hautement assise en captivant son maître. (1644-56)
3. *Var.* Qu'après avoir mis bas un si digne adversaire. (1644-56)

C'est l'effet des ardeurs qu'ils daignoient m'inspirer ;
Et vos beaux yeux enfin m'ayant fait soupirer,
Pour faire que votre âme avec gloire y réponde,
M'ont rendu le premier et de Rome et du monde.
C'est ce glorieux titre, à présent effectif,
Que je viens ennoblir par celui de captif : 1280
Heureux, si mon esprit gagne tant sur le vôtre,
Qu'il en estime l'un et me permette l'autre !

CLÉOPATRE.

Je sais ce que je dois au souverain bonheur
Dont me comble et m'accable un tel excès d'honneur.
Je ne vous tiendrai plus mes passions secrètes : 1285
Je sais ce que je suis ; je sais ce que vous êtes.
Vous daignâtes m'aimer dès mes plus jeunes ans ;
Le sceptre que je porte est un de vos présents ;
Vous m'avez par deux fois rendu le diadème :
J'avoue, après cela, Seigneur, que je vous aime, 1290
Et que mon cœur n'est point à l'épreuve des traits
Ni de tant de vertus, ni de tant de bienfaits.
Mais, hélas ! ce haut rang, cette illustre naissance,
Cet État de nouveau rangé sous ma puissance,
Ce sceptre par vos mains dans les miennes remis, 1295
A mes vœux innocents sont autant d'ennemis.
Ils allument contre eux une implacable haine :
Ils me font méprisable alors qu'ils me font reine ;
Et si Rome est encor telle qu'auparavant,
Le trône où je me sieds m'abaisse en m'élevant ; 1300
Et ces marques d'honneur, comme titres infâmes,
Me rendent à jamais indigne de vos flammes.

J'ose encor toutefois, voyant votre pouvoir,
Permettre à mes desirs un généreux espoir.
Après tant de combats, je sais qu'un si grand homme
A droit de triompher des caprices de Rome,
Et que l'injuste horreur qu'elle eut toujours des rois

Peut céder par votre ordre à de plus justes lois.
Je sais que vous pouvez forcer d'autres obstacles :
Vous me l'avez promis, et j'attends ces miracles. 1310
Votre bras dans Pharsale a fait de plus grands coups,
Et je ne les demande à d'autres Dieux qu'à vous.

CÉSAR.

Tout miracle est facile où mon amour s'applique.
Je n'ai plus qu'à courir les côtes de l'Afrique,
Qu'à montrer mes drapeaux au reste épouvanté 1315
Du parti malheureux qui m'a persécuté;
Rome n'ayant plus lors d'ennemis à me faire,
Par impuissance enfin prendra soin de me plaire;
Et vos yeux la verront, par un superbe accueil,
Immoler à vos pieds sa haine et son orgueil. 1320
Encore une défaite, et dans Alexandrie
Je veux que cette ingrate en ma faveur vous prie;
Et qu'un juste respect, conduisant ses regards,
A votre chaste amour demande des Césars.
C'est l'unique bonheur où mes desirs prétendent; 1325
C'est le fruit que j'attends des lauriers qui m'attendent :
Heureux si mon destin, encore un peu plus doux,
Me les faisoit cueillir sans m'éloigner de vous!
Mais, las! contre mon feu mon feu me sollicite :
Si je veux être à vous, il faut que je vous quitte. 1330
En quelques lieux qu'on fuie, il me faut y courir,
Pour achever de vaincre et de vous conquérir.
Permettez cependant qu'à ces douces amorces
Je prenne un nouveau cœur et de nouvelles forces,
Pour faire dire encore aux peuples pleins d'effroi, 1335
Que venir, voir et vaincre est même chose en moi[1].

---

1. Allusion au fameux *Veni, vidi, vici*, que César écrivit à un de ses amis de Rome après la victoire qu'il remporta plus tard, en Asie, sur Pharnace, fils de Mithridate. Voyez la *Vie de César* par Plutarque, chapitre L.

CLÉOPATRE.

C'est trop, c'est trop, Seigneur, souffrez que j'en abuse :
Votre amour fait ma faute, il fera mon excuse.
   Vous me rendez le sceptre, et peut-être le jour ;
Mais si j'ose abuser de cet excès d'amour,   1340
Je vous conjure encor, par ses plus puissants charmes,
Par ce juste bonheur qui suit toujours vos armes,
Par tout ce que j'espère et que vous attendez,
De n'ensanglanter pas ce que vous me rendez.
Faites grâce, Seigneur, ou souffrez que j'en fasse[1],   1345
Et montre à tous par là que j'ai repris ma place.
Achillas et Photin sont gens à dédaigner :
Ils sont assez punis en me voyant régner ;
Et leur crime....

CÉSAR.

                 Ah ! prenez d'autres marques de reine :
Dessus mes volontés vous êtes souveraine ;   1350
Mais si mes sentiments peuvent être écoutés,
Choisissez des sujets dignes de vos bontés.
Ne vous donnez sur moi qu'un pouvoir légitime,
Et ne me rendez point complice de leur crime,
C'est beaucoup que pour vous j'ose épargner le Roi, 1355
Et si mes feux n'étoient....

SCÈNE IV.

CÉSAR, CORNÉLIE, CLÉOPATRE, ACHORÉE, ANTOINE, LÉPIDE, CHARMION, Romains.

CORNÉLIE.

         César, prends garde à toi :

---

1. *Var.* Faites grâce, Seigneur, ou souffrez que j'en donne,
Et fasse voir par là que j'entre à la couronne. (1644-56.)

ACTE IV, SCÈNE IV.

Ta mort est résolue, on la jure, on l'apprête;
A celle de Pompée on veut joindre ta tête.
Prends-y garde, César, ou ton sang répandu
Bientôt parmi le sien se verra confondu. 1360
Mes esclaves en sont; apprends de leurs indices
L'auteur de l'attentat, et l'ordre, et les complices :
Je te les abandonne.

CÉSAR.
O cœur vraiment romain,
Et digne du héros qui vous donna la main!
Ses mânes, qui du ciel ont vu de quel courage 1365
Je préparois la mienne à venger son outrage,
Mettant leur haine bas, me sauvent aujourd'hui
Par la moitié qu'en terre il nous laisse de lui[1].
Il vit, il vit encore en l'objet de sa flamme,
Il parle par sa bouche, il agit dans son âme; 1370
Il la pousse, et l'oppose à cette indignité,
Pour me vaincre par elle en générosité.

CORNÉLIE.
Tu te flattes, César, de mettre en ta croyance
Que la haine ait fait place à la reconnoissance :
Ne le présume plus; le sang de mon époux 1375
A rompu pour jamais tout commerce entre nous.
J'attends la liberté qu'ici tu m'as offerte,
Afin de l'employer toute entière à ta perte;
Et je te chercherai partout des ennemis,
Si tu m'oses tenir ce que tu m'as promis. 1380
Mais avec cette soif que j'ai de ta ruine,
Je me jette au-devant du coup qui t'assassine,
Et forme des desirs avec trop de raison
Pour en aimer l'effet par une trahison :

---

1. *Var.* Par la moitié qu'en terre il a laissé de lui.
   Quoi que la perfidie ait osé sur sa trame,
   Il vit encore en vous, il agit dans votre âme. (1644-56)

Qui la sait et la souffre a part à l'infamie. 1385
Si je veux ton trépas, c'est en juste ennemie :
Mon époux a des fils, il aura des neveux;
Quand ils te combattront, c'est là que je le veux,
Et qu'une digne main par moi-même animée,
Dans ton champ de bataille, aux yeux de ton armée,
T'immole noblement, et par un digne effort,
Aux mânes du héros dont tu venges la mort.
Tous mes soins, tous mes vœux hâtent cette vengeance;
Ta perte la recule, et ton salut l'avance.
Quelque espoir qui d'ailleurs me l'ose ou puisse offrir,
Ma juste impatience auroit trop à souffrir :
La vengeance éloignée est à demi perdue,
Et quand il faut l'attendre, elle est trop cher vendue[1].
Je n'irai point chercher sur les bords africains
Le foudre souhaité que je vois en tes mains[2] : 1400
La tête qu'il menace en doit être frappée.
J'ai pu donner la tienne, au lieu d'elle, à Pompée :
Ma haine avoit le choix; mais cette haine enfin
Sépare son vainqueur d'avec son assassin,
Et ne croit avoir droit de punir ta victoire[3] 1405
Qu'après le châtiment d'une action si noire.
  Rome le veut ainsi; son adorable front
Auroit de quoi rougir d'un trop honteux affront,
De voir en même jour, après tant de conquêtes,
Sous un indigne fer ses deux plus nobles têtes. 1410
Son grand cœur, qu'à tes lois en vain tu crois soumis,
En veut aux criminels plus qu'à ses ennemis,
Et tiendroit à malheur le bien de se voir libre,
Si l'attentat du Nil affranchissoit le Tibre.

---

1. *Var.* Quand il la faut attendre, elle est trop cher vendue. (1644-56)
2. *Var.* Le foudre punisseur que je vois en tes mains. (1644-56)
3. *Var.* Et me laisse encor voir qu'il y va de ma gloire
   De punir son audace avant que ta victoire. (1644-56)

Comme autre qu'un Romain n'a pu l'assujettir, 1415
Autre aussi qu'un Romain ne l'en doit garantir.
Tu tomberois ici sans être sa victime ;
Au lieu d'un châtiment ta mort seroit un crime ;
Et sans que tes pareils en conçussent d'effroi,
L'exemple que tu dois périroit avec toi. 1420
Venge-la de l'Égypte à son appui fatale,
Et je la vengerai, si je puis, de Pharsale.
Va, ne perds point de temps, il presse. Adieu : tu peux[1]
Te vanter qu'une fois j'ai fait pour toi des vœux[2].

SCÈNE V.

CÉSAR, CLÉOPATRE, ANTOINE, LÉPIDE, ACHORÉE, CHARMION.

CÉSAR.

Son courage m'étonne autant que leur audace. 1425
Reine, voyez pour qui vous me demandiez grâce !

CLÉOPATRE.

Je n'ai rien à vous dire : allez, Seigneur, allez
Venger sur ces méchants tant de droits violés.
On m'en veut plus qu'à vous : c'est ma mort qu'ils respi- [rent,
C'est contre mon pouvoir que les traîtres conspirent ;

---

1. *Var.* Va, ne perds point le temps, il presse. Adieu : tu peux. (1648-56)
2. « Ces derniers vers que prononce Cornélie frappent d'admiration, et quand ce couplet est bien récité, il est toujours suivi d'applaudissements. Quelques personnes ont prétendu que ces mots : « tu peux te vanter, » ne conviennent pas, qu'ils contiennent une espèce d'ironie, que c'est affecter sur César une supériorité qu'une femme ne peut avoir. On a remarqué que cette tirade, et toutes celles dans lesquelles la hauteur est poussée au delà des bornes, faisaient toujours un peu moins d'effet à la cour qu'à la ville. C'est peut-être qu'à la cour on avait plus de connaissance et plus d'usage de la manière dont les personnes du premier rang s'expriment, et que dans le parterre on aime les bravades, on se plaît à voir la puissance abaissée par la grandeur d'âme. » (*Voltaire.*)

Leur rage, pour l'abattre, attaque mon soutien,
Et par votre trépas cherche un passage au mien.
Mais parmi ces transports d'une juste colère,
Je ne puis oublier que leur chef est mon frère.
Le saurez-vous, Seigneur? et pourrai-je obtenir 1435
Que ce cœur irrité daigne s'en souvenir?

CÉSAR.

Oui, je me souviendrai que ce cœur magnanime
Au bonheur de son sang veut pardonner son crime.
Adieu, ne craignez rien : Achillas et Photin
Ne sont pas gens à vaincre un si puissant destin. 1440
Pour les mettre en déroute, eux et tous leurs complices,
Je n'ai qu'à déployer l'appareil des supplices,
Et pour soldats choisis, envoyer des bourreaux
Qui portent hautement mes haches pour drapeaux.

(César rentre avec les Romains.)
CLÉOPATRE.

Ne quittez pas César : allez, cher Achorée, 1445
Repousser avec lui ma mort qu'on a jurée;
Et quand il punira nos lâches ennemis,
Faites-le souvenir de ce qu'il m'a promis.
Ayez l'œil sur le Roi dans la chaleur des armes,
Et conservez son sang pour épargner mes larmes. 1450

ACHORÉE.

Madame, assurez-vous qu'il ne peut y périr
Si mon zèle et mes soins peuvent le secourir[1].

---

1. *Var.* Si mon zèle et mes soins le peuvent secourir. (1644-56)

FIN DU QUATRIÈME ACTE.

ACTE V.

SCÈNE PREMIÈRE.

CORNÉLIE, tenant une petite urne en sa main; PHILIPPE.

CORNÉLIE.

Mes yeux, puis-je vous croire, et n'est-ce point un songe
Qui sur mes tristes vœux a formé ce mensonge?
Te revois-je, Philippe, et cet époux si cher   1455
A-t-il reçu de toi les honneurs du bûcher?
Cette urne que je tiens contient-elle sa cendre?
   O vous, à ma douleur objet terrible et tendre[1],
Éternel entretien de haine et de pitié,
Reste du grand Pompée, écoutez sa moitié.   1460
N'attendez point de moi de regrets, ni de larmes;
Un grand cœur à ses maux applique d'autres charmes.
Les foibles déplaisirs s'amusent à parler,
Et quiconque se plaint cherche à se consoler.
Moi, je jure des Dieux la puissance suprême,   1465
Et pour dire encor plus, je jure par vous-même,
Car vous pouvez bien plus sur ce cœur affligé
Que le respect des Dieux qui l'ont mal protégé :

---

1. « Garnier, du temps de Henri III, fît paraître Cornélie, tenant en main l'urne de Pompée. Elle dit (acte III, scène III) :

   O douce et chère cendre! ô cendre déplorable!
   Qu'avecque vous ne suis-je, ô femme misérable!

C'est la même idée, mais elle est grossièrement rendue dans Garnier, et admirablement dans Corneille. L'expression fait la poésie. » (*Voltaire.*) — Voyez la *Notice*, p. 5.

Je jure donc par vous, ô pitoyable reste,
Ma divinité seule après ce coup funeste, 1470
Par vous, qui seul ici pouvez me soulager[1],
De n'éteindre jamais l'ardeur de le venger.
Ptolomée à César, par un lâche artifice,
Rome, de ton Pompée a fait un sacrifice;
Et je n'entrerai point dans tes murs désolés, 1475
Que le prêtre et le Dieu ne lui soient immolés.
Faites-m'en souvenir, et soutenez ma haine,
O cendres, mon espoir aussi bien que ma peine;
Et pour m'aider un jour à perdre son vainqueur,
Versez dans tous les cœurs ce que ressent mon cœur.
    Toi qui l'as honoré sur cette infâme rive
D'une flamme pieuse autant comme chétive,
Dis-moi, quel bon démon a mis en ton pouvoir
De rendre à ce héros ce funèbre devoir?

PHILIPPE.

Tout couvert de son sang, et plus mort que lui-même,
Après avoir cent fois maudit le diadème,
Madame, j'ai porté mes pas et mes sanglots[2]
Du côté que le vent poussoit encor les flots.
Je cours longtemps en vain; mais enfin d'une roche
J'en découvre le tronc vers un sable assez proche, 1490
Où la vague en courroux sembloit prendre plaisir
A feindre de le rendre, et puis s'en ressaisir.
Je m'y jette, et l'embrasse, et le pousse au rivage;
Et ramassant sous lui le débris d'un naufrage,
Je lui dresse un bûcher à la hâte et sans art, 1495
Tel que je pus sur l'heure, et qu'il plut au hasard.
A peine brûloit-il que le ciel plus propice
M'envoie un compagnon en ce pieux office :

---

1. *Var.* De n'éteindre jamais, ni laisser affoiblir
L'ardeur de le venger dont je veux m'ennoblir. (1644-56)
2. *Var.* Madame, je portai mes pas et mes sanglots. (1644-56)

ACTE V, SCÈNE I.

Cordus¹, un vieux Romain qui demeure en ces lieux,
Retournant de la ville, y détourne les yeux;   1500
Et n'y voyant qu'un tronc dont la tête est coupée²,
A cette triste marque il reconnoît Pompée.
Soudain la larme à l'œil : « O toi, qui que tu sois,
A qui le ciel permet de si dignes emplois,
Ton sort est bien, dit-il, autre que tu ne penses;   1505
Tu crains des châtiments, attends des récompenses.
César est en Égypte, et venge hautement
Celui pour qui ton zèle a tant de sentiment.
Tu peux faire éclater les soins qu'on t'en voit prendre³,
Tu peux même à sa veuve en reporter la cendre.   1510
Son vainqueur l'a reçue avec tout le respect
Qu'un dieu pourroit ici trouver à son aspect.
Achève, je reviens. » Il part et m'abandonne,
Et rapporte aussitôt ce vase qu'il me donne,
Où sa main et la mienne enfin ont renfermé   1515
Ces restes d'un héros par le feu consumé⁴.

CORNÉLIE.

Oh! que sa piété mérite de louanges!

PHILIPPE.

En entrant j'ai trouvé des désordres étranges.
J'ai vu fuir tout un peuple en foule vers le port⁵,
Où le Roi, disoit-on, s'étoit fait le plus fort.   1520
Les Romains poursuivoient; et César, dans la place
Ruisselante du sang de cette populace,

---

1. Dans la *Pharsale* (livre VIII, vers 715 et 716), Cordus est un questeur de Pompée, qui avait accompagné son général dans sa fuite.
2. Les éditions de 1644 portent, par erreur évidemment : « dont la tête coupée. »
3. *Var.* [Tu peux même à sa veuve en reporter la cendre (*a*),]
Dans ces murs que tu vois bâtis par Alexandre. (1644-56)
4. *Var.* Ces restes d'un héros par le feu consommé. (1644-56)
5. *Var.* Tout un grand peuple armé fuyoit devers le port. (1644-56)

(*a*) Tu peux même à sa veuve en rapporter la cendre. (1644 in-12 et 48-56)

Montroit de sa justice un exemple si beau[1],
Faisant passer Photin par les mains d'un bourreau.
Aussitôt qu'il me voit, il daigne me connoître ; 1525
Et prenant de ma main les cendres de mon maître :
« Restes d'un demi-dieu, dont à peine je puis
Égaler le grand nom, tout vainqueur que j'en suis,
De vos traîtres, dit-il, voyez punir les crimes :
Attendant des autels, recevez ces victimes ; 1530
Bien d'autres vont les suivre. Et toi, cours au palais
Porter à sa moitié ce don que je lui fais ;
Porte à ses déplaisirs cette foible allégeance,
Et dis-lui que je cours achever sa vengeance[2]. »
Ce grand homme à ces mots me quitte en soupirant,
Et baise avec respect ce vase qu'il me rend.

CORNÉLIE.

O soupirs ! ô respect ! oh ! qu'il est doux de plaindre
Le sort d'un ennemi quand il n'est plus à craindre[3] !
Qu'avec chaleur, Philippe, on court à le venger
Lorsqu'on s'y voit forcé par son propre danger[4], 1540
Et quand cet intérêt qu'on prend pour sa mémoire[5]
Fait notre sûreté comme il croît notre gloire !
César est généreux, j'en veux être d'accord ;
Mais le Roi le veut perdre, et son rival est mort.
Sa vertu laisse lieu de douter à l'envie 1545

1. *Var.* Montroit de sa justice un exemple assez beau. (1644-63)
2. *Var.* Et lui dis que je cours achever sa vengeance. (1644-56)
3. « Les curieux ne seront pas fâchés de savoir que Garnier avait donné les mêmes sentiments à Cornélie. Philippe lui dit (acte III, scène III) :

    César plora sa mort.

Cornélie répond :

    Il plora mort celui
Qu'il n'eût voulu souffrir être vif comme lui. »

(*Voltaire.*)
4. *Var.* Quand on s'y voit forcé par son propre danger. (1644-63)
— Voyez ci-dessus la *Notice*, p. 5, et la note 1 de la p. 87.
5. *Var.* Et que cet intérêt qu'on prend pour sa mémoire. (1644 et 60-63)

De ce qu'elle feroit s'il le voyoit en vie :
Pour grand qu'en soit le prix, son péril en rabat ;
Cette ombre qui la couvre en affoiblit l'éclat ;
L'amour même s'y mêle, et le force à combattre :
Quand il venge Pompée, il défend Cléopatre.   1550
Tant d'intérêts sont joints à ceux de mon époux,
Que je ne devrois rien à ce qu'il fait pour nous,
Si, comme par soi-même un grand cœur juge un autre,
Je n'aimois mieux juger sa vertu par la nôtre,
Et croire que nous seuls armons ce combattant,   1555
Parce qu'au point qu'il est j'en voudrois faire autant.

SCÈNE II.

CLÉOPATRE, CORNÉLIE, PHILIPPE, CHARMION.

CLÉOPATRE.

Je ne viens pas ici pour troubler une plainte
Trop juste à la douleur dont vous êtes atteinte :
Je viens pour rendre hommage aux cendres d'un héros
Qu'un fidèle affranchi vient d'arracher aux flots ;   1560
Pour le plaindre avec vous, et vous jurer, Madame,
Que j'aurois conservé ce maître de votre âme,
Si le ciel, qui vous traite avec trop de rigueur,
M'en eût donné la force aussi bien que le cœur.
Si pourtant, à l'aspect de ce qu'il vous renvoie,   1565
Vos douleurs laissoient place à quelque peu de joie ;
Si la vengeance avoit de quoi vous soulager,
Je vous dirois aussi qu'on vient de vous venger,
Que le traître Photin.... Vous le savez peut-être ?

CORNÉLIE.

Oui, Princesse, je sais qu'on a puni ce traître.   1570

CLÉOPATRE.
Un si prompt châtiment vous doit être bien doux.
CORNÉLIE.
S'il a quelque douceur, elle n'est que pour vous.
CLÉOPATRE.
Tous les cœurs trouvent doux le succès qu'ils espèrent.
CORNÉLIE.
Comme nos intérêts, nos sentiments diffèrent.
Si César à sa mort joint celle d'Achillas, 1575
Vous êtes satisfaite, et je ne la suis pas.
Aux mânes de Pompée il faut une autre offrande :
La victime est trop basse et l'injure est trop grande ;
Et ce n'est pas un sang que pour la réparer
Son ombre et ma douleur daignent considérer. 1580
L'ardeur de le venger, dans mon âme allumée,
En attendant César, demande Ptolomée.
Tout indigne qu'il est de vivre et de régner,
Je sais bien que César se force à l'épargner ;
Mais quoi que son amour ait osé vous promettre, 1585
Le ciel, plus juste enfin, n'osera le permettre ;
Et s'il peut une fois écouter tous mes vœux,
Par la main l'un de l'autre ils périront tous deux.
Mon âme à ce bonheur, si le ciel me l'envoie,
Oubliera ses douleurs pour s'ouvrir à la joie ; 1590
Mais si ce grand souhait demande trop pour moi,
Si vous n'en perdez qu'un, ô ciel! perdez le Roi.
CLÉOPATRE.
Le ciel sur nos souhaits ne règle pas les choses.
CORNÉLIE.
Le ciel règle souvent les effets sur les causes[1],
Et rend aux criminels ce qu'ils ont mérité. 1595

---

1. *Var.* Le ciel règle souvent les effets par les causes. (1644 in-4°)
Var. Le ciel règle souvent les effets pour les causes. (1644 in-12)

CLÉOPATRE.
Comme de la justice, il a de la bonté.
CORNÉLIE.
Oui; mais il fait juger, à voir comme il commence,
Que sa justice agit, et non pas sa clémence.
CLÉOPATRE.
Souvent de la justice il passe à la douceur.
CORNÉLIE.
Reine, je parle en veuve, et vous parlez en sœur. 1600
Chacune a son sujet d'aigreur ou de tendresse,
Qui dans le sort du Roi justement l'intéresse.
Apprenons par le sang qu'on aura répandu
A quels souhaits le ciel a le mieux répondu[1].
Voici votre Achorée.

SCÈNE III.

CORNÉLIE, CLÉOPATRE, ACHORÉE, PHILIPPE, CHARMION.

CLÉOPATRE.
                Hélas! sur son visage 1605
Rien ne s'offre à mes yeux que de mauvais présage.
  Ne nous déguisez rien, parlez sans me flatter :
Qu'ai-je à craindre, Achorée, ou qu'ai-je à regretter?
ACHORÉE.
Aussitôt que César eut su la perfidie....
CLÉOPATRE.
Ce ne sont pas ses soins que je veux qu'on me die[2].
Je sais qu'il fit trancher et clore ce conduit
Par où ce grand secours devoit être introduit[3];

---

1. *Var.* A quels souhaits le ciel aura mieux répondu. (1644-56)
2. *Var.* Ah! ce n'est pas ses soins que je veux qu'on me die. (1644-63)
3. Voyez ci-dessus, vers 1146 et suivants.

94 POMPÉE.

Qu'il manda tous les siens pour s'assurer la place,
Où Photin a reçu le prix de son audace;
Que d'un si prompt supplice Achillas étonné   1615
S'est aisément saisi du port abandonné;
Que le Roi l'a suivi; qu'Antoine a mis à terre
Ce qui dans ses vaisseaux restoit de gens de guerre[1];
Que César l'a rejoint; et je ne doute pas
Qu'il n'ait su vaincre encore, et punir Achillas.   1620

ACHORÉE.
Oui, Madame, on a vu son bonheur ordinaire....

CLÉOPATRE.
Dites-moi seulement s'il a sauvé mon frère,
S'il m'a tenu promesse.

ACHORÉE.
    Oui, de tout son pouvoir.

CLÉOPATRE.
C'est là l'unique point que je voulois savoir.
Madame, vous voyez, les Dieux m'ont écoutée.   1625

CORNÉLIE.
Ils n'ont que différé la peine méritée.

CLÉOPATRE.
Vous la vouliez sur l'heure, ils l'en ont garanti.

ACHORÉE.
Il faudroit qu'à nos vœux il eût mieux consenti[2].

CLÉOPATRE.
Que disiez-vous naguère, et que viens-je d'entendre?
Accordez ces discours, que j'ai peine à comprendre.   1630

ACHORÉE.
Aucuns ordres ni soins n'ont pu le secourir[3] :

---

1. *Var.* Ce qui dans ses vaisseaux restoit des gens de guerre. (1644)
2. *Var.* Du moins César l'eût fait, s'il l'avoit consenti. (1644-56)
3. *Var.* Ni vos vœux ni nos soins n'ont pu le secourir :
  Malgré César et vous il a voulu périr. (1644-56)

ACTE V, SCÈNE III.

Malgré César et nous il a voulu périr ;
Mais il est mort, Madame, avec toutes les marques
Que puissent laisser d'eux les plus dignes monarques[1] :
Sa vertu rappelée a soutenu son rang,   1635
Et sa perte aux Romains a coûté bien du sang[2].
  Il combattoit Antoine avec tant de courage,
Qu'il emportoit déjà sur lui quelque avantage ;
Mais l'abord de César a changé le destin ;
Aussitôt Achillas suit le sort de Photin :   1640
Il meurt, mais d'une mort trop belle pour un traître,
Les armes à la main, en défendant son maître.
Le vainqueur crie en vain qu'on épargne le Roi ;
Ces mots au lieu d'espoir lui donnent de l'effroi ;
Son esprit alarmé les croit un artifice   1645
Pour réserver sa tête à l'affront d'un supplice[3].
Il pousse dans nos rangs, il les perce, et fait voir
Ce que peut la vertu qu'arme le désespoir ;
Et son cœur, emporté par l'erreur qui l'abuse[4],
Cherche partout la mort, que chacun lui refuse.   1650
Enfin perdant haleine après ces grands efforts,
Près d'être environné, ses meilleurs soldats morts,
Il voit quelques fuyards sauter dans une barque :
Il s'y jette, et les siens, qui suivent leur monarque,
D'un si grand nombre en foule accablent ce vaisseau[5],
Que la mer l'engloutit avec tout son fardeau[6].
  C'est ainsi que sa mort lui rend toute sa gloire,
A vous toute l'Égypte, à César la victoire.

---

1. *Var.* Dont éclatent les morts des plus dignes monarques. (1644-56)
2. *Var.* Et sa perte aux Romains a bien coûté du sang. (1644-56)
3. *Var.* Pour réserver sa tête aux hontes d'un supplice. (1644-56)
4. *Var.* Et son cœur indigné, que cette erreur abuse. (1644-56)
5. *Var.* D'un tel nombre à la foule accablent ce vaisseau. (1644-56)
6. L'auteur du livre *de la Guerre d'Alexandrie* (chapitre XXXI) raconte que Ptolémée s'enfuit du camp, et qu'il périt de la manière que dit ici Corneille.

Il vous proclame reine ; et bien qu'aucun Romain[1]
Du sang que vous pleurez n'ait vu rougir sa main, 1660
Il nous fait voir à tous un déplaisir extrême,
Il soupire, il gémit. Mais le voici lui-même,
Qui pourra mieux que moi vous montrer la douleur[2]
Que lui donne du Roi l'invincible malheur.

SCÈNE IV.

CÉSAR, CORNÉLIE, CLÉOPATRE, ANTOINE, LÉ-
PIDE, ACHORÉE, CHARMION, PHILIPPE.

CORNÉLIE.

César, tiens-moi parole, et me rends mes galères. 1665
Achillas et Photin ont reçu leurs salaires ;
Leur roi n'a pu jouir de ton cœur adouci ;
Et Pompée est vengé ce qu'il peut l'être ici.
Je n'y saurois plus voir qu'un funeste rivage[3]
Qui de leur attentat m'offre l'horrible image, 1670
Ta nouvelle victoire, et le bruit éclatant
Qu'aux changements de roi pousse un peuple inconstant[4] ;
Et parmi ces objets, ce qui le plus m'afflige[5],
C'est d'y revoir toujours l'ennemi qui m'oblige.
Laisse-moi m'affranchir de cette indignité, 1675
Et souffre que ma haine agisse en liberté.
A cet empressement j'ajoute une requête :
Vois l'urne de Pompée ; il y manque sa tête :

---

1. *Var.* Il vous proclame reine ; et quoique ses Romains
   Au sang que vous pleurez n'aient point trempé leurs mains,
   Il montre toutefois un déplaisir extrême. (1644-56)
2. *Var.* Qui pourra mieux que moi vous dire la douleur. (1644-56)
3. *Var.* Je n'y puis plus rien voir qu'un funeste rivage. (1644-56)
4. *Var.* Qu'aux changements du Roi pousse un peuple inconstant. (1652-56)
5. *Var.* Et de tous les objets celui qui plus m'afflige,
   J'y vois toujours en toi l'ennemi qui m'oblige. (1644-56)

ACTE V, SCÈNE IV.

Ne me la retiens plus, c'est l'unique faveur
Dont je te puis encor prier avec honneur. 1680

CÉSAR.

Il est juste, et César est tout prêt de vous rendre
Ce reste où vous avez tant de droit de prétendre;
Mais il est juste aussi qu'après tant de sanglots
A ses mânes errants nous rendions le repos,
Qu'un bûcher allumé par ma main et la vôtre 1685
Le venge pleinement de la honte de l'autre,
Que son ombre s'apaise en voyant notre ennui,
Et qu'une urne plus digne et de vous et de lui,
Après la flamme éteinte et les pompes finies,
Renferme avec éclat ses cendres réunies. 1690
De cette même main dont il fut combattu,
Il verra des autels dressés à sa vertu;
Il recevra des vœux, de l'encens, des victimes,
Sans recevoir par là d'honneurs que légitimes[1] :
Pour ces justes devoirs je ne veux que demain; 1695
Ne me refusez pas ce bonheur souverain.
Faites un peu de force à votre impatience;
Vous êtes libre après : partez en diligence;
Portez à notre Rome un si digne trésor;
Portez....

CORNÉLIE.

Non pas, César, non pas à Rome encor : 1700
Il faut que ta défaite et que tes funérailles
A cette cendre aimée en ouvrent les murailles;
Et quoiqu'elle la tienne aussi chère que moi,
Elle n'y doit rentrer qu'en triomphant de toi.
Je la porte en Afrique; et c'est là que j'espère 1705
Que les fils de Pompée, et Caton, et mon père,

1. *Var.* Et ne recevra point d'honneurs illégitimes :
 Pour ces pieux devoirs je ne veux que demain. (1644-56)

Secondés par l'effort d'un roi¹ plus généreux²,
Ainsi que la justice auront le sort pour eux.
C'est là que tu verras sur la terre et sur l'onde
Le débris de Pharsale armer un autre monde ; 1710
Et c'est là que j'irai, pour hâter tes malheurs,
Porter de rang en rang ces cendres et mes pleurs.
Je veux que de ma haine ils reçoivent des règles,
Qu'ils suivent au combat des urnes au lieu d'aigles ;
Et que ce triste objet porte en leur souvenir³ 1715
Les soins de le venger, et ceux de te punir.
Tu veux à ce héros rendre un devoir suprême :
L'honneur que tu lui rends rejaillit sur toi-même ;
Tu m'en veux pour témoin : j'obéis au vainqueur ;
Mais ne présume pas toucher par là mon cœur. 1720
La perte que j'ai faite est trop irréparable ;
La source de ma haine est trop inépuisable :
A l'égal de mes jours je la ferai durer ;
Je veux vivre avec elle, avec elle expirer.

Je t'avouerai pourtant, comme vraiment Romaine,
Que pour toi mon estime est égale à ma haine ;
Que l'une et l'autre est juste, et montre le pouvoir,
L'une de ta vertu, l'autre de mon devoir⁴ ;
Que l'une est généreuse, et l'autre intéressée,
Et que dans mon esprit l'une et l'autre est forcée. 1730
Tu vois que ta vertu, qu'en vain on veut trahir⁵,
Me force de priser ce que je dois haïr :
Juge ainsi de la haine où mon devoir me lie ;
La veuve de Pompée y force Cornélie.
J'irai, n'en doute point, au sortir de ces lieux, 1735

---

1. Juba, roi de Numidie.
2. *Var.* Secondés des efforts d'un roi plus généreux. (1644-56)
3. *Var.* Et que ce triste objet porte à leur souvenir. (1644-56)
4. *Var.* L'une de la vertu, l'autre de mon devoir. (1644 in-12 et 48-56)
5. *Var.* Et comme ta vertu, qu'en vain on veut trahir. (1644-56)

Soulever contre toi les hommes et les Dieux ;
Ces Dieux qui t'ont flatté, ces Dieux qui m'ont trompée,
Ces Dieux qui dans Pharsale ont mal servi Pompée,
Qui la foudre à la main l'ont pu voir égorger :
Ils connoîtront leur faute, et le voudront venger. 1740
Mon zèle, à leur refus, aidé de sa mémoire,
Te saura bien sans eux arracher la victoire :
Et quand tout mon effort se trouvera rompu,
Cléopatre fera ce que je n'aurai pu.
Je sais quelle est ta flamme et quelles sont ses forces,
Que tu n'ignores pas comme on fait les divorces,
Que ton amour t'aveugle, et que pour l'épouser
Rome n'a point de lois que tu n'oses briser ;
Mais sache aussi qu'alors la jeunesse romaine
Se croira tout permis sur l'époux d'une reine, 1750
Et que de cet hymen tes amis indignés
Vengeront sur ton sang leurs avis dédaignés.
J'empêche ta ruine, empêchant tes caresses.
Adieu : j'attends demain l'effet de tes promesses.

SCÈNE V.

CÉSAR, CLÉOPATRE, ANTOINE, LÉPIDE, ACHORÉE, CHARMION.

CLÉOPATRE.

Plutôt qu'à ces périls je vous puisse exposer, 1755
Seigneur, perdez en moi ce qui les peut causer :
Sacrifiez ma vie au bonheur de la vôtre ;
Le mien sera trop grand, et je n'en veux point d'autre,
Indigne que je suis d'un César pour époux,
Que de vivre en votre âme, étant morte pour vous. 1760

CÉSAR.

Reine, ces vains projets sont le seul avantage

Qu'un grand cœur impuissant a du ciel en partage :
Comme il a peu de force, il a beaucoup de soins;
Et s'il pouvoit plus faire, il souhaiteroit moins.
Les Dieux empêcheront l'effet de ces augures,   1765
Et mes félicités n'en seront pas moins pures,
Pourvu que votre amour gagne sur vos douleurs,
Qu'en faveur de César vous tarissiez vos pleurs,
Et que votre bonté, sensible à ma prière,
Pour un fidèle amant oublie un mauvais frère.   1770
   On aura pu vous dire avec quel déplaisir
J'ai vu le désespoir qu'il a voulu choisir;
Avec combien d'efforts j'ai voulu le défendre
Des paniques terreurs qui l'avoient pu surprendre.
Il s'est de mes bontés jusqu'au bout défendu,   1775
Et de peur de se perdre il s'est enfin perdu.
Oh! honte pour César, qu'avec tant de puissance,
Tant de soins de vous rendre entière obéissance[1],
Il n'ait pu toutefois, en ces événements,
Obéir au premier de vos commandements!   1780
Prenez-vous-en au ciel, dont les ordres sublimes
Malgré tous nos efforts savent punir les crimes;
Sa rigueur envers lui vous ouvre un sort plus doux,
Puisque par cette mort l'Égypte est toute à vous.

CLÉOPATRE.

Je sais que j'en reçois un nouveau diadème,   1785
Qu'on n'en peut accuser que les Dieux et lui-même;
Mais comme il est, Seigneur, de la fatalité
Que l'aigreur soit mêlée à la félicité,
Ne vous offensez pas si cet heur de vos armes,
Qui me rend tant de biens, me coûte un peu de larmes,
Et si voyant sa mort due à sa trahison,
Je donne à la nature ainsi qu'à la raison.

1. *Var.* Tant de soins pour vous rendre entière obéissance. (1644-64)

ACTE V, SCÈNE V.

Je n'ouvre point les yeux sur ma grandeur si proche,
Qu'aussitôt à mon cœur mon sang ne le reproche ;
J'en ressens dans mon âme un murmure secret, 1795
Et ne puis remonter au trône sans regret[1].

ACHORÉE.

Un grand peuple, Seigneur, dont cette cour est pleine,
Par des cris redoublés demande à voir sa reine,
Et tout impatient déjà se plaint aux cieux
Qu'on lui donne trop tard un bien si précieux. 1800

CÉSAR.

Ne lui refusons plus le bonheur qu'il desire :
Princesse, allons par là commencer votre empire.
 Fasse le juste ciel, propice à mes desirs,
Que ces longs cris de joie étouffent vos soupirs,
Et puissent ne laisser dedans votre pensée 1805
Que l'image des traits dont mon âme est blessée !
Cependant, qu'à l'envi ma suite et votre cour
Préparent pour demain la pompe d'un beau jour,
Où dans un digne emploi l'une et l'autre occupée
Couronne Cléopatre et m'apaise Pompée, 1810
Élève à l'une un trône, à l'autre des autels,
Et jure à tous les deux des respects immortels.

1. *Var.* Et n'ose remonter au trône sans regret. (1644-56)

FIN DU CINQUIÈME ET DERNIER ACTE.

APPENDICE.

I

PASSAGES DE LA *PHARSALE*

DE LUCAIN

IMITÉS PAR CORNEILLE ET SIGNALÉS PAR LUI[1].

Vers 52, 53. Metiri sua regna decet, viresque fateri.
                     (Livre VIII, vers 527.)
55-58. Nec soceri tantum arma fugit, fugit ora senatus,
        Cujus thessalicas saturat pars magna volucres.
                     (VIII, 506, 507.)

---

1. Voyez ci-dessus, p. 14. — Dans *Médée*, nous avons indiqué les sources latines au bas des pages; mais là Corneille imitait une tragédie et la suivait d'assez près; ici il choisit dans un poëme épique certains passages brillants pour orner sa tragédie, sans s'astreindre, bien entendu, à une marche analogue à celle de son modèle. Nous avons donc cru devoir placer les vers de Lucain en *appendice*, comme nous avons fait pour ceux de Guillem de Castro à la suite du *Cid*. Ce qui nous y a encore plus déterminé, c'est que, pour la *Médée*, les rapprochements avec le latin sont un simple travail d'éditeur qui peut sans inconvénient être confondu avec les notes, tandis que, pour *le Cid* et pour *Pompée*, Corneille ayant pris la peine d'indiquer lui-même les vers qu'il a imités, mieux valait, ce nous semble, ne pas mêler son œuvre avec la nôtre. — Il n'a donné ces rapprochements que dans les éditions de 1648, 1652 et 1655. Nous n'avons rien changé à son texte, qui ne diffère des meilleures éditions que par quatre ou cinq variantes de peu d'importance; nous nous sommes contenté d'y corriger un petit nombre de fautes typographiques. Nous avons aussi coupé, comme il l'a fait lui-même, en plusieurs fragments des citations qui, dans Lucain, se suivent et sont jointes; ainsi celles qui se rapportent aux vers 80, 82, 84 :

    .... *Fatis accede, Deisque,*
Et cole felices, miseros fuge.

POMPÉE.

Vers 61-64. Et metuit gentes quas uno in sanguine mistas
Deseruit, regesque timet quorum omnia mersit.
(VIII, 508, 509.)

70. Tu, Ptolemæe, potes Magni fulcire ruinam,
Sub qua Roma cadit?
(VIII, 528, 529.)

73, 74. Jus et fas multos faciunt, Ptolemæe, nocentes.
(VIII, 484.)

75, 76. Dat pœnas laudata fides, quum sustinet, inquit,
Quos fortuna premit.
(VIII, 485, 486.)

80. .... Fatis accede, Deisque.
(VIII, 486.)

82. Et cole felices.
(VIII, 487.)

84. .... Miseros fuge.
(VIII, 487.)

87, 88. Postquam nulla manet rerum fiducia, quærit
Cum qua gente cadat.
(VIII, 504, 505.)

93. .... Votis tua fovimus arma.
(VIII, 519.)

97-100. Hoc ferrum, quod fata jubent proferre, paravi
Non tibi, sed victo. Feriam tua viscera, Magne;
Malueram soceri.
(VIII, 520-523.)

105, 106. Sceptrorum vis tota perit, quum pendere justa
Incipit.
(VIII, 489, 490.)

109. .... Semper metuet quem sæva pudebunt.
(VIII, 495.)

124. Quicquid non fuerit Magni, dum bella geruntur,
Nec victoris erit.
(VIII, 502, 503.)

461-463. Quippe fides si pura foret....
Venturum tota pharium cum classe tyrannum.
(VIII, 572-574.)

469, 470. .... Longeque a littore casus
Exspectate meos, et in hac cervice tyranni
Explorate fidem.
(VIII, 580-582.)

479, 480. Romanus pharia miles de puppe salutat
Septimius.
(VIII, 596, 597.)

Vers 514-516.   Involvit vultus, atque indignatus apertum
                Fortunæ præbere caput, tunc lumina pressit.
                            (VIII, 614, 615.)
    519, 520.   .... Nullo gemitu consensit ad ictum.
                            (VIII, 619.)
    526-528.   Seque probat moriens.
                            (VIII, 621.)
    529-531.   Septimius....
                .... retegit..., scisso velamine, vultus,
                . . . .
                Collaque in obliquo ponit languentia rostro,
                Tunc nervos venasque secat....
                . . . .
                Vindicat hoc pharius dextra gestare satelles.
                            (VIII, 668-675.)
    534-536.   Littora Pompeium feriunt, truncusque vadosis
                Huc illuc jactatur aquis.
                            (VIII, 698, 699.)
    541, 542.   .... Interque suorum
                Lapsa manus, rapitur, trepida fugiente carina.
                            (VIII, 661, 662.)
    763, 764.   .... Atque os in murmura pulsant
                Singultus animæ.
                            (VIII, 682, 683.)
    766-768.   Iratamque Deis faciem.
                            (VIII, 665.)
    769, 770.   Non primo Cæsar damnavit munera vultu :
                    .... Vultus, dum crederet, hæsit.
                            (IX, 1035, 1036.)
    783-786.   .... Lacrymas non sponte cadentes
                Effudit.
                            (IX, 1038, 1039.)
    787.   Aufer ab aspectu nostro funesta, satelles,
                Regis dona tui.
                            (IX, 1064, 1065.)
    829.   Ergo in thessalicis pellæo fecimus arvis
                Jus gladio?
                            (IX, 1073, 1074.)
    833, 834.   Non tuleram Magnum, mecum Romana regentem :
                Te, Ptolemæe, feram?
                            (IX, 1075, 1076.)
    841, 842.   .... Nec fallere vos me
                Credite victorem : nobis quoque tale paratum
                Littoris hospitium.
                            (IX, 1081-1083.)

POMPÉE.

Vers 845, 846.   .... Ne sic mea colla gerantur
Thessaliæ fortuna facit.
(IX, 1083, 1084.)

914-916.   .... Unica belli
Præmia civilis, victis donare salutem,
Perdidimus.
(IX, 1066-1068.)

939-941.   .... Justo date tura sepulcro,
Et placate caput.
(IX, 1091, 1092.)

999, 1000. Turpe mori post te solo non posse dolore.
(IX, 108.)

1014. Bis nocui mundo.
(VIII, 90.)

1015, 1016.   .... Cunctosque fugavi
A causa meliore Deos.
(VIII, 93, 94.)

1017, 1018. O utinam in thalamos invisi Cæsaris issem
Infelix conjux, et nulli læta marito!
(VIII, 88, 89.)

1050-1056. Ut te complexus, positis civilibus armis,
Affectus abs te veteres, vitamque rogarem,
Magne, tuam, dignaque satis mercede laborum
Contentus par esse tibi. Tunc pace fideli
Fecissem ut victus posses ignoscere Divis;
Fecisses ut Roma mihi.
(IX, 1099-1104.)

1058. Læta dies rapta est populis.
(IX, 1097.)

1104-1108.   .... Placemus cæde secunda
Hesperias gentes; jugulus mihi Cæsaris haustus
Hoc præstare potest, Pompeii cæde nocentes
Ut populus Romanus amet.
(X, 386-389.)

1110. Quid, miserande, times quem tu facis ipse timen-
(IV, 185.)   [dum?

1116. Quem metuis par hujus erat.
(V, 382.)

1151, 1152. Plenum epulis, madidumque mero, Venerique
Invenies.   [paratum
(X, 396, 397.)

1153-1156. Sed fremitu vulgi, fasces et signa querentis

APPENDICE.

Inferri romana suis, discordia sensit
Pectora.
(X, 11-13.)

Vers 1417-1419.   In scelus it pharium romani pœna tyranni,
Exemplumque perit.
(X, 343.)

1501, 1502. Una nota est Magno capitis jactura revulsi.
(VIII, 711.)

Corneille n'a extrait de Lucain, pour les rapprocher de ses imitations, que les passages qu'il a ou le plus fidèlement traduits, ou du moins imités sciemment et à dessein. Si l'on voulait y joindre, pour les parties de la pièce dont le sujet se rencontre avec celui de la *Pharsale*, tous les souvenirs qui lui étaient restés de l'étude de ce poëme, les ressemblances lointaines, les idées, les tours, les mots dont il s'était inspiré et qui ont passé dans ses vers, d'une manière moins apparente, et le plus souvent, je pense, sans même qu'il y songeât, on allongerait beaucoup la liste des rapprochements. Nous nous bornerons à un petit nombre d'exemples, que nous prendrons çà et là; quelques-uns peut-être ont été omis involontairement par Corneille dans les citations qu'il a placées au bas des pages; mais la plupart nous paraissent être d'autre nature : ou bien ce sont des passages mis en œuvre si librement qu'ils n'appartiennent pour ainsi dire plus au modèle, ou bien il s'en était tellement pénétré qu'il n'avait plus conscience de l'imitation ou de la réminiscence.

Dans le récit d'Achorée, les vers 482-484 reproduisent, sans les copier, ces quatre vers de Lucain, changés en discours direct :

.... Celsæ de puppe carinæ
In parvam jubet ire ratem, littusque malignum
Incusat, bimaremque vadis frangentibus æstum,
Qui vetet externas terris advertere classes.
(Livre VIII, vers 564-567.)

Les vers 1011-1016 du premier discours de Cornélie à César sont un frappant souvenir de ce passage :

Fortuna est mutata toris; semperque potentes
Detrahere in cladem fato damnata maritos
Innupsit tepido pellex Cornelia busto.
(III, 21-23.)

Le vers 575 est la traduction de cet autre endroit :

.... Rectorque senatus,
Sed regnantis, erat.
(IX, 194, 195.)

Les trois triomphes mentionnés immédiatement après, au vers 578, reviennent plusieurs fois dans le poëme latin : voyez livre VI, vers 817, 818; livre VII, vers 685 ; livre VIII, vers 553, 554, et vers 814, 815. « Les monstres de l'Égypte » (vers 582) sont les *regia monstra* du livre VIII, vers 613.

Mais nulle part on ne voit mieux que dans la délibération qui ouvre la tragédie et principalement, je crois, dans le premier discours de Ptolomée et dans celui de Photin, à quel point Corneille était plein de la *Pharsale* et comment il s'en inspirait. D'abord aux fragments qu'il a cités lui-même du discours de Photin (*Pothinus*) dans Lucain (livre VIII, vers 484-535), il faudrait joindre plusieurs autres extraits de ce morceau, si, outre les endroits fidèlement reproduits dans le *Pompée*, on voulait donner aussi tous ceux qui ont quelque analogie de pensée ou de forme avec les vers français, ou que notre poëte a rendus, ou fait sentir, par quelque équivalent. Ainsi :

Pompeii nunc castra placent quæ deserit orbis?
(Vers 532.)

Thessaliæque reus, nulla tellure receptus,
Sollicitat nostrum, quem nondum perdidit, orbem.
(Vers 510, 511.)

Justior in Magnum nobis, Ptolemæe, querelæ
Causa data est.
(Vers 512, 513.)

.... Exeat aula
Qui volet esse pius; virtus et summa potestas
Non coeunt.
(Vers 493-495.)

Libertas scelerum est quæ regna invisa tuetur,
Sublatusque modus gladiis.
(Vers 491, 492.)

.... Facere omnia sæve
Non impune licet, nisi quum facis.
(Vers 492, 493) etc.

Dans ce même discours de Pothinus se trouve aussi ce que dit Ptolomée pour clore la délibération :

« Et cédons au torrent qui roule toutes choses. »
(Vers 190.)

Rapimur quo cuncta feruntur.
(Vers 522.)

Aux emprunts faits à cette tirade oratoire, où il était si naturel de puiser pour cette scène du conseil, nous pouvons ajouter des traits pris çà et là dans les diverses parties de la *Pharsale*, et sinon toujours imités de Lucain, au moins suggérés par lui. Rapprochez, par exemple, des vers 3 et 4 cette apostrophe latine :

Thessalicæ tantum, Superi, permittitis oræ?
(VII, 302.)

Pour les vers 5 et suivants, voyez ce qui est dit plus haut, p. 27, note 3. « Le droit de l'épée » (vers 13) est la traduction de *ferri jus* (livre V, vers 387). L'idée du vers 14 est contenue dans ce passage :

> Hæc fato quæ teste probet quis justius arma
> Sumpserit, hæc acies victum factura nocentem est.
> (VII, 259, 260.)

Aussitôt après Corneille s'est souvenu de cet autre endroit :

> .... Lassata triumphis
> Descivit fortuna tuis.
> (II, 727, 728.)

Nous ne pousserons pas plus loin ces rapprochements. Ceux qui précèdent suffisent pour montrer, et c'est là tout ce que nous voulions faire, qu'outre les imitations directes et frappantes que notre poëte a lui-même signalées, il y a dans diverses parties de sa tragédie bon nombre de souvenirs qui font voir combien était vif le goût qu'il avait pour Lucain, combien il avait pratiqué ce poëte, et de quelle manière il savait s'approprier ses beautés et ses défauts.

II

EXTRAITS DE *LA MORT DE POMPÉE*

DE CHAULMER[1].

ARGUMENT.

Après la guerre de Pharsale, Pompée se retire vers Ptolomée, roi d'Égypte, en dessein d'obtenir de lui quelques nouvelles troupes, avec lesquelles il pût rallier le débris de sa fortune; mais son dessein ne réussit pas comme il l'avoit projeté. Le Roi assemble son conseil sur ce sujet, où trois des plus signalés parlent : l'un en faveur de Pompée, les deux autres contre lui; l'un à ce qu'il fût chassé, l'autre à ce qu'il fût mis à mort : à quoi le Roi conclut, et ce qui est

---

1. Voyez ci-dessus la *Notice*, p. 5.

exécuté ; ensuite de quoi sa femme, son fils et ceux qui suivoient son parti se retirèrent avec exécration contre le tyran et toute l'Égypte. Ce sujet est amplement traité par Plutarque, en la *Vie de Pompée*, et par Florus, historien romain ; par Suétone, et encore plus au long dans les œuvres de Lucain, poëte romain. Les circonstances sont de l'invention de l'auteur, dont il a enrichi un si noble sujet pour ne le mettre point au jour sans les ornements dus à son mérite.

ANALYSE

PAR LES FRÈRES PARFAIT[1].

Nous n'entrerons dans le détail de cette pièce que pour faire voir « les circonstances de l'invention de l'auteur.... »

Après la perte de la bataille de Pharsale, Pompée se réfugie en Égypte, accompagné de Cornélie, de Sexte et de deux sénateurs. Il est reçu avec distinction par Parthénie, veuve du dernier roi, et par Cléopatre, sa fille, qui devient aussitôt amoureuse du fils de Pompée....

CLÉOPATRE.
.... Lis sur ce visage, et ma mort, et sa cause.
CHARMION.
Qui vit jamais la mort peinte en telle couleur ?
CLÉOPATRE.
Comme dedans la glace, on meurt dans la chaleur.
CHARMION.
Le moyen d'amortir le feu qui vous dévore ?
CLÉOPATRE.
Allume-le plutôt, c'est un feu que j'adore.
CHARMION.
Je l'entends à peu près.

Elle promet de s'employer. Sexte est tenté de faire une infidélité à Léonie, sa première maîtresse ; cette dernière, qui s'est travestie en cavalier, conduite par sa jalousie, vient trouver son amant et lui fait mettre l'épée à la main. Cléopatre interrompt un si brusque entretien ; mais ne pouvant rien gagner sur le cœur de Sexte, qui se pique de constance, elle ne s'oppose plus à la perte de Pompée, et ordonne à Théodote d'y concourir. Pendant ce temps-là, Pompée, agité par un songe affreux, vient le raconter à sa femme. Elle achève de l'ef-

1. *Histoire du Théâtre françois*, tome V, p. 441-445.

frayer par le récit du sien. Au quatrième acte, le conseil d'Égypte s'assemble pour délibérer de son sort. Ptolomée s'y rend à la cinquième scène; c'est le meilleur endroit de la pièce. M. Corneille a commencé celle qu'il a donnée depuis sous le même nom, par une pareille situation. Ici Photin joue le personnage généreux et conseille de recevoir Pompée. Achillas représente le danger où l'on s'expose en lui accordant une retraite, et Théodote soutient que le plus sûr moyen d'éviter l'indignation de César est de lui porter la tête de son ennemi. Ptolomée s'arrête à ce dernier avis.... On exécute au cinquième acte ce qui vient d'être résolu. Cornélie partage avec les spectateurs le déplaisir de voir trancher la tête de Pompée, et la tragédie finit par les regrets de cette veuve et ceux de son fils....

ACTE IV.

SCÈNE V.
PTOLOMÉE, PHOTIN, ACHILLAS, THÉODOTE.

PTOLOMÉE.
Ministres d'un État, que vos sages génies
Ont toujours garanti de pertes infinies,
C'est maintenant, amis, qu'il est temps de parler;
C'est en cet accident qu'il vous faut signaler,
Et par l'autorité que votre roi vous donne,
Dire ce qui peut faire au bien de sa couronne.
Parlez donc hardiment, et puis ma volonté
Fera de vos avis un dessein arrêté.

PHOTIN[1].
Monarque glorieux! Égypte fortunée!
Rencontre avantageuse! agréable journée!
Qui résigne à mon prince et lui met entre mains
La gloire que s'étoient acquise les Romains.
Il semble que le ciel ne les fit misérables

---

1. Par une disposition des plus bizarres, on lit ici avant le nom de Photin : « Scène sixième; » plus loin, avant le nom d'Achillas : « Scène septième; » avant le nom de Théodote : « Scène huitième; » et enfin avant le nom de Ptolomée : « Scène neuvième. Ptolomée, Parthénie, Achillas, Photin, Théodote. » Mais comme ces discours séparés ne constituent pas des monologues et qu'ils sont, de toute nécessité, prononcés en présence du conseil assemblé; que, d'un autre côté, on lit immédiatement après les deux derniers vers dits par Ptolomée : « Parthénie entrant sur ces paroles, » ce qui prouve que c'est alors seulement qu'un nouveau personnage occupe le théâtre, il nous a paru indispensable de continuer jusqu'en cet endroit la scène cinquième, qui n'a sans doute été divisée par l'imprimeur qu'à cause de son étendue.

Que pour rendre à jamais ses vertus mémorables,
Puisque les secourir est le plus digne emploi
Où se puisse arrêter la vertu d'un grand roi.
Qu'il imite en cela les puissances suprêmes,
Dont les rois ici-bas tiennent les diadèmes,
Qui voyant les méchants accabler la vertu,
Relèvent aussitôt ce qu'ils ont abattu :
C'est ce que la nature et le droit vous commandent,
Ce que l'affection et la pitié demandent;
Et puisque notre bien autorise ces lois,
Obligeons nos amis, et nous tous à la fois;
Joignons nos intérêts avecque leur fortune :
Aussi bien le ciel veut qu'elle nous soit commune.
Je vois bien que les Dieux ont ce point arrêté,
Et qu'on ne peut forcer cette nécessité.
Mais pourquoi la forcer? puisque cette entreprise
Nous est utile autant qu'elle les favorise;
Que leur donnant moyen de rentrer au combat,
Nous assurons le trône et conservons l'État,
Ou l'augmentons plutôt, puisqu'après la victoire
Ayant part au bonheur, aussi bien qu'à la gloire,
Nous verrons que plusieurs de leurs peuples soumis
Deviendront nos sujets cessant d'être ennemis?
C'est ce qu'il faut attendre et croire de Pompée,
Sans que notre espérance en puisse être trompée;
Et je crois après tout que c'est se rendre heureux,
Que de faire plaisir à des cœurs généreux.
Et puis le traitement qu'en reçut votre père
Ne veut pas qu'en ceci votre esprit délibère.
Où pensez-vous trouver des sentiments plus sains?
Il faut courre sans guide en de si beaux desseins;
Et puisque de lui seul vous tenez la couronne,
Vous voyez clairement ce que le ciel ordonne.
En conservant l'État, il le fit comme sien;
En demandant l'entrée, il demande son bien.
Qu'on équipe soudain, et qu'on aille avec joie
Recevoir le présent que le ciel nous envoie.
Ce qu'il falloit chercher au bout de l'univers
Se vient offrir à nous : que nos ports soient ouverts,
Que nos cœurs soient de même, et que ces braves princes
Entrent dans nos esprits comme dans nos provinces.
Rome vous en conjure, et votre Égypte en pleurs
Appréhende pour soi, regardant ses malheurs;
Votre peuple pour eux implore votre grâce,
Qui le peut garantir d'une telle menace.

ACHILLAS.

Je crois que nos avis tendent à mêmes fins :
Mais ils tiennent pourtant de différents chemins.

APPENDICE.

On ne vous chante ici que biens et que victoire,
Nos esprits n'ont d'objets que ceux de votre gloire;
Mais peignant un discours de si belles couleurs,
On ne vous montre pas un serpent sous des fleurs.
Je sais qu'il appartient à toute âme royale
De relever les grands quand le sort les ravale;
Aussi n'appartient-il qu'à des cœurs généreux
De courir au secours des hommes malheureux.
Mais nous ne devons pas par la loi de nature,
Pour secourir autrui, recevoir une injure :
Ce seroit excéder le droit et l'équité,
De qui par la raison le pouvoir limité
Ne nous apprend que trop qu'en des périls extrêmes
Le meilleur est toujours de penser à nous-mêmes;
Et croire qu'il nous faut résoudre sur ce point,
De fermer le royaume ou de n'en avoir point.
L'Égypte ne peut pas obéir à deux maîtres,
Et ces submissions ne sont qu'appas de traîtres,
Qui flattant nos esprits avec leur vain éclat,
Veulent, nous surprenant, s'emparer de l'État.
Oui, c'est le moindre mal que le sort nous apprête,
Puisque le même encor menace notre tête.
Croyons qu'en recevant nos pires ennemis,
Nous ferions beaucoup plus qu'il ne nous est permis,
Que voulant préférer à l'honnête l'utile,
Notre ruine aussi lui feroit un asile.
Ce royaume puissant, commis à votre foi,
Blâmeroit en tombant la faute de son roi,
Qui par trop de bonté l'auroit perdu lui-même,
Prodigue de son sang et de son diadème.
Pardonnez, s'il vous plaît, à mon ressentiment,
Qui me fait devant vous parler si librement;
Quoique ailleurs le respect dût retenir ma langue,
Ici votre intérêt anime ma harangue,
Et je ne puis souffrir qu'on mette en compromis
Votre vie et l'État pour ces traîtres amis.
Oui, nous nous perdons tous, en recevant Pompée;
Et notre piété par son crime trompée,
Ouvrant notre royaume à ce prince latin,
En croyant lui prêter n'en fait que son butin.
Délivrons nos sujets de si fortes alarmes;
Que Rome cherche ailleurs des pays et des armes;
Gardons-nous d'exposer nos terres au hasard,
D'avoir pour ennemis et Pompée et César,
Et souffrir cependant que leur bouillant courage
Décharge dessus nous les effets de leur rage.
Et comme bien souvent, voulant sauver de l'eau
Celui qu'on voit périr, l'on a même tombeau,
Ainsi de ces vaincus les desseins adversaires

Nous précipiteroient en de mêmes misères.
Créon perdit-il pas fille, vie et maison,
Quand il en voulut faire une asile[1] à Jason?
Perdit-il pas lui-même et le sceptre et la vie,
Au lieu d'effectuer cette louable envie?...
Croyons donc que suivant le sort des malheureux,
Nous ne pouvons enfin que nous perdre avec eux.
Repoussons bravement l'effort de tant de guerres,
Et contraignons Pompée à chercher d'autres terres.

THÉODOTE.

Mon prince, il n'est plus temps de rien dissimuler.
Oui, s'il le fut jamais, il est temps de parler;
Et puisque votre esprit si longtemps en balance,
Demeurant suspendu, choque votre prudence,
Il faut vous avertir, au nom de tous les Dieux,
Que nous devons ici suivre l'arrêt des cieux.
Puisqu'ils ont résolu de ruiner Pompée,
Notre âme en ce dessein ne peut être trompée :
Refuser d'obéir et de les imiter
Ne seroit justement que pour les irriter,
Et nous envelopper dans les mêmes ruines
Qui s'en vont accabler les reliques latines.
Non, non, ne soyons pas courageux à demi.
Il ne nous suffit pas de chasser l'ennemi,
Qui nous pourroit un jour, par de nouvelles guerres,
Voler, à force ouverte, et nos biens et nos terres,
Dont notre piété lui voudroit faire part.
Pour un temps seulement on fuiroit le hasard ;
Et puis après, César, apprenant ces nouvelles,
Nous traiteroit sans doute ainsi que des rebelles.
Que ferions-nous alors?... Non, non, ne pensons pas
Que Pompée avec nous s'exemptât du trépas;
Et puisque de tous points sa mort est arrêtée,
Il vaut mieux qu'elle soit un peu précipitée,
Que si pour retarder quelque peu cet arrêt,
Notre État se perdoit dedans son intérêt.
Si César irrité tourne ici ses armées,
Qui pourra repousser ses troupes animées?
Qui pourra résister à ses braves guerriers,
Dont la valeur s'échauffe à force de lauriers?...
Ce pays aura-t-il des plaines de Pharsale?
Ah! Sire, la partie est par trop inégale;
Et notre vain effort, en la voulant tenter,
Ne feroit justement que nous précipiter.
Aussi bien la justice et bonté de la cause
N'empêche pas toujours que le sort n'en dispose :

1. *Une asile* est la leçon de l'édition originale.

Il est maître de tout, et souvent l'innocent
Tombe dessous le joug d'un ennemi puissant;
Et souvent la vertu, ne passant que pour crime,
D'un injuste supplice en fait un légitime,
Lorsque de son État les destins envieux
L'emportent aux mortels pour la porter aux Dieux.
Apaisons donc César par un sang si funeste,
Qui nous est un venin, un aspic, une peste;
Et puisque contre nous il fit cet attentat,
Qu'il rassure en mourant la couronne et l'État.
Que l'équité le veuille, ou bien que l'injustice,
Perdant notre ennemi, nous rende un bon office,
Il n'importe : pourvu qu'en perdant l'ennemi,
Le pays soit en paix et le sceptre affermi.
Faisons donc que le droit le cède à la puissance :
Pour bien régner, qu'il souffre un peu de violence.
Qu'en perdant l'ennemi, ce précieux moment
Redonne à notre État un plus sûr fondement.
Peut-être que César lui laisseroit la vie;
Mais il sera content qu'elle lui soit ravie.
En se voyant vengé par la faute d'autrui,
Il rendra la faveur qu'on lui fait aujourd'hui,
Et les Dieux et César autorisent ce crime,
Qu'encor notre intérêt fait assez légitime,
Puisqu'il vit pour nous perdre, et puisqu'un homme mort
Ne peut plus empirer ou troubler notre sort.
PTOLOMÉE.
Qu'il meure, et que sa mort affranchisse son âme :
C'est par où le vaincu doit éviter le blâme.

LE MENTEUR

COMÉDIE

1642

NOTICE.

Dans l'*Épître* qui précède cette comédie, Corneille fait bien nettement profession d'imiter les Espagnols, et déclare que l'emprunt qu'il avoue ne sera pas le dernier. Cependant il faudrait se garder de voir en lui un connaisseur curieux de la littérature à laquelle il demande si fréquemment des inspirations. Il s'empare de ce qui est à sa convenance, et ne sait même pas toujours précisément à qui il a affaire. En 1642, il a lu la comédie intitulée *la Verdad sospechosa*[1], pensant qu'elle était de Lope, et il l'a imitée à sa façon, sans se préoccuper de son origine. En 1660, lorsqu'il écrit ses examens et qu'il quitte ainsi un instant le rôle de poëte pour celui de critique, il nous dit bien qu'il lui est tombé entre les mains « un volume de don Juan d'Alarcon, où il prétend que cette comédie est à lui; » mais il ne se passionne nullement pour découvrir la solution de ce problème. « Si c'est son bien, je n'empêche pas qu'il ne s'en ressaisisse, » dit-il; puis il passe outre, et, après avoir marqué la source où il a puisé, il déclare dans l'avis *Au lecteur* que, bien qu'il ait indiqué pour *le Cid* les vers espagnols, et pour *Pompée* les vers latins qu'il a principalement imités, il n'en a pas fait de même ici, à cause du peu de rapport entre l'espagnol et le français. Quant à nous, nous avons pensé que cette imitation, pour être plus libre, n'en serait pas moins curieuse à examiner, et, enhardi par la bienveillance que M. Viguier nous avait déjà témoignée en plus d'une occasion, nous avons réclamé de lui sur ce point une étude qu'on trouvera,

1. *La Vérité suspecte.*

sous forme d'appendice, à la suite de la pièce. Nous n'avons donc pas à insister, ni ici ni dans les notes, sur la manière dont Corneille imite son modèle; nous nous contenterons de donner un seul exemple des procédés qu'il emploie pour accommoder aux usages, aux mœurs, et au langage de son temps le sujet qu'il a emprunté à l'Espagne.

Lorsque Dorante nous dit :

On s'introduit bien mieux à titre de vaillant[1],

c'est un souvenir d'Alarcon; Corneille nous l'apprend lui-même dans son avis *Au lecteur*[2] : « Tout ce que je fais conter à notre Menteur des guerres d'Allemagne, où il se vante d'avoir été, l'Espagnol le lui fait dire du Pérou et des Indes, dont il fait le nouveau revenu. » Mais ce changement donne à l'imitation un tour original, et en fait ainsi la peinture fidèle de ce que Corneille voyait et entendait chaque jour. Le chevalier de Charny, un des personnages qui figurent dans la galerie des *Divers portraits de* Mlle de Montpensier[3], nous avoue en ces termes qu'il lui paraît indispensable d'avoir pris part à quelque expédition lointaine avant d'oser se présenter devant les dames : « Il me semble que devant que de me hasarder à la galanterie, je dois m'être fort hasardé à la guerre, et qu'il faut avoir fait plusieurs campagnes à l'armée, premier que de faire un quartier d'hiver à la cour. » Ici nous sommes en présence d'un loyal gentilhomme, tout disposé à passer par les épreuves nécessaires, et à mériter par sa vaillance une attention dont il sera vraiment digne; mais le Dorante de Corneille n'est pas le premier qui s'en soit tiré à meilleur marché. Voici ce que nous lisons dans le *Pasquil de la Court pour apprendre à discourir et à s'habiller à la mode*, écrit qui date de 1622 :

> Avoir son galant,
> Qui contrefasse le vaillant,
> Encor que jamais son épée
> N'ait été dans le sang trempée,
> Et qu'il n'ait jamais vu Saint-Jean,
> La Rochelle, ni Montauban;
> S'il en discourt, sont ses oreilles

---

1. Acte I, scène VI, vers 332. — 2. Voyez ci-après, p. 132.
3. Édition de 1659, in-4°, p. 320.

> Qui lui ont appris les merveilles :
> Voilà, pour le vous faire court,
> La vraie mode de la Court.

Les récits ne suffisent pas, il faut encore parsemer son discours de termes militaires, d'expressions techniques. Jodelle nous signale déjà ce procédé dans son *Eugène*[1].

> Premièrement estonné m'ont
> Avec leurs mots, comme *estocades*,
> *Capo de Dious, estaphilades*,
> Ou autres bravades de guerre.

Dorante n'a garde d'oublier cette partie de son rôle :

> Tout le secret ne gît qu'en un peu de grimace,
> A mentir à propos, jurer de bonne grâce,
> Étaler force mots qu'elles n'entendent pas,
> Faire sonner Lamboy, Jean de Vert, et Galas,
> Nommer quelques châteaux de qui les noms barbares
> Plus ils blessent l'oreille, et plus leur semblent rares,
> Avoir toujours en bouche angles, lignes, fossés,
> Vedette, contrescarpe, et travaux avancés[2].

La recette paraissait si bonne à la Fontaine que, dans un passage où il semble se rappeler le discours de Dorante, il nous montre Mars ne dédaignant pas d'employer ce moyen auprès de Vénus[3].

> Peut-être conta-t-il ses siéges, ses combats,
> Parla de contrescarpe, et cent autres merveilles,
> Que les femmes n'entendent pas,
> Et dont pourtant les mots sont doux à leurs oreilles.

Enfin les choses en étaient venues à ce point que ces termes avaient passé des récits guerriers aux déclarations d'amour, dont elles formaient le langage technique : « Il y en a plusieurs, dit le Commandeur introduit par Caillières dans son livre des *Mots à la mode*, qui, voulant exprimer leur attachement pour une dame ou quelques autres desseins particuliers, ne parlent que d'*attaquer la place* dans les formes, de *faire les approches*, de *ruiner les défenses*, de *prendre par capitulation*,

---

1. Acte IV, scène IV. — 2. Acte I, scène VI, vers 333-340.
3. *Neuvième fragment du Songe de Vaux.*

ou d'*emporter d'assaut*[1]. » On doit même croire que ces termes formaient dans certains cas pour les amants une sorte de chiffre complet et suivi, car, dans la scène du *Menteur* citée plus haut, Dorante dit à Cliton :

> Si jamais un fâcheux nous nuit par sa présence,
> Nous pourrons sous ces mots être d'intelligence[2] ;

et dans une des scènes suivantes Cliton, se rappelant ces paroles, s'exprime ainsi à son tour :

> ....Je suis ce fâcheux qui nuis par ma présence,
> Et vous fais sous ces mots être d'intelligence[3].

C'est là peut-être quelque allusion à une mode passagère, que Corneille aura tenu, comme c'est son habitude dans ses comédies[4], à indiquer au passage[5]. Dans cette même comédie il nous donne une autre preuve de son empressement en ce genre, car il nous y parle de la poudre de sympathie[6] dans un temps où aucun médecin n'avait encore, en France, écrit sur ce remède.

Tous les historiens du théâtre s'accordent à placer la première représentation du *Menteur* en 1642. Corneille nous renseigne beaucoup mieux sur cette pièce que sur les précédentes :

> On la joue au Marais, sous le nom du *Menteur*,

nous dit-il dans un morceau qui termine la première édition de *la Suite*[7], et qu'il a retranché des autres. Dans une scène qui au contraire a toujours été maintenue, il fait un charmant compte rendu du *Menteur* ; il constate que

> La pièce a réussi, quoique foible de style[8] ;

nous donne de l'acteur qui jouait Dorante, le portrait qu'on

---

1. 3ᵉ édition, 1694, p. 94. — 2. Acte I, scène vi, vers 349 et 350.
3. Acte III, scène vi, vers 1069 et 1070.
4. Voyez tome II, p. 3 et 4.
5. Dans les scènes vi et vii du Iᵉʳ acte des *Folies amoureuses* de Regnard, des expressions militaires deviennent des métaphores galantes comme dans les passages cités plus haut, et à la scène vii de l'acte II des termes de musique servent de langage secret.
6. Voyez ci-après, p. 205, note 1.
7. Voyez la dernière variante de *la Suite du Menteur*.
8. Acte I, scène iii, vers 295.

va voir, et, chose encore plus importante pour nous, jusqu'au nom même de celui qui représentait Cliton :

> On y voit un Dorante avec votre visage :
> On le prendroit pour vous; il a votre air, votre âge,
> Vos yeux, votre action, votre maigre embonpoint,
> Et paroît, comme vous, adroit au dernier point.
> Comme à l'événement j'ai part à la peinture :
> Après votre portrait on produit ma figure.
> Le héros de la farce, un certain Jodelet,
> Fait marcher après vous votre digne valet;
> Il a jusqu'à mon nez et jusqu'à ma parole,
> Et nous avons tous deux appris en même école[1].

Déjà, dans une scène précédente de *la Suite du Menteur*[2], il avait été question de la voix et du nez du Jodelet :

CLITON.
Ce front?
        LYSE.
    Est un peu creux.
          CLITON.
            Cette tête?
        LYSE.
                  Un peu folle.
       CLITON.
Ce ton de voix enfin avec cette parole?
        LYSE.
Ah! c'est là que mes sens demeurent étonnés :
Le ton de voix est rare, aussi bien que le nez.

Ces plaisanteries revenaient du reste presque inévitablement dans toutes les pièces où jouait cet acteur[3].

1. Acte I, scène III, vers 275-284.
2. Acte I, scène II, vers 215-218.
3. Dans *Jodelet ou le Maître valet**, quand don Juan apprend qu'au lieu de son portrait, Isabelle a reçu celui de Jodelet, il s'écrie :

> Et qu'aura-t-elle dit de ta face cornue?
> Chien, qu'aura-t-elle dit de ton nez de blaireau?
> Infâme.
>
> JODELET.
>   Elle aura dit que vous n'êtes pas beau,

  * Comédie en cinq actes, par Scarron, représentée en 1645. Acte I, scène I.

Jodelet, dont le véritable nom était Julien Geoffrin, entra au Marais en 1610, passa au mois de décembre 1634 à l'hôtel de

> Et que si nous étions artisans de nous-mêmes,
> On ne verroit partout que des beautés extrêmes,
> Qu'un chacun se feroit le nez efféminé,
> Et que vous l'avez tel que Dieu vous l'a donné.

Dans *Jodelet duelliste**, Béatris lui dit en manière de compliment :

> O mon cher Jodelet, au visage de dogue.

Gusman, parlant de *D. Bertrand de Cigarral*, son maître, rôle que remplissait Jodelet dans la pièce de Thomas Corneille qui porte ce titre**, fait la réflexion suivante :

> .... Quant à la parole, il a grand agrément,
> Et débite son fait fort nazillardement.

Enfin, dans *l'Amour à la mode* ***, du même auteur, où nous voyons Jodelet reparaître sous le nom de Cliton, Lisette lui met ainsi sous les yeux les défauts de sa personne :

> Tu m'abandonnerois, toi que met hors de mise
> Ton poil déjà grison et ta nazillardise !

De si belles qualités ne pouvaient manquer de figurer dans son épitaphe ; aussi Loret n'eut-il garde de les oublier, et mit-il dans sa *Gazette* du 3 avril 1660, quelques jours après la mort du célèbre comédien :

> Ici gît qui de Jodelet
> Joua cinquante ans le rôlet,
> Et qui fut de même farine
> Que Gros-Guillaume et Jean Farine,

---

* Comédie en cinq actes, par Scarron, représentée d'abord, en 1646, sous le titre des *Trois Dorothées*. Acte II, scène II.
** Comédie en cinq actes, représentée en 1650. Acte I, scène II.
*** Comédie en cinq actes, représentée en 1651. Acte IV, scène VII.
— Nous connaissons encore trois pièces, outre celles dont nous venons de parler, où Jodelet figure sous son nom : *Jodelet astrologue*, comédie en cinq actes et en vers, par Douville, représentée en 1646 ; *le Déniaisé*, comédie en cinq actes et en vers, de Gillet et de Tessonnerie, représentée en 1647 ; enfin *le Geôlier de soi-même*, comédie en cinq actes et en vers, de Thomas Corneille, jouée en 1655. « Cette pièce, qui a toujours conservé ce titre dans les œuvres de son auteur, se représente cependant depuis très-longtemps, disent les frères Parfait (tome V, p. 120, note a), sous celui de *Jodelet prince*. »

Bourgogne[1], et revint au Marais à une époque indéterminée jusqu'ici, mais antérieure assurément à 1642, puisque, d'après le propre témoignage de Corneille, Jodelet jouait alors à ce théâtre Cliton dans le Menteur[2].

> Hormis qu'il parloit mieux du nez
> Que lesdits deux enfarinés.
> . . . .

On voit que, dans l'emploi que tenait Jodelet, son vice de prononciation était considéré comme un agrément. Tel est aussi l'avis d'un autre contemporain, qui se flatte de nous faire connaître la cause de ce défaut : « Jodelet parle du nez pour avoir été mal pansé.... (Tallemant nous dit de quel mal), et cela lui donne de la grâce [*]. »

1. Cette date est précisée dans un article de la Gazette du 15 décembre 1634, trop curieux pour que nous ne le donnions pas en entier ; il est intitulé : La jonction de six acteurs de la troupe de Mondori à celle de Belle-Roze. « N'en déplaise aux rabat-joie, l'étendue de mes récits n'étant pas limitée dans le détroit d'une gravité toujours sérieuse, comme l'une de leurs utilités est de servir au divertissement, ils ne doivent pas bannir les choses qui y servent ; et par ainsi je ne dois pas taire le soin que Sa Majesté a voulu prendre de joindre à la troupe de Belleroze les six acteurs que vous avez en lettre italique, pour les distinguer des autres en leur liste que voici : Les hommes : Belleroze, Belleville, l'Espy, le Noir, Guillot-Gorju, S. Martin, Jodelet, la France ou Jaquemin Jadot, Alizon. Les femmes : la Belleroze, la Beaupré, la Vaillot, la Noir. Cette vieille troupe, renforcée de sa nouvelle recrue, fit, le 10 courant, trouver l'hôtel de Bourgogne trop petit à l'affluence du peuple devant lequel elle représenta le Trompeur puni du sieur Scudéri ; tandis que Mondori (ne désespérant point pour cela du salut de sa petite république) tâche à réparer son débris, et ne fait pas moins espérer que par le passé de son industrie. » — A la fin de cet article vient comme transition la phrase suivante : « Et sans sortir de ce sujet, vous serez avertis.... » Puis la petite rectification, relative à Mélite, que nous avons donnée tome I, p. 132 et 133. — Suivant Tallemant (tome VII, p. 173), le Roi renforça ainsi la troupe de Bellerose, « peut-être pour faire dépit au cardinal de Richelieu, qui affectionnoit Mondory. »

2. Les frères Parfait ne font nulle mention de ce retour de Jodelet au Marais ; mais Tallemant, après avoir constaté ainsi le passage de ce comédien à l'hôtel de Bourgogne : « Baron et la Villiers avec son

[*] Historiettes, tome VII, p. 177.

Il est regrettable que Corneille ne nous ait pas nommé le comédien qui remplissait le rôle de Dorante. Il est vrai qu'à en croire l'auteur de la *Lettre sur la vie et les ouvrages de Molière*, publiée en 1740, et que nous avons déjà eu occasion de citer[1], c'est Bellerose qui « a joué le rôle du Menteur d'original. Le cardinal de Richelieu lui avoit fait présent d'un habit magnifique pour le jouer, ce qui piqua si fort l'acteur qui jouoit le rôle d'Alcippe, qui étoit fort inférieur au rôle du Menteur, qu'il fit valoir Alcippe autant et plus qu'il ne pouvoit valoir[2]. » Mais ce récit paraît difficile à concilier avec le vers où Corneille nous dit que sa pièce a été jouée au Marais. En effet, à l'époque où *le Menteur* fut représenté pour la première fois, Pierre le Messier, dit Bellerose, était encore chef de la troupe de l'hôtel de Bourgogne. Chapuzeau nous apprend que ce fut en 1643 que Floridor entra dans la troupe royale et y remplit les fonctions d'orateur, dont jusqu'alors Bellerose s'était chargé[3]. Ce fut sans doute alors que Floridor lui succéda : « Floridor, dit Tallemant, las d'être au Marais avec de méchants comédiens, acheta la place de Bellerose, avec ses habits, moyennant vingt mille livres; cela ne s'étoit jamais vu. La pension que le Roi donne aux comédiens de l'hôtel de Bourgogne, le chef tenant part et demie, est ce qui faisoit donner cet argent[4]. »

On s'est demandé quel était l'acteur qui remplissait le rôle d'Alcippe, et l'on a cru que c'était Beauchâteau; mais cette conjecture est évidemment fausse, puisque Beauchâteau, comme Bellerose, appartenait à l'hôtel de Bourgogne[5].

---

mari, et Jodelet même, allèrent à l'hôtel de Bourgogne » (tome VII, p. 174), ajoute dans la même *Historiette* : « Jodelet, pour un fariné naïf, est un bon acteur; il n'y a plus de farce qu'au Marais, où il est, et c'est à cause de lui qu'il y en a. Il dit une plaisante chose au *Timocrate* du jeune Corneille » (p. 176 et 177). Or, suivant les frères Parfait, le *Timocrate*, tragédie de Th. Corneille, a été représenté au Marais en 1656.

1. Voyez la Notice de *Cinna*, tome III, p. 364.
2. *Mercure de France*, mai 1740, p. 847 et 848.
3. Pages 276-278. — 4. *Historiettes*, tome VII, p. 176.
5. Voyez Lemazurier, *Galerie historique*, tome I, p. 129; les *Œuvres de Corneille*, édition de Lefèvre, tome V, p. 10, note 2. — Le *Journal du Théâtre françois* donne pour *le Menteur* une liste d'ac-

M. Édouard Fournier a dit dans son *Corneille à la butte Saint-Roch*[1] :

> Quand l'ouvrage applaudi courait par le royaume,
> On le donnait à Rouen dans quelque jeu de paume :
> Molière ainsi lui-même y joua le Menteur;

mais le spirituel critique serait, je crois, bien embarrassé de prouver ce qu'avance ici le poëte[2].

Ce qui est plus certain, c'est que l'élève de Molière, Baron, jouait encore en mars 1724[3] le rôle de Dorante dans *le Menteur*, et qu'à cause de son âge avancé il faisait sourire en disant dans la première scène[4] :

> Ne vois-tu rien en moi qui sente l'écolier[5]?

Nous ne terminerons point ces remarques sur la manière dont *le Menteur* était représenté sans relever ce vers :

> Votre feu père même est joué sous le masque[6].

On y voit la persistance jusqu'à cette époque d'un usage qui devait bientôt tomber en désuétude.

Tallemant des Réaux raconte une curieuse historiette qui montre à quel point le récit de la fête que Dorante prétend avoir donnée avait séduit l'imagination des femmes. Latour Roquelaure, « vrai parent de Roquelaure pour l'insolence, » était très-enclin à faire grand bruit de ses bonnes fortunes et

---

teurs fort complète, mais des plus invraisemblables, et où il n'est nullement tenu compte des indications fournies par Corneille lui-même: « La troupe royale mit au théâtre.... une comédie nouvelle de Corneille intitulée *le Menteur*.... Les acteurs furent : la Grange, la Thuillerie, de Villiers, Hauteroche, Poisson ; les actrices : les demoiselles Raisin, Angélique, Delagrange et Dennebaut. » (Folio 842 recto.)

1. Scène vi.
2. Remarquons que la supposition très-légitime faite par l'auteur dramatique est devenue, dans un feuilleton du *Moniteur* du 11 juin 1862, une anecdote littéraire bien établie : « Quelques années avant, y est-il dit, il avait fait les honneurs de sa ville à Molière, lorsque ce dernier vint y jouer la comédie du *Menteur*.
3. *Molière et sa troupe*, par M. Soleirol, p. 67. — 4. Vers 8.
5. *Lettre à Mylord*** sur Baron...*, p. 5.
6. *La Suite du Menteur*, acte I, scène iii, vers 291.

même à en supposer d'imaginaires. « On lui proposa, pour se raccommoder avec tout le sexe, de faire la fête du *Menteur*, et que celles qui s'y trouveroient seroient obligées de le recevoir chez elles; car les dames lui avoient fermé la porte[1]. » Tallemant ajoute en marge à l'occasion des mots, *la fête du Menteur :* « cette fête décrite dans la comédie. » Il faut avouer que, malgré la note, ce passage reste encore un peu obscur. Le savant éditeur de Tallemant, M. Paulin Paris, l'explique ainsi : « Cela veut dire, ce me semble, qu'on lui proposa, pour réparer ses anciens mensonges, de lire publiquement le récit de la fameuse fête que le Menteur prétend avoir donnée. Ainsi aurait-il eu l'air d'avouer que ses vanteries précédentes n'étaient que rêveries, et les dames, satisfaites de la réparation, auraient cessé de lui fermer leur porte. » Nous ne pensons pas qu'une simple pénitence de ce genre eût suffi à calmer l'indignation des dames. Elles avaient sans doute exigé une fête semblable à celle du *Menteur*, bien que moins splendide peut-être, parce que le titre même donné à cette collation aurait été de la part du coupable un aveu tacite de ses torts, en même temps que la magnificence du divertissement en eût été une expiation éclatante.

Les allusions de ce genre continuèrent longtemps après la mort de Corneille. « Beaucoup de vers du *Menteur* avaient passé en proverbe, dit Voltaire[2]; et même près de cent ans après, un homme de la cour, contant à table des anecdotes très-fausses, comme il n'arrive que trop souvent, un des convives se tournant vers le laquais de cet homme, lui dit : « Cliton, donnez à boire à votre maître. »

L'illustre commentateur de Corneille, si souvent injuste envers son auteur, reconnaît hautement le mérite de cette pièce : « Ce n'est qu'une traduction, dit-il[3]; mais c'est probablement à cette traduction que nous devons Molière. Il est impossible en effet que l'inimitable Molière ait vu cette pièce, sans voir tout d'un coup la prodigieuse supériorité que ce genre a sur tous les autres, et sans s'y livrer entièrement. »

1. Tome V, p. 370.
2. Note sur le vers 295 de *la Suite du Menteur* (acte I, scène III).
3. *Préface* du *Menteur*, édition de 1764.

NOTICE.

Il est permis de croire que cette réflexion toute naturelle de Voltaire est l'origine d'une anecdote qui figure aujourd'hui dans tous les cours de littérature, et que nous avons trouvée pour la première fois dans *l'Esprit du grand Corneille* de François de Neufchâteau[1] : « Oui, mon cher Despréaux, disait Molière à Boileau, je dois beaucoup au *Menteur*. Lorsqu'il parut.... j'avois bien l'envie d'écrire, mais j'étois incertain de ce que j'écrirois ; mes idées étoient confuses : cet ouvrage vint les fixer. Le dialogue me fit voir comment causoient les honnêtes gens ; la grâce et l'esprit de Dorante m'apprirent qu'il falloit toujours choisir un héros du bon ton ; le sang-froid avec lequel il débite ses faussetés me montra comment il falloit établir un caractère ; la scène où il oublie lui-même le nom supposé qu'il s'est donné m'éclaira sur la bonne plaisanterie ; et celle où il est obligé de se battre par suite de ses mensonges me prouva que toutes les comédies ont besoin d'un but moral. Enfin sans *le Menteur*, j'aurois sans doute fait quelques pièces d'intrigue, *l'Étourdi*, *le Dépit amoureux*, mais peut-être n'aurois-je pas fait *le Misanthrope*. — Embrassez-moi, dit Despréaux : voilà un aveu qui vaut la meilleure comédie. »

François de Neufchâteau dit qu'il a tiré cette anecdote du *Bolæana* ; mais M. Taschereau fait observer qu'il ne l'a trouvée ni dans l'ouvrage de Montchesnay, ni dans les commentaires de Brossette sur Boileau, et nous n'avons pas été plus heureux que lui.

L'édition originale a pour titre : LE MENTEUR, *comedie*. A Paris, chez A. de Sommaville. M.DC.XLIV. *Auec priuilege du Roy*. — Le volume, de format in-4°, forme 4 feuillets et 130 pages. L'achevé d'imprimer est du dernier octobre.

1. Tome I, p. 149.

ÉPÎTRE[1].

Monsieur,

Je vous présente une pièce de théâtre d'un style si éloigné de ma dernière, qu'on aura de la peine à croire qu'elles soient parties toutes deux de la même main, dans le même hiver. Aussi les raisons qui m'ont obligé à y travailler ont été bien différentes. J'ai fait *Pompée* pour satisfaire à ceux qui ne trouvoient pas les vers de *Polyeucte* si puissants que ceux de *Cinna*, et leur montrer que j'en saurois bien retrouver la pompe quand le sujet le pourroit souffrir; j'ai fait *le Menteur* pour contenter les souhaits de beaucoup d'autres qui, suivant l'humeur des François, aiment le changement, et après tant de poëmes graves dont nos meilleures plumes ont enrichi la scène, m'ont demandé quelque chose de plus enjoué qui ne servît qu'à les divertir. Dans le premier, j'ai voulu faire un essai de ce que pouvoit[2] la majesté du raisonnement, et la force des vers, dénués de l'agrément du sujet; dans celui-ci, j'ai voulu tenter ce que pourroit l'agrément du sujet, dénué de la force des vers. Et d'ailleurs, étant obligé au genre comique de ma première réputation, je ne pouvois l'abandonner tout à fait sans quelque espèce d'ingratitude. Il est vrai que comme alors que je me hasardai à le quitter, je n'osai me fier à mes seules forces, et que pour m'élever à la dignité du tragique, je pris l'appui du grand Sénèque, à qui j'empruntai tout ce qu'il avoit donné de rare à sa *Médée :* ainsi, quand je me suis résolu de repasser du héroïque[3]

1. Cette épître ne se trouve que dans les éditions antérieures à 1660.
2. *Pouvoit* est au singulier dans toutes les éditions publiées du vivant de Corneille.
3. Tel est le texte de toutes les impressions (de 1644 à 1656).

au naïf, je n'ai osé descendre de si haut sans m'assurer d'un guide[1], et me suis laissé conduire au fameux Lope de Vega[2], de peur de m'égarer dans les détours de tant d'intriques que fait notre Menteur. En un mot, ce n'est ici qu'une copie d'un excellent original qu'il a mis au jour sous le titre de *la Verdad sospechosa*[3]; et me fiant sur notre Horace, qui donne liberté de tout oser aux poëtes ainsi qu'aux peintres[4], j'ai cru que nonobstant la guerre des deux couronnes, il m'étoit permis de trafiquer en Espagne. Si cette sorte de commerce étoit un crime, il y a longtemps que je serois coupable, je ne dis pas seulement pour *le Cid*, où je me suis aidé de don Guillen de Castro, mais aussi pour *Médée*, dont je viens de parler, et pour *Pompée* même, où pensant me fortifier du secours de deux Latins, j'ai pris celui de deux Espagnols, Sénèque et Lucain étant tous deux de Cordoue. Ceux qui ne voudront pas me pardonner cette intelligence avec nos ennemis approuveront du moins que je pille chez eux; et soit qu'on fasse passer ceci pour un larcin ou pour un emprunt, je m'en suis trouvé si bien, que je n'ai pas envie que ce soit le dernier que je ferai chez eux. Je crois que vous en serez d'avis, et ne m'en estimerez pas moins.

Je suis,

MONSIEUR,

Votre très-humble serviteur,

CORNEILLE.

1. VAR. (édit. de 1648-1656) : sans m'assurer d'une guide.
2. Voyez ci-dessus la *Notice*, p. 119, et plus bas l'*Examen*, p. 137.
3. VAR. (édit. de 1644 in-12 et de 1648-1656) : de *la sospechosa Verdad*.
4. .... *Pictoribus atque poetis*
Quidlibet audendi semper fuit æqua potestas.
(*Art poétique*, vers 9 et 10.)

AU LECTEUR[1].

Bien que cette comédie et celle qui la suit soient toutes deux de l'invention de Lope de Vega[2], je ne vous les donne point dans le même ordre que je vous ai donné *le Cid* et *Pompée*, dont en l'un vous avez vu les vers espagnols, et en l'autre les latins, que j'ai traduits ou imités de Guillen de Castro et de Lucain. Ce n'est pas que je n'aye ici emprunté beaucoup de choses de cet admirable original; mais comme j'ai entièrement dépaysé les sujets pour les habiller à la françoise, vous trouveriez si peu de rapport entre l'espagnol et le françois, qu'au lieu de satisfaction vous n'en recevriez que de l'importunité.

Par exemple, tout ce que je fais conter à notre Menteur des guerres d'Allemagne, où il se vante d'avoir été, l'Espagnol le lui fait dire du Pérou et des Indes, dont il fait le nouveau revenu; et ainsi de la plupart des autres incidents, qui bien qu'ils soient imités de l'original, n'ont presque point de ressemblance avec lui pour les pensées, ni pour les termes qui les expriment. Je me contenterai donc de vous avouer que les sujets sont entièrement de lui, comme vous les trouverez dans la vingt et deuxième partie de ses comédies[3]. Pour le reste, j'en ai pris tout ce qui s'est pu accommoder à notre usage; et s'il m'est permis de dire mon sentiment touchant une chose où j'ai si peu de part, je vous avouerai en même temps que l'invention de celle-ci me charme telle-

---

1. Parmi les éditions publiées en France du vivant de Corneille, les seules qui donnent cet avis *Au lecteur* et les deux pièces de vers qui le suivent sont celles de 1648, 1652 et 1655.
2. Voyez ci-dessus la *Notice*, p. 119, et plus bas l'*Examen*, p. 137.
3. Voyez plus loin le commencement de l'Appendice du *Menteur*, p. 241 et 242.

ment, que je ne trouve rien à mon gré qui lui soit comparable en ce genre, ni parmi les anciens, ni parmi les modernes. Elle est toute spirituelle depuis le commencement jusqu'à la fin, et les incidents si justes et si gracieux, qu'il faut être, à mon avis, de bien mauvaise humeur pour n'en approuver pas la conduite, et n'en aimer pas la représentation.

Je me défierois peut-être de l'estime extraordinaire que j'ai pour ce poëme, si je n'y étois confirmé par celle qu'en a faite un des premiers hommes de ce siècle, et qui non-seulement est le protecteur des savantes muses dans la Hollande, mais fait voir encore par son propre exemple que les grâces de la poésie ne sont pas incompatibles avec les plus hauts emplois de la politique et les plus nobles fonctions d'un homme d'État. Je parle de M. de Zuylichem[1], secrétaire des commandements de Monseigneur le prince d'Orange. C'est lui que MM. Heinsius et Balzac ont pris comme pour arbitre de leur fameuse querelle[2], puisqu'ils lui ont adressé l'un et l'autre leurs doctes dissertations, et qui n'a pas dédaigné de montrer

1. Constantin Huyghens, seigneur de Zuylichem, né à la Haye, le 4 septembre 1596, mort en 1687, père du célèbre astronome Christian Huyghens. Il était, dans le temps où Corneille écrivait *le Menteur*, secrétaire des commandements de Henri-Frédéric, prince d'Orange, mort en 1647, et le fut ensuite successivement de Guillaume II et de Guillaume III. — On trouvera pour la première fois dans notre édition deux lettres que Corneille lui a écrites, l'une le 6 mars 1649, l'autre le 20 mai 1650. Notre poëte lui a adressé dans cette même année 1650 la dédicace de *Don Sanche*.
2. Cette querelle avait pour objet l'*Herodes infanticida*, tragédie d'Heinsius dont Corneille a déjà parlé (voyez tome I, p. 102, et tome III, p. 480). On lit dans un passage des *Mélanges de littérature tirez des lettres manuscrites de M. Chapelain*, relatif aux lettres de M. de Zuylichem : « Il y en a une entre autres où M. Huyghens conseille à Heinsius de ne pas répondre à la dissertation de Balzac sur l'*Herodes infanticida* » (p. 94). Heinsius tint peu de compte de ce

au public l'état qu'il fait de cette comédie par deux épigrammes, l'un[1] françois et l'autre latin, qu'il a mis au devant de l'impression qu'en ont faite les Elzéviers, à Leyden[2]. Je vous les donne ici d'autant plus volontiers, que n'ayant pas l'honneur d'être connu de lui, son témoignage ne peut être suspect, et qu'on n'aura pas lieu de m'accuser de beaucoup de vanité pour en avoir fait parade, puisque toute la gloire qu'il m'y donne doit être attribuée au grand Lope de Vega, que peut-être il ne connoissoit pas pour le premier auteur de cette merveille de théâtre.

conseil, comme on va le voir. La discussion dura plusieurs années et fit naître un grand nombre d'ouvrages. Voici les titres des principaux :

Discours (par Balzac) *sur une tragédie de M. Heinsius, intitulée :* « Herodes infanticida. » Paris, P. Rocolet, 1636, in-8°.

Danielis Heinsii epistola, qua dissertationi D. Balsaci ad Herodem infanticidam respondetur.... editore Marco Zuerio Boxhornio. Lugd. Batavorum, ex officina Elzeviriana, 1636, in-8°.

Response à la lettre et au discours de Balzac sur une tragédie de Heins, intitulée : « Herodes infanticida. » 1642, in-8° (par de Croi, ministre en Languedoc).

Cl. Salmasii ad Ægidium Menagium epistola super Herode infanticida, Heinsii tragœdia, et censura Balzacii. Parisiis, apud viduam M. Dupuis, 1644, in-8°.

1. *Épigramme* était alors généralement du masculin. Voyez le *Lexique*.

2. Il s'agit probablement de l'édition du *Menteur* publiée en 1645, à l'enseigne de la sphère, dans un petit format in-12, et décrite sommairement à la p. 109 de l'*Essai bibliographique sur les éditions des Elzéviers*, par Bérard.

IN PRÆSTANTISSIMI POETÆ GALLICI
CORNELII
COMOEDIAM QUÆ INSCRIBITUR
MENDAX[1].

Gravi cothurno torvus, orchestra truci
Dudum cruentus, Galliæ justus stupor
Audivit et vatum decus Cornelius.
Laudem poetæ num mereret comici
Pari nitore et elegantia, fuit
Qui disputaret, et negarunt inscii;
Et mos gerendus insciis semel fuit;
Et, ecce, gessit, mentiendi gratia
Facetiisque, quas Terentius, pater
Amœnitatum, quas Menander, quas merum
Nectar Deorum Plautus et mortalium,
Si sæculo reddantur, agnoscant suas,
Et quas negare non graventur non suas.
Tandem poeta est : fraude, fuco, fabula,
Mendace scena vindicavit se sibi.
Cui Stagiræ venit in mentem, putas,
Quis qua præivit supputator algebra,
Quis cogitavit illud Euclides prior,
Probare rem verissimam mendacio ?

CONSTANTER[2], 1645.

---

1. Ce petit poëme latin se trouve sans aucune variante, et tel que nous le donnons d'après Corneille, en tête des éditions elzéviriennes du *Menteur*, de 1645 et de 1647. Il n'est pas dans la 1re édition des poésies latines de Zuylichem (Leyde, 1644), mais seulement dans la 2e, au livre X (p. 237) des *Épigrammes* (la 1re n'en a que IX livres). Cette seconde édition a été publiée en 1655, à la Haye, par Louis Huyghens, sous ce titre : *Constantini Hugenii, equitis; Zulichemi, Zeelhemi, etc., toparchæ; principi Auriaco a consiliis; Momenta desultoria; poematum libri XIV*. Le vers 13 : *Et quas negare*, etc., y a été supprimé, et, à la fin du vers 16, on lit *cui*, au lieu de *putas*.

2. Cette devise, qui figure sur le titre des poésies hollandaises de Zuylichem, est une allusion à son prénom de Constantin.

A MONSIEUR
CORNEILLE,
SUR SA COMÉDIE
LE MENTEUR[1].

Eh bien! ce beau *Menteur*, cette pièce fameuse,
Qui étonne le Rhin et fait rougir la Meuse,
Et le Tage et le Pô, et le Tibre romain,
De n'avoir rien produit d'égal à cette main,
A ce Plaute rené, à ce nouveau Térence,
La trouve-t-on si loin ou de l'indifférence
Ou du juste mépris des savants d'aujourd'hui?
Je tiens tout au rebours qu'elle a besoin d'appui,
De grâce, de pitié, de faveur affétée,
D'extrême charité, de louange empruntée.
Elle est plate, elle est fade, elle manque de sel,
De pointe et de vigueur; et n'y a carrousel
Où la rage et le vin n'enfante des Corneilles
Capables de fournir de plus fortes merveilles.
 Qu'ai-je dit? Ah! Corneille, aime mon repentir;
Ton excellent *Menteur* m'a porté à mentir.
Il m'a rendu le faux si doux et si aimable,
Que sans m'en aviser, j'ai vu le véritable
Ruiné de crédit, et ai cru constamment
N'y avoir plus d'honneur qu'à mentir vaillamment.
 Après tout, le moyen de s'en pouvoir dédire?
A moins que d'en mentir, je n'en pouvois rien dire.
La plus haute pensée au bas de sa valeur
Devenoit injustice et injure à l'auteur.
Qu'importe donc qu'on mente, ou que d'un foible éloge
A toi et ton *Menteur* faussement on déroge?
Qu'importe que les Dieux se trouvent irrités
De mensonges ou bien de fausses vérités?
         CONSTANTER.

[1]. Cette pièce se lit, comme la précédente, en tête des éditions elzéviriennes de 1645 et de 1647, qui, au vers 8, donnent l'une et l'autre : *J'ose dire*, au lieu de : *Je tiens tout*.

EXAMEN.

Cette pièce est en partie traduite, en partie imitée de l'espagnol. Le sujet m'en semble si spirituel et si bien tourné, que j'ai dit souvent que je voudrois avoir donné les deux plus belles que j'aye faites, et qu'il fût de mon invention. On l'a attribué au fameux Lope de Végue[1]; mais il m'est tombé depuis peu entre les mains un volume de don Juan d'Alarcon, où il prétend que cette comédie est à lui, et se plaint des imprimeurs qui l'ont fait courir sous le nom d'un autre[2]. Si c'est son bien, je n'empêche pas qu'il ne s'en ressaisisse. De quelque main que parte cette comédie, il est constant qu'elle est très-ingénieuse; et je n'ai rien vu dans cette langue qui m'aye satisfait davantage. J'ai tâché de la réduire à notre usage et dans nos règles; mais il m'a fallu forcer mon aversion pour les *a parte*[3], dont je n'aurois pu la purger sans lui faire perdre une bonne partie de ses beautés[4]. Je les ai faits les plus courts que j'ai pu, et je me les suis permis rarement sans laisser deux acteurs ensemble qui s'entretiennent tout bas cependant que[5] d'autres disent ce que ceux-là ne doivent pas écouter. Cette duplicité d'action particulière ne rompt point l'unité de la principale, mais elle gêne un peu l'attention de l'auditeur, qui ne sait à laquelle s'attacher, et qui se trouve obligé de séparer aux deux ce qu'il est accoutumé de donner à une. L'unité de lieu s'y trouve, en ce que tout s'y passe dans Paris; mais

---

1. Var. (édit. de 1660) : Lope de Vega.
2. Voyez le commencement de l'Appendice du *Menteur*, p. 241.
3. Voyez l'Examen de *la Veuve*, tome I, p. 396, et celui de *la Suivante*, tome II, p. 123.
4. Voyez l'*Appendice*, p. 269.
5. Ici, et partout dans la prose, l'édition de 1692 substitue *pendant que* à *cependant que*.

le premier acte est dans les Tuileries, et le reste à la place Royale[1]. Celle de jour n'y est pas forcée, pourvu qu'on lui laisse les vingt et quatre heures[2] entières[3]. Quant à celle d'action, je ne sais s'il n'y a point quelque chose à dire, en ce que Dorante aime Clarice dans toute la pièce et épouse Lucrèce à la fin, qui par là ne répond pas à la protase. L'auteur espagnol lui donne ainsi le change pour punition de ses menteries, et le réduit à épouser par force cette Lucrèce qu'il n'aime point. Comme il se méprend toujours au nom, et croit que Clarice porte celui-là, il lui présente la main quand on lui a accordé l'autre, et dit hautement, quand on l'avertit de son erreur, que s'il s'est trompé au nom, il ne se trompe point à la personne. Sur quoi, le père de Lucrèce le menace de le tuer s'il n'épouse sa fille après l'avoir demandée et obtenue; et le sien propre lui fait la même menace. Pour moi, j'ai trouvé cette manière de finir un peu dure, et cru qu'un mariage moins violenté seroit plus au goût de notre auditoire. C'est ce qui m'a obligé à lui donner une pente vers la personne de Lucrèce au cinquième acte, afin qu'après qu'il a reconnu sa méprise aux noms, il fasse de nécessité vertu de meilleure grâce, et que la comédie se termine avec pleine tranquillité de tous côtés.

1. Déjà du temps de Corneille les différentes décorations faisaient reconnaître cette duplicité de lieu. Voyez le *Discours des trois unités*, tome I, p. 120.

2. VAR. (édit. de 1660) : les vingt-quatre heures.

3. « Dans *le Menteur*, tout l'intervalle du troisième au quatrième vraisemblablement se consume à dormir par tous les acteurs; leur repos n'empêche pas toutefois la continuité d'action entre ces deux actes, parce que ce troisième n'en a point de complète. Dorante le finit par le dessein de chercher des moyens de regagner l'esprit de Lucrèce; et dès le commencement de l'autre il se présente pour tâcher de parler à quelqu'un de ses gens, et prendre l'occasion de l'entretenir elle-même si elle se montre. » (*Discours des trois unités*, tome I, p. 100.)

LISTE DES ÉDITIONS QUI ONT ÉTÉ COLLATIONNÉES POUR LES VARIANTES DU MENTEUR.

ÉDITIONS SÉPARÉES.

1644 in-4°; | 1644 in-12.

RECUEILS.

1648 in-12; | 1663 in-fol.;
1652 in-12; | 1664 in-8°;
1654 in-12; | 1668 in-12;
1656 in-12; | 1682 in-12.
1660 in-8°;

ACTEURS.

GÉRONTE, père de Dorante[1].
DORANTE, fils de Géronte.
ALCIPPE, ami de Dorante et amant de Clarice.
PHILISTE, ami de Dorante et d'Alcippe.
CLARICE, maîtresse d'Alcippe.
LUCRÈCE[2], amie de Clarice.
ISABELLE, suivante de Clarice.
SABINE, femme de chambre de Lucrèce.
CLITON, valet de Dorante.
LYCAS, valet d'Alcippe.

La scène est à Paris.

---

1. Dans les éditions de 1644-1656, il y a, entre GÉRONTE et DORANTE, un personnage de plus, qui est ainsi désigné : « ARGANTE, gentilhomme de Poitiers, ami (dans 1644 in-4º : *et ami*) de Géronte. » Nous le verrons figurer dans une variante du Vº acte, scène 1re, p. 220.
2. Les noms de LUCRÈCE et de la suivante ISABELLE sont les seuls que Corneille ait empruntés à la comédie espagnole.
3. Le premier acte se passe aux Tuileries, et les suivants à la place Royale. Voyez ci-dessus, p. 137 et 138, et la note 1 de cette dernière page.

LE MENTEUR.
COMÉDIE.

ACTE I[1].

SCÈNE PREMIÈRE.
DORANTE, CLITON.

DORANTE.

A la fin j'ai quitté la robe pour l'épée :
L'attente où j'ai vécu n'a point été trompée;
Mon père a consenti que je suive mon choix,
Et j'ai fait banqueroute à ce fatras de lois[2].
Mais puisque nous voici dedans les Tuileries,   5
Le pays du beau monde et des galanteries,

---

1. Voltaire, dans son édition du *Théâtre de Corneille*, a suivi pour *le Menteur*, comme il nous l'apprend lui-même dans la *Préface* qu'il a placée en tête de cette comédie, le texte antérieur à 1660, et n'a pas adopté, comme pour les autres pièces, les changements faits depuis par Corneille. — Ce qui paraît assez étrange, c'est que quelquefois ses notes se rapportent au texte de 1660-1682. Ainsi au sujet des vers 41 et 42, qu'il donne ainsi :

> Aussi que vous cherchiez de ces sages coquettes
> Qui bornent au babil leurs faveurs plus secrètes,
> Sans qu'il vous soit permis de jouer que des yeux,

il fait au bas de la page les remarques suivantes, qui sont relatives à une leçon toute différente, à celle que nous avons donnée d'après l'impression de 1682 (voyez p. 143) : « Cela n'est pas français. On dit bien : *la maison où j'ai été*, mais non : *la coquette où j'ai été*. — *Faire l'amour d'yeux et de babil* ne peut se dire. »

2. *Var.* Et je fais banqueroute à ce fatras de lois. (1644-68)

Dis-moi, me trouves-tu bien fait en cavalier?
Ne vois-tu rien en moi qui sente l'écolier[1]?
Comme il est malaisé qu'aux royaumes[2] du *Code*
On apprenne à se faire un visage à la mode, 10
J'ai lieu d'appréhender....

CLITON.

Ne craignez rien pour vous :
Vous ferez en une heure ici mille jaloux.
Ce visage et ce port n'ont point l'air de l'école,
Et jamais comme vous on ne peignit Bartole[3] :
Je prévois du malheur pour beaucoup de maris. 15
Mais que vous semble encor maintenant de Paris?

DORANTE.

J'en trouve l'air bien doux, et cette loi bien rude
Qui m'en avoit banni sous prétexte d'étude.
Toi qui sais les moyens de s'y bien divertir,
Ayant eu le bonheur de n'en jamais sortir[4], 20
Dis-moi comme en ce lieu l'on gouverne les dames.

CLITON.

C'est là le plus beau soin qui vienne aux belles âmes,
Disent les beaux esprits. Mais sans faire le fin,
Vous avez l'appétit ouvert de bon matin :
D'hier au soir seulement vous êtes dans la ville, 25
Et vous vous ennuyez déjà d'être inutile!
Votre humeur sans emploi ne peut passer un jour,
Et déjà vous cherchez à pratiquer l'amour!

---

1. *Var.* Ma mine a-t-elle rien qui sente l'écolier?
   Qui revient comme moi des royaumes du *Code*
   Rapporte rarement un visage à la mode.
   CLIT. Cette règle, Monsieur, n'est pas faite pour vous. (1644-56)
— Voyez ci-dessus la *Notice*, p. 127.
2. L'édition de 1692 a remplacé le pluriel par le singulier : *au royaume*.
3. Cosme Bartole, que Dumoulin appelle « le premier et le coryphée des interprètes du droit, » naquit à Sasso-Ferrato, dans l'Ombrie, en 1313, et mourut à Pérouse en 1356.
4. *Var.* Ayant eu le bonheur que de n'en point sortir. (1644-56)

Je suis auprès de vous en fort bonne posture
De passer pour un homme à donner tablature ; 30
J'ai la taille d'un maître en ce noble métier,
Et je suis, tout au moins, l'intendant du quartier.
                    DORANTE.
Ne t'effarouche point : je ne cherche, à vrai dire,
Que quelque connoissance où l'on se plaise à rire,
Qu'on puisse visiter par divertissement, 35
Où l'on puisse en douceur couler quelque moment.
Pour me connoître mal, tu prends mon sens à gauche.
                    CLITON.
J'entends, vous n'êtes pas un homme de débauche,
Et tenez celles-là trop indignes de vous
Que le son d'un écu rend traitables à tous. 40
Aussi que vous cherchiez de ces sages coquettes
Où peuvent tous venants débiter leurs fleurettes¹,
Mais qui ne font l'amour que de babil et d'yeux,
Vous êtes d'encolure à vouloir un peu mieux.
Loin de passer son temps, chacun le perd chez elles ; 45
Et le jeu, comme on dit, n'en vaut pas les chandelles.
Mais ce seroit pour vous un bonheur sans égal
Que ces femmes de bien qui se gouvernent mal,
Et de qui la vertu, quand on leur fait service,
N'est pas incompatible avec un peu de vice. 50
Vous en verrez ici de toutes les façons.
Ne me demandez point cependant de leçons² :
Ou je me connois mal à voir votre visage,
Ou vous n'en êtes pas à votre apprentissage ;
Vos lois ne régloient pas si bien tous vos desseins 55
Que vous eussiez toujours un portefeuille aux mains.

---

1. *Var.* Qui bornent au babil leurs faveurs plus secrètes,
   Sans qu'il vous soit permis de jouer que des yeux (*a*). (1644-56)
2. L'édition de 1682 donne seule *des leçons*, pour *de leçons*.

(*a*) Voyez p. 141, note 1.

DORANTE.

A ne rien déguiser, Cliton, je te confesse
Qu'à Poitiers j'ai vécu comme vit la jeunesse;
J'étois en ces lieux-là de beaucoup de métiers;
Mais Paris, après tout, est bien loin de Poitiers.   60
Le climat différent veut une autre méthode;
Ce qu'on admire ailleurs est ici hors de mode[1] :
La diverse façon de parler et d'agir
Donne aux nouveaux venus souvent de quoi rougir.
Chez les provinciaux on prend ce qu'on rencontre;   65
Et là, faute de mieux, un sot passe à la montre[2].
Mais il faut à Paris bien d'autres qualités :
On ne s'éblouit point de ces fausses clartés;
Et tant d'honnêtes gens, que l'on y voit ensemble,
Font qu'on est mal reçu, si l'on ne leur ressemble.   70

CLITON.

Connoissez mieux Paris, puisque vous en parlez.
Paris est un grand lieu plein de marchands mêlés;
L'effet n'y répond pas toujours à l'apparence :
On s'y laisse duper autant qu'en lieu de France;
Et parmi tant d'esprits plus polis et meilleurs,   75
Il y croit des badauds autant et plus qu'ailleurs.
Dans la confusion que ce grand monde apporte,
Il y vient de tous lieux des gens de toute sorte;

---

1. *Var.* [Ce qu'on admire ailleurs est ici hors de mode :]
J'en voyois là beaucoup passer pour gens d'esprit,
Et faire encore état de Chimène et du Cid,
Estimer de tous deux la vertu sans seconde,
Qui passeroient ici pour gens de l'autre monde,
Et se feroient siffler, si dans un entretien
Ils étoient si grossiers que d'en dire du bien (a).
[Chez les provinciaux on prend ce qu'on rencontre.] (1644-56)
2. *Montre*, revue de troupes. Voyez le *Lexique*.

(a) « On voit, dit Voltaire, que Corneille avait encore sur le cœur en 1646 (*lisez :* en 1642) le déchaînement des auteurs contre *le Cid*. Il corrigea depuis ces deux vers ainsi :

La diverse façon, etc. » (*comme dans notre texte.*)

Et dans toute la France il est fort peu d'endroits
Dont il n'ait le rebut aussi bien que le choix. 80
Comme on s'y connoît mal, chacun s'y fait de mise[1],
Et vaut communément autant comme il se prise :
De bien pires que vous s'y font assez valoir.
Mais pour venir au point que vous voulez savoir,
Êtes-vous libéral ?

DORANTE.

Je ne suis point avare. 85

CLITON.

C'est un secret d'amour et bien grand et bien rare ;
Mais il faut de l'adresse à le bien débiter.
Autrement on s'y perd au lieu d'en profiter.
Tel donne à pleines mains qui n'oblige personne :
La façon de donner vaut mieux que ce qu'on donne[2]. 90
L'un perd exprès au jeu son présent déguisé ;
L'autre oublie un bijou qu'on auroit refusé.
Un lourdaud libéral auprès d'une maîtresse
Semble donner l'aumône alors qu'il fait largesse ;
Et d'un tel contre-temps il fait tout ce qu'il fait, 95
Que quand il tâche à plaire, il offense en effet.

DORANTE.

Laissons là ces lourdauds contre qui tu déclames,
Et me dis seulement si tu connois ces dames.

CLITON.

Non : cette marchandise est de trop bon aloi ;
Ce n'est point là gibier à des gens comme moi ; 100
Il est aisé pourtant d'en savoir des nouvelles,

---

1. *Se faire de mise*, se faire valoir. « On dit au figuré qu'un homme est de mise, pour dire qu'il a de la mine, de la capacité, qu'il peut trouver aisément de l'emploi, qu'il peut rendre de bons services. » (*Furetière*.)

2. Corneille a dit deux ans plus tard, dans son *Remercîment à M. le cardinal de Mazarin*, publié en tête de *la Mort de Pompée* (voyez ci-dessus, p. 10) et placé par nous dans les *Poésies diverses* :

Sa façon de bien faire est un second bienfait.

Et bientôt leur cocher m'en dira des plus belles.
DORANTE.
Penses-tu qu'il t'en dise?
CLITON.
Assez pour en mourir :
Puisque c'est un cocher, il aime à discourir.

SCÈNE II.
DORANTE, CLARICE, LUCRÈCE, ISABELLE.

CLARICE, faisant un faux pas, et comme se laissant choir[1].

Ay!
DORANTE, lui donnant la main.
Ce malheur me rend un favorable office, 105
Puisqu'il me donne lieu de ce petit service;
Et c'est pour moi, Madame, un bonheur souverain
Que cette occasion de vous donner la main.
CLARICE.
L'occasion ici fort peu vous favorise,
Et ce foible bonheur ne vaut pas qu'on le prise. 110
DORANTE.
Il est vrai, je le dois tout entier au hasard :
Mes soins ni vos desirs n'y prennent point de part;
Et sa douceur mêlée avec cette amertume
Ne me rend pas le sort plus doux que de coutume,
Puisqu'enfin ce bonheur, que j'ai si fort prisé, 115
A mon peu de mérite eût été refusé.
CLARICE.
S'il a perdu sitôt ce qui pouvoit vous plaire,
Je veux être à mon tour d'un sentiment contraire,
Et crois qu'on doit trouver plus de félicité
A posséder un bien sans l'avoir mérité. 120

1. Les derniers mots du jeu de scène : « et comme se laissant choir, » manquent dans l'édition de 1663.

J'estime plus un don qu'une reconnoissance :
Qui nous donne fait plus que qui nous récompense;
Et le plus grand bonheur au mérite rendu
Ne fait que nous payer de ce qui nous est dû.
La faveur qu'on mérite est toujours achetée;   125
L'heur en croît d'autant plus, moins elle est méritée;
Et le bien où sans peine elle fait parvenir
Par le mérite à peine auroit pu s'obtenir.

DORANTE.

Aussi ne croyez pas que jamais je prétende
Obtenir par mérite une faveur si grande :   130
J'en sais mieux le haut prix; et mon cœur amoureux,
Moins il s'en connoît digne, et plus s'en tient heureux.
On me l'a pu toujours dénier sans injure ;
Et si la recevant ce cœur même en murmure,
Il se plaint du malheur de ses félicités,   135
Que le hasard lui donne, et non vos volontés.
Un amant a fort peu de quoi se satisfaire
Des faveurs qu'on lui fait sans dessein de les faire :
Comme l'intention seule en forme le prix,
Assez souvent sans elle on les joint au mépris.   140
Jugez par là quel bien peut recevoir ma flamme
D'une main qu'on me donne en me refusant l'âme
Je la tiens, je la touche et je la touche en vain,
Si je ne puis toucher le cœur avec la main.

CLARICE.

Cette flamme, Monsieur, est pour moi fort nouvelle,   145
Puisque j'en viens de voir la première étincelle.
Si votre cœur ainsi s'embrase en un moment,
Le mien ne sut jamais brûler si promptement[1];
Mais peut-être, à présent que j'en suis avertie,
Le temps donnera place à plus de sympathie.   150

1. *Var.* Le mien ne brûle pas du moins si promptement. (1644-56)

Confessez cependant qu'à tort vous murmurez
Du mépris de vos feux, que j'avois ignorés.

SCÈNE III.

DORANTE, CLARICE, LUCRÈCE, ISABELLE, CLITON.

DORANTE.

C'est l'effet du malheur qui partout m'accompagne.
Depuis que j'ai quitté les guerres d'Allemagne,
C'est-à-dire du moins depuis un an entier, 155
Je suis et jour et nuit dedans votre quartier;
Je vous cherche en tous lieux, au bal, aux promenades;
Vous n'avez que de moi reçu des sérénades;
Et je n'ai pu trouver que cette occasion
A vous entretenir de mon affection. 160

CLARICE.

Quoi! vous avez donc vu l'Allemagne et la guerre?

DORANTE.

Je m'y suis fait quatre ans craindre comme un tonnerre[1].

CLITON.

Que lui va-t-il conter?

DORANTE.

Et durant ces quatre ans
Il ne s'est fait combats, ni siéges importants,
Nos armes n'ont jamais remporté de victoire, 165
Où cette main n'ait eu bonne part à la gloire :
Et même la gazette a souvent divulgués[2]....

CLITON, le tirant par la basque.

Savez-vous bien, Monsieur, que vous extravaguez?

---

1. *Var.* Je m'y suis fait longtemps craindre comme un tonnerre.
   [CLIT. Que lui va-t-il conter?] DOR. Et durant tout ce temps. (1644-56)
2. *Var.* Et la gazette même a souvent divulgués.... (1644-64)

ACTE I, SCÈNE III.

DORANTE.

Tais-toi.

CLITON.

Vous rêvez, dis-je, ou....

DORANTE.

Tais-toi, misérable.

CLITON.

Vous venez de Poitiers, ou je me donne au diable ; 170
Vous en revîntes hier.

DORANTE, à Cliton.

Te tairas-tu, maraud[1] ?
Mon nom dans nos succès s'étoit mis assez haut
Pour faire quelque bruit sans beaucoup d'injustice ;
Et je suivrois encore un si noble exercice,
N'étoit que l'autre hiver, faisant ici ma cour,   175
Je vous vis, et je fus retenu par l'amour.
Attaqué par vos yeux, je leur rendis les armes ;
Je me fis prisonnier de tant d'aimables charmes ;
Je leur livrai mon âme ; et ce cœur généreux
Dès ce premier moment oublia tout pour eux.   180
Vaincre dans les combats, commander dans l'armée,
De mille exploits fameux enfler ma renommée[2],
Et tous ces nobles soins qui m'avoient su ravir,
Cédèrent aussitôt à ceux de vous servir.

ISABELLE, à Clarice, tout bas.

Madame, Alcippe vient ; il aura de l'ombrage[3].   185

---

1. *Var.*   Maraud, te tairas-tu?
   (*A Clarice*.) Avec assez d'honneur j'ai souvent combattu,
   Et mon nom a fait bruit peut-être avec justice.
   CLAR. Qui vous a fait quitter un si noble exercice?
   DOR. Revenu l'autre hiver pour faire ici ma cour. (1644-56)
2. Ces deux vers ont quelque rapport avec les vers 189 et 190 du *Cid* :

   Attaquer une place, ordonner une armée,
   Et sur de grands exploits bâtir sa renommée.

3. *Var.* Madame, Alcippe approche ; il aura de l'ombrage. (1644-56)

CLARICE.

Nous en saurons, Monsieur, quelque jour davantage.
Adieu.

DORANTE.

Quoi? me priver sitôt de tout mon bien!

CLARICE.

Nous n'avons pas loisir d'un plus long entretien;
Et malgré la douceur de me voir cajolée,
Il faut que nous fassions seules deux tours d'allée. 190

DORANTE.

Cependant accordez à mes vœux innocents
La licence d'aimer des charmes si puissants.

CLARICE.

Un cœur qui veut aimer, et qui sait comme on aime,
N'en demande jamais licence qu'à soi-même.

SCÈNE IV.

DORANTE, CLITON.

DORANTE.

Suis-les, Cliton.

CLITON.

J'en sais ce qu'on en peut savoir. 195
La langue du cocher a fait tout son devoir[1].
« La plus belle des deux, dit-il, est ma maîtresse,
Elle loge à la Place, et son nom est Lucrèce. »

DORANTE.

Quelle place[2]?

---

1. *Var.* La langue du cocher a bien fait son devoir. (1644-56)
2. Cliton parle suivant l'usage parisien, avec lequel Dorante, qui arrive de Poitiers, n'est pas encore familiarisé. On disait alors simplement « la Place, » pour « la place Royale. » Ainsi nous lisons dans une lettre de Mme de Sévigné (30 juillet 1677, tome V, p. 241) : « Prenez-vous la maison de la Place pour un an? — Je n'en sais rien. »

ACTE I, SCÈNE IV.

CLITON.
Royale, et l'autre y loge aussi.
Il n'en sait pas le nom, mais j'en prendrai souci.

DORANTE.
Ne te mets point, Cliton, en peine de l'apprendre.
Celle qui m'a parlé, celle qui m'a su prendre,
C'est Lucrèce, ce l'est sans aucun contredit :
Sa beauté m'en assure, et mon cœur me le dit.

CLITON.
Quoique mon sentiment doive respect au vôtre,
La plus belle des deux, je crois que ce soit l'autre.

DORANTE.
Quoi? celle qui s'est tue, et qui dans nos propos
N'a jamais eu l'esprit de mêler quatre mots?

CLITON.
Monsieur, quand une femme a le don de se taire[1],
Elle a des qualités au-dessus du vulgaire;
C'est un effort du ciel qu'on a peine à trouver;
Sans un petit miracle il ne peut l'achever;
Et la nature souffre extrême violence[2]
Lorsqu'il en fait d'humeur à garder le silence.
Pour moi, jamais l'amour n'inquiète mes nuits;
Et quand le cœur m'en dit, j'en prends par où je puis;
Mais naturellement femme qui se peut taire
A sur moi tel pouvoir et tel droit de me plaire,
Qu'eût-elle en vrai magot tout le corps fagoté,

---

1. *Var.* Ah! depuis qu'une femme a le don de se taire,
 [Elle a des qualités au-dessus du vulgaire;]
 Cette perfection est rare, et nous pouvons
 L'appeler un miracle, au siècle où nous vivons,
 Puisqu'à l'ordre commun le ciel fait violence,
 La formant compatible avecque le silence.
 Moi, je n'ai point d'amour en l'état où je suis,
 [Et quand le cœur m'en dit, j'en prends par où je puis.] (1644-56)
2. *Var.* Et la nature souffre entière violence. (1660-64)

Je lui voudrois donner le prix de la beauté. 220
C'est elle assurément qui s'appelle Lucrèce :
Cherchez un autre nom pour l'objet qui vous blesse ;
Ce n'est point là le sien : celle qui n'a dit mot,
Monsieur, c'est la plus belle, ou je ne suis qu'un sot.
DORANTE.
Je t'en crois sans jurer avec tes incartades[1]. 225
Mais voici les plus chers[2] de mes vieux camarades :
Ils semblent étonnés, à voir leur action.

SCÈNE V.

DORANTE, ALCIPPE, PHILISTE, CLITON.

PHILISTE, à Alcippe.
Quoi ? sur l'eau la musique et la collation ?
ALCIPPE, à Philiste.
Oui, la collation avecque la musique.
PHILISTE, à Alcippe.
Hier au soir ?
ALCIPPE, à Philiste.
Hier au soir.
PHILISTE, à Alcippe.
Et belle ?
ALCIPPE, à Philiste.
Magnifique. 230
PHILISTE, à Alcippe.
Et par qui ?
ALCIPPE, à Philiste.
C'est de quoi je suis mal éclairci.
DORANTE, les saluant.
Que mon bonheur est grand de vous revoir ici !

---

1. *Var.* Je t'en crois sans jurer avecque tes boutades. (1644-56)
2. L'édition de 1682 porte, par erreur, *le plus cher*, pour *les plus chers*.

ACTE I, SCÈNE V.

ALCIPPE.
Le mien est sans pareil, puisque je vous embrasse.
DORANTE.
J'ai rompu vos discours d'assez mauvaise grâce :
Vous le pardonnerez à l'aise de vous voir.   235
PHILISTE.
Avec nous, de tout temps, vous avez tout pouvoir[1].
DORANTE.
Mais de quoi parliez-vous ?
ALCIPPE.
D'une galanterie.
DORANTE.
D'amour ?
ALCIPPE.
Je le présume.
DORANTE.
Achevez, je vous prie,
Et souffrez qu'à ce mot ma curiosité
Vous demande sa part de cette nouveauté.   240
ALCIPPE.
On dit qu'on a donné musique à quelque dame.
DORANTE.
Sur l'eau ?
ALCIPPE.
Sur l'eau.
DORANTE.
Souvent l'onde irrite la flamme.
PHILISTE.
Quelquefois.
DORANTE.
Et ce fut hier au soir ?

1. *Var.* Avecque vos amis vous avez tout pouvoir. (1644-56)

ALCIPPE.

Hier au soir.

DORANTE.

Dans l'ombre de la nuit le feu se fait mieux voir :
Le temps étoit bien pris. Cette dame, elle est belle ? 245

ALCIPPE.

Aux yeux de bien du monde elle passe pour telle.

DORANTE.

Et la musique ?

ALCIPPE.

Assez pour n'en rien dédaigner.

DORANTE.

Quelque collation a pu l'accompagner ?

ALCIPPE.

On le dit.

DORANTE.

Fort superbe ?

ALCIPPE.

Et fort bien ordonnée.

DORANTE.

Et vous ne savez point celui qui l'a donnée ? 250

ALCIPPE.

Vous en riez !

DORANTE.

Je ris de vous voir étonné
D'un divertissement que je me suis donné.

ALCIPPE.

Vous ?

DORANTE.

Moi-même.

ALCIPPE.

Et déjà vous avez fait maîtresse ?

DORANTE.

Si je n'en avois fait, j'aurois bien peu d'adresse,

ACTE I, SCÈNE V. 155

Moi qui depuis un mois suis ici de retour[1]. 255
Il est vrai que je sors fort peu souvent de jour :
De nuit, *incognito*, je rends quelques visites;
Ainsi....
    CLITON, à Dorante, à l'oreille.
  Vous ne savez, Monsieur, ce que vous dites.
     DORANTE.
Tais-toi; si jamais plus tu me viens avertir....
     CLITON.
J'enrage de me taire et d'entendre mentir! 260
    PHILISTE, à Alcippe, tout bas[2].
Voyez qu'heureusement dedans cette rencontre
Votre rival lui-même à vous-même se montre.
    DORANTE, revenant à eux.
Comme à mes chers amis je vous veux tout conter.
  J'avois pris cinq bateaux pour mieux tout ajuster[3];
Les quatre contenoient quatre chœurs de musique, 265
Capables de charmer le plus mélancolique.
Au premier, violons; en l'autre, luths et voix;
Des flûtes, au troisième; au dernier, des hautbois,
Qui tour à tour dans l'air poussoient des harmonies
Dont on pouvoit nommer les douceurs infinies. 270
Le cinquième étoit grand, tapissé tout exprès
De rameaux enlacés pour conserver le frais,
Dont chaque extrémité portoit un doux mélange
De bouquets de jasmin, de grenade et d'orange.
Je fis de ce bateau la salle du festin : 275
Là je menai l'objet qui fait seul mon destin;
De cinq autres beautés la sienne fut suivie,

1. *Var.* Depuis un mois et plus on me voit de retour;
 Mais, pour certain sujet, je sors fort peu de jour :
 La nuit, *incognito*, je rends quelques visites. (1644-56)
2. Les mots *tout bas* manquent dans les deux éditions de 1644.
3. *Var.* De cinq bateaux qu'exprès j'avois fait apprêter. (1644-56)

Et la collation fut aussitôt servie.
Je ne vous dirai point les différents apprêts,
Le nom de chaque plat, le rang de chaque mets : 280
Vous saurez seulement qu'en ce lieu de délices
On servit douze plats, et qu'on fit six services,
Cependant que les eaux, les rochers et les airs
Répondoient aux accents de nos quatre concerts.
Après qu'on eut mangé, mille et mille fusées, 285
S'élançant vers les cieux, ou droites ou croisées,
Firent un nouveau jour, d'où tant de serpenteaux
D'un déluge de flamme attaquèrent les eaux,
Qu'on crut que, pour leur faire une plus rude guerre,
Tout l'élément du feu tomboit du ciel en terre. 290
Après ce passe-temps on dansa jusqu'au jour,
Dont le soleil jaloux avança le retour :
S'il eût pris notre avis, sa lumière importune[1]
N'eût pas troublé sitôt ma petite fortune;
Mais n'étant pas d'humeur à suivre nos desirs, 295
Il sépara la troupe et finit nos plaisirs.

ALCIPPE.

Certes, vous avez grâce à conter ces merveilles;
Paris, tout grand qu'il est, en voit peu de pareilles.

DORANTE.

J'avois été surpris; et l'objet de mes vœux
Ne m'avoit tout au plus donné qu'une heure ou deux.

PHILISTE.

Cependant l'ordre est rare, et la dépense belle.

DORANTE.

Il s'est fallu passer à[2] cette bagatelle :
Alors que le temps presse, on n'a pas à choisir.

---

1. *Var.* S'il eût pris notre avis, ou s'il eût craint ma haine,
   Il eût autant tardé qu'à la couche d'Alcmène. (1644-56)
2. *Se passer à*, se contenter de Voyez le *Lexique*.

ALCIPPE.
Adieu : nous nous verrons avec plus de loisir.
DORANTE.
Faites état de moi.
ALCIPPE, à Philiste, en s'en allant.
Je meurs de jalousie.
PHILISTE, à Alcippe.
Sans raison toutefois votre âme en est saisie :
Les signes du festin ne s'accordent pas bien.
ALCIPPE, à Philiste.
Le lieu s'accorde, et l'heure; et le reste n'est rien.

SCÈNE VI.
DORANTE, CLITON.

CLITON.
Monsieur, puis-je à présent parler sans vous déplaire?
DORANTE.
Je remets à ton choix de parler ou te taire[1];
Mais quand tu vois quelqu'un ne fais plus l'insolent.
CLITON.
Votre ordinaire est-il de rêver en parlant?
DORANTE.
Où me vois-tu rêver?
CLITON.
J'appelle rêveries
Ce qu'en d'autres qu'un maître on nomme menteries;
Je parle avec respect.
DORANTE.
Pauvre esprit!

1. *Var.* Je remets en ton choix de parler ou te taire. (1644 in-12 et 48-56)

CLITON.

                              Je le perds   315
Quand je vous oy parler de guerre et de concerts.
Vous voyez sans péril nos batailles dernières,
Et faites des festins qui ne vous coûtent guères.
Pourquoi depuis un an vous feindre de retour?

DORANTE.

J'en montre plus de flamme, et j'en fais mieux ma cour.

CLITON.

Qu'a de propre la guerre à montrer votre flamme?

DORANTE.

Oh! le beau compliment à charmer une dame,
De lui dire d'abord : « J'apporte à vos beautés
Un cœur nouveau venu des universités;
Si vous avez besoin de lois et de rubriques,   325
Je sais le *Code* entier avec les *Authentiques*,
Le *Digeste* nouveau, le vieux, l'*Infortiat*[1],
Ce qu'en a dit Jason, Balde, Accurse, Alciat[2]!
Qu'un si riche discours nous rend considérables!
Qu'on amollit par là de cœurs inexorables!   330
Qu'un homme à paragraphe est un joli galant!
   On s'introduit bien mieux à titre de vaillant :
Tout le secret ne gît qu'en un peu de grimace,
A mentir à propos, jurer de bonne grâce,
Étaler force mots qu'elles n'entendent pas,   335

---

1. Corneille désigne ici par le mot *Authentiques* les extraits sommaires des *Novelles*, qu'on a placés, dans le *Code* de Justinien, à la suite des constitutions abrogées ou modifiées. — L'école de Bologne avait divisé le *Digeste* en trois parties, nommées le vieux Digeste, l'Infortiat (voyez le *Lutrin* de Boileau, chant V, vers 203), et le nouveau.

2. Noms de divers jurisconsultes et professeurs célèbres, dont on étudiait les écrits dans les écoles. François Accurse (*Accursius*) était de Florence (1151-1229); Pierre Balde (*Baldus*) de Ubaldis (1327-1400), disciple de Bartole, était de Pérouse; Jason Maino (*Jaso Magnus*, 1435-1519), et André Alciat (1492-1550), le précurseur de Cujas, étaient tous deux de Milan.

ACTE I, SCÈNE VI.

Faire sonner Lamboy, Jean de Vert, et Galas[1],
Nommer quelques châteaux de qui les noms barbares.
Plus ils blessent l'oreille, et plus leur semblent rares,
Avoir toujours en bouche angles, lignes, fossés,
Vedette, contrescarpe, et travaux avancés[2] : 340
Sans ordre et sans raison, n'importe, on les étonne;
On leur fait admirer les bayes qu'on leur donne[3],
Et tel, à la faveur d'un semblable débit,
Passe pour homme illustre, et se met en crédit.

CLITON.

A qui vous veut ouïr, vous en faites bien croire; 345
Mais celle-ci bientôt peut savoir votre histoire.

DORANTE.

J'aurai déjà gagné chez elle quelque accès;
Et loin d'en redouter un malheureux succès,
Si jamais un fâcheux nous nuit par sa présence,
Nous pourrons sous ces mots être d'intelligence. 350
Voilà traiter l'amour, Cliton, et comme il faut.

CLITON.

A vous dire le vrai, je tombe de bien haut.
Mais parlons du festin : Urgande et Mélusine[4]
N'ont jamais sur-le-champ mieux fourni leur cuisine;
Vous allez au delà de leurs enchantements : 355

---

1. Généraux de l'empereur Ferdinand III. La campagne à laquelle Dorante se vantait d'avoir pris part avait été heureuse et brillante. Le 3 novembre 1636, de Rantzau forçait Galas à lever le siége de Saint-Jean de Losne; le 3 mars 1638, le duc de Weimar faisait prisonniers les quatre généraux de l'Empereur, et Jean de Wert était amené en triomphe à Paris; enfin, le 17 janvier 1642, le comte de Guébriant s'emparait de la personne de Lamboy et de Merci à Kempen, et obtenait à cette occasion le bâton de maréchal de France. Un peu plus tôt ou un peu plus tard, les noms de ces généraux auraient pu éveiller de tristes souvenirs.
2. Voyez la *Notice*, p. 121.
3. *Donner des bayes (baies) à quelqu'un*, c'est le tromper. Voyez le *Lexique*.
4. Urgande la déconnue est la fée protectrice d'Amadis de Gaule; quant à Mélusine, son histoire est racontée tout au long par Jehan d'Arras, dans un roman publié en 1478 et dont l'extrait est devenu populaire.

Vous seriez un grand maître à faire des romans ;
Ayant si bien en main le festin et la guerre,
Vos gens en moins de rien courroient toute la terre ;
Et ce seroit pour vous des travaux forts légers
Que d'y mêler partout la pompe et les dangers[1]. 360
Ces hautes fictions vous sont bien naturelles.

DORANTE.

J'aime à braver ainsi les conteurs de nouvelles ;
Et sitôt que j'en vois quelqu'un s'imaginer
Que ce qu'il veut m'apprendre a de quoi m'étonner,
Je le sers aussitôt d'un conte imaginaire, 365
Qui l'étonne lui-même, et le force à se taire.
Si tu pouvois savoir quel plaisir on a lors
De leur faire rentrer leurs nouvelles au corps....

CLITON.

Je le juge assez grand ; mais enfin ces pratiques
Vous peuvent engager en de fâcheux intriques[2]. 370

DORANTE.

Nous nous en tirerons ; mais tous ces vains discours[3]
M'empêchent de chercher l'objet de mes amours :
Tâchons de le rejoindre, et sache qu'à me suivre
Je t'apprendrai bientôt d'autres façons de vivre.

---

1. *Var.* De faire voir partout la pompe et les dangers. (1644-56)
Var. Que de mêler partout la pompe et les dangers. (1660)
2. Voyez tome I, p. 24, note 1, et le *Lexique*. — A ce vers Thomas Corneille, dans l'édition de 1692, a substitué celui-ci :
   Vous couvriront de honte en devenant publiques.
3. *Var.* Nous les démêlerons ; mais tous ces vains discours. (1644-56)
— Dans l'édition de 1692, ce vers a été ainsi modifié :
   N'en prends point de souci ; mais tous ces vains discours.

FIN DU PREMIER ACTE.

ACTE II.

SCÈNE PREMIÈRE.
GÉRONTE, CLARICE, ISABELLE.

CLARICE.

Je sais qu'il vaut beaucoup étant sorti de vous ; 375
Mais, Monsieur, sans le voir accepter un époux,
Par quelque haut récit qu'on en soit conviée,
C'est grande avidité de se voir mariée.
D'ailleurs, en recevoir visite et compliment[1],
Et lui permettre accès en qualité d'amant, 380
A moins qu'à vos projets un plein effet réponde,
Ce seroit trop donner à discourir au monde.
Trouvez donc un moyen de me le faire voir,
Sans m'exposer au blâme et manquer au devoir.

GÉRONTE.

Oui, vous avez raison, belle et sage Clarice : 385
Ce que vous m'ordonnez est la même justice[2] ;
Et comme c'est à nous à subir votre loi,
Je reviens tout à l'heure, et Dorante avec moi.
Je le tiendrai longtemps dessous votre fenêtre,

---

1. *Var.* Aussi, d'en recevoir visite et compliment,
   Et lui donner entrée en qualité d'amant,
   S'il faut qu'à vos projets la suite ne réponde,
   Je m'engagerois trop dans le caquet du monde. (1644-56)
2. *Var.* Ce que vous souhaitez est la même justice ;
   Et d'ailleurs c'est à nous à subir votre loi :
   Je reviens dans une heure, et Dorante avec moi. (1644-56)

Afin qu'avec loisir vous puissiez le connoître[1], 390
Examiner sa taille, et sa mine, et son air,
Et voir quel est l'époux que je vous veux donner.
Il vint hier de Poitiers, mais il sent peu l'école;
Et si l'on pouvoit croire un père à sa parole,
Quelque écolier qu'il soit, je dirois qu'aujourd'hui 395
Peu de nos gens de cour sont mieux taillés que lui.
Mais vous en jugerez après la voix publique.
Je cherche à l'arrêter, parce qu'il m'est unique,
Et je brûle surtout de le voir sous vos lois.

CLARICE.

Vous m'honorez beaucoup d'un si glorieux choix : 400
Je l'attendrai, Monsieur, avec impatience,
Et je l'aime déjà sur cette confiance.

SCÈNE II.

ISABELLE, CLARICE[2].

ISABELLE.

Ainsi vous le verrez, et sans vous engager.

CLARICE.

Mais pour le voir ainsi qu'en pourrai-je juger?
J'en verrai le dehors, la mine, l'apparence; 405
Mais du reste, Isabelle, où prendre l'assurance;
Le dedans paroît mal en ces miroirs flatteurs;
Les visages souvent sont de doux imposteurs :
Que de défauts d'esprit se couvrent de leurs grâces,
Et que de beaux semblants cachent des âmes basses!
Les yeux en ce grand choix ont la première part[3];

---

1. *Var.* Afin qu'avec loisir vous le puissiez connoître. (1644-56)
2. *Var.* CLARICE, ISABELLE. (1644-60)
3. *Var.* Quoique en ce choix les yeux aient la première part,
   Qui leur défère tout met beaucoup au hasard. (1644-56)

Mais leur déférer tout, c'est tout mettre au hasard :
Qui veut vivre en repos ne doit pas leur déplaire,
Mais sans leur obéir, il doit les satisfaire[1],
En croire leur refus, et non pas leur aveu,
Et sur d'autres conseils laisser naître son feu.
Cette chaîne, qui dure autant que notre vie,
Et qui devroit donner plus de peur que d'envie[2],
Si l'on n'y prend bien garde, attache assez souvent
Le contraire au contraire, et le mort au vivant;
Et pour moi, puisqu'il faut qu'elle me donne un maître,
Avant que l'accepter je voudrois le connoître,
Mais connoître dans l'âme.

ISABELLE.

Eh bien! qu'il parle à vous.

CLARICE.

Alcippe le sachant en deviendroit jaloux.

ISABELLE.

Qu'importe qu'il le soit, si vous avez Dorante ?

CLARICE.

Sa perte ne m'est pas encore indifférente;
Et l'accord de l'hymen entre nous concerté,
Si son père venoit, seroit exécuté.
Depuis plus de deux ans il promet et diffère :
Tantôt c'est maladie, et tantôt quelque affaire;
Le chemin est mal sûr, ou les jours sont trop courts,
Et le bonhomme enfin ne peut sortir de Tours.
Je prends tous ces délais pour une résistance,
Et ne suis pas d'humeur à mourir de constance.
Chaque moment d'attente ôte de notre prix,
Et fille qui vieillit tombe dans le mépris :
C'est un nom glorieux qui se garde avec honte;

---

1. *Var.* Mais sans leur obéir, il les doit satisfaire. (1644-56)
2. *Var.* Et qui nous doit donner plus de peur que d'envie. (1644-56)

LE MENTEUR.

Sa défaite est fâcheuse à moins que d'être prompte.
Le temps n'est pas un Dieu qu'elle puisse braver,
Et son honneur se perd à le trop conserver. 440

ISABELLE.

Ainsi vous quitteriez Alcippe pour un autre
De qui l'humeur auroit de quoi plaire à la vôtre[1]?

CLARICE.

Oui, je le quitterois; mais pour ce changement
Il me faudroit en main avoir un autre amant[2],
Savoir qu'il me fût propre, et que son hyménée 445
Dût bientôt à la sienne unir ma destinée[3].
Mon humeur sans cela ne s'y résout pas bien;
Car Alcippe, après tout, vaut toujours mieux que rien;
Son père peut venir, quelque longtemps qu'il tarde.

ISABELLE.

Pour en venir à bout sans que rien s'y hasarde[4], 450
Lucrèce est votre amie, et peut beaucoup pour vous;
Elle n'a point d'amants qui deviennent jaloux[5]:
Qu'elle écrive à Dorante, et lui fasse paroître
Qu'elle veut cette nuit le voir par sa fenêtre.
Comme il est jeune encore, on l'y verra voler; 455
Et là, sous ce faux nom, vous pourrez lui parler[6],
Sans qu'Alcippe jamais en découvre l'adresse,
Ni que lui-même pense à d'autres qu'à Lucrèce.

---

1. *Var.* Dont vous verriez l'humeur rapportante (*a*) à la vôtre? (1644-56)
2. *Var.* Je voudrois en ma main avoir un autre amant,
   Sûre qu'il me fût propre, et que son hyménée. (1644-56)
3. Un vers presque semblable se trouve dans l'*Iphigénie* de Racine (acte I, scène II) :

   On dit qu'Iphigénie, en ces lieux amenée,
   Doit bientôt à son sort unir ma destinée.

4. *Var.* Pour en venir à bout sans que rien se hasarde. (1644-56)
5. *Var.* Elle n'a point d'amant qui devienne jaloux. (1644-63)
6. *Var.* Et là, sous ce faux nom, vous lui pourrez parler. (1644-56)

(*a*) Les éditions de 1648-56 donnent *rapportant*, sans accord.

ACTE II, SCÈNE II.

CLARICE.
L'invention est belle, et Lucrèce aisément
Se résoudra pour moi d'écrire un compliment : 460
J'admire ton adresse à trouver cette ruse[1].

ISABELLE.
Puis-je vous dire encor que si je ne m'abuse,
Tantôt cet inconnu ne vous déplaisoit pas?

CLARICE.
Ah, bon Dieu! si Dorante avoit autant d'appas,
Que d'Alcippe aisément il obtiendroit la place! 465

ISABELLE.
Ne parlez point d'Alcippe; il vient.

CLARICE.
　　　　　　　　　　　　Qu'il m'embarrasse!
Va pour moi chez Lucrèce, et lui dis mon projet,
Et tout ce qu'on peut dire en un pareil sujet[2].

SCÈNE III.

CLARICE, ALCIPPE.

ALCIPPE.
Ah! Clarice, ah! Clarice, inconstante! volage!

CLARICE[3].
Auroit-il deviné déjà ce mariage? 470
Alcippe, qu'avez-vous? qui vous fait soupirer?

ALCIPPE.
Ce que j'ai, déloyale! et peux-tu l'ignorer[4]?
Parle à ta conscience, elle devroit t'apprendre....

---

1. *Var.* Nous connoîtrons Dorante avecque cette ruse. (1644-56)
2. *Var.* Et tout ce qu'on peut dire en semblable sujet. (1644-56)
3. Dans l'édition de 1692 : CLARICE, *bas.*
4. *Var.* Ce que j'ai, malheureuse! et peux-tu l'ignorer? (1644-56)

CLARICE.

Parlez un peu plus bas, mon père va descendre.

ALCIPPE.

Ton père va descendre, âme double et sans foi[1] ! 475
Confesse que tu n'as un père que pour moi.
La nuit, sur la rivière....

CLARICE.

Eh bien! sur la rivière?
La nuit! quoi? qu'est-ce enfin?

ALCIPPE.

Oui, la nuit toute entière.

CLARICE.

Après?

ALCIPPE.

Quoi! sans rougir?

CLARICE.

Rougir! à quel propos?

---

1. Au sujet du tutoiement sur la scène française, Voltaire fait la remarque suivante, que nous ne donnons qu'à titre de renseignement historique : « On tutoyait alors au théâtre. Le tutoiement, qui rend le discours plus serré, plus vif, a souvent de la noblesse et de la force dans la tragédie; on aime à voir Rodrigue et Chimène l'employer. Remarquez cependant que l'élégant Racine ne se permet guère le tutoiement que quand un père irrité parle à son fils, ou un maître à un confident, ou quand une amante emportée se plaint à son amant:

 Je ne t'ai point aimé, cruel! qu'ai-je donc fait?
   (*Andromaque*, acte IV, scène v.)

Hermione dit :

 Ne devois-tu pas lire au fond de ma pensée?
   (*Ibidem*, acte V, scène III.)

Phèdre dit :

 Eh bien! connois donc Phèdre et toute sa fureur.
   (*Phèdre*, acte II, scène v.)

Mais jamais Achille, Oreste, Britannicus, etc., ne tutoient leurs maîtresses. A plus forte raison, cette manière de s'exprimer doit-elle être bannie de la comédie, qui est la peinture de nos mœurs. Molière en fait usage dans *le Dépit amoureux*, mais il s'est ensuite corrigé lui-même. »

ACTE II, SCÈNE III.

ALCIPPE.
Tu ne meurs pas de honte, entendant ces deux mots?
CLARICE.
Mourir pour les entendre! et qu'ont-ils de funeste?
ALCIPPE.
Tu peux donc les ouïr et demander le reste?
Ne saurois-tu rougir, si je ne te dis tout?
CLARICE.
Quoi, tout?
ALCIPPE.
Tes passe-temps de l'un à l'autre bout.
CLARICE.
Je meure, en vos discours si je puis rien comprendre!
ALCIPPE.
Quand je te veux parler, ton père va descendre,
Il t'en souvient alors; le tour est excellent!
Mais pour passer la nuit auprès de ton galant[1]....
CLARICE.
Alcippe, êtes-vous fol[2]?
ALCIPPE.
Je n'ai plus lieu de l'être[3],
A présent que le ciel me fait te mieux connoître. 490
Oui, pour passer la nuit en danses et festin,
Être avec ton galant du soir jusqu'au matin
(Je ne parle que d'hier), tu n'as point lors de père.
CLARICE.
Rêvez-vous? raillez-vous? et quel est ce mystère?
ALCIPPE.
Ce mystère est nouveau, mais non pas fort secret : 495

1. *Var.* Mais pour passer la nuit avecque ton galant.... (1644-56)
2. De toutes les éditions publiées du vivant de Corneille, les deux de 1644 sont les seules qui donnent *fou* (*foû*); *fol* est l'orthographe des suivantes; *fou* revient en 1692.
3. *Var.* Je le devrois bien être. (1644-56)

Choisis une autre fois un amant plus discret;
Lui-même il m'a tout dit.

CLARICE.

Qui, lui-même?

ALCIPPE.

Dorante.

CLARICE.

Dorante!

ALCIPPE.

Continue, et fais bien l'ignorante.

CLARICE.

Si je le vis jamais, et si je le connoi!...

ALCIPPE.

Ne viens-je pas de voir son père avecque toi ? 500
Tu passes, infidèle, âme ingrate et légère,
La nuit avec le fils, le jour avec le père!

CLARICE.

Son père, de vieux temps, est grand ami du mien.

ALCIPPE.

Cette vieille amitié faisoit votre entretien ?
Tu te sens convaincue, et tu m'oses répondre! 505
Te faut-il quelque chose encor pour te confondre?

CLARICE.

Alcippe, si je sais quel visage a le fils....

ALCIPPE.

La nuit étoit fort noire alors que tu le vis.
Il ne t'a pas donné quatre chœurs de musique,
Une collation superbe et magnifique, 510
Six services de rang, douze plats à chacun?
Son entretien alors t'étoit fort importun?
Quand ses feux d'artifice éclairoient le rivage,
Tu n'eus pas le loisir de le voir au visage?
Tu n'as pas avec lui dansé jusques au jour, 515

ACTE II, SCÈNE III.

Et tu ne l'as pas vu pour le moins au retour?
T'en ai-je dit assez? Rougis, et meurs de honte.

CLARICE.

Je ne rougirai point pour le récit d'un conte.

ALCIPPE.

Quoi! je suis donc un fourbe, un bizarre, un jaloux?

CLARICE.

Quelqu'un a pris plaisir à se jouer de vous,   520
Alcippe; croyez-moi.

ALCIPPE.

     Ne cherche point d'excuses;
Je connois tes détours, et devine tes ruses.
Adieu : suis ton Dorante, et l'aime désormais;
Laisse en repos Alcippe, et n'y pense jamais.

CLARICE.

Écoutez quatre mots.

ALCIPPE.

    Ton père va descendre.   525

CLARICE.

Non, il ne descend point, et ne peut nous entendre;
Et j'aurai tout loisir de vous désabuser.

ALCIPPE.

Je ne t'écoute point, à moins que m'épouser,
A moins qu'en attendant le jour du mariage[1],
M'en donner ta parole et deux baisers en gage[2].   530

---

1. Tel est le texte des éditions antérieures à 1652 ; il nous a paru préférable à celui des impressions de 1652 à 1682, qui toutes donnent, au vers 529, *au moins*, pour *à moins*. Celle de 1692 a rétabli notre leçon : « A moins qu'en attendant, etc. »

2. A propos de ce vers, qu'il blâme, Voltaire rappelle un ancien usage : « On demande comment Corneille a épuré le théâtre? C'est que de son temps on allait plus loin. On demandait des baisers et on en donnait. Cette mauvaise coutume venait de l'usage où l'on avait été très-longtemps en France, de donner par respect un baiser aux dames sur la bouche, quand on leur était présenté. Montaigne dit qu'il est triste pour une dame d'apprêter sa bouche pour le premier mal tourné qui viendra à elle avec trois laquais. » — Voici le texte

CLARICE.
Pour me justifier vous demandez de moi,
Alcippe?
ALCIPPE.
Deux baisers, et ta main, et ta foi.
CLARICE.
Que cela?
ALCIPPE.
Résous-toi, sans plus me faire attendre.
CLARICE.
Je n'ai pas le loisir, mon père va descendre.

SCÈNE IV.

ALCIPPE.

Va, ris de ma douleur alors que je te perds; 535
Par ces indignités romps toi-même mes fers;
Aide mes feux trompés à se tourner en glace;
Aide un juste courroux à se mettre en leur place.
Je cours à la vengeance, et porte à ton amant
Le vif et prompt effet de mon ressentiment[1]. 540
S'il est homme de cœur, ce jour même nos armes
Régleront par leur sort tes plaisirs ou tes larmes[2];
Et plutôt que le voir possesseur de mon bien,
Puissé-je dans son sang voir couler tout le mien!
Le voici, ce rival, que son père t'amène: 545
Ma vieille amitié cède à ma nouvelle haine;

---

de Montaigne : « C'est une desplaisante coustume, et injurieuse aux dames, d'avoir à prester leurs levres à quiconque a trois valets à sa suitte, pour mal plaisant qu'il soit. » (*Essais*, livre III, chapitre v.)

1. *Var.* Le redoutable effet de mon ressentiment. (1644-56)
Var. Le juste et prompt effet de mon ressentiment. (1660)
2. *Var.* Régleront par le sort tes plaisirs ou tes larmes. (1644)

ACTE II, SCÈNE IV.

Sa vue accroît l'ardeur dont je me sens brûler :
Mais ce n'est pas ici qu'il faut le quereller[1].

SCÈNE V.

GÉRONTE, DORANTE, CLITON.

GÉRONTE.

Dorante, arrêtons-nous; le trop de promenade
Me mettroit hors d'haleine, et me feroit malade.   550
Que l'ordre est rare et beau de ces grands bâtiments !

DORANTE.

Paris semble à mes yeux un pays de romans.
J'y croyois ce matin voir une île enchantée[2] :
Je la laissai déserte, et la trouve habitée;
Quelque Amphion nouveau, sans l'aide des maçons,   555
En superbes palais a changé ses buissons.

GÉRONTE.

Paris voit tous les jours de ces métamorphoses :
Dans tout le Pré-aux-Clercs tu verras mêmes choses[3];
Et l'univers entier ne peut rien voir d'égal
Aux superbes dehors du palais Cardinal[4].   560
Toute une ville entière, avec pompe bâtie,

---

1. *Var.* Mais ce n'est pas ici qu'il le faut quereller. (1644-56)
2. *Var.* Je croyois ce matin voir une île enchantée. (1648-56)
3. *Var.* Dedans le Pré-aux-Clercs tu verras mêmes choses. (1644-56)
4. *Var.* A ce que tu verras vers le Palais-Royal (a). (1644)

(a) Le cardinal de Richelieu fit bâtir ce palais par Jacques le Mercier. Les fondements en furent jetés en 1629 sur les ruines des hôtels de Mercœur, de Rambouillet, et de quelques maisons voisines. Il ne fut achevé qu'en 1636. On le nommait d'abord hôtel de Richelieu, mais son propriétaire fit inscrire en lettres d'or sur un marbre au-dessus de la grande porte : *Palais Cardinal*. Cette inscription fut critiquée, notamment par Balzac (voyez le *Lexique*). Elle fut toutefois conservée jusqu'au moment où, Louis XIV ayant quitté le Louvre pour habiter le palais Cardinal, que Richelieu lui avait légué, le marquis de Fourille, grand maréchal des logis de la maison du Roi, persuada à la Régente

Semble d'un vieux fossé par miracle sortie,
Et nous fait présumer, à ses superbes toits,
Que tous ses habitants sont des dieux ou des rois.
Mais changeons de discours. Tu sais combien je t'aime?

DORANTE.

Je chéris cet honneur bien plus que le jour même.

GÉRONTE.

Comme de mon hymen il n'est sorti que toi,
Et que je te vois prendre un périlleux emploi,
Où l'ardeur pour la gloire à tout oser convie¹,
Et force à tous moments de négliger la vie, 570
Avant qu'aucun malheur te puisse être avenu,
Pour te faire marcher un peu plus retenu,
Je te veux marier.

DORANTE.

Oh! ma chère Lucrèce!

GÉRONTE.

Je t'ai voulu choisir moi-même une maîtresse,
Honnête, belle, riche².

1. *Var.* Où la chaleur de l'âge et l'honneur te convie
   D'exposer à tous coups et ton sang et ta vie. (1644-56)
2. *Var.* Honnête, belle et riche. (1644-56)

qu'il ne convenait pas que le Roi habitât une maison qui portait le nom d'un de ses sujets; la Reine ordonna d'ôter l'inscription. « On commença dès lors à donner à ce palais le nom de Palais-Royal, qu'il a toujours retenu depuis, quoique la même reine régente, à la prière de la duchesse d'Aiguillon, eût fait remettre l'inscription de palais Cardinal, qu'on y voit encore aujourd'hui, » dit en 1742, dans sa *Description de Paris* (tome II, p. 220), Piganiol de la Force, qui nous a fourni les détails qui précèdent. — « Ce quartier (*où est le Palais-Royal*), qui est à présent un des plus peuplés de Paris, n'était, dit Voltaire, que des prairies entourées de fossés, lorsque le cardinal de Richelieu y fit bâtir son palais. Quoique les embellissements de Paris n'aient commencé à se multiplier que vers le milieu du siècle de Louis XIV, cependant la simple architecture du palais Cardinal ne devait pas paraître si superbe aux Parisiens, qui avaient déjà le Louvre et le Luxembourg. Il n'est pas surprenant que Corneille dans ces vers cherchât à louer indirectement le cardinal de Richelieu, qui protégea beaucoup cette pièce, et même donna des habits à quelques acteurs (*voyez ci-dessus*, p. 126). Il était mourant alors, en 1642, et il cherchait à se dissiper par ces amusements. »

ACTE II, SCÈNE V.

DORANTE.

Ah! pour la bien choisir, 575
Mon père, donnez-vous un peu plus de loisir.

GÉRONTE.

Je la connois assez : Clarice est belle et sage
Autant que dans Paris il en soit de son âge;
Son père de tout temps est mon plus grand ami,
Et l'affaire est conclue.

DORANTE.

Ah! Monsieur, j'en frémi[1] : 580
D'un fardeau si pesant accabler ma jeunesse!

GÉRONTE.

Fais ce que je t'ordonne.

DORANTE.

Il faut jouer d'adresse.
Quoi? Monsieur, à présent qu'il faut dans les combats
Acquérir quelque nom, et signaler mon bras....

GÉRONTE.

Avant qu'être au hasard un autre bras t'immole, 585
Je veux dans ma maison avoir qui m'en console;
Je veux qu'un petit-fils puisse y tenir ton rang[2],
Soutenir ma vieillesse, et réparer mon sang :
En un mot, je le veux.

DORANTE.

Vous êtes inflexible!

GÉRONTE.

Fais ce que je te dis.

DORANTE.

Mais s'il est impossible[3]? 590

GÉRONTE.

Impossible! et comment?

1. *Var.* Ah! Monsieur, je frémi. (1644-64)
2. *Var.* Je veux qu'un petit-fils puisse tenir ton rang. (1644-64)
3. *Var.* Mais s'il m'est impossible (*a*)? (1644-63)
(*a*) L'édition de 1682 porte, par erreur : « Mais il est impossible? »

DORANTE.

Souffrez qu'aux yeux de tous
Pour obtenir pardon j'embrasse vos genoux.
Je suis....

GÉRONTE.

Quoi?

DORANTE.

Dans Poitiers....

GÉRONTE.

Parle donc, et te lève.

DORANTE.

Je suis donc marié, puisqu'il faut que j'achève.

GÉRONTE.

Sans mon consentement?

DORANTE.

On m'a violenté :   595
Vous ferez tout casser par votre autorité,
Mais nous fûmes tous deux forcés à l'hyménée
Par la fatalité la plus inopinée....
Ah! si vous le saviez[1]!

GÉRONTE.

Dis, ne me cache rien.

DORANTE.

Elle est de fort bon lieu, mon père; et pour son bien,
S'il n'est du tout si grand que votre humeur souhaite....

GÉRONTE.

Sachons, à cela près, puisque c'est chose faite.
Elle se nomme?

DORANTE.

Orphise; et son père, Armédon.

GÉRONTE.

Je n'ai jamais ouï ni l'un ni l'autre nom.
Mais poursuis.

---

1. *Var.* Ah! si vous la saviez! (1644-68)

ACTE II, SCÈNE V.

DORANTE.

Je la vis presque à mon arrivée.   605
Une âme de rocher ne s'en fût pas sauvée,
Tant elle avoit d'appas, et tant son œil vainqueur
Par une douce force assujettit mon cœur!
Je cherchai donc chez elle à faire connoissance;
Et les soins obligeants de ma persévérance   610
Surent plaire de sorte à cet objet charmant,
Que j'en fus en six mois autant aimé qu'amant.
J'en reçus des faveurs secrètes, mais honnêtes;
Et j'étendis si loin mes petites conquêtes,
Qu'en son quartier souvent je me coulois sans bruit, 615
Pour causer avec elle une part de la nuit.
Un soir que je venois de monter dans sa chambre
(Ce fut, s'il m'en souvient, le second de septembre;
Oui, ce fut ce jour-là que je fus attrapé),
Ce soir même son père en ville avoit soupé;   620
Il monte à son retour, il frappe à la porte : elle
Transit, rougit, pâlit, me cache en sa ruelle,
Ouvre enfin, et d'abord (qu'elle eut d'esprit et d'art!)
Elle se jette au cou[1] de ce pauvre vieillard,
Dérobe en l'embrassant son désordre à sa vue :   625
Il se sied; il lui dit qu'il veut la voir pourvue;
Lui propose un parti qu'on lui venoit d'offrir.
Jugez combien mon cœur avoit lors à souffrir!
Par sa réponse adroite elle sut si bien faire,
Que sans m'inquiéter elle plut à son père.   630
Ce discours ennuyeux enfin se termina;
Le bonhomme partoit quand ma montre sonna[2];
Et lui, se retournant vers sa fille étonnée :

---

1. L'édition de 1656 est la seule qui porte *col*, et non *cou* (*coû*).
2. « On faisoit autrefois des montres à sonnerie, qui sonnoient d'elles-mêmes à l'heure, à la demie, et quelquefois aux quarts. » (*Dictionnaire de Trévoux.*)

« Depuis quand cette montre? et qui vous l'a donnée?
— Acaste, mon cousin, me la vient d'envoyer,   635
Dit-elle, et veut ici la faire nettoyer,
N'ayant point d'horlogiers[1] au lieu de sa demeure :
Elle a déjà sonné deux fois en un quart d'heure.
— Donnez-la-moi, dit-il, j'en prendrai mieux le soin. »
Alors pour me la prendre elle vient en mon coin :   640
Je la lui donne en main; mais, voyez ma disgrâce,
Avec mon pistolet le cordon s'embarrasse,
Fait marcher le déclin : le feu prend, le coup part;
Jugez de notre trouble à ce triste hasard.
Elle tombe par terre; et moi, je la crus morte.   645
Le père épouvanté gagne aussitôt la porte;
Il appelle au secours, il crie à l'assassin :
Son fils et deux valets me coupent le chemin.
Furieux de ma perte, et combattant de rage,
Au milieu de tous trois je me faisois passage,   650
Quand un autre malheur de nouveau me perdit;
Mon épée en ma main en trois morceaux rompit.
Désarmé, je recule, et rentre : alors Orphise,
De sa frayeur première aucunement remise,
Sait prendre un temps si juste en son reste d'effroi, 655
Qu'elle pousse la porte et s'enferme avec moi.
Soudain nous entassons, pour défenses nouvelles,
Bancs, tables, coffres, lits, et jusqu'aux escabelles :
Nous nous barricadons, et dans ce premier feu,
Nous croyons gagner tout à différer un peu[2].   660
Mais comme à ce rempart l'un et l'autre travaille,
D'une chambre voisine on perce la muraille :

---

1. Au commencement du dix-septième siècle, on disait indifféremment *horloger* ou *horlogier*, et quelquefois *horlogeur*. Les éditions de 1656 et de 1692 donnent seules *horlogers*. Voyez le *Lexique*.

2. *Var.* Pensons faire beaucoup de différer un peu.
Comme à ce boulevard l'un et l'autre travaille. (1644-56)

ACTE II, SCÈNE V.

Alors me voyant pris, il fallut composer.
(Ici[1] Clarice les voit de sa fenêtre; et Lucrèce, avec Isabelle,
les voit aussi de la sienne.)

GÉRONTE.

C'est-à-dire en françois qu'il fallut l'épouser?

DORANTE.

Les siens m'avoient trouvé de nuit seul avec elle,   665
Ils étoient les plus forts, elle me sembloit belle,
Le scandale étoit grand, son honneur se perdoit;
A ne le faire pas ma tête en répondoit;
Ses grands efforts pour moi, son péril, et ses larmes,
A mon cœur amoureux étoient de nouveaux charmes :
Donc, pour sauver ma vie ainsi que son honneur[2],
Et me mettre avec elle au comble du bonheur,
Je changeai d'un seul mot la tempête en bonace,
Et fis ce que tout autre auroit fait en ma place.
Choisissez maintenant de me voir ou mourir,   675
Ou posséder un bien qu'on ne peut trop chérir.

GÉRONTE.

Non, non, je ne suis pas si mauvais que tu penses,
Et trouve en ton malheur de telles circonstances,
Que mon amour t'excuse; et mon esprit touché
Te blâme seulement de l'avoir trop caché.   680

DORANTE.

Le peu de bien qu'elle a me faisoit vous le taire.

GÉRONTE.

Je prends peu garde au bien, afin d'être bon père.
Elle est belle, elle est sage, elle sort de bon lieu,
Tu l'aimes, elle t'aime; il me suffit. Adieu :
Je vais me dégager du père de Clarice.   685

---

1. Le mot *ici* manque dans l'édition de 1663, qui donne cette indication à la marge.
2. *Var.* Donc, pour sauver ma vie avecque son honneur. (1644-56)

SCÈNE VI.
DORANTE, CLITON.

DORANTE.
Que dis-tu de l'histoire, et de mon artifice ?
Le bonhomme en tient-il ? m'en suis-je bien tiré ?
Quelque sot en ma place y seroit demeuré ;
Il eût perdu le temps à gémir et se plaindre,
Et malgré son amour, se fût laissé contraindre.   690
Oh ! l'utile secret que mentir à propos[1] !
CLITON.
Quoi ? ce que vous disiez n'est pas vrai ?
DORANTE.
Pas deux mots ;
Et tu ne viens d'ouïr qu'un trait de gentillesse
Pour conserver mon âme et mon cœur à Lucrèce.
CLITON.
Quoi ? la montre, l'épée, avec le pistolet....   695
DORANTE.
Industrie.
CLITON.
Obligez, Monsieur, votre valet :
Quand vous voudrez jouer de ces grands coups de maître,
Donnez-lui quelque signe à les pouvoir connoître ;
Quoique bien averti, j'étois dans le panneau.
DORANTE.
Va, n'appréhende pas d'y tomber de nouveau :   700
Tu seras de mon cœur l'unique secrétaire,
Et de tous mes secrets le grand dépositaire.
CLITON.
Avec ces qualités j'ose bien espérer

---

1. *Var.* Oh ! l'utile secret de mentir à propos ! (1644-56)

Qu'assez malaisément je pourrai m'en parer.
Mais parlons de vos feux. Certes cette maîtresse.... 705

SCÈNE VII.
DORANTE, CLITON, SABINE.

SABINE.
(Elle lui donne un billet[1].)
Lisez ceci, Monsieur.

DORANTE.
D'où vient-il?

SABINE.
De Lucrèce.

DORANTE, après l'avoir lu[2].
Dis-lui que j'y viendrai.
(Sabine rentre, et Dorante continue.)
Doute encore, Cliton,
A laquelle des deux appartient ce beau nom.
Lucrèce sent sa part des feux qu'elle fait naître,
Et me veut cette nuit parler par sa fenêtre. 710
Dis encor que c'est l'autre, ou que tu n'es qu'un sot.
Qu'auroit l'autre à m'écrire, à qui je n'ai dit mot?

CLITON.
Monsieur, pour ce sujet n'ayons point de querelle :
Cette nuit, à la voix, vous saurez si c'est elle.

DORANTE.
Coule-toi là dedans, et de quelqu'un des siens 715
Sache subtilement sa famille et ses biens.

---

1. Ce jeu de scène manque dans les éditions de 1644-60.
2. *Var.* DORANTE, *après avoir lu.* (1644-68)

SCÈNE VIII.

DORANTE, LYCAS.

LYCAS, *lui présentant un billet.*

Monsieur.

DORANTE.

Autre billet[1].

(Il continue, après avoir lu tout bas le billet.)

                      J'ignore quelle offense
Peut d'Alcippe avec moi rompre l'intelligence;
Mais n'importe, dis-lui que j'irai volontiers.
Je te suis.

(Lycas rentre, et Dorante continue seul[2].)

           Je revins hier au soir de Poitiers,   720
D'aujourd'hui seulement je produis mon visage,
Et j'ai déjà querelle, amour et mariage :
Pour un commencement ce n'est point mal trouvé.
Vienne encore un procès, et je suis achevé.
Se charge qui voudra d'affaires plus pressantes,   725
Plus en nombre à la fois et plus embarrassantes :
Je pardonne à qui mieux s'en pourra démêler.
Mais allons voir celui qui m'ose quereller.

---

1. *Var.* [Autre billet.]
               BILLET D'ALCIPPE A DORANTE.
                 Une offense reçue
Me fait, l'épée en main, souhaiter votre vue.
Je vous attends au mail. *ALCIPPE.*
               DORANTE, *après avoir lu.*
                      Oui, volontiers,
Je te suis. (*Lycas rentre, et Dorante continue seul.*)
           Hier au soir je revins de Poitiers. (1644-56)
Le mot *seul* est omis dans l'édition de 1692.

FIN DU SECOND ACTE.

ACTE III.

SCÈNE PREMIÈRE.
DORANTE, ALCIPPE, PHILISTE.

PHILISTE.
Oui, vous faisiez tous deux en hommes de courage,
Et n'aviez l'un ni l'autre aucun désavantage. 730
Je rends grâces au ciel de ce qu'il a permis
Que je sois survenu pour vous refaire amis,
Et que, la chose égale, ainsi je vous sépare :
Mon heur en est extrême, et l'aventure rare[1].

DORANTE.
L'aventure est encor bien plus rare pour moi, 735
Qui lui foisois raison sans avoir su de quoi[2].
Mais, Alcippe, à présent tirez-moi hors de peine :
Quel sujet aviez-vous de colère ou de haine?
Quelque mauvais rapport m'auroit-il pu noircir?
Dites, que devant lui je vous puisse éclaircir. 740

ALCIPPE.
Vous le savez assez.

DORANTE.
Plus je me considère[3],
Moins je découvre en moi ce qui vous peut déplaire.

---

1. *Var.* Mon heur en est extrême, et l'aventure est rare. (1644-60)
2. *Var.* Qui me battois à froid et sans savoir pourquoi. (1644-56)
3. *Var.*   Quoi que j'aye (*a*) pu faire,
   Je crois n'avoir rien fait qui vous doive déplaire. (1644-56)

(*a*) Voltaire fait sur ce vers la remarque suivante : « Le mot *aye* ne peut entrer dans un vers, à moins qu'il ne soit suivi d'une voyelle avec laquelle il forme une élision. »

ALCIPPE.

Eh bien! puisqu'il vous faut parler plus clairement,
Depuis plus de deux ans j'aime secrètement;
Mon affaire est d'accord, et la chose vaut faite; 745
Mais pour quelque raison nous la tenons secrète.
Cependant à l'objet qui me tient sous sa loi,
Et qui sans me trahir ne peut être qu'à moi,
Vous avez donné bal, collation, musique;
Et vous n'ignorez pas combien cela me pique, 750
Puisque, pour me jouer un si sensible tour,
Vous m'avez à dessein caché votre retour,
Et n'avez aujourd'hui quitté votre embuscade[1]
Qu'afin de m'en conter l'histoire par bravade.
Ce procédé m'étonne, et j'ai lieu de penser 755
Que vous n'avez rien fait qu'afin de m'offenser.

DORANTE.

Si vous pouviez encor douter de mon courage,
Je ne vous guérirois ni d'erreur ni d'ombrage,
Et nous nous reverrions, si nous étions rivaux;
Mais comme vous savez tous deux ce que je vaux, 760
Écoutez en deux mots l'histoire démêlée :
   Celle que cette nuit sur l'eau j'ai régalée
N'a pu vous donner lieu de devenir jaloux;
Car elle est mariée, et ne peut être à vous.
Depuis peu pour affaire elle est ici venue, 765
Et je ne pense pas qu'elle vous soit connue.

ALCIPPE.

Je suis ravi, Dorante, en cette occasion,
De voir finir sitôt notre division[2].

DORANTE.

Alcippe, une autre fois donnez moins de croyance

---

1. *Var.* Jusques à cejourd'hui, que sortant d'embuscade,
Vous m'en avez conté l'histoire par bravade. (1644-56)
2. *Var.* De voir sitôt finir notre division. (1644 et 48)

Aux premiers mouvements de votre défiance ; 770
Jusqu'à mieux savoir tout sachez vous retenir[1],
Et ne commencez plus par où l'on doit finir.
Adieu : je suis à vous.

SCÈNE II.
ALCIPPE, PHILISTE.

PHILISTE.
Ce cœur encor soupire !
ALCIPPE.
Hélas ! je sors d'un mal pour tomber dans un pire.
Cette collation, qui l'aura pu donner ? 775
A qui puis-je m'en prendre ? et que m'imaginer ?
PHILISTE.
Que l'ardeur de Clarice est égale à vos flammes.
Cette galanterie étoit pour d'autres dames.
L'erreur de votre page a causé votre ennui ;
S'étant trompé lui-même, il vous trompe après lui. 780
J'ai tout su de lui-même et des gens de Lucrèce[2].
Il avoit vu chez elle entrer votre maîtresse ;
Mais il n'avoit pas vu[3] qu'Hippolyte et Daphné
Ce jour-là, par hasard, chez elle avoient dîné.
Il les en voit sortir, mais à coiffe abattue[4], 785
Et sans les approcher il suit de rue en rue ;

---

1. *Var.* Prenez sur un appel le loisir d'y rêver,
   Sans commencer par où vous devez achever. (1644-56)
2. *Var.* Je viens de tout savoir d'un des gens de Lucrèce. (1644-56)
3. L'édition de 1692 donne seule *su*, au lieu de *vu*.
4. *Var.* Comme il en voit sortir ces deux beautés masquées,
   Sans les avoir au nez de plus près remarquées,
   Voyant que le carrosse, et chevaux, et cocher,
   Étoient ceux de Lucrèce, il suit sans s'approcher,
   Et les prenant ainsi pour Lucrèce et Clarice. (1644-56)

Aux couleurs, au carrosse, il ne doute de rien;
Tout étoit à Lucrèce, et le dupe si bien,
Que prenant ces beautés pour Lucrèce et Clarice,
Il rend à votre amour un très-mauvais service.   790
Il les voit donc aller jusques au bord de l'eau,
Descendre de carrosse, entrer dans un bateau;
Il voit porter des plats, entend quelque musique
(A ce que l'on m'a dit, assez mélancolique).
Mais cessez¹ d'en avoir l'esprit inquiété;   795
Car enfin le carrosse avoit été prêté :
L'avis se trouve faux; et ces deux autres belles
Avoient en plein repos passé la nuit chez elles.

ALCIPPE.

Quel malheur est le mien! Ainsi donc sans sujet
J'ai fait ce grand vacarme à ce charmant objet²?   800

PHILISTE.

Je ferai votre paix. Mais sachez autre chose :
Celui qui de ce trouble est la seconde cause,
Dorante, qui tantôt nous en a tant conté
De son festin superbe et sur l'heure apprêté,
Lui qui depuis un mois nous cachant sa venue,   805
La nuit, *incognito*, visite une inconnue,
Il vint hier de Poitiers, et sans faire aucun bruit,
Chez lui paisiblement a dormi toute nuit.

ALCIPPE.

Quoi! sa collation....

PHILISTE.

              N'est rien qu'un pur mensonge;
Ou, quand il l'a donnée, il l'a donnée en songe³.   810

ALCIPPE.

Dorante, en ce combat si peu prémédité,

---

1. L'édition de 1656 donne, par une erreur évidente, *cesse*, pour *cessez*.
2. *Var.* J'ai fait ce grand vacarme à ce divin objet? (1644-56)
3. *Var.* Ou bien, s'il l'a donnée, il l'a donnée en songe. (1644-64)

M'a fait voir trop de cœur pour tant de lâcheté.
La valeur n'apprend point la fourbe en son école :
Tout homme de courage est homme de parole ;
A des vices si bas il ne peut consentir, 815
Et fuit plus que la mort la honte de mentir.
Cela n'est point.

PHILISTE.

Dorante, à ce que je présume,
Est vaillant par nature et menteur par coutume.
Ayez sur ce sujet moins d'incrédulité,
Et vous-même admirez notre simplicité : 820
A nous laisser duper nous sommes bien novices.
Une collation servie à six services,
Quatre concerts entiers, tant de plats, tant de feux,
Tout cela cependant prêt en une heure ou deux,
Comme si l'appareil d'une telle cuisine 825
Fût descendu du ciel dedans quelque machine.
Quiconque le peut croire ainsi que vous et moi,
S'il a manque de sens, n'a pas manque de foi.
Pour moi, je voyois bien que tout ce badinage
Répondoit assez mal aux remarques du page ; 830
Mais vous ?

ALCIPPE.

La jalousie aveugle un cœur atteint,
Et sans examiner, croit tout ce qu'elle craint.
Mais laissons là Dorante avecque son audace ;
Allons trouver Clarice et lui demander grâce :
Elle pouvoit tantôt m'entendre sans rougir. 835

PHILISTE.

Attendez à demain et me laissez agir :
Je veux par ce récit vous préparer la voie,
Dissiper sa colère et lui rendre sa joie.
Ne vous exposez point, pour gagner un moment,
Aux premières chaleurs de son ressentiment. 840

ALCIPPE.
Si du jour qui s'enfuit la lumière est fidèle,
Je pense l'entrevoir avec son Isabelle.
Je suivrai tes[1] conseils, et fuirai son courroux
Jusqu'à ce qu'elle ait ri de m'avoir vu jaloux.

SCÈNE III.

CLARICE, ISABELLE.

CLARICE.
Isabelle, il est temps, allons trouver Lucrèce. 845
ISABELLE.
Il n'est pas encor tard, et rien ne vous en presse.
Vous avez un pouvoir bien grand sur son esprit :
A peine ai-je parlé, qu'elle a sur l'heure écrit.
CLARICE.
Clarice à la servir ne seroit pas moins prompte.
Mais dis, par sa fenêtre as-tu bien vu Géronte? 850
Et sais-tu que ce fils qu'il m'avoit tant vanté
Est ce même inconnu qui m'en a tant conté?
ISABELLE.
A Lucrèce avec moi je l'ai fait reconnoître;
Et sitôt que Géronte a voulu disparoître,
Le voyant resté seul avec un vieux valet[2], 855
Sabine à nos yeux même a rendu le billet.
Vous parlerez à lui.
CLARICE.
   Qu'il est fourbe, Isabelle.
ISABELLE.
Eh bien! cette pratique est-elle si nouvelle?

1. Il y a *tes* dans toutes les éditions publiées du vivant de Corneille, bien qu'Alcippe d'ordinaire ne tutoie pas Dorante. L'impression de 1692 donne *vos*.
2. *Var.* Le voyant resté seul avecque son valet. (1644-56)

Dorante est-il le seul qui, de jeune écolier,
Pour être mieux reçu s'érige en cavalier ? 860
Que j'en sais comme lui qui parlent d'Allemagne,
Et si l'on veut les croire, ont vu chaque campagne[1] ;
Sur chaque occasion tranchent des entendus,
Content quelque défaite, et des chevaux perdus ;
Qui dans une gazette apprenant ce langage, 865
S'ils sortent de Paris, ne vont qu'à leur village,
Et se donnent ici pour témoins approuvés
De tous ces grands combats qu'ils ont lus ou rêvés !
Il aura cru sans doute, ou je suis fort trompée,
Que les filles de cœur aiment les gens d'épée ; 870
Et vous prenant pour telle, il a jugé soudain
Qu'une plume au chapeau vous plaît mieux qu'à la main.
Ainsi donc, pour vous plaire, il a voulu paroître,
Non pas pour ce qu'il est, mais pour ce qu'il veut être,
Et s'est osé promettre un traitement plus doux 875
Dans la condition qu'il veut prendre pour vous.

CLARICE.

En matière de fourbe il est maître, il y pipe ;
Après m'avoir dupée, il dupe encore Alcippe[2].
Ce malheureux jaloux s'est blessé le cerveau
D'un festin qu'hier au soir il m'a donné sur l'eau 880
(Juge un peu si la pièce a la moindre apparence).
Alcippe cependant m'accuse d'inconstance,
Me fait une querelle où je ne comprends rien.
J'ai, dit-il, toute nuit souffert son entretien ;
Il me parle de bal, de danse, de musique, 885
D'une collation superbe et magnifique,
Servie à tant de plats, tant de fois redoublés,
Que j'en ai la cervelle et les esprits troublés.

---

1. *Var.* Et si l'on les veut croire, ont vu chaque campagne. (1644-56)
2. *Var.* D'une autre toute fraîche il dupe encore Alcippe. (1644-56)

ISABELLE.

Reconnoissez par là que Dorante vous aime,
Et que dans son amour son adresse est extrême ; 890
Il aura su qu'Alcippe étoit bien avec vous[1],
Et pour l'en éloigner il l'a rendu jaloux.
Soudain à cet effort il en a joint un autre :
Il a fait que son père est venu voir le vôtre.
Un amant peut-il mieux agir en un moment 895
Que de gagner un père et brouiller l'autre amant?
Votre père l'agrée, et le sien vous souhaite ;
Il vous aime, il vous plaît : c'est une affaire faite.

CLARICE.

Elle est faite, de vrai, ce qu'elle se fera.

ISABELLE.

Quoi? votre cœur se change, et désobéira[2]? 900

CLARICE.

Tu vas sortir de garde, et perdre tes mesures[3].
Explique, si tu peux, encor ses impostures :
 Il étoit marié sans que l'on en sût rien ;
Et son père a repris sa parole du mien,
Fort triste de visage et fort confus dans l'âme. 905

ISABELLE.

Ah! je dis à mon tour : « Qu'il est fourbe, Madame ! »
C'est bien aimer la fourbe, et l'avoir bien en main,
Que de prendre plaisir à fourber sans dessein ;
Car pour moi, plus j'y songe, et moins je puis comprendre

---

1. *Var.* Il aura su qu'Alcippe étoit aimé de vous. (1644-56)
2. *Var.* Quoi? votre humeur ici lui désobéira? (1644-56)
3. « Cette métaphore, tirée de l'art des armes, paraît aujourd'hui peu convenable dans la bouche d'une fille parlant à une fille ; mais quand une métaphore est usitée, elle cesse d'être une figure. L'art de l'escrime étant alors beaucoup plus commun qu'aujourd'hui, *sortir de garde, être en garde*, entrait dans le discours familier, et on employait ces expressions avec les femmes mêmes ; comme on dit *à la boule-vue* à ceux qui n'ont jamais vu jouer à la boule ; *servir sur les deux toits* à ceux qui n'ont jamais vu jouer à la paume ; *le dessous des cartes*, etc. » (*Voltaire.*)

Quel fruit auprès de vous il en ose prétendre. 910
Mais qu'allez-vous donc faire? et pourquoi lui parler?
Est-ce à dessein d'en rire, ou de le quereller?

CLARICE.

Je prendrai du plaisir du moins à le confondre.

ISABELLE.

J'en prendrois davantage à le laisser morfondre.

CLARICE.

Je veux l'entretenir par curiosité[1]. 915
Mais j'entrevois quelqu'un dans cette obscurité,
Et si c'étoit lui-même, il pourroit me connoître[2] :
Entrons donc chez Lucrèce, allons à sa fenêtre,
Puisque c'est sous son nom que je lui dois parler.
Mon jaloux, après tout, sera mon pis aller : 920
Si sa mauvaise humeur déjà n'est apaisée,
Sachant ce que je sais, la chose est fort aisée.

SCÈNE IV.

DORANTE, CLITON.

DORANTE.

Voici l'heure et le lieu que marque le billet.

CLITON.

J'ai su tout ce détail d'un ancien valet :
Son père est de la robe, et n'a qu'elle de fille; 925
Je vous ai dit son bien, son âge, et sa famille.
 Mais, Monsieur, ce seroit pour me bien divertir,
Si comme vous Lucrèce excelloit à mentir :
Le divertissement seroit rare, ou je meure!
Et je voudrois qu'elle eût ce talent pour une heure; 930

1. *Var.* Non, je lui veux parler par curiosité. (1644-56)
2. *Var.* Et si c'étoit lui-même, il me pourroit connoître. (1644-56)

Qu'elle pût un moment vous piper en votre art,
Rendre conte pour conte, et martre pour renard :
D'un et d'autre côté j'en entendrois de bonnes.

DORANTE.

Le ciel fait cette grâce à fort peu de personnes :
Il y faut promptitude, esprit, mémoire, soins,   935
Ne se brouiller jamais, et rougir encor moins[1].
Mais la fenêtre s'ouvre, approchons.

SCÈNE V.

CLARICE, LUCRÈCE, ISABELLE, à la fenêtre; DORANTE, CLITON, en bas.

CLARICE, à Isabelle[2].

Isabelle,
Durant notre entretien demeure en sentinelle.

ISABELLE.

Lorsque votre vieillard sera prêt à sortir,
Je ne manquerai pas de vous en avertir.   940

(Isabelle descend de la fenêtre, et ne se montre plus.)

LUCRÈCE, à Clarice.

Il conte assez au long ton histoire à mon père.
Mais parle sous mon nom, c'est à moi de me taire.

CLARICE.

Êtes-vous là, Dorante?

DORANTE.

Oui, Madame, c'est moi,
Qui veux vivre et mourir sous votre seule loi.

---

1. *Var.* Ne hésiter jamais, et rougir encor moins (*a*). (1644-60)
2. Les mots *à Isabelle* manquent dans les deux éditions de 1644; et de même avant le vers 941 et le vers 949 les mots *à Clarice*.

(*a*) Voltaire dit au sujet de ce vers : « *Ne hé* est dur à l'oreille ; on ne fait plus difficulté de dire aujourd'hui : *J'hésite, je n'hésite plus.* »

ACTE III, SCÈNE V.

LUCRÈCE, à Clarice.
Sa fleurette pour toi prend encor même style[1].   945
CLARICE, à Lucrèce.
Il devroit s'épargner cette gêne inutile.
Mais m'auroit-il déjà reconnue à la voix ?
CLITON, à Dorante.
C'est elle; et je me rends, Monsieur, à cette fois.
DORANTE, à Clarice.
Oui, c'est moi qui voudrois effacer de ma vie
Les jours que j'ai vécu[2] sans vous avoir servie.   950
Que vivre sans vous voir est un sort rigoureux !
C'est ou ne vivre point, ou vivre malheureux;
C'est une longue mort; et pour moi, je confesse
Que pour vivre il faut être esclave de Lucrèce.
CLARICE, à Lucrèce.
Chère amie, il en conte à chacune à son tour.   955
LUCRÈCE, à Clarice.
Il aime à promener sa fourbe et son amour.
DORANTE.
A vos commandements j'apporte donc ma vie,
Trop heureux si pour vous elle m'étoit ravie !
Disposez-en, Madame, et me dites en quoi
Vous avez résolu de vous servir de moi.   960
CLARICE.
Je vous voulois tantôt proposer quelque chose;
Mais il n'est plus besoin que je vous la propose,
Car elle est impossible.
DORANTE.
                Impossible ! Ah ! pour vous
Je pourrai tout, Madame, en tous lieux, contre tous.

---

1. *Var.* Il continue encore à te conter sa chance.
   CLARICE, *à Lucrèce*. Il continue encor dans la même impudence. (1644-56)
2. Telle est ici l'orthographe de toutes les éditions, y compris celle de 1692. Voyez plus bas, p. 236, note 2, le même vers écrit différemment (avec accord du participe) dans plusieurs éditions.

CLARICE.

Jusqu'à vous marier, quand je sais que vous l'êtes ? 965

DORANTE.

Moi, marié ! ce sont pièces qu'on vous a faites ;
Quiconque vous l'a dit s'est voulu divertir.

CLARICE, à Lucrèce.

Est-il un plus grand fourbe ?

LUCRÈCE, à Clarice.

Il ne sait que mentir.

DORANTE.

Je ne le fus jamais ; et si par cette voie
On pense....

CLARICE.

Et vous pensez encor que je vous croie ? 970

DORANTE.

Que le foudre à vos yeux m'écrase, si je mens[1] !

CLARICE.

Un menteur est toujours prodigue de serments.

DORANTE.

Non, si vous avez eu pour moi quelque pensée
Qui sur ce faux rapport puisse être balancée,
Cessez d'être en balance et de vous défier 975
De ce qu'il m'est aisé de vous justifier.

CLARICE, à Lucrèce.

On diroit qu'il dit vrai, tant son effronterie
Avec naïveté pousse une menterie.

DORANTE.

Pour vous ôter de doute, agréez que demain
En qualité d'époux je vous donne la main. 980

CLARICE.

Eh ! vous la donneriez en un jour à deux mille.

---

1. *Var.* Que la foudre à vos yeux m'écrase, si je mens ! (1644-56)

DORANTE.

Certes, vous m'allez mettre en crédit par la ville,
Mais en crédit si grand, que j'en crains les jaloux.

CLARICE.

C'est tout ce que mérite un homme tel que vous,
Un homme qui se dit un grand foudre de guerre, 985
Et n'en a vu qu'à coups d'écritoire ou de verre[1];
Qui vint hier de Poitiers, et conte, à son retour,
Que depuis une année il fait ici sa cour;
Qui donne toute nuit festin, musique et danse,
Bien qu'il l'ait dans son lit passée en tout silence; 990
Qui se dit marié, puis soudain s'en dédit :
Sa méthode est jolie à se mettre en crédit!
Vous-même, apprenez-moi comme il faut qu'on le nomme.

CLITON, à Dorante.

Si vous vous en tirez, je vous tiens habile homme.

DORANTE, à Cliton.

Ne t'épouvante point, tout vient en sa saison. 995

(A Clarice.)

De ces inventions chacune a sa raison :
Sur toutes quelque jour je vous rendrai contente;
Mais à présent je passe à la plus importante :
J'ai donc feint cet hymen (pourquoi désavouer
Ce qui vous forcera vous-même à me louer?); 1000
Je l'ai feint, et ma feinte à vos mépris m'expose;
Mais si de ces détours vous seule étiez la cause?

CLARICE.

Moi?

DORANTE.

Vous. Écoutez-moi. Ne pouvant consentir....

CLITON, à Dorante.

De grâce, dites-moi si vous allez mentir.

1. *Var.* Et n'en a vu qu'à coups d'écritoire et de verre. (1644-63)

LE MENTEUR.

DORANTE, à Cliton.

Ah! je t'arracherai cette langue importune. 1005

(A Clarice.)

Donc, comme à vous servir j'attache ma fortune,
L'amour que j'ai pour vous ne pouvant consentir
Qu'un père à d'autres lois voulût m'assujettir....

CLARICE, à Lucrèce.

Il fait pièce nouvelle, écoutons.

DORANTE.

Cette adresse
A conservé mon âme à la belle Lucrèce; 1010
Et par ce mariage au besoin inventé,
J'ai su rompre celui qu'on m'avoit apprêté.
Blâmez-moi de tomber en des fautes si lourdes,
Appelez-moi grand fourbe et grand donneur de bourdes;
Mais louez-moi du moins d'aimer si puissamment, 1015
Et joignez à ces noms celui de votre amant.
Je fais par cet hymen banqueroute à tous autres;
J'évite tous leurs fers pour mourir dans les vôtres;
Et libre pour entrer en des liens si doux,
Je me fais marié pour toute[1] autre que vous. 1020

CLARICE.

Votre flamme en naissant a trop de violence,
Et me laisse toujours en juste défiance.
Le moyen que mes yeux eussent de tels appas
Pour qui m'a si peu vue et ne me connoît pas?

DORANTE.

Je ne vous connois pas! Vous n'avez plus de mère; 1025
Périandre est le nom de Monsieur votre père;
Il est homme de robe, adroit et retenu;
Dix mille écus de rente en font le revenu;
Vous perdîtes un frère aux guerres d'Italie;

---

1. On lit *tout autre* dans les éditions de 1648-60. Voyez tome I, p. 228, note 3.

ACTE III, SCÈNE V.

Vous aviez une sœur qui s'appeloit Julie. 1030
Vous connois-je à présent ? dites encor que non.

CLARICE, à Lucrèce.

Cousine, il te connoît, et t'en veut tout de bon.

LUCRÈCE, en elle-même.

Plût à Dieu !

CLARICE, à Lucrèce.

Découvrons le fond de l'artifice.

(A Dorante.)

J'avois voulu tantôt vous parler de Clarice,
Quelqu'un de vos amis m'en est venu prier. 1035
Dites-moi, seriez-vous pour elle à marier ?

DORANTE.

Par cette question n'éprouvez plus ma flamme.
Je vous ai trop fait voir jusqu'au fond de mon âme,
Et vous ne pouvez plus désormais ignorer
Que j'ai feint cet hymen afin de m'en parer. 1040
Je n'ai ni feux ni vœux que pour votre service,
Et ne puis plus avoir que mépris pour Clarice.

CLARICE.

Vous êtes, à vrai dire, un peu bien dégoûté :
Clarice est de maison, et n'est pas sans beauté ;
Si Lucrèce à vos yeux paroît un peu plus belle, 1045
De bien mieux faits que vous se contenteroient d'elle.

DORANTE.

Oui, mais un grand défaut ternit tous ses appas.

CLARICE.

Quel est-il, ce défaut ?

DORANTE.

Elle ne me plaît pas ;
Et plutôt que l'hymen avec elle me lie,
Je serai marié, si l'on veut, en Turquie. 1050

CLARICE.
Aujourd'hui cependant on m'a dit qu'en plein jour
Vous lui serriez la main, et lui parliez d'amour.
DORANTE.
Quelqu'un auprès de vous m'a fait cette imposture.
CLARICE, à Lucrèce.
Écoutez l'imposteur; c'est hasard s'il n'en jure.
DORANTE.
Que du ciel....
CLARICE, à Lucrèce.
L'ai-je dit?
DORANTE.
J'éprouve le courroux   1055
Si j'ai parlé, Lucrèce, à personne qu'à vous!
CLARICE.
Je ne puis plus souffrir une telle impudence,
Après ce que j'ai vu moi-même en ma présence :
Vous couchez d'imposture¹, et vous osez jurer,
Comme si je pouvois vous croire, ou l'endurer!   1060
Adieu : retirez-vous, et croyez, je vous prie,
Que souvent je m'égaye ainsi par raillerie,
Et que pour me donner des passe-temps si doux,
J'ai donné cette baye à bien d'autres qu'à vous.

SCÈNE VI.

DORANTE, CLITON.

CLITON.
Eh bien! vous le voyez, l'histoire est découverte.   1065
DORANTE.
Ah! Cliton, je me trouve à deux doigts de ma perte.

---

1. C'est-à-dire : Vous payez d'imposture. Voyez le *Lexique*.

ACTE III, SCÈNE VI.

CLITON.

Vous en avez sans doute un plus heureux succès,
Et vous avez gagné chez elle un grand accès;
Mais je suis ce fâcheux qui nuis par ma présence,
Et vous fais sous ces mots être d'intelligence[1].   1070

DORANTE.

Peut-être. Qu'en crois-tu?

CLITON.

　　　　　　　Le peut-être est gaillard.

DORANTE.

Penses-tu qu'après tout j'en quitte encor ma part,
Et tienne tout perdu pour un peu de traverse[2]?

CLITON.

Si jamais cette part tomboit dans le commerce,
Et qu'il vous vînt marchand pour ce trésor caché,   1075
Je vous conseillerois d'en faire bon marché.

DORANTE.

Mais pourquoi si peu croire un feu si véritable?

CLITON.

A chaque bout de champ vous mentez comme un diable.

DORANTE.

Je disois vérité.

CLITON.

　　　Quand un menteur la dit,
En passant par sa bouche elle perd son crédit[3].   1080

DORANTE.

Il faut donc essayer si par quelque autre bouche

---

1. Voyez ci-dessus les vers 349 et 350, et la *Notice*, p. 122.
2. *Var.* [CLIT. Si jamais cette part tomboit dans le commerce,]
　Quelque espoir dont l'appas vous endorme ou vous berce,
　Si vous trouviez marchand pour ce trésor caché. (1644-56)
3. « Voilà deux vers qui sont passés en proverbe. » (*Voltaire.*) — Ils sont imités de l'espagnol. Voyez l'*Appendice*, p. 259.

Elle pourra trouver un accueil moins farouche¹.
Allons sur le chevet rêver quelque moyen
D'avoir de l'incrédule un plus doux entretien.
Souvent leur belle humeur suit le cours de la lune : 1085
Telle rend des mépris qui veut qu'on l'importune ;
Et de quelques effets que les siens soient suivis²,
Il sera demain jour, et la nuit porte avis³.

1. *Var.* Elle recevra point un accueil moins farouche. (1644-56)
2. *Var.* Mais de quelques effets que les siens soient suivis. (1644-56)
3. Voyez ci-dessus, p. 138, note 3.

FIN DU TROISIÈME ACTE.

ACTE IV.

SCÈNE PREMIÈRE.
DORANTE, CLITON.

CLITON.
Mais, Monsieur, pensez-vous qu'il soit jour chez Lucrèce ?
Pour sortir si matin elle a trop de paresse.   1090
DORANTE.
On trouve bien souvent plus qu'on ne croit trouver,
Et ce lieu pour ma flamme est plus propre à rêver :
J'en puis voir sa fenêtre, et de sa chère idée
Mon âme à cet aspect sera mieux possédée.
CLITON.
A propos de rêver, n'avez-vous rien trouvé   1095
Pour servir de remède au désordre arrivé ?
DORANTE.
Je me suis souvenu d'un secret que toi-même
Me donnois hier pour grand, pour rare, pour suprême :
Un amant obtient tout quand il est libéral.
CLITON.
Le secret est fort beau, mais vous l'appliquez mal :
Il ne fait réussir qu'auprès d'une coquette.
DORANTE.
Je sais ce qu'est Lucrèce, elle est sage et discrète ;
A lui faire présent mes efforts seroient vains :
Elle a le cœur trop bon ; mais ses gens ont des mains ;
Et bien que sur ce point elle les désavoue,   1105

1. *Var.* Et quoique sur ce point elle les désavoue. (1644-64)

Avec un tel secret leur langue se dénoue :
Ils parlent, et souvent on les daigne écouter.
A tel prix que ce soit, il m'en faut acheter[1].
Si celle-ci venoit qui m'a rendu sa lettre,
Après ce qu'elle a fait j'ose tout m'en promettre ; 1110
Et ce sera hasard si sans beaucoup d'effort
Je ne trouve moyen de lui payer le port.

CLITON.

Certes, vous dites vrai, j'en juge par moi-même :
Ce n'est point mon humeur de refuser qui m'aime ;
Et comme c'est m'aimer que me faire présent, 1115
Je suis toujours alors d'un esprit complaisant.

DORANTE.

Il est beaucoup d'humeurs pareilles à la tienne.

CLITON.

Mais, Monsieur, attendant que Sabine survienne,
Et que sur son esprit vos dons fassent vertu,
Il court quelque bruit sourd qu'Alcippe s'est battu. 1120

DORANTE.

Contre qui?

CLITON.

L'on ne sait ; mais ce confus murmure[2]
D'un air pareil au vôtre à peu près le figure ;
Et si de tout le jour je vous avois quitté,
Je vous soupçonnerois de cette nouveauté.

DORANTE.

Tu ne me quittas point pour entrer chez Lucrèce ? 1125

CLITON.

Ah! Monsieur, m'auriez-vous joué ce tour d'adresse?

DORANTE.

Nous nous battîmes hier, et j'avois fait serment

---

1. *Var.* A quelque prix qu'ils soient, il m'en faut acheter. (1644-56)
2. *Var.*   L'on ne sait ; mais dedans ce murmure,
   A peu près comme vous je vois qu'on le figure. (1644-56)

De ne parler jamais de cet événement ;
Mais à toi, de mon cœur l'unique secrétaire,
A toi, de mes secrets le grand dépositaire, 1130
Je ne cèlerai rien, puisque je l'ai promis.
　　Depuis cinq ou six mois nous étions ennemis :
Il passa par Poitiers, où nous prîmes querelle ;
Et comme on nous fit lors une paix telle quelle,
Nous sûmes l'un à l'autre en secret protester 1135
Qu'à la première vue il en faudroit tâter.
Hier nous nous rencontrons ; cette ardeur se réveille,
Fait de notre embrassade un appel à l'oreille ;
Je me défais de toi, j'y cours, je le rejoins,
Nous vidons sur le pré l'affaire sans témoins ; 1140
Et le perçant à jour de deux coups d'estocade
Je le mets hors d'état d'être jamais malade :
Il tombe dans son sang.

CLITON.

　　　　　　A ce compte il est mort ?

DORANTE.

Je le laissai pour tel.

CLITON.

　　　　　　Certes, je plains son sort :
Il étoit honnête homme ; et le ciel ne déploie.... 1145

SCÈNE II.

DORANTE, ALCIPPE, CLITON.

ALCIPPE.

Je te veux, cher ami, faire part de ma joie.
Je suis heureux : mon père....

DORANTE.

　　　　　　Eh bien ?

ALCIPPE.

Vient d'arriver.

CLITON, à Dorante.

Cette place pour vous est commode à rêver.

DORANTE.

Ta joie est peu commune, et pour revoir un père
Un tel homme que nous ne se réjouit guère[1].   1150

ALCIPPE.

Un esprit que la joie entièrement saisit
Présume qu'on l'entend au moindre mot qu'il dit[2].
Sache donc que je touche à l'heureuse journée
Qui doit avec Clarice unir ma destinée :
On attendoit mon père afin de tout signer.   1155

DORANTE.

C'est ce que mon esprit ne pouvoit deviner ;
Mais je m'en réjouis. Tu vas entrer chez elle ?

ALCIPPE.

Oui, je lui vais porter cette heureuse nouvelle ;
Et je t'en ai voulu faire part en passant.

DORANTE.

Tu t'acquiers d'autant plus un cœur reconnoissant.   1160
Enfin donc, ton amour ne craint plus de disgrâce ?

ALCIPPE.

Cependant qu'au logis mon père se délasse,
J'ai voulu par devoir prendre l'heure du sien.

CLITON, à Dorante.

Les gens que vous tuez se portent assez bien.

ALCIPPE.

Je n'ai de part ni d'autre aucune défiance.   1165
Excuse d'un amant la juste impatience :
Adieu.

1. *Var.* Un homme tel que nous ne se réjouit guère. (1644-63)
2. *Var.* Croit qu'on doive l'entendre au moindre mot qu'il dit. (1644-56)

DORANTE.
Le ciel te donne un hymen sans souci!

SCÈNE III.

DORANTE, CLITON.

CLITON.

Il est mort! Quoi? Monsieur, vous m'en donnez aussi,
A moi, de votre cœur l'unique secrétaire,
A moi, de vos secrets le grand dépositaire! 1170
Avec ces qualités j'avois lieu d'espérer
Qu'assez malaisément je pourrois m'en parer[1].

DORANTE.
Quoi! mon combat te semble un conte imaginaire?

CLITON.
Je croirai tout, Monsieur, pour ne vous pas déplaire;
Mais vous en contez tant, à toute heure, en tous lieux[2],
Qu'il faut bien de l'esprit avec vous, et bons yeux[3].
More, juif ou chrétien, vous n'épargnez personne.

DORANTE.
Alcippe te surprend, sa guérison t'étonne!
L'état où je le mis étoit fort périlleux;
Mais il est à présent des secrets merveilleux : 1180
Ne t'a-t-on point parlé d'une source de vie

---

1. Un peu plus haut (acte II, scène VI, vers 703 et 704) Cliton a dit :
    Avec ces qualités j'ose bien espérer
    Qu'assez malaisément je pourrai m'en parer.

Ces deux passages sont ironiques; Voltaire a donc tort de dire : « On peut remarquer qu'*espérer* ne se prenant jamais en mauvaise part, ne peut pas servir de synonyme à *craindre*, et qu'ici l'expression n'est point juste. »

2. *Var.* Mais vous en contez tant, à toute heure, en tout lieu,
    Que quiconque en échappe est bien aimé de Dieu. (1644-63)

3. *Var.* Que pour en échapper il faudroit de bons yeux. (1664)

Que nomment nos guerriers poudre de sympathie[1]?
On en voit tous les jours des effets étonnants.

CLITON.

Encor ne sont-ils pas du tout si surprenants;
Et je n'ai point appris qu'elle eût tant d'efficace,   1185
Qu'un homme que pour mort on laisse sur la place,
Qu'on a de deux grands coups percé de part en part,
Soit dès le lendemain si frais et si gaillard.

DORANTE.

La poudre que tu dis n'est que de la commune,
On n'en fait plus de cas; mais, Cliton, j'en sais une
Qui rappelle sitôt des portes du trépas,
Qu'en moins d'un tournemain on ne s'en souvient pas[2];
Quiconque le sait faire a de grands avantages.

CLITON.

Donnez-m'en le secret, et je vous sers sans gages.

DORANTE.

Je te le donnerois, et tu serois heureux;   1195
Mais le secret consiste en quelques mots hébreux,
Qui tous à prononcer sont si fort difficiles,
Que ce seroient pour toi des trésors inutiles[3].

---

1. L'opinion générale est que ce fut le chevalier Digby qui apporta en France ce prétendu remède. Il exposa ses principes devant l'Académie de Montpellier, dans un *Discours* non daté, dont le privilége est du 21 décembre 1651, et une vive polémique s'engagea sur ce point; mais on voit qu'il était question beaucoup plus tôt de la poudre de sympathie. Déjà en 1647 un traité spécial était publié à Paris sous ce titre : *Nicolaï Papinii.... de pulvere sympathico dissertatio*, in-8°. Nous pouvons remonter encore un peu plus haut : l'édition de 1644 de l'*Abrégé chirurgical* d'Honoré Lamy est augmentée d'un *Discours de la poudre de sympathie* par M. G. Sauvageon. Nous y trouvons un renseignement qui nous reporte tout juste au temps où Corneille fait parler Dorante. « Il faut savoir, dit l'auteur, qu'il y a quelque deux ou trois ans que cette poudre commença d'avoir cours en ce royaume; mais elle se donna ouvertement à connoître en l'année 1642 en l'armée de Roussillon. » La recette avait été achetée une cinquantaine de pistoles d'Espagne.

2. *Var.* Qu'en moins de fermer l'œil on ne s'en souvient pas. (1644-60)

3. *Var.* Que ce seroit pour toi des trésors inutiles. (1644-64)

CLITON.

Vous savez donc l'hébreu?

DORANTE.

L'hébreu? parfaitement :
J'ai dix langues, Cliton, à mon commandement.   1200

CLITON.

Vous auriez bien besoin de dix des mieux nourries[1],
Pour fournir tour à tour à tant de menteries;
Vous les hachez menu comme chair à pâtés.
Vous avez tout le corps bien plein de vérités,
Il n'en sort jamais une[2].

DORANTE.

Ah! cervelle ignorante!   1205
Mais mon père survient.

SCÈNE IV.

GÉRONTE, DORANTE, CLITON.

GÉRONTE.

Je vous cherchois, Dorante.

DORANTE.

Je ne vous cherchois pas, moi. Que mal à propos
Son abord importun vient troubler mon repos!
Et qu'un père incommode un homme de mon âge!

GÉRONTE.

Vu l'étroite union que fait le mariage,   1210
J'estime qu'en effet c'est n'y consentir point,
Que laisser désunis ceux que le ciel a joint.

---

1. *Var.* Vous avez bien besoin de dix des mieux nourries. (1644 et 48)
Var. Vous aviez bien besoin de dix des mieux nourries. (1652-56)
*2. C'est dans ce sens que « M. de Bautru, parlant d'une personne dont il n'étoit pas encore sorti un bon mot, disoit : « Il est toujours plein de bons « mots. » (*Ménagiana*, tome II, p. 239.)

La raison le défend, et je sens dans mon âme
Un violent desir de voir ici ta femme.
    J'écris donc à son père; écris-lui comme moi : 1215
Je lui mande qu'après ce que j'ai su de toi,
Je me tiens trop heureux qu'une si belle fille,
Si sage, et si bien née, entre dans ma famille.
J'ajoute à ce discours que je brûle de voir
Celle qui de mes ans devient l'unique espoir; 1220
Que pour me l'amener tu t'en vas en personne;
Car enfin il le faut, et le devoir l'ordonne :
N'envoyer qu'un valet sentiroit son mépris.

DORANTE.

De vos civilités il sera bien surpris,
Et pour moi, je suis prêt; mais je perdrai ma peine :
Il ne souffrira pas encor qu'on vous l'amène ;
Elle est grosse.

GÉRONTE.

    Elle est grosse !

DORANTE.

            Et de plus de six mois.

GÉRONTE.

Que de ravissements je sens à cette fois !

DORANTE.

Vous ne voudriez pas hasarder sa grossesse ?

GÉRONTE.

Non, j'aurai patience autant que d'allégresse; 1230
Pour hasarder ce gage il m'est trop précieux.
A ce coup ma prière a pénétré les cieux :
Je pense en le voyant que je mourrai de joie.
    Adieu : je vais changer la lettre que j'envoie,
En écrire à son père un nouveau compliment, 1235
Le prier d'avoir soin de son accouchement,
Comme du seul espoir où mon bonheur se fonde.

ACTE IV, SCÈNE IV.

DORANTE, à Cliton.
Le bonhomme s'en va le plus content du monde.

GÉRONTE, se retournant.
Écris-lui comme moi.

DORANTE.
Je n'y manquerai pas.
Qu'il est bon!

CLITON.
Taisez-vous, il revient sur ses pas. 1240

GÉRONTE.
Il ne me souvient plus du nom de ton beau-père.
Comment s'appelle-t-il ?

DORANTE.
Il n'est pas nécessaire ;
Sans que vous vous donniez ces soucis superflus,
En fermant le paquet j'écrirai le dessus.

GÉRONTE.
Étant tout d'une main, il sera plus honnête. 1245

DORANTE.
Ne lui pourrai-je ôter ce souci de la tête?
Votre main ou la mienne, il n'importe des deux.

GÉRONTE.
Ces nobles de province y sont un peu fâcheux.

DORANTE.
Son père sait la cour.

GÉRONTE.
Ne me fais plus attendre,
Dis-moi....

DORANTE.
Que lui dirai-je?

GÉRONTE.
Il s'appelle?

DORANTE.
Pyrandre. 1250

GÉRONTE.

Pyrandre! tu m'as dit tantôt un autre nom :
C'étoit, je m'en souviens, oui, c'étoit Armédon.

DORANTE.

Oui, c'est là son nom propre, et l'autre d'une terre ;
Il portoit ce dernier quand il fut à la guerre,
Et se sert si souvent de l'un et l'autre nom,   1255
Que tantôt c'est Pyrandre, et tantôt Armédon[1].

GÉRONTE.

C'est un abus commun qu'autorise l'usage,
Et j'en usois ainsi du temps de mon jeune âge.
Adieu : je vais écrire.

SCÈNE V.

DORANTE, CLITON.

DORANTE.

Enfin j'en suis sorti.

CLITON.

Il faut bonne mémoire après qu'on a menti.   1260

DORANTE.

L'esprit a secouru le défaut de mémoire.

CLITON.

Mais on éclaircira bientôt toute l'histoire.
Après ce mauvais pas où vous avez bronché,
Le reste encor longtemps ne peut être caché :
On le sait chez Lucrèce, et chez cette Clarice,   1265

---

1. Ici Cliton, frappé d'un étonnement mêlé d'admiration, saisit la basque de l'habit de Dorante et la baise. Je ne sais si ce jeu de scène est fort ancien ; il était pratiqué par Dazincourt, qui, à la vérité, en ajoutait souvent à ses rôles. Plusieurs, qui semblaient un peu outrés, ont été supprimés après lui ; mais celui-ci, adopté par M. Samson, qui a fait preuve en ces matières d'un goût si fin et si sûr, paraît définitivement consacré.

Qui d'un mépris si grand piquée avec justice,
Dans son ressentiment prendra l'occasion
De vous couvrir de honte et de confusion.
DORANTE.
Ta crainte est bien fondée, et puisque le temps presse,
Il faut tâcher en hâte à m'engager Lucrèce. 1270
Voici tout à propos ce que j'ai souhaité.

SCÈNE VI.

DORANTE, CLITON, SABINE.

DORANTE.
Chère amie, hier au soir j'étois si transporté,
Qu'en ce ravissement je ne pus me permettre[1]
De bien penser à toi quand j'eus lu cette lettre;
Mais tu n'y perdras rien, et voici pour le port. 1275
SABINE.
Ne croyez pas, Monsieur....
DORANTE.
    Tiens.
SABINE.
      Vous me faites tort.
Je ne suis pas de....
DORANTE.
 Prends.
SABINE.
   Eh! Monsieur.
DORANTE.
      Prends, te dis-je :
Je ne suis point ingrat alors que l'on m'oblige;
Dépêche, tends la main.

---

1. *Var.* Que l'aise que j'avois ne put pas me permettre. (1644-56)

CLITON.
            Qu'elle y fait de façons!
Je lui veux par pitié donner quelques leçons.   1280
    Chère amie, entre nous, toutes tes révérences
En ces occasions ne sont qu'impertinences;
Si ce n'est assez d'une, ouvre toutes les deux :
Le métier que tu fais ne veut point de honteux.
Sans te piquer d'honneur, crois qu'il n'est que de prendre,
Et que tenir vaut mieux mille fois que d'attendre.
Cette pluie est fort douce; et quand j'en vois pleuvoir,
J'ouvrirois jusqu'au cœur pour la mieux recevoir.
On prend à toutes mains dans le siècle où nous sommes,
Et refuser n'est plus le vice des grands hommes.   1290
Retiens bien ma doctrine; et pour faire amitié,
Si tu veux, avec toi je serai de moitié.
            SABINE.
Cet article est de trop.
                        DORANTE.
                    Vois-tu, je me propose
De faire avec le temps pour toi toute autre chose.
Mais comme j'ai reçu cette lettre de toi,   1295
En voudrois-tu donner la réponse pour moi?
            SABINE.
Je la donnerai bien, mais je n'ose vous dire
Que ma maîtresse daigne ou la prendre, ou la lire :
J'y ferai mon effort.
            CLITON.
                    Voyez, elle se rend
Plus douce qu'une épouse, et plus souple qu'un gant.
            DORANTE. —
Le secret a joué. Présente-la, n'importe;
Elle n'a pas pour moi d'aversion si forte.
Je reviens dans une heure en apprendre l'effet.

SABINE.

Je vous conterai lors tout ce que j'aurai fait.

SCÈNE VII.

CLITON, SABINE.

CLITON.

Tu vois que les effets préviennent les paroles ; 1305
C'est un homme qui fait litière de pistoles[1] ;
Mais comme auprès de lui je puis beaucoup pour toi...,

SABINE.

Fais tomber de la pluie, et laisse faire à moi.

CLITON.

Tu viens d'entrer en goût.

SABINE.

Avec mes révérences,
Je ne suis pas encor si dupe que tu penses. 1310
Je sais bien mon métier, et ma simplicité
Joue aussi bien son jeu que ton avidité.

CLITON.

Si tu sais ton métier, dis-moi quelle espérance
Doit obstiner mon maître à la persévérance.
Sera-t-elle insensible ? en viendrons-nous à bout ? 1315

SABINE.

Puisqu'il est si brave homme, il faut te dire tout.
Pour te désabuser, sache donc que Lucrèce
N'est rien moins qu'insensible à l'ardeur qui le presse ;
Durant toute la nuit elle n'a point dormi[2] ;
Et si je ne me trompe, elle l'aime à demi. 1320

CLITON.

Mais sur quel privilége est-ce qu'elle se fonde,

1. *Var.* Il est homme qui fait litière de pistoles. (1644-56)
2. *Var.* De toute cette nuit elle n'a point dormi. (1644-56)

Quand elle aime à demi, de maltraiter le monde?
Il n'en a cette nuit reçu que des mépris.
Chère amie, après tout, mon maître vaut son prix.
Ces amours à demi sont d'une étrange espèce ; 1325
Et s'il vouloit me croire, il quitteroit Lucrèce.

SABINE.

Qu'il ne se hâte point, on l'aime assurément.

CLITON.

Mais on le lui témoigne un peu bien rudement ;
Et je ne vis jamais de méthodes pareilles.

SABINE.

Elle tient, comme on dit, le loup par les oreilles ; 1330
Elle l'aime, et son cœur n'y sauroit consentir,
Parce que d'ordinaire il ne fait que mentir.
Hier même elle le vit dedans les Tuileries,
Où tout ce qu'il conta n'étoit que menteries.
Il en a fait autant depuis à deux ou trois. 1335

CLITON.

Les menteurs les plus grands disent vrai quelquefois.

SABINE.

Elle a lieu de douter et d'être en défiance.

CLITON.

Qu'elle donne à ses feux un peu plus de croyance :
Il n'a fait toute nuit que soupirer d'ennui.

SABINE.

Peut-être que tu mens aussi bien comme lui 1340

CLITON.

Je suis homme d'honneur ; tu me fais injustice.

SABINE.

Mais dis-moi, sais-tu bien qu'il n'aime plus Clarice?

CLITON.

Il ne l'aima jamais.

SABINE.

Pour certain ?

CLITON.
             Pour certain.
        SABINE.
Qu'il ne craigne donc plus de soupirer en vain.
Aussitôt que Lucrèce a pu le reconnoître,   1345
Elle a voulu qu'exprès je me sois fait paroître,
Pour voir si par hasard il ne me diroit rien ;
Et s'il l'aime en effet, tout le reste ira bien.
Va-t'en ; et sans te mettre en peine de m'instruire,
Crois que je lui dirai tout ce qu'il lui faut dire.   1350
        CLITON.
Adieu : de ton côté si tu fais ton devoir,
Tu dois croire du mien que je ferai pleuvoir.

SCÈNE VIII.

LUCRÈCE, SABINE[1].

        SABINE.
Que je vais bientôt voir une fille contente !
Mais la voici déjà ; qu'elle est impatiente !
Comme elle a les yeux fins, elle a vu le poulet[2].   1355
        LUCRÈCE.
Eh bien ! que t'ont conté le maître et le valet ?
        SABINE.
Le maître et le valet m'ont dit la même chose.
Le maître est tout à vous, et voici de sa prose.
        LUCRÈCE, après avoir lu.
Dorante avec chaleur fait le passionné ;
Mais le fourbe qu'il est nous en a trop donné,   1360
Et je ne suis pas fille à croire ses paroles.

---

1. *Var.* SABINE, LUCRÈCE. (1644-63)
2. *Var.* Elle meurt de savoir que chante le poulet. (1644-56)

SABINE.
Je ne les crois non plus; mais j'en crois ses pistoles.
LUCRÈCE.
Il t'a donc fait présent?
SABINE.
Voyez.
LUCRÈCE.
Et tu l'as pris?
SABINE.
Pour vous ôter du trouble où flottent vos esprits,
Et vous mieux témoigner ses flammes véritables, 1365
J'en ai pris les témoins les plus indubitables;
Et je remets, Madame, au jugement de tous
Si qui donne à vos gens est sans amour pour vous,
Et si ce traitement marque une âme commune.
LUCRÈCE.
Je ne m'oppose pas à ta bonne fortune; 1370
Mais comme en l'acceptant tu sors de ton devoir,
Du moins une autre fois ne m'en fais rien savoir.
SABINE.
Mais à ce libéral que pourrai-je promettre?
LUCRÈCE.
Dis-lui que sans la voir, j'ai déchiré sa lettre.
SABINE.
O ma bonne fortune, où vous enfuyez-vous! 1375
LUCRÈCE.
Mêles-y de ta part deux ou trois mots plus doux;
Conte-lui dextrement le naturel des femmes;
Dis-lui qu'avec le temps on amollit leurs âmes[1];
Et l'avertis surtout des heures et des lieux
Où par rencontre il peut se montrer à mes yeux[2]. 1380
Parce qu'il est grand fourbe, il faut que je m'assure.

1. *Var.* Qu'avec un peu de temps on amollit leurs âmes. (1644-56)
2. *Var.* Qu'il peut me rencontrer et paroître à mes yeux. (1644-56)

SABINE.

Ah! si vous connoissiez les peines qu'il endure,
Vous ne douteriez plus si son cœur est atteint;
Toute nuit il soupire, il gémit, il se plaint.

LUCRÈCE.

Pour apaiser les maux que cause cette plainte, 1385
Donne-lui de l'espoir avec beaucoup de crainte;
Et sache entre les deux toujours le modérer,
Sans m'engager à lui ni le désespérer.

SCÈNE IX.

CLARICE, LUCRÈCE, SABINE.

CLARICE.

Il t'en veut tout de bon, et m'en voilà défaite;
Mais je souffre aisément la perte que j'ai faite : 1390
Alcippe la répare, et son père est ici.

LUCRÈCE.

Te voilà donc bientôt quitte d'un grand souci?

CLARICE.

M'en voilà bientôt quitte; et toi, te voilà prête
A t'enrichir bientôt d'une étrange conquête.
Tu sais ce qu'il m'a dit.

SABINE.

S'il vous mentoit alors, 1395
A présent il dit vrai; j'en réponds corps pour corps.

CLARICE.

Peut-être qu'il le dit; mais c'est un grand peut-être.

LUCRÈCE.

Dorante est un grand fourbe, et nous l'a fait connoître;
Mais s'il continuoit encore à m'en conter,
Peut-être avec le temps il me feroit douter. 1400

CLARICE.
Si tu l'aimes, du moins, étant bien avertie,
Prends bien garde à ton fait, et fais bien ta partie.
LUCRÈCE.
C'en est trop; et tu dois seulement présumer
Que je penche à le croire, et non pas à l'aimer[1].
CLARICE.
De le croire à l'aimer la distance est petite :   1405
Qui fait croire ses feux fait croire son mérite;
Ces deux points en amour se suivent de si près,
Que qui se croit aimée aime bientôt après[2].
LUCRÈCE.
La curiosité souvent dans quelques âmes
Produit le même effet que produiroient des flammes.
CLARICE.
Je suis prête à le croire afin de t'obliger.
SABINE.
Vous me feriez ici toutes deux enrager.
Voyez, qu'il est besoin de tout ce badinage!
Faites moins la sucrée, et changez de langage,
Ou vous n'en casserez, ma foi, que d'une dent[3].   1415
LUCRÈCE.
Laissons là cette folle, et dis-moi cependant[4],
Quand nous le vîmes hier dedans les Tuileries,
Qu'il te conta d'abord tant de galanteries,

---

1. *Var.* Que je suis pour le croire, et non pas pour l'aimer. (1644-56)
2. *Var.* [Que qui se croit aimée aime bientôt après.]
   LUCR. Si je te disois donc qu'il va jusqu'à m'écrire,
   Que je tiens son billet, que j'ai voulu le lire?
   CLAR. Sans crainte d'en trop dire ou d'en trop présumer,
   Je dirois que déjà tu vas jusqu'à l'aimer.
   [LUCR. La curiosité souvent dans quelques âmes.] (1644 in-4°)
3. *N'en casser que d'une dent* signifie qu'on ne mangera point de quelque chose, qu'on n'en aura pas plein contentement, ou qu'on n'obtiendra point ce qu'on prétend. Voyez le *Dictionnaire* de Furetière.
4. *Var.* Laissons là cette folle, et me dis cependant. (1644-56)

Il fut, ou je me trompe, assez bien écouté.
Étoit-ce amour alors, ou curiosité ? 1420
CLARICE.
Curiosité pure, avec dessein de rire
De tous les compliments qu'il auroit pu me dire.
LUCRÈCE.
Je fais de ce billet même chose à mon tour;
Je l'ai pris, je l'ai lu, mais le tout sans amour :
Curiosité pure, avec dessein de rire 1425
De tous les compliments qu'il auroit pu m'écrire.
CLARICE.
Ce sont deux que de lire, et d'avoir écouté :
L'un est grande faveur; l'autre, civilité;
Mais trouves-y ton compte, et j'en serai ravie;
En l'état où je suis j'en parle sans envie. 1430
LUCRÈCE.
Sabine lui dira que je l'ai déchiré.
CLARICE.
Nul avantage ainsi n'en peut être tiré.
Tu n'es que curieuse.
LUCRÈCE.
Ajoute : à ton exemple.
CLARICE.
Soit. Mais il est saison que nous allions au temple.
LUCRÈCE, à Clarice.
Allons.
(A Sabine.)
Si tu le vois, agis comme tu sais. 1435
SABINE.
Ce n'est pas sur ce coup que je fais mes essais :
Je connois à tous deux où tient la maladie,
Et le mal sera grand si je n'y remédie;

Mais sachez qu'il est homme à prendre sur le vert[1].

LUCRÈCE.

Je te croirai.

SABINE.

Mettons cette pluie à couvert. 1440

1. *Prendre sur le vert*, c'est prendre à l'improviste. Voyez le *Lexique*.

FIN DU QUATRIÈME ACTE.

ACTE V.

SCÈNE PREMIÈRE[1].

GÉRONTE, PHILISTE.

GÉRONTE.

Je ne pouvois avoir rencontre plus heureuse
Pour satisfaire ici mon humeur curieuse.
Vous avez feuilleté le *Digeste* à Poitiers,
Et vu, comme mon fils, les gens de ces quartiers :
Ainsi vous me pouvez facilement apprendre   1445
Quelle est et la famille et le bien de Pyrandre.

---

1. Dans les éditions de 1644-56, cette scène a pour interlocuteurs GÉRONTE et ARGANTE (voyez les variantes des ACTEURS, p. 140, note 1), et commence de a manière suivante :

    ARG. La suite d'un procès est un fâcheux martyre.
    GÉR. Vu ce que je vous suis, vous n'aviez qu'à m'écrire,
    Et demeurer chez vous en repos à Poitiers ;
    J'aurois sollicité pour vous en ces quartiers.
    Le voyage est trop long, et dans l'âge où vous êtes,
    La santé s'intéresse aux efforts que vous faites.
    Mais puisque vous voici, je veux vous faire voir
    Et si j'ai des amis, et si j'ai du pouvoir.
    Faites-moi la faveur cependant de m'apprendre
    [Quelle est et la famille et le bien de Pyrandre.]
    ARG. [Quel est-il, ce Pyrandre ?] GÉR. Un de vos citoyens.

— Dans un passage du *Discours du poëme dramatique* (tome I, p. 43), où Corneille parle de la nécessité de faire connaître, dès le premier acte, tous les acteurs qui devront paraître dans les suivants, il nous apprend en ces termes ce qui l'a déterminé à modifier ainsi cette scène : « Le plaideur de Poitiers (*Argante*), dans *le Menteur*, avoit le même défaut ; mais j'ai trouvé le moyen d'y remédier en cette édition, où le dénouement se trouve préparé par Philiste et non par lui. »

PHILISTE.
Quel est-il, ce Pyrandre?
GÉRONTE.
Un de leurs citoyens :
Noble, à ce qu'on m'a dit, mais un peu mal en biens.
PHILISTE.
Il n'est dans tout Poitiers bourgeois ni gentilhomme
Qui, si je m'en souviens, de la sorte se nomme. 1450
GÉRONTE.
Vous le connoîtrez mieux peut-être à l'autre nom;
Ce Pyrandre s'appelle autrement Armédon.
PHILISTE.
Aussi peu l'un que l'autre.
GÉRONTE.
Et le père d'Orphise,
Cette rare beauté qu'en ces lieux même on prise[1]?
Vous connoissez le nom de cet objet charmant 1455
Qui fait de ces cantons le plus digne ornement?
PHILISTE.
Croyez que cette Orphise, Armédon, et Pyrandre,
Sont gens dont à Poitiers on ne peut rien apprendre.
S'il vous faut sur ce point encor quelque garant....
GÉRONTE.
En faveur de mon fils vous faites l'ignorant; 1460
Mais je ne sais que trop qu'il aime cette Orphise,
Et qu'après les douceurs d'une longue hantise,
On l'a seul dans sa chambre avec elle trouvé;
Que par son pistolet un désordre arrivé
L'a forcé sur-le-champ d'épouser cette belle. 1465
Je sais tout; et de plus ma bonté paternelle

1. *Var.* Cette rare beauté qu'ici mêmes on prise?
Vous connoîtrez le nom de cet objet charmant,
Qui de votre Poitiers est l'unique ornement? (1644-56)
Var. Cette rare beauté qu'ici même l'on prise? (1660-64)

ACTE V, SCÈNE I.

M'a fait y consentir; et votre esprit discret
N'a plus d'occasion de m'en faire un secret[1].

PHILISTE.

Quoi! Dorante a fait donc un secret mariage[2]?

GÉRONTE.

Et comme je suis bon, je pardonne à son âge.   1470

PHILISTE.

Qui vous l'a dit?

GÉRONTE.

Lui-même.

PHILISTE.

Ah! puisqu'il vous l'a dit,
Il vous fera du reste un fidèle récit;
Il en sait mieux que moi toutes les circonstances :

---

1. *Var.* [N'a plus d'occasion de m'en faire un secret.]
ARG. Quelque envieux sans doute avec cette chimère
A voulu mettre mal le fils auprès du père;
Et l'histoire, et les noms, tout n'est qu'imaginé.
Pour tomber dans ce piége, il étoit trop bien né,
Il avoit trop de sens et trop de prévoyance.
A de si faux rapports donnez moins de croyance.
GÉR. C'est ce que toutefois j'ai peine à concevoir :
Celui dont je le tiens disoit le bien savoir,
Et je tenois la chose assez indifférente.
Mais dans votre Poitiers quel bruit avoit Dorante?
ARG. D'homme de cœur, d'esprit, adroit et résolu;
Il a passé partout pour ce qu'il a voulu.
Tout ce qu'on le blâmoit (mais c'étoient tours d'école),
C'est qu'il faisoit mal sûr de croire à sa parole,
Et qu'il se fioit tant sur sa dextérité,
Qu'il disoit peu souvent deux mots de vérité;
Mais ceux qui le blâmoient excusoient sa jeunesse;
Et comme enfin ce n'est que mauvaise finesse,
Et l'âge, et votre exemple, et vos enseignements,
Lui feront bien quitter ces divertissements.
Faites qu'il s'en corrige avant que l'on le sache :
Ils pourroient à son nom imprimer quelque tache.
Adieu : je vais rêver une heure à mon procès.
GÉR. Le ciel suivant mes vœux en règle le succès (a)! (1644-56)

2. *Var.* Quoi! Dorante a donc fait un secret mariage? (1660 et 63)

(a) Ce vers termine la scène dans les éditions indiquées.

Non qu'il vous faille en prendre aucunes défiances ;
Mais il a le talent de bien imaginer, 1475
Et moi je n'eus jamais celui de deviner.

GÉRONTE.
Vous me feriez par là soupçonner son histoire.

PHILISTE.
Non, sa parole est sûre, et vous pouvez l'en croire ;
Mais il nous servit hier d'une collation[1]
Qui partoit d'un esprit de grande invention ; 1480
Et si ce mariage est de même méthode,
La pièce est fort complète et des plus à la mode.

GÉRONTE.
Prenez-vous du plaisir à me mettre en courroux ?

PHILISTE.
Ma foi, vous en tenez aussi bien comme nous ;
Et pour vous en parler avec toute franchise, 1485
Si vous n'avez jamais pour bru que cette Orphise,
Vos chers collatéraux s'en trouveront fort bien.
Vous m'entendez ? adieu : je ne vous dis plus rien.

SCÈNE II.

GÉRONTE.

O vieillesse facile ! O jeunesse impudente !
O de mes cheveux gris honte trop évidente ! 1490
Est-il dessous le ciel père plus malheureux ?
Est-il affront plus grand pour un cœur généreux ?
Dorante n'est qu'un fourbe ; et cet ingrat que j'aime,
Après m'avoir fourbé, me fait fourber moi-même ;
Et d'un discours en l'air, qu'il forge en imposteur[2], 1495

---

1. *Var.* Mais il nous a servis d'une collation. (1660-64)
2. *Var.* Et d'un discours en l'air, que forme l'imposteur,
   Il m'en fait le trompette et le second auteur ! (1644-56)

Il me fait le trompette et le second auteur!
Comme si c'étoit peu pour mon reste de vie
De n'avoir à rougir que de son infamie,
L'infâme, se jouant de mon trop de bonté,
Me fait encor rougir de ma crédulité! 1500

SCÈNE III.

GÉRONTE, DORANTE, CLITON.

GÉRONTE.

Êtes-vous gentilhomme?

DORANTE.

Ah! rencontre fâcheuse!
Étant sorti de vous, la chose est peu douteuse.

GÉRONTE.

Croyez-vous qu'il suffit d'être sorti de moi?

DORANTE.

Avec toute la France aisément je le croi.

GÉRONTE.

Et ne savez-vous point avec toute la France 1505
D'où ce titre d'honneur a tiré sa naissance,
Et que la vertu seule a mis en ce haut rang
Ceux qui l'ont jusqu'à moi fait passer dans leur sang[1]?

DORANTE.

J'ignorerois un point que n'ignore personne,
Que la vertu l'acquiert, comme le sang le donne? 1510

GÉRONTE.

Où le sang a manqué, si la vertu l'acquiert,
Où le sang l'a donné, le vice aussi le perd.
Ce qui naît d'un moyen périt par son contraire;
Tout ce que l'un a fait, l'autre peut le défaire[2];

---

1. *Var.* Ceux qui l'ont jusqu'à nous fait passer dans leur sang? (1644-56)
2. *Var.* Tout ce que l'un a fait, l'autre le peut défaire. (1644-56)

Et dans la lâcheté du vice où je te voi, 1515
Tu n'es plus gentilhomme, étant sorti de moi[1].

DORANTE.

Moi?

GÉRONTE.

Laisse-moi parler, toi de qui l'imposture
Souille honteusement ce don de la nature :
Qui se dit gentilhomme, et ment comme tu fais,
Il ment quand il le dit, et ne le fut jamais. 1520
Est-il vice plus bas, est-il tache plus noire[2],
Plus indigne d'un homme élevé pour la gloire?
Est-il quelque foiblesse, est-il quelque action
Dont un cœur vraiment noble ait plus d'aversion,
Puisqu'un seul démenti lui porte une infamie 1525
Qu'il ne peut effacer s'il n'expose sa vie,
Et si dedans le sang il ne lave l'affront
Qu'un si honteux outrage imprime sur son front?

DORANTE.

Qui vous dit que je mens?

GÉRONTE.

Qui me le dit, infâme?
Dis-moi, si tu le peux, dis le nom de ta femme. 1530
Le conte qu'hier au soir tu m'en fis publier....

CLITON, à Dorante.

Dites que le sommeil vous l'a fait oublier.

GÉRONTE.

Ajoute, ajoute encore avec effronterie
Le nom de ton beau-père et de sa seigneurie;
Invente à m'éblouir quelques nouveaux détours. 1535

CLITON, à Dorante.

Appelez la mémoire ou l'esprit au secours.

1. *Var.* Tu n'es pas gentilhomme, étant sorti de moi. (1644 in-4°)
2. *Var.* Est-il vice plus lâche, est-il tache plus noire. (1644-56)

ACTE V, SCÈNE III.

GÉRONTE.
De quel front cependant faut-il que je confesse
Que ton effronterie a surpris ma vieillesse,
Qu'un homme de mon âge a cru légèrement
Ce qu'un homme du tien débite impudemment ? 1540
Tu me fais donc servir de fable et de risée,
Passer pour esprit foible, et pour cervelle usée !
Mais dis-moi, te portois-je à la gorge un poignard ?
Voyois-tu violence ou courroux de ma part ?
Si quelque aversion t'éloignoit de Clarice, 1545
Quel besoin avois-tu d'un si lâche artifice ?
Et pouvois-tu douter que mon consentement
Ne dût tout accorder à ton contentement,
Puisque mon indulgence, au dernier point venue,
Consentoit à tes yeux l'hymen d'une inconnue ? 1550
Ce grand excès d'amour que je t'ai témoigné
N'a point touché ton cœur, ou ne l'a point gagné :
Ingrat, tu m'as payé d'une impudente feinte,
Et tu n'as eu pour moi respect, amour, ni crainte.
Va, je te désavoue.

DORANTE.
Eh ! mon père, écoutez. 1555

GÉRONTE.
Quoi ? des contes en l'air et sur l'heure inventés ?

DORANTE.
Non, la vérité pure.

GÉRONTE.
En est-il dans ta bouche ?

CLITON, à Dorante.
Voici pour votre adresse une assez rude touche.

DORANTE.
Épris d'une beauté qu'à peine j'ai pu voir[1]
Qu'elle a pris sur mon âme un absolu pouvoir, 1560

---

1. *Var.* Épris d'une beauté qu'à peine ai-je pu voir. (1644-56)

CORNEILLE. IV

De Lucrèce, en un mot, vous la pouvez connoître....
		GÉRONTE.
Dis vrai : je la connois, et ceux qui l'ont fait naître ;
Son père est mon ami.
		DORANTE.
		Mon cœur en un moment
Étant de ses regards charmé si puissamment,
Le choix que vos bontés avoient fait de Clarice,   1565
Sitôt que je le sus, me parut un supplice ;
Mais comme j'ignorois si Lucrèce et son sort
Pouvoient avec le vôtre avoir quelque rapport,
Je n'osai pas encor vous découvrir la flamme
Que venoient ses beautés d'allumer dans mon âme[1] ;
Et j'avois ignoré, Monsieur, jusqu'à ce jour
Que l'adresse d'esprit fût un crime en amour[2].
Mais si je vous osois demander quelque grâce,
A présent que je sais et son bien et sa race,
Je vous conjurerois, par les nœuds les plus doux   1575
Dont l'amour et le sang puissent m'unir à vous,
De seconder mes vœux auprès de cette belle :
Obtenez-la d'un père, et je l'obtiendrai d'elle.
		GÉRONTE.
Tu me fourbes encor.
		DORANTE.
		Si vous ne m'en croyez,
Croyez-en pour le moins Cliton que vous voyez :   1580
Il sait tout mon secret.
		GÉRONTE.
		Tu ne meurs pas de honte

---

1. *Var.* [Que venoient ses beautés d'allumer dans mon âme ;]
Et vous oyois parler d'un ton si résolu,
Que je craignis sur l'heure un pouvoir absolu :
Ainsi donc, vous croyant d'une humeur inflexible,
Pour rompre cet hymen, je le fis impossible ;
[Et j'avois ignoré, Monsieur, jusqu'à ce jour.] (1644 in-4°)
2. *Var.* Que la dextérité fût un crime en amour. (1644-64)

Qu'il faille que de lui je fasse plus de conte[1],
Et que ton père même, en doute de ta foi,
Donne plus de croyance à ton valet qu'à toi !
 Écoute : je suis bon, et malgré ma colère,   1585
Je veux encore un coup montrer un cœur de père,
Je veux encore un coup pour toi me hasarder.
Je connois ta Lucrèce, et la vais demander ;
Mais si de ton côté le moindre obstacle arrive....

DORANTE.

Pour vous mieux assurer, souffrez que je vous suive. 1590

GÉRONTE.

Demeure ici, demeure, et ne suis point mes pas :
Je doute, je hasarde, et je ne te crois pas.
Mais sache que tantôt si pour cette Lucrèce
Tu fais la moindre fourbe ou la moindre finesse,
Tu peux bien fuir mes yeux et ne me voir jamais ; 1595
Autrement souviens-toi du serment que je fais :
Je jure les rayons du jour qui nous éclaire
Que tu ne mourras point que de la main d'un père,
Et que ton sang indigne à mes pieds répandu
Rendra prompte justice à mon honneur perdu.   1600

SCÈNE IV.

DORANTE, CLITON.

DORANTE.

Je crains peu les effets d'une telle menace.

CLITON.

Vous vous rendez trop tôt et de mauvaise grâce ;
Et cet esprit adroit, qui l'a dupé deux fois,

---

1. Voyez tome I, p. 150, note 1.

Devoit en galant homme aller jusques à trois :
Toutes tierces, dit-on, sont bonnes ou mauvaises¹. 1605
                    DORANTE.
Cliton, ne raille point, que tu ne me déplaises :
D'un trouble tout nouveau j'ai l'esprit agité.
                    CLITON.
N'est-ce point du remords d'avoir dit vérité ?
Si pourtant ce n'est point quelque nouvelle adresse ;
Car je doute à présent si vous aimez Lucrèce,   1610
Et vous vois si fertile en semblables détours,
Que, quoi que vous disiez, je l'entends au rebours.
                    DORANTE.
Je l'aime, et sur ce point ta défiance est vaine ;
Mais je hasarde trop, et c'est ce qui me gêne.
Si son père et le mien ne tombent point d'accord, 1615
Tout commerce est rompu, je fais naufrage au port.
Et d'ailleurs, quand l'affaire entre eux seroit conclue²,
Suis-je sûr que la fille y soit bien résolue ?
J'ai tantôt vu passer cet objet si charmant :
Sa compagne, ou je meure ! a beaucoup d'agrément. 1620
Aujourd'hui que mes yeux l'ont mieux examinée,
De mon premier amour j'ai l'âme un peu gênée³ :
Mon cœur entre les deux est presque partagé,
Et celle-ci l'auroit s'il n'étoit engagé.
                    CLITON.
Mais pourquoi donc montrer une flamme si grande, 1625
Et porter votre père à faire une demande⁴ ?
                    DORANTE.
Il ne m'auroit pas cru, si je ne l'avois fait.

1. « Cette plaisanterie est tirée de l'opinion où l'on était alors que le troisième accès de fièvre décidait de la guérison ou de la mort. » (*Voltaire*.)
2. *Var.* Et qui sait si d'ailleurs l'affaire entre eux conclue
   Rencontrera sitôt la fille résolue ? (1644-56)
3. *Var.* De ma première amour j'ai l'âme un peu gênée. (1644-63)
4. *Var.* Et porter votre père à faire la demande ? (1644-56)

CLITON.

Quoi? même en disant vrai, vous mentiez en effet!
DORANTE.
C'étoit le seul moyen d'apaiser sa colère.
Que maudit soit quiconque a détrompé mon père ! 1630
Avec ce faux hymen j'aurois eu le loisir
De consulter mon cœur, et je pourrois choisir.
CLITON.
Mais sa compagne enfin n'est autre que Clarice.
DORANTE.
Je me suis donc rendu moi-même un bon office.
Oh ! qu'Alcippe est heureux, et que je suis confus ! 1635
Mais Alcippe, après tout, n'aura que mon refus.
N'y pensons plus, Cliton, puisque la place est prise.
CLITON.
Vous en voilà défait aussi bien que d'Orphise.
DORANTE.
Reportons à Lucrèce un esprit ébranlé,
Que l'autre à ses yeux même avoit presque volé. 1640
Mais Sabine survient.

SCÈNE V.

DORANTE, SABINE, CLITON.

DORANTE.
   Qu'as-tu fait de ma lettre?
En de si belles mains as-tu su la remettre?
SABINE.
Oui, Monsieur, mais....
DORANTE.
   Quoi? mais!
SABINE.
     Elle a tout déchiré.

DORANTE.

Sans lire?

SABINE.

    Sans rien lire.

DORANTE.

        Et tu l'as enduré?

SABINE.

Ah, si vous aviez vu comme elle m'a grondée! 1645
Elle me va chasser, l'affaire en est vidée.

DORANTE.

Elle s'apaisera; mais pour t'en consoler,
Tends la main.

SABINE.

    Eh! Monsieur.

DORANTE.

          Ose encor lui parler.
Je ne perds pas sitôt toutes mes espérances.

CLITON.

Voyez la bonne pièce avec ses révérences! 1650
Comme ses déplaisirs sont déjà consolés,
Elle vous en dira plus que vous n'en voulez.

DORANTE.

Elle a donc déchiré mon billet sans le lire[1]?

SABINE.

Elle m'avoit donné charge de vous le dire;
Mais à parler sans fard....

CLITON.

        Sait-elle son métier? 1655

SABINE.

Elle n'en a rien fait et l'a lu tout entier.
Je ne puis si longtemps abuser un brave homme.

---

1. Il y a dans *les Plaideurs* de Racine (acte II, scène VI) un vers presque semblable :

    Avez-vous déchiré ce papier sans le lire?

CLITON.
Si quelqu'un l'entend mieux, je l'irai dire à Rome.
DORANTE.
Elle ne me hait pas, à ce compte?
SABINE.
Elle? non.
DORANTE.
M'aime-t-elle?
SABINE.
Non plus.
DORANTE.
Tout de bon?
SABINE.
Tout de bon. 1660
DORANTE.
Aime-t-elle quelque autre?
SABINE.
Encor moins.
DORANTE.
Qu'obtiendrai-je?
SABINE
Je ne sais.
DORANTE.
Mais enfin, dis-moi.
SABINE.
Que vous dirai-je?
DORANTE.
Vérité.
SABINE.
Je la dis.
DORANTE.
Mais elle m'aimera?
SABINE.
Peut-être.

DORANTE.
Et quand encor?

SABINE.
Quand elle vous croira.

DORANTE.
Quand elle me croira? Que ma joie est extrême ! 1665

SABINE.
Quand elle vous croira, dites qu'elle vous aime.

DORANTE.
Je le dis déjà donc, et m'en ose vanter,
Puisque ce cher objet n'en sauroit plus douter :
Mon père....

SABINE.
La voici qui vient avec Clarice.

SCÈNE VI.

CLARICE, LUCRÈCE, DORANTE, SABINE, CLITON.

CLARICE, à Lucrèce.
Il peut te dire vrai, mais ce n'est pas son vice. 1670
Comme tu le connois, ne précipite rien.

DORANTE, à Clarice.
Beauté qui pouvez seule et mon mal et mon bien....

CLARICE, à Lucrèce.
On diroit qu'il m'en veut, et c'est moi qu'il regarde.

LUCRÈCE, à Clarice[1].
Quelques regards sur toi sont tombés par mégarde.
Voyons s'il continue.

---

1. Ces mots *à Clarice* et un grand nombre des indications semblables qui se trouvent dans cette scène (quatorze sur trente-cinq) manquent dans les deux éditions de 1644.

ACTE V, SCÈNE VI.

DORANTE, à Clarice.
      Ah! que loin de vos yeux   1675
Les moments à mon cœur deviennent ennuyeux!
Et que je reconnois par mon expérience
Quel supplice aux amants est une heure d'absence!
    CLARICE, à Lucrèce.
Il continue encor.
    LUCRÈCE, à Clarice.
     Mais vois ce qu'il m'écrit.
    CLARICE, à Lucrèce.
Mais écoute.
    LUCRÈCE, à Clarice.
     Tu prends pour toi ce qu'il me dit.   1680
    CLARICE.
Éclaircissons-nous-en. Vous m'aimez donc, Dorante?
    DORANTE, à Clarice.
Hélas! que cette amour vous est indifférente!
Depuis que vos regards m'ont mis sous votre loi....
    CLARICE, à Lucrèce.
Crois-tu que le discours s'adresse encore à toi?
    LUCRÈCE, à Clarice.
Je ne sais où j'en suis.
    CLARICE, à Lucrèce.
     Oyons la fourbe entière.   1685
    LUCRÈCE, à Clarice.
Vu ce que nous savons, elle est un peu grossière.
    CLARICE, à Lucrèce.
C'est ainsi qu'il partage entre nous son amour :
Il te flatte de nuit, et m'en conte de jour[1].
    DORANTE, à Clarice.
Vous consultez ensemble! Ah! quoi qu'elle vous die,
Sur de meilleurs conseils disposez de ma vie :   1690

---

1. *Var.* Il t'en conte de nuit, comme il me fait de jour. (1644-56)

Le sien auprès de vous me seroit trop fatal :
Elle a quelque sujet de me vouloir du mal.
LUCRÈCE, en elle-même.
Ah! je n'en ai que trop, et si je ne me venge....
CLARICE, à Dorante.
Ce qu'elle me disoit est de vrai fort étrange.
DORANTE.
C'est quelque invention de son esprit jaloux. 1695
CLARICE.
Je le crois; mais enfin me reconnoissez-vous?
DORANTE.
Si je vous reconnois! quittez ces railleries,
Vous que j'entretins hier dedans les Tuileries,
Que je fis aussitôt maîtresse de mon sort.
CLARICE.
Si je veux toutefois en croire son rapport, 1700
Pour une autre déjà votre âme inquiétée[1]....
DORANTE.
Pour une autre déjà je vous aurois quittée?
Que plutôt à vos pieds mon cœur sacrifié....
CLARICE.
Bien plus, si je la crois, vous êtes marié.
DORANTE.
Vous me jouez, Madame, et sans doute pour rire, 1705
Vous prenez du plaisir à m'entendre redire
Qu'à dessein de mourir en des liens si doux
Je me fais marié pour toute autre que vous[2].
CLARICE.
Mais avant qu'avec moi le nœud d'hymen vous lie,

---

1. *Var.* Votre âme du depuis ailleurs s'est engagée.
DON. Pour un autre déjà je vous aurois changée? (1644-56)
2. *Var.* Je me fais marié pour tout (*a*) autre que vous.
CLAR. Et qu'avant que l'hymen avecque moi vous lie. (1644-56)

(*a*) Voyez plus haut la note du vers 1020.

ACTE V, SCÈNE VI.

Vous serez marié, si l'on veut, en Turquie.   1710
DORANTE.
Avant qu'avec toute autre[1] on me puisse engager[2],
Je serai marié, si l'on veut, en Alger.
CLARICE.
Mais enfin vous n'avez que mépris pour Clarice?
DORANTE.
Mais enfin vous savez le nœud de l'artifice,
Et que pour être à vous je fais ce que je puis.   1715
CLARICE.
Je ne sais plus moi-même, à mon tour, où j'en suis[3].
Lucrèce, écoute un mot.
DORANTE, à Cliton.
Lucrèce! que dit-elle?
CLITON, à Dorante.
Vous en tenez, Monsieur : Lucrèce est la plus belle;
Mais laquelle des deux? J'en ai le mieux jugé,
Et vous auriez perdu si vous aviez gagé.   1720
DORANTE, à Cliton.
Cette nuit à la voix j'ai cru la recounoître.
CLITON, à Dorante.
Clarice sous son nom parloit à sa fenêtre;
Sabine m'en a fait un secret entretien.
DORANTE.
Bonne bouche[4], j'en tiens; mais l'autre la vaut bien;
Et comme dès tantôt je la trouvois bien faite,   1725
Mon cœur déjà penchoit où mon erreur le jette.
Ne me découvre point; et dans ce nouveau feu

---

1. Ici l'édition de 1682 porte aussi *tout autre*, pour *toute autre*.
2. *Var.* Dites qu'avant qu'on puisse autrement m'engager. (1644)
   Var. Dites qu'avant qu'on puisse autre part m'engager. (1648-56)
3. *Var.* Moi-mêmes, à mon tour, je ne sais où j'en suis. (1644-56)
4. Exclamation qui indique l'heureux dénoûment d'une affaire. Elle a ici un sens ironique. Voyez le *Lexique*.

236   LE MENTEUR.

Tu me vas voir, Cliton, jouer un nouveau jeu.
Sans changer de discours changeons de batterie.
LUCRÈCE, à Clarice.
Voyons le dernier point de son effronterie ;   1730
Quand tu lui diras tout, il sera bien surpris.
CLARICE, à Dorante.
Comme elle est mon amie, elle m'a tout appris :
Cette nuit vous l'aimiez, et m'avez méprisée.
Laquelle de nous deux avez-vous abusée ?
Vous lui parliez d'amour en termes assez doux.   1735
DORANTE.
Moi! depuis mon retour je n'ai parlé qu'à vous.
CLARICE.
Vous n'avez point parlé cette nuit à Lucrèce ?
DORANTE.
Vous n'avez point voulu me faire un tour d'adresse ?
Et je ne vous ai point reconnue à la voix ?
CLARICE.
Nous diroit-il bien vrai pour la première fois[1] ?   1740
DORANTE.
Pour me venger de vous j'eus assez de malice
Pour vous laisser jouir d'un si lourd artifice,
Et vous laissant passer pour ce que vous vouliez,
Je vous en donnai plus que vous ne m'en donniez.
Je vous embarrassai, n'en faites point la fine :   1745
Choisissez un peu mieux vos dupes à la mine.
Vous pensiez me jouer; et moi je vous jouois,
Mais par de faux mépris que je désavouois ;
Car enfin je vous aime, et je hais de ma vie
Les jours que j'ai vécu sans vous avoir servie[2].   1750

---

1. *Var.* Vous diroit-il bien vrai pour la première fois? (1644 in-4°)
2. *Var.* Les jours que j'ai vécus (a) sans vous avoir servie. (1644-56)

(a) Les autres éditions portent ici, comme plus haut, *vécu*, sans accord. Voyez ci-dessus, p. 192, vers 950.

ACTE V, SCÈNE VI.

CLARICE.
Pourquoi, si vous m'aimez, feindre un hymen en l'air,
Quand un père pour vous est venu me parler?
Quel fruit de cette fourbe osez-vous vous promettre?

LUCRÈCE, à Dorante.
Pourquoi, si vous l'aimez, m'écrire cette lettre?

DORANTE, à Lucrèce.
J'aime de ce courroux les principes cachés : 1755
Je ne vous déplais pas, puisque vous vous fâchez.
Mais j'ai moi-même enfin assez joué d'adresse :
Il faut vous dire vrai, je n'aime que Lucrèce.

CLARICE, à Lucrèce.
Est-il un plus grand fourbe? et peux-tu l'écouter?

DORANTE, à Lucrèce.
Quand vous m'aurez ouï, vous n'en pourrez douter.
Sous votre nom, Lucrèce, et par votre fenêtre,
Clarice m'a fait pièce, et je l'ai su connoître;
Comme en y consentant vous m'avez affligé,
Je vous ai mise en peine, et je m'en suis vengé.

LUCRÈCE.
Mais que disiez-vous hier dedans les Tuileries? 1765

DORANTE.
Clarice fut l'objet de mes galanteries....

CLARICE, à Lucrèce.
Veux-tu longtemps encore écouter ce moqueur?

DORANTE, à Lucrèce.
Elle avoit mes discours, mais vous aviez mon cœur,
Où vos yeux faisoient naître un feu que j'ai fait taire,
Jusqu'à ce que ma flamme ait eu l'aveu d'un père : 1770
Comme tout ce discours n'étoit que fiction,
Je cachois mon retour et ma condition.

CLARICE, à Lucrèce.
Vois que fourbe sur fourbe à nos yeux il entasse,
Et ne fait que jouer des tours de passe-passe.

DORANTE, à Lucrèce.
Vous seule êtes l'objet dont mon cœur est charmé.　1775
LUCRÈCE, à Dorante.
C'est ce que les effets m'ont fort mal confirmé.
DORANTE.
Si mon père à présent porte parole au vôtre,
Après son témoignage, en voudrez-vous quelque autre ?
LUCRÈCE.
Après son témoignage il faudra consulter
Si nous aurons encor quelque lieu d'en douter.　1780
DORANTE, à Lucrèce.
Qu'à de telles clartés votre erreur se dissipe.
(A Clarice.)
Et vous, belle Clarice, aimez toujours Alcippe ;
Sans l'hymen de Poitiers il ne tenoit plus rien ;
Je ne lui ferai pas ce mauvais entretien ;
Mais entre vous et moi vous savez le mystère.　1785
Le voici qui s'avance, et j'aperçois mon père.

SCÈNE VII.

GÉRONTE, DORANTE, ALCIPPE, CLARICE, LUCRÈCE, ISABELLE, SABINE, CLITON.

ALCIPPE, sortant de chez Clarice et parlant à elle.
Nos parents sont d'accord, et vous êtes à moi.
GÉRONTE, sortant de chez Lucrèce et parlant à elle.
Votre père à Dorante engage votre foi.
ALCIPPE, à Clarice.
Un mot de votre main, l'affaire est terminée[1].
GÉRONTE, à Lucrèce.
Un mot de votre bouche achève l'hyménée.　1790

1. *Var.* Un seing de votre main, l'affaire est terminée. (1644-56)

ACTE V, SCÈNE VII.

DORANTE, à Lucrèce.
Ne soyez pas rebelle à seconder mes vœux.
ALCIPPE.
Êtes-vous aujourd'hui muettes toutes deux?
CLARICE.
Mon père a sur mes vœux une entière puissance.
LUCRÈCE.
Le devoir d'une fille est dans l'obéissance[1].
GÉRONTE, à Lucrèce.
Venez donc recevoir ce doux commandement. 1795
ALCIPPE, à Clarice.
Venez donc ajouter ce doux consentement.
(Alcippe rentre chez Clarice avec elle et Isabelle, et le reste rentre chez Lucrèce.)
SABINE, à Dorante, comme il rentre.
Si vous vous mariez, il ne pleuvra plus guères.
DORANTE.
Je changerai pour toi cette pluie en rivières.
SABINE.
Vous n'aurez pas loisir seulement d'y penser.
Mon métier ne vaut rien quand on s'en peut passer.
CLITON, seul.
Comme en sa propre fourbe un menteur s'embarrasse!
Peu sauroient comme lui s'en tirer avec grâce.
Vous autres qui doutiez s'il en pourroit sortir,
Par un si rare exemple apprenez à mentir.

1. Au tome III, p. 296, nous avons rapproché ce vers et le suivant des vers 340 et 341 d'*Horace*.

FIN DU CINQUIÈME ET DERNIER ACTE.

APPENDICE.

PARALLÈLE

DE *LA VERDAD SOSPECHOSA* D'ALARCON

ET DU

MENTEUR DE CORNEILLE.

Il était réservé à Corneille d'ouvrir la voie à l'art comique en France, comme il avait fait pour la tragédie, en ayant recours une seconde fois au théâtre espagnol. Un discernement admirable, secondé par une chance fort heureuse, lui fait découvrir dans un recueil apocryphe de pièces imprimées en Espagne le texte le mieux approprié à l'instinct élevé qui le guide, le texte unique qu'il aurait probablement à choisir aujourd'hui encore, dans tout le domaine espagnol; car c'est l'œuvre la plus sérieuse, au sens comique, du plus sérieux poëte de cette race, don *Juan Ruiz de* ALARCON *y Mendoza*.

Il ignora d'abord le nom du poëte auquel il avait cette obligation. La pièce dont il s'agit, livrée au pillage des libraires, ainsi que plusieurs autres du même auteur, faisait partie, dans le volume qu'étudia Corneille vers 1641, d'une douzaine de comédies portant le nom de Lope de Vega, recommandation suprême auprès des acheteurs. Qui sait même si le mensonge de cette enseigne ne contribua pas à attirer l'attention de l'investigateur?

C'est en vain qu'Alarcon, publiant à Madrid une vingtaine de ses comédies en deux volumes, 1628 et 1634, avait réclamé à cette dernière date, d'un ton fin et discret, sa propriété usurpée, sans vouloir rendre responsables de ce pillage, fort ordinaire alors, des noms plus illustres que le sien : le vieux Lope, plongé dans la dévotion, approchait alors de sa fin; rien n'empêcha d'ailleurs les éditions pseudonymes de se reproduire encore par la suite.

C'est le tome XXII (apocryphe) des *Comédies* de Lope de Vega,

Saragosse, 1630, qui contient *la Verdad sospechosa*, et qui commença sans doute une substitution de nom si étrangère au caractère honorable de Lope, et surtout au caractère de sa poésie. Dans le tome XXIV de la même série, Saragosse, 1633, on lui attribua de même une des bonnes comédies d'Alarcon, *el Exámen de maridos*, qui se retrouve dans les recueils de pièces détachées (*sueltas*), tantôt sous son nom, tantôt sous celui de Montalvan. C'est ainsi encore que le *Tejedor de Segovia* d'Alarcon (traduit en 1839, et dignement apprécié par M. Ferdinand Denis) a couru dans les *sueltas* sous le nom de Calderon et de Rojas.

Mais la renommée de Juan de Alarcon, longtemps obscurcie par ces spoliations, a été revendiquée et s'est fort agrandie dans le siècle présent. Du reste tout ce qu'on sait sur sa personne, c'est qu'il était né au Mexique de sang espagnol, qu'il occupa à Madrid une charge de l'ordre judiciaire, et qu'il devait être d'un âge moyen entre Lope et Calderon. Il mourut en 1639. Quelques mauvaises épigrammes du temps font penser qu'il n'était ni beau ni bien fait; quant à son caractère personnel, on peut l'inférer de ce qu'aucun auteur dramatique n'a plus constamment employé le ton d'un moraliste élevé et convaincu.

Vers 1660 seulement Corneille connut et restitua le vrai nom de son modèle, dans l'Examen du *Menteur*, examen par malheur bien bref et insuffisant. Il faut voir toutefois dans ce morceau, ainsi que dans sa préface primitive (1644), quelle gratitude et quelle admiration il témoigne pour l'ouvrage *en partie traduit, en partie imité par lui; quelle généreuse envie l'entraîne jusqu'à dire qu'il voudrait avoir donné les deux plus belles pièces qu'il ait faites, et que ce sujet fût de son invention.* Enfin *il n'a rien vu dans cette langue qui l'ait satisfait davantage*[1]. C'est là un grave jugement, pour peu qu'il se souvienne de Castro et du *Cid;* jugement maintenu avec fermeté après que l'ouvrage est dépouillé du prestige d'un nom tel que celui du grand Lope de Vega.

Mais la préface, antérieure de seize ans à ces déclarations, s'exprimait, comme on peut le voir, avec une effusion d'éloges non moins franche sur cet *admirable original*[2]. Ce que nous voulons y remarquer, c'est la répugnance de Corneille à reprendre pour l'impression du *Menteur* le fastidieux procédé des citations espagnoles au bas de ses vers. Heureusement la fantaisie des critiques n'était plus tournée à cette exigence pédantesque. L'hommage si éclatant qu'il rend cette fois à son modèle doit suffire à le dispenser de marquer ses obligations en détail. Il aurait bien fait, ce nous semble, de s'en tenir à ce moyen d'excuse. Il y ajoute un peu gauchement, qu'on nous permette

---

1. Voyez ci-dessus, p. 137. — 2. Voyez ci-dessus, p. 132-134.

de le dire, une raison fausse en elle-même, en disant que comme il a
« entièrement dépaysé les sujets pour les habiller à la françoise, vous
trouveriez *si peu* de rapport entre l'espagnol et le françois, qu'au lieu
de satisfaction vous n'en recevriez que de l'importunité. » Il y a plus
de maladresse que de manque de sincérité dans les prétextes qu'il
ajoute pour se défendre de ne pas payer une dette qui ne lui incombe
pas réellement.

Cette dette, qui n'était pas la sienne, devient de nos jours celle
d'une édition critique de Corneille. *Le Menteur* est un ouvrage dont
la valeur, le caractère, l'artifice de composition, le style même ne
peuvent être suffisamment compris, si on ne le rapproche du modèle
d'où il est tiré.

I.

Un mot d'abord sur le titre, *la Verdad sospechosa*. Il signifie la
vérité rendue suspecte, discréditée par des mensonges. C'est moins
l'annonce d'une comédie de caractère, quoique la pièce possède ce
mérite, qu'une allusion aux complications d'un amusant imbroglio
de galanterie espagnole qui entre pour moitié dans le double genre
de l'ouvrage. Le titre français pouvait se présenter de lui-même;
cependant il se rencontre dans un second titre, *y por otro titulo el
Mentiroso*, placé, comme par hasard, seulement à l'index du volume,
dans la contrefaçon espagnole, qui est assez correcte d'ailleurs.

Nous supposons connu, par la lecture de Corneille, le fond commun
des deux ouvrages, et par là nous nous épargnons la tâche d'analyser
celui du poëte espagnol, tâche difficile par cela même que la composition en est traitée avec un art consommé, dans toutes les parties d'un
sujet fort compliqué. C'est un mérite qu'on pourrait recommander à
une étude spéciale, mais nous ne voulons pas oublier qu'ici c'est
Corneille que nous étudions, soit dans les ressources d'invention dont
il fait usage, soit dans l'exécution et les développements de détail.

Corneille rendait déjà un assez grand service à notre théâtre, lorsqu'il y importait pour la première fois un sujet vraiment comique,
sans nulle prétention d'en modifier la pensée fondamentale, et qu'il
le revêtait pour nous des beautés d'une diction encore inconnue en
ce genre. Mais quel que soit son désir de changer le moins possible,
il se condamne à mille modifications plus ou moins adroites, soit pour
dépayser son action, soit pour obéir aux conditions purement formelles de son art et de son école. Ce ne sont jamais en réalité que des
expédients de métier, pour pouvoir mettre en œuvre dans la proportion resserrée de cinq actes, en alexandrins, une composition qui
s'offre à lui plus étendue dans sa forme originale, plus pleine d'action,
de dialogue rapide et de détails motivés.

II.

Les *personnages* seront les mêmes, moins trois ou quatre petits rôles accessoires, mais fort utiles à leur place. Les *noms*, qui chez Alarcon appartiennent naturellement à la société espagnole, se transforment chez nous en noms insignifiants, tirés du grec pour la plupart, et dits *de comédie*, pratique peu favorable à l'illusion, et qui a trop longtemps persisté en France[1].

La *scène* est des deux parts dans la capitale : à Madrid elle présente, selon le besoin, environ six tableaux divers ; à Paris, deux seulement, les Tuileries, et la place Royale[2], dans laquelle des mariages se traitent et de graves entretiens s'engagent.

La *durée*, de trente-six heures en français, a aussi beaucoup de continuité dans l'espagnol, sauf un intervalle de trois jours qui est supposé entre la scène d'entretien nocturne et l'action ultérieure.

III.

Notre *scène première* n'est que la seconde dans l'espagnol, où nous voyons arriver l'écolier de Salamanque, appelé à la vie de cour par suite de la mort d'un frère aîné. Il est accueilli cordialement par son noble père, don Beltran, qui attache à son service le valet Tristan. Ainsi nous comprendrons plus tard les plaisantes surprises de ce valet à chaque mensonge inattendu d'un maître qu'il ne connaissait pas encore. Ces choses s'expliquent moins nettement entre Dorante et Cliton. Mais le grand mérite de cette introduction, c'est de nous faire connaître d'abord un rôle aussi dominant que celui du vieux gentilhomme, plein de sa tendresse de père et de ses principes d'honneur : il interroge avec sollicitude un digne *letrado*, ou maître ès arts, auquel était confié à Salamanque le jeune Garcia (Dorante), selon l'usage des étudiants de qualité. Ce personnage ne doit figurer que dans cette scène, et doit repartir pour prendre possession d'un emploi dont on l'a gratifié ; mais pressé de questions sur les dispositions de son élève, il signale à regret une fâcheuse habitude de mentir. Douleur généreuse, éloquente, du père. Ainsi s'établit d'abord le fond moral de la pièce, tandis que le caractère et l'indignation du Géronte de Corneille ne se produisent que bien tard. Don Beltran songe enfin à marier son fils, pour prévenir, s'il se peut, le tort qu'il pourra se faire dans le monde. Le spectateur sait gré au poëte de cet art qu'il met à justifier et à lier toutes les circonstances.

1. Voyez plus haut, p. 140, note 2. — 2. Voyez l'*Examen*, p. 137 et 138.

APPENDICE. 245

IV.

Le lendemain, notre jeune homme, en toilette à la mode, nous donne en causant avec son nouveau valet (Tristan-Cliton) une seconde exposition plus gaie. On est dans un lieu fréquenté du beau monde, les Argenteries, *las Platerias*, ou la rue des Orfévres[1] (comme *les Tuileries* chez Corneille, vers 5).

> Díceme bien este traje[2] ?
> — Divinamente, señor.
> « Dis-moi, me trouves-tu bien fait en cavalier[3] ? »

Le talent de Corneille fait de son côté les frais de cette causerie, avec un succès de style encore inouï, mais malheureusement gâté par quelques détails de mauvais ton. Il ne pouvait suivre son auteur dans ses railleries piquantes contre la mode tyrannique des larges fraises empesées ou *golillas* à la hollandaise; il ne se hasarde pas non plus à imiter une folle tirade du valet sur le firmament diversement constellé des beautés de Madrid. Le rôle souvent agréable du valet *gracioso* comportait, surtout à cette place, de telles échappées de style et de gaieté, comme une sorte d'*aria buffa*, qui ne nuisait nullement à l'effet général, quoique dérogeant ici à la manière simple et châtié de l'écrivain.

C'est à Corneille qu'appartiennent ces jolies maximes sur *la façon de donner* qui *vaut mieux que ce qu'on donne*[4]; mais Alarcon insiste trop lui-même sur le précepte de libéralité en amour, qui ne s'applique dans la pièce qu'à des largesses envers des subalternes.

V.

Arrivent les deux jeunes dames, d'abord vues à distance. Leur voiture s'est arrêtée devant un orfévre. Vive admiration de Garcia pour l'une d'elles, dont il voudrait savoir le nom. Le valet est sûr de faire parler leur cocher[5], épigramme peut-être plus proverbiale en Espagne qu'en France :

> TRISTAN.
> Pues yo, mientras hablas, quiero

---

1. C'est aujourd'hui la *Calle Mayor*.
2. Nous adoptons l'orthographe des éditions modernes espagnoles.
3. Acte I, scène 1, vers 7. — 4. *Ibidem*, vers 90.
5. Voyez *ibidem*, vers 102-104.

> que me haga relacion
> el cochero, de quien son.
>
> GARCÍA.
>
> Dirálo?
>
> TRISTAN.
> Sí; que es cochero.

La principale de ces deux dames (Jacinta-Clarice) fait un faux pas et tombe. L'heureuse occasion offerte au jeune homme de la relever engage la conversation par de beaux compliments alambiqués, également à la mode en Espagne et à l'hôtel de Rambouillet. Une corrélation piquante nous engage à traduire ce passage : il faut tenir compte du langage métaphorique de la galanterie méridionale, et rapprocher le surplus de Corneille[1].

« Souffrez, Madame, que cette main vous relève.... si je suis digne d'être l'Atlas d'un ciel incomparable.

— Puisqu'il vous est donné de le toucher, vous devez être Atlas sans doute.

— C'est une chose de *parvenir*, une autre de *mériter*. Qu'ai-je gagné à toucher la beauté qui m'enflamme, si je n'ai obligation de cette faveur qu'au hasard et non à votre volonté? De cette main, il est vrai, j'ai pu toucher le ciel; mais que m'en revient-il si c'est parce que le ciel est tombé, et non pas que j'aie été élevé jusqu'à lui?

— A quelle fin prend-on la peine de *mériter?*

— Afin de *parvenir*.

— Mais parvenir sans passer par les moyens, n'est-ce pas heureuse fortune?

— Oui.

— Pourquoi donc vous plaindre du bien qui vous est advenu, si, n'ayant pas eu à le mériter, vous n'en avez que plus de bonheur?

— C'est que les intentions étant ce qui donne leur mérite aux actes, soit de faveur, soit de dommage, votre main que j'ai touchée n'est pas une faveur pour moi, si vous l'avez souffert, et que tel n'ait pas été votre choix. Souffrez donc mon regret de penser qu'en ce bonheur qui m'est échu, j'ai rencontré la main sans le cœur, la faveur sans la volonté. »

Cette thèse, comme on le voit, passe tout entière dans Corneille. Il faut bien qu'il y joigne la solennité de son vers arrondi et de sa grande forme dialectique moins découpée en dialogue. Peut-être ajoute-t-il pour son compte quelque surcroît d'amphigouri : le vers 133, au sujet de cette faveur :

« On ne l'a pu toujours dénier sans injure, »

---

1. Voyez acte I, scène II, vers 105-152.

ne s'entend guère, ou c'est une préparation trop artificielle à l'histoire qu'il va faire de son servage *incognito* depuis une année.

C'est du reste la même conduite de dialogue ; mais la fable de l'ancien héros des guerres d'Allemagne, inventée par Corneille d'une manière brillante[1], est dans l'espagnol celle d'un créole péruvien, réputé d'avance très-opulent. Cette ressource romanesque était fort naturelle dans les conditions de l'Espagne d'alors. Mais il y a plus de couleur et de richesse dans la versification de Corneille. Comparez à sa traduction amplifiée ces vers :

JACINTA.
Como, si jamás os vi ?
DON GARCÍA.
Tan poco ha valido, ay Dios !
mas de un año, que por vos
he andado fuera de mí ?
TRISTAN, *á parte*.
Un año ! y ayer llegó
á la corte !
JACINTA.
Bueno á fe !
Mas de un año ! Juraré
que no os vi en mi vida yo.
DON GARCÍA.
Cuando del indiano suelo
por mi dicha llegué aquí,
la primer cosa que vi
fué la gloria de ese cielo.
Y aunque os entregué al momento
el alma, habéislo ignorado,
porque ocasion me ha faltado
de deciros lo que siento.

Tristan se récrie encore : *Indiano !* Mais Corneille prête à son valet des interruptions en aparté, qu'il adresse à son maître comme pour le rappeler au bon sens au travers de ses fictions. Ce jeu comique est reproduit dans les actes suivants et provoque des rires fréquents. Une négligence de style dans l'*Examen* du *Menteur* ferait croire que c'est en copiant Alarcon que notre poëte *a forcé son aversion pour les aparté*[2], tandis que ceux-ci du moins lui appartiennent exclusivement, comme plus loin ce mot plaisant :

« De grâce, dites-moi si vous allez mentir[3]. »

Le faux nabab américain soutient son rôle en offrant à la discré-

1. Acte I, scène III, vers 153 et suivants. — 2. Voyez ci-dessus, p. 137.
3. Acte III, scène v, vers 1004.

tion de la dame toute une boutique de bijoux. Les mœurs du temps atténuaient un peu l'inconvenance; mais il est refusé délicatement : on n'agrée que l'offre elle-même. Tout ensuite est traduit, dans l'incident qui termine la scène, l'approche du prétendant de Jacinte, et les derniers compliments adressés à la dame; de même aussi dans les renseignements rapportés par le valet sur *la plus belle des deux*[1], nommée *Lucrèce*, et dans la méprise qui devient la source de toute l'intrigue, le Menteur croyant que ces indications désignent Jacinte-Clarice, tandis que Cliton pencherait pour donner le prix de la beauté *à celle qui a su se taire*[2], la vraie *Lucrèce* en effet (même nom dans les deux auteurs). Ce qui suit fait voir comment il arrive à Corneille de charger la plaisanterie jusqu'à heurter la bienséance[3], sans y être invité par son modèle :

TRISTAN.
Pues á mi la que calló
me pareció mas hermosa.
DON GARCÍA.
Qué buen gusto!
TRISTAN.
Es cierta cosa
que no tengo voto yo;
mas soy tan aficionado
á cualquier mujer que calla,
que bastó, para juzgalla
mas hermosa, haber callado.

VI.

D'ici à la fin de notre *acte premier*, il faudrait transcrire presque entièrement les deux textes en regard l'un de l'autre. L'Alcippe espagnol s'appelle *don Juan de Sosa*; son ami Philiste, *don Felix :* ce sont d'anciens camarades d'université. Alarcon n'oublie pas de placer un mot sur la nouvelle tenue dans laquelle ils voient Garcia et qui annonce un changement d'état. Sauf cette fidélité de détails, qui a bien son prix, Corneille, suivant à peu près tout le dialogue, fait une excellente étude d'artifice scénique, et ensuite un vrai chef-d'œuvre de description à l'instar de l'élégante fête espagnole. Celle-ci, fort curieuse, ne fût-ce que pour la couleur locale de son ordonnance, est surpassée encore par l'esprit et la verve qui animent le tableau de ce qu'était une fête parisienne vers la même époque. Les cinq ba-

1. Acte I, scène IV, vers 197. — 2. *Ibidem*, vers 209.
3. Voyez *ibidem*, vers 205 et suivants.

teaux sur la Seine sont les six cabinets de feuillage dressés sur le *soto* du Manzanarès, dans les bosquets du *sotillo*. Dorante, malgré son extravagance, a peut-être plus de goût, Garcia plus de faste, surtout dans l'étalage du banquet avec ses quatre dressoirs, ses vaisselles d'or, et jusqu'à un certain joyau figurant un homme tout percé de flèches d'Amour : ce sont les cure-dents d'or, seuls dignes d'être offerts aux dents de perle, etc. Les deux feux d'artifice se ressemblent assez ; mais l'un est tiré à l'arrivée de la dame, l'autre après le repas. De part et d'autre, nous entendons quatre chœurs de musique distincts, les clarinettes, les instruments à archet, les flûtes, enfin les voix accompagnées de harpes et de guitares. On a, du côté espagnol, des glaces, des sorbets, des parfums et des essences ; mais les cinq dames invitées et la danse jusqu'au jour n'appartiennent qu'au programme français. Le soleil jaloux vient mettre un terme à tant de délices, et rien n'égale la grâce du tour de Corneille[1] dans ce final exquis inspiré par ces vers :

> Tanto que envidioso Apolo
> apresuró su carrera,
> porque el principio del dia
> pusiese fin á la fiesta.

Les traits de surcharge sont dus, en espagnol, à la facilité des métaphores emphatiques qui abondent dans cette poésie : ils sont plus étudiés dans le français. Cette *prétérition* plaisante du narrateur, qui veut être sobre, appartient à Dorante :

> « Je ne vous dirai point les différents apprêts,
> « Le nom de chaque plat, le rang de chaque mets[2].... »

VII.

Le même genre de supériorité se maintient chez Corneille dans la scène suivante, où Cliton demande compte à son maître de tant de menteries. Une partie des réponses de ce dernier est nécessairement inventée dans le français, entre autres l'apologie du rôle militaire qu'il s'est donné. Rien de piquant comme l'ironique compliment *à charmer une dame :*

> « .... J'apporte à vos beautés
> « Un cœur nouveau venu des universités[3].... »

On croit lire du Regnard et du meilleur. C'est du reste une analogie

---

1. Voyez acte I, scène v, vers 291 et suivants.
2. *Ibidem*, vers 279 et 280. — 3. Acte I, scène vi, vers 323 et 324.

de manière qui se retrouve assez souvent, soit dans la plaisanterie, soit dans le ton leste et risqué des personnages. Citons une autre jolie réplique, qui n'est que traduite, mais traduite parfaitement aux vers 362 et suivants de Corneille :

>Tú no sabes á qué sabe,
>cuando llega un porta-nuevas
>muy orgulloso á contar
>una hazaña ó una fiesta,
>taparle la boca yo
>con otra tal, que se vuelva
>con sus nuevas en el cuerpo,
>y que reviente con ellas.

VIII.

La *scène première* du *deuxième acte* de Corneille accuse gravement le contraste entre le modèle et l'imitateur, quant à l'observation des convenances d'illusion et de réalité. Le Géronte qu'on ne connaît pas échange sur la place Royale quelques paroles avec Clarice, dont il est venu demander la main pour son fils Dorante, sans que nous sachions pourquoi. Le procédé de don Beltran est tout autre : nous savons le motif qui l'amène dans la demeure de doña Jacinta, assistée, ainsi qu'il convient, de son oncle et tuteur don Sanche, et, sans longueurs, nous avons toutes les conditions requises d'urbanité. Là se place une donnée très-essentielle à l'action et que Corneille a rendue très-confuse. En fille prudente, Jacinte, qui n'a jamais vu le mari proposé, et qui ne soupçonne pas que ce soit l'inconnu de la promenade, témoigne naturellement au père qu'elle ne serait pas fâchée de l'apercevoir avant de faire connaissance avec lui. Don Beltran approuve cette idée, et il annonce qu'il passera à cheval, accompagné de son fils, sous les fenêtres de la maison. Ce sera plus tard une surprise piquante, lorsque Jacinte, causant avec sa camériste du riche Péruvien, le reconnaîtra par la fenêtre accompagnant don Beltran. Corneille ébauche seulement cette idée quand il fait dire à Clarice, dans une phrase bien forcée :

« Trouvez donc un moyen de me le faire voir,
« Sans m'*exposer au blâme* et *manquer au devoir*[1]. »

Sur quoi Géronte promet de le tenir longtemps sous la fenêtre en se promenant avec lui[2]. Mais le pis est que ces dispositions sont prises ici en pure perte, et n'aboutissent à rien. C'est simplement

---

1. Acte II, scène 1, vers 383 et 384. — 2. Voyez *ibidem*, vers 389.

une pensée inachevée, qui ne s'explique qu'à l'aide de l'espagnol, où elle est complète. Il est vrai que Corneille donne plus loin une indication de scène, comme par réminiscence de ce moyen perdu : c'est pendant le récit du prétendu mariage de Poitiers ; on lit après le vers 663 : *Ici Clarice les voit de sa fenêtre ; et Lucrèce, avec Isabelle, les voit aussi de la sienne.* Mais cet incident muet est si insignifiant et si peu compris qu'on le retranche à la représentation sans nul inconvénient. Quand, pour expliquer sa demande matrimoniale, Géronte dit de son fils :

« Je cherche à *l'arrêter, parce qu'il m'est unique*[1], »

on comprend de même par l'espagnol, à l'aide de ce qui précède, qu'en fixant l'état de ce fils qui lui reste, Géronte obéit à peu près aux motifs de prudence que don Beltran a fait connaître plus clairement.

IX.

La scène *suivante* a d'autres défauts, qui proviennent de même de cette imitation en raccourci d'un modèle où il n'y a rien de trop. Comparons donc avec le texte, pour comprendre ce que la copie a d'équivoque et de forcé : car ce n'est pas toujours de changements qu'il s'agit, c'est parfois de contre-sens.

Jacinte est une jeune fille à marier, d'une physionomie agréable et vraie, quoique peu sentimentale, nuance qui n'allait pas au pinceau de Corneille : aussi la rend-il d'une manière bien dure quand il prête à ce personnage une forte tirade déclamatoire sur les mariages mal assortis[2], et surtout des vers tels que ceux-ci au sujet de son premier prétendant :

« Oui, je le quitterois ; mais pour ce changement
« Il me faudroit en main avoir un autre amant[3]. »

« Car Alcippe, après tout, vaut toujours mieux que rien[4]. »

Or pourquoi Jacinte est-elle accessible à de nouvelles propositions, en y mettant la forme naturelle et décente de l'espagnol ? C'est que depuis deux ans son accordé Juan de Sosa la fait attendre, parce qu'une bonne commanderie de Calatrava, indispensable à leur établissement, éprouve en cour des retards presque décourageants, et qu'après tout on ne veut pas rester fille. Corneille, embarrassé pour

1. Acte II, scène I, vers 398. — 2. Acte II, scène II, vers 404 et suivants.
3. *Ibidem*, vers 443 et 444.
4. *Ibidem*, vers 448. Voyez aussi les vers 464 et 465.

trouver dans nos mœurs une autre cause de retard et d'empêchement, suppose[1] avec peu d'adresse un père d'Alcippe qui est à Tours, qui depuis deux ans devrait venir à Paris marier son fils, et dont le voyage est sans cesse différé par diverses petites causes.

Jacinte a des égards pour cet aspirant qu'elle ne hait point : c'est pourquoi elle a quitté plus tôt la conversation de l'agréable *Péruvien des Platerias;* c'est pourquoi aussi elle voudrait connaître un peu le fils de don Beltran, sans qu'il lui fût encore présenté en personne. L'hémistiche de Corneille : *Mais connoître dans l'âme* [2], marque bien la discordance des tons, et déroute l'intelligence. Voyez plus loin un autre hémistiche : *Pour en venir à bout* [3], qui ne doit se rapporter qu'à cette intention curieuse de la jeune fille, mais qui, même grammaticalement, ne se rapporte d'une manière bien nette à quoi que ce soit, ce qui fait que l'on ne comprend plus du tout la petite intrigue qui va suivre.

Dans une intention plus claire et plus naturelle, Jacinte imagine un léger artifice espagnol assez décent, pour pouvoir *incognito* entendre causer le fils de don Beltran après qu'elle l'aura vu passer à cheval sous sa fenêtre; et cette invention ne vient pas de sa suivante Isabelle, comme dans Corneille. A Madrid, et dans la pratique reçue au théâtre, un jeune homme peut être appelé par un billet mystérieux, et amené, à la nuit close, par un messager fidèle, sous une fenêtre (grillée) d'où une jeune dame, inconnue, sauf les renseignements qu'il pourra prendre, aurait quelque question à lui adresser fort honnêtement. On priera donc Lucrèce, l'amie dévouée, d'envoyer à Garcia cet appel anonyme auquel un jeune cavalier ne peut manquer de se rendre, et Jacinte, placée avec elle derrière cette grille, pourra le faire parler sans être elle-même reconnue à la voix (condition toujours accordée sur la scène espagnole), et sans qu'elles soient le moins du monde compromises ni l'une ni l'autre. Il sera bon seulement qu'une soubrette fasse le guet à l'intérieur, pour éviter l'intervention fâcheuse d'un vieux parent.

Ces habitudes méridionales sont si peu à l'aise sur la scène de Corneille, que, sans le texte espagnol, l'imitation devient presque inintelligible. Aussi Voltaire n'a-t-il rien compris à cette partie de la pièce, et ses quiproquos, dont il nous suffit d'avertir le lecteur, achèveraient de lui faire perdre le fil déjà embrouillé de l'intrigue [4]. Il eût fallu avant tout rendre exactement et dans la juste mesure l'intention des deux jeunes filles. L'idée de *connoître dans l'âme* par

---

1. Voyez acte II, scène II, vers 426 et suivants.
2. *Ibidem*, vers 423. — 3. *Ibidem*, vers 450.
4. Voyez ses notes sur la scène v du IIIe acte et sur le vers 955. La seconde de ces notes ne se trouve pas dans la première édition de son commentaire.

cette légère épreuve le fils de don Beltran ne pouvait raisonnablement sortir de la donnée. Elle est pourtant sortie, par une traduction outrée, d'un mot du texte, quand Jacinte dit que ce sera peu d'information pour elle d'avoir vu passer le jeune homme :

> Veré solo el rostro y talle;
> el alma, que importa mas,
> quisiera ver con hablalle.

Lisez ensuite les vers 443 et suivants de Clarice, et vous ne saurez plus ce qu'elle attend de cette capricieuse épreuve.

X.

Suivent d'autres parties importantes dans lesquelles Corneille rachète heureusement le désavantage de sa position comme imitateur d'une œuvre étrangère.

C'est qu'en effet cette œuvre est à moitié une comédie de *caractère*, et par ce côté elle est ouverte à son imitation la plus brillante ; à moitié une intrigue fort ingénieuse *de cape et d'épée*, intrigue tout espagnole, qui doit résister à des qualités d'esprit, à des habitudes d'art et de contrée telles que les siennes.

XI.

Voici donc une petite scène fort agréablement rendue[1] quand Alcippe vient, furieux de la fête galante qu'on lui a contée, faire une querelle de jalousie toute semblable à celle de l'espagnol. On le prie de ne pas s'emporter si fort, parce que le père de la jeune personne va venir de la salle voisine ; on ne comprend rien à la cause de ses plaintes. Le tour vif et piquant du dialogue est bien reproduit, d'après cette fin par exemple :

> JACINTA.
> Tú eres cuerdo?
> DON JUAN.
>   Como cuerdo?
> Amante y desesperado!
> JACINTA.
> Vuelve, escucha, que si vale
> la verdad, presto verás
> cuán mal informado estás.

1. Voyez acte II, scène III, vers 469 et suivants.

DON JUAN.
Voyme, que tu tio sale.
JACINTA.
No sale. Escucha, que fio
satisfacerte.
DON JUAN.
Es en vano,
si aqui no me dás la mano.
JACINTA.
La mano? — Sale mi tio.

Il est vrai qu'on ne trouve point ici cette condition de *deux baisers*[1], qui n'était ni dans les convenances de la scène espagnole, ni dans celles de la situation et des personnages.

En outre, sur la scène française, la décoration permanente d'une place publique, d'une rue, décoration presque constamment déplacée, gâte un peu le sens des mots : *Mon père va descendre*[2]. L'idée de ce jeu tient dans l'original à ce que l'oncle peut passer d'un salon voisin dans la salle à manger.

Le *monologue* suivant, où Alcippe exprime son ressentiment contre son rival[3], n'était pas très-nécessaire ; il est ajouté par l'auteur français, avec une belle teinte tragique, accident de couleur qui n'est guère en harmonie avec le reste.

XII.

Pour passer à l'amusante scène où le Menteur va se dire marié, il faut que le théâtre reste *vide :* défaut trop fréquent, mais grave selon Corneille et tous les classiques. Il n'est vraiment grave que quand un local arbitrairement choisi ne peut changer, comme la place où cette action est confinée mal à propos (voyez, aux vers 552 et suivants, le palliatif tiré de l'éloge des constructions nouvelles de Paris); mais c'est tout le contraire quand le spectateur, en voyant la scène transformée, aime à sentir sa curiosité rafraîchie, transportée sur un nouveau champ d'action.

Dans l'espagnol, nous sommes au *parc d'Atocha*, qui ressemble à quelqu'une de nos promenades hors des murs de Paris. Là sont descendus de cheval don Beltran et son fils. Le grave père, qui, depuis la confidence du *Letrado*[4], a recueilli encore un semblable témoignage par la bouche du valet Tristan, se propose deux choses dans cet entretien : d'abord une forte et noble réprimande à donner

---

1. Voyez acte II, scène III, vers 530. — 2. *Ibidem*, vers 474 et 534.
3. Acte II, scène IV. — 4. Voyez ci-dessus, p. 244.

à son fils, au *gentilhomme* qui se dégrade par le mensonge; ensuite un mariage à lui proposer. Il va se produire un très-bel effet de haut comique, quand le jeune homme, après avoir écouté docilement la semonce paternelle, se trouve tout aussitôt avoir besoin d'un empêchement insurmontable à un mariage qui contrarie son amour, il le croit du moins, et qu'il rend au respectable moraliste le fruit de son sermon, en improvisant avec tant de feu le roman de ses amours à Salamanque, de son hymen forcé, la montre qui sonne, le pistolet qui part, la muraille percée, etc. Le bon père est ému, il croit tout, se résigne, et remonte à cheval pour aller porter ses excuses à la famille de Jacinte. Le jeune étourdi reste seul, enchanté de son adresse et de tant d'aventures à soutenir.

Corneille a beaucoup sacrifié de la force comique en disjoignant ces deux moitiés de scène, si frappantes par leur péripétie immédiate. S'il reproduit très-fidèlement et avec un grand charme, au deuxième acte[1], le conte du mariage, il réserve pour le cinquième[2], comme renfort de son faible dénoûment, la réprimande du vieux gentilhomme.

Quant à la narration, c'est un morceau capital, où Corneille regagne l'avantage par un travail plus attentif dans le choix et la distribution des circonstances, et par un style plus savamment étudié, où l'emphase convenable au sujet n'est pas surchargée d'un luxe trop oiseux. Il coupe avec plus d'art le dialogue qui doit amener cette narration; mais il ajoute un petit mouvement théâtral sur lequel nous interrogerons la délicatesse du lecteur, pour savoir si ce trait de fourberie hypocrite est bien dans la vraie nuance du caractère du Menteur :

« .... *Souffrez qu'aux yeux de tous*
« *Pour obtenir pardon j'embrasse vos genoux.*
« — Je suis.... — Quoi? — Dans Poitiers.... — Parle donc, et *te lève.*
« — Je suis donc marié, puisqu'il faut que j'achève*[3]*. »

Cette remarque en appelle une autre, c'est qu'en divers endroits, très-courts il est vrai, le ton du jeune homme en arrière de son père offre, comme chez Regnard, un mélange d'impertinence dure et moqueuse qui n'était point dans l'original, plus fidèle à des habitudes de bonne compagnie.

Il est trop vrai en général que la malice française aime à enchérir, plutôt que de rabattre, sur les détails d'un certain genre. Pourquoi Corneille suppose-t-il que Dorante se coulait *souvent* sans bruit dans la chambre de sa belle[4], tandis que son auteur suppose seulement un premier rendez-vous pour amener son aventure?

1. Scène v. — 2. Scène III. — 3. Acte II, scène v, vers 591-594.
4. Voyez *ibidem*, vers 615.

D'autres détails ajoutés dans le récit sont d'un effet un peu frivole si l'on veut, mais excellent :

« Ce fut, s'il m'en souvient, le second de septembre ;
« Oui, ce fut ce jour-là [1]....
« Elle a déjà sonné deux fois en un quart d'heure [2]. »

La conclusion par le mariage, exposée en une seule période, avec accumulation de motifs [3], est suggérée par la forme de l'original ; mais l'habileté du style de Corneille y triomphe d'une manière incomparable.

Citons enfin quelques passages du texte, dont on trouvera dans les vers français la traduction suffisamment fidèle :

> Ella turbada, animosa
> (mujer alfin), á empellones
> mi casi difunto cuerpo
> detrás de su lecho esconde.
> Llegó don Pedro, y su hija
> fingiendo gusto, abrazóle,
> por negarle el rostro, en tanto
> que cobraba sus colores.
> Asentárouse los dos,
> y él con prudentes razones
> le propuso un casamiento
> con uno de los Monroyes.
> Ella honesta como cauta,
> de tal suerte le responde
> que ni á su padre resista,
> ni á mi, que la escucho, enoje.
> Despidiéronse con esto ;
> y cuando ya casi pone
> en el umbral de la puerta
> el viejo los piés, entónces....
> Mal haya, amén, el primero
> que fué inventor de relojes !
> Uno, que llevaba yo,
> á dar comenzó las doce.
> Oyólo don Pedro, y vuelto
> hácia su hija : *De donde
> vino este reloj ?* le dijo.
> Ella respondió : *Envióle,
> para que se le aderecen,
> mi primo, don Diego Ponce,
> por no haber en su lugar*

[1]. Acte II, scène v, vers 618 et 619. — [2]. *Ibidem*, vers 638.
[3]. *Ibidem*, vers 665-674.

APPENDICE.

>   *relojero ni relojes.*
>   *Dádmele*, dijo su padre,
>   *porque yo ese cargo tome.*
>   Pues entónces, doña Sancha
>   (que este es de la dama el nombre),
>   á quitármele del pecho
>   cauta y prevenida corre,
>   antes que llegar él mismo
>   á su padre se le antoje.
>   Quitémele yo, y al darle,
>   quiso la suerte que toquen,
>   á una pistola que tengo
>   en la mano, los cordones.
>   Cayó el gatillo, dió fuego;
>   al tronido desmayóse
>   doña Sancha; alborotado,
>   el viejo empezó á dar voces.
>   Yo viendo el cielo en el suelo,
>   y eclipsados sus dos soles,
>   juzgué sin duda por muerta
>   la vida de mis acciones, etc.

Après le siége et la capitulation, un détail qui ne pouvait passer de l'espagnol en français, est cette licence obtenue de l'évêque :

>   Partió á dar cuenta al obispo
>   su padre, y volvió con órden
>   de que el desposorio pueda
>   hacer qualquier sacerdote.
>   Hizóse, etc.

Le valet n'a pas suivi ses maîtres à cette promenade d'Atocha; dans le français, au contraire, il entend tout, et reste ému lui-même d'une si étrange histoire. Cette différence vaut à Corneille une scène charmante qui est toute à lui[1].

Dans les petits mouvements de la fin de notre deuxième acte, le spectateur peut regretter de ne pas entendre lire tout haut, comme dans l'espagnol, les deux billets, l'un de rendez-vous nocturne, l'autre de cartel; car la rédaction très-courte de ces deux appels entre bien dans le ton romanesque de l'aventure. Ils sont d'ailleurs remis à Garcia plus convenablement, chez lui, le matin. Sa fatuité s'exprime comme celle de Dorante (*Je revins hier au soir de Poitiers*, etc.[2]) :

>   Tan terribles cosas hallo
>   que sucediéndome van,

---

1. Acte II, scène VI, vers 686-705. — 2. Acte II, scène VIII, vers 720-724.

que pienso que desvario.
Vine ayer, y en un momento
tengo amor, y casamiento,
y causa de desafio.

XIII.

En conséquence de la distinction essentielle déjà faite ci-dessus (X), notre parallèle n'exige plus désormais un rapprochement aussi continu des deux ouvrages. Le succès de l'imitation s'étend uniquement à ces parties de la pièce espagnole qui mettent en jeu le caractère du Menteur : l'effort pénible, la confusion, l'absence d'intérêt résultent chez l'imitateur de son impuissance à transporter sur la scène française l'autre moitié du type original, cette intrigue de *mœurs espagnoles* qu'Alarcon a si habilement fondue dans sa comédie *de caractère*. En effet l'unité de la conception originale consiste dans le rapport combiné de ces deux parties : d'une part, le Menteur se décrie par tous les contes qu'il invente ; de l'autre, il s'embarrasse jusqu'à la fin par une méprise fortuite sur le nom de celle qu'il préfère ; son erreur involontaire est imputée au compte de ses mensonges (*verdad sospechosa*), parce qu'on ne veut plus le croire : c'est la moralité de l'ouvrage, beaucoup moins saillante chez Corneille, et la punition s'accomplit par une petite disgrâce suffisante pour la justice du drame comique. L'ingénieux jeune homme n'épouse pas celle qu'il a recherchée, mais la compagne et l'amie placée tout auprès, à laquelle il a inspiré de l'intérêt dans le cours de ses quiproquos et de ses mensonges, en lui adressant par méprise ses protestations les plus vives. Pour en venir là, il faut passer par un de ces réseaux de complications piquantes et légères qui étaient le secret de la poésie et de la galanterie espagnole. L'esprit et le travail de Corneille s'épuisent en vain à reproduire un pareil tissu. En le suivant de moins près dans cette tentative, nous épargnons, bien qu'à regret, le temps qui serait nécessaire pour faire voir par ce côté le mérite de son modèle.

XIV.

Au commencement de notre *troisième acte*, l'épisode du duel est assez froidement indiqué par une conversation, tandis qu'il est mis en scène dans l'original. C'est sur le terrain, dans le parc d'Atocha, où son père l'a laissé, que Garcia rencontre son adversaire, lui demande la cause de ce défi, le rassure en inventant une dame mariée à laquelle il aurait donné sa grande fête, et insiste ensuite par point d'honneur pour croiser l'épée, puisqu'on l'a fait venir à cette inten-

APPENDICE.

tion. Survient l'ami commun, don Félix, qui s'occupe au combat : Garcia les quitte avec des airs graves de gentilhomme raffiné[1], et l'entretien qui suit est rendu en entier par la scène entre Alcippe et Philiste[2].

Dans la scène suivante, Clarice se dispose à la conversation du balcon en causant avec Isabelle des nombreuses faussetés du jeune homme, jusqu'à l'aveu d'un mariage, qui ôte toute excuse à ses empressements auprès d'elle. C'est à peu près tout le dialogue espagnol, moins la surprise de Jacinte-Clarice reconnaissant par la fenêtre le brillant étranger, qui n'est plus autre que le fils de don Beltran ou de Géronte.

Enfin la scène du balcon nous offre le moment principal de cet acte, et un effet encore très-dramatique. Dorante n'y ment plus, mais il fait penser à Clarice qu'il ment plus que jamais en ne lui parlant que de Lucrèce, parce que c'est le nom qu'il lui attribue. De là ce dialogue avec Cliton :

« Je disois vérité. — Quand un menteur la dit,
« En passant par sa bouche elle perd son crédit[3]; »

et ce qui précède, le tout emprunté à ce texte bien net d'intention et de style :

> DON GARCÍA.
> Estoy loco.
> Verdades valen tan poco!
> TRISTAN.
> En la boca mentirosa.
> DON GARCÍA.
> Que haya dado en no creer
> cuanto digo!
> TRISTAN.
> Qué te admiras,
> si en cuatro ó cinco mentiras
> te ha acabado de coger?
> De aquí, si lo consideras,
> conocerás claramente
> que quien en las burlas miente
> perde el crédito en las veras.

Il y a du reste, chez Alarcon, beaucoup de force et de rapidité dans le dialogue qui a poussé à bout le dépit de Jacinte et qui donne lieu à Lucrèce de désirer que le Menteur dise vrai en s'adressant à elle. La même conduite est suivie dans le français, et tous les traits principaux sont traduits.

1. Comparez vers 769 et suivants. — 2. Acte III, scène II.
3. Acte III, scène VI, vers 1079 et 1080.

Ainsi se rapportent aux vers 949, etc., de Corneille les suivants :

>Soy al fin el que se precia
>de ser vuestro, y soy quien hoy
>comienzo á ser, porque soy
>el esclavo de Lucrecia.

Aux vers 959, etc. :

>DON GARCÍA.
>Ya espero, señora mia,
>lo que me quereis mandar.
>JACINTA.
>Ya no puede haber lugar
>lo que trataros queria....
>DON GARCÍA.
>Por qué?
>JACINTA.
>Porque sois casado.
>DON GARCÍA.
>Que yo soy casado?
>JACINTA.
>Vos.
>DON GARCÍA.
>Soltero soy, vive Dios!
>Quien lo ha dicho, os ha engañado.
>JACINTA, á parte, á Lucrecia.
>Viste mayor embustero?
>LUCRECIA.
>No sabe sino mentir.
>JACINTA.
>Tal me quereis persuadir?
>DON GARCÍA.
>Vive Dios, que soy soltero.
>JACINTA, á parte.
>Y lo jura.
>LUCRECIA, á parte.
>Siempre ha sido
>costumbre del mentiroso
>de su crédito dudoso,
>jurar para ser creido.

Aux vers 1044, etc. :

>JACINTA.
>Pues Jacinta no es hermosa?
>No es discreta, rica, y tal
>que puede el mas principal
>desealla para esposa?
>DON GARCÍA.
>Es discreta, rica, y bella;
>mas á mí no me conviene.

JACINTA.
Pues decid, qué falta tiene?
DON GARCÍA.
La mayor, que es no querella.

Nous aurions pu tout citer, car Corneille n'a rien omis, sauf les détails auxquels il devait substituer des équivalents ou de simples raccords. Ici comme ailleurs on aura pu remarquer chez le poëte français plus d'étude et d'art dans le style, chez l'espagnol une précision plus vive, qui entraîne davantage l'action dramatique.

XV.

Du reste, après cet effort très-ingénieux pour lutter sur ce terrain de l'intrigue féminine espagnole, Corneille abandonne forcément la partie. Le naturel le plus parfait, la plus grande vérité de couleur locale sont précisément ce qu'il y a de plus nécessaire pour encadrer ces subtiles intrigues de jolies dames, voilées ou de leur mantille ou du mystère de la nuit. Aussi suffisait-il de l'instinct et de la vivacité familière des femmes espagnoles pour fournir assez d'actrices capables de rendre avec agrément divers rôles du premier rang dans ces comédies. Avec moins de spontanéité sur notre scène, sous l'empire de tant de conditions antipathiques à ces habitudes, la concurrence était téméraire et à peu près impossible. Matériellement, un obstacle insurmontable à l'imitation complète de cette partie de l'intrigue, résulte de l'étendue, qui eût imposé à l'imitateur la substance d'une pièce en sept ou huit actes : telle est en effet la disproportion ordinaire entre les ouvrages dramatiques des deux nations. Une autre difficulté tout aussi sérieuse est dans le canevas même, dont la trame chez l'auteur espagnol est d'une telle finesse qu'elle échappe à l'analyse aussi bien qu'à l'imitation. Il faudrait voir dans le texte, ou mieux sur le théâtre, la jolie scène *de jour* où sont redoublées les méprises de la nuit entre les jeunes filles *tapadas*, c'est-à-dire couvertes de leurs mantilles comme d'un domino, suivant l'usage d'Espagne. Cette combinaison sert à pousser à bout les confusions, les mensonges *apparents* du Menteur, qui, en recherchant l'une, s'adresse involontairement à l'autre, et le dépit de Jacinte qui se détache de lui, et l'inclination croissante de Lucrèce. Le lieu naïvement choisi pour cette action n'est autre que le cloître de l'église et couvent de *la Magdalena*, à l'heure de l'office de l'octave, lieu fréquenté du beau monde, rendez-vous à la mode de dévotion et de galanterie. D'autres rencontres importantes pour notre comédie y sont amenées ensuite très-naturellement.

Corneille était forcé de renoncer à tant de développements, et il ne pouvait transporter l'intrigue dans un lieu saint. Toutefois on lit avec quelque surprise, au vers 1434, ce mot de Clarice à Lucrèce :

« Soit. Mais il est saison *que nous allions au temple.* »

Que vient faire le *temple* ou l'église, dans une action comique aussi abstraite chez nous que les noms grecs de ses personnages? Voltaire est choqué de cette inconvenance dramatique : Allons à l'église, puisque nous n'avons plus rien à dire ici! et cela sans qu'il doive rien résulter pour notre action de cette dévote pratique. La faute tient à un scrupule assez touchant de Corneille : il a beau retrancher et changer bien des choses, on voit qu'il s'y résout timidement, qu'il est comme obsédé des souvenirs de son texte, et il en donne volontiers, comme ici, des miettes éparses, par réminiscence des morceaux dont il est obligé de se priver.

XVI

Au *quatrième acte* reparaît le comique de caractère du Menteur, qui n'avait presque plus menti dans le troisième.

C'est d'abord l'honnête valet qu'il va prendre pour dupe à son tour, lui, *de son cœur l'unique secrétaire*, lui, *de ses secrets le grand dépositaire*[1].

> Pues secretario me has hecho
> del archivo de tu pecho....

Cliton demande à son maître des nouvelles de cet Alcippe qui, dit-on, *s'est battu*[2], transition très-faible, ainsi que tout le commencement de la première scène, et qui est tout autrement ménagée dans l'espagnol, où elle sort directement de l'action.

L'occasion est belle pour le Menteur, en s'avouant le héros de ce duel, d'inventer un superbe combat, et de tuer son homme, sauf à le voir entrer en scène aussitôt, ressuscité sûrement par quelque charme hébraïque dont il connaît la formule, sachant dix langues aussi bien que la sienne. Émotions successives du valet, suivies de ses reproches ironiques. Tout cela est imité de fort près, sauf la supposition d'une vieille rancune et d'anciennes provocations[3], sauf encore le joli vers de Corneille :

« Les gens que vous tuez se portent assez bien[4]. »

---

1. Acte IV, scène I, vers 1129, 1130, et scène III, vers 1169, 1170.
2. Voyez acte IV, scène I, vers 1120.
3. Voyez *ibidem*, vers 1132 et suivants. — 4. Acte IV, scène II, vers 1164.

APPENDICE. 263

Quelque chose manque pourtant : il était naturel d'amplifier le récit du combat par quelques grands détails d'escrime comme fait Alarcon. Pour en inventer, Corneille, qui n'était pas homme d'épée, pouvait manquer de ressources techniques; mais pourquoi ne traduit-il pas le grand fait d'armes de son auteur? D'abord il ne veut pas dire qu'un *Agnus Dei* porté par l'adversaire l'a préservé d'un terrible coup d'estocade en brisant l'estoc par la moitié. De plus, pour suivre le poëte espagnol, il eût fallu raconter que, réduit au tronçon de l'arme, le vainqueur a fendu le crâne à son ennemi ; mais Corneille veut éviter le double emploi d'une lame brisée : or déjà le Menteur nous disait en contant l'esclandre de Poitiers :

« Mon épée en ma main en trois morceaux rompit[1]. »

Notez que ce contre-temps avait été judicieusement substitué alors à celui d'un nœud d'épée qui, dans l'espagnol, s'était accroché au loquet d'une serrure. Notre poëte n'avait pas voulu d'un accident trop analogue à celui du pistolet accroché par les cordons de la montre. Mais ce souvenir transposé de l'épée brisée n'est-il pas encore un exemple de ces scrupules de fidélité dont nous venons de parler?

Nous devons ajouter que dans sa forme réduite Corneille écrit admirablement tout ce passage, avec un sel comique qui, tout en imitant, surpasse l'original, par exemple dans ce tour rapide : *A ce compte il est mort? — Je le laissai pour tel*[2].

Vino sin sentido al suelo,
y aun sospecho que sin alma.
Dejéle así, y con secreto
me vine.

On peut comparer les passages suivants, à partir du vers 1168 de Corneille :

TRISTAN.
Tambien á mí me la pegas!
Al secretario del alma!
. . . .
DON GARCÍA.
Sin duda que le han curado
por ensalmo.
. . . .
TRISTAN.
Señor, mis servicios paga
con enseñarme ese ensalmo.
DON GARCÍA.
Está en dicciones hebráicas,

1. Acte II, scène v, vers 652. — 2. Acte IV, scène I, vers 1143 et 1144

y si no sabes la lengua,
no has de saber pronunciarlas.
    TRISTAN.
Y tú sábesla?
     DON GARCÍA.
    Qué bueno!
Mejor que la castellana :
hablo diez lenguas.
    TRISTAN, *á parte.*
     (Y todas
para mentir no te bastan.)
Cuerpo de verdades lleno
con razon el tuyo llaman,
pues ninguna sale dél....
    (*A parte.*)
(Ni hay mentira que no salga.)

XVII.

L'autre trait de caractère, le seul autre moment intéressant de ce quatrième acte, nous révèle inopinément la *grossesse* de la jeune épouse demeurée à Poitiers (ou à Salamanque), quand le bon père, gagné de tendresse, veut que son fils aille la chercher, et qu'il faut le faire renoncer à cette idée[1].

    DON BELTRAN.
Por qué?
    DON GARCÍA.
   Porque está preñada;
y hasta que un dichoso nieto
te dé, no es bien arriesgar
su persona en el camino.
    DON BELTRAN.
Jesus! fuera desatino,
estando así, caminar.

Alarcon n'a pas, il est vrai, de vers qui équivale à ce mouvement du vieillard heureux de l'idée d'être bientôt aïeul :

« A ce coup ma prière a pénétré les cieux[2]. »

La lettre qu'il s'agit d'écrire et de modifier d'après cette nouvelle, amène la malencontreuse question du *nom* du beau-père. Chez Alarcon, c'est seulement le *prénom* inséparable du *don* qu'il est question de retrouver, car il est indispensable en espagnol, et il y a plus de

---

1. Voyez acte IV, scène IV, vers 1227 et suivants. — 2. *Ibidem,* vers 1232.

vraisemblance dans cet oubli que dans celui du nom de famille. Le seigneur de Herrera à Salamanque va donc s'appeler don Diégo, après avoir été nommé ci-devant don Pedro ; la variante s'expliquera en Espagne par l'adoption d'un nouveau prénom à titre d'héritage testamentaire ; en France, Armédon changé en Pyrandre s'expliquera comme un *nom de terre* :

« Il portoit ce dernier quand il fut à la guerre[1]. »

Et quand le bonhomme enfin s'est retiré content :

« Il faut bonne mémoire après qu'on a menti.
« — L'esprit a secouru le défaut de mémoire[2]. »

El que miente ha menester
gran ingenio y gran memoria.

Les deux scènes dont nous venons de parler sont disposées par Alarcon dans un ordre tout différent qu'il serait trop long d'exposer. L'entrée d'Alcippe au moment où on vient de le *tuer*, est motivée autrement par Corneille, et d'une manière un peu froide. Après tout ce qui s'est passé, cet Alcippe n'a pas besoin de témoigner tant d'empressement et d'amitié à Dorante. La nouvelle qu'il apporte, c'est que son père est arrivé de Tours, condition absolue de son mariage, comme dans l'espagnol l'obtention d'une commanderie par don Juan de Sosa.

Mais ici, en s'écartant de l'original, notre comédie dégénère rapidement. Nous n'insisterons pas dans la seconde moitié de cet acte sur l'intervention de cette soubrette Sabine qui ne parle que de se faire payer, sans qu'on en comprenne l'utilité. L'équivalent de cette figure est dans le texte un valet de Lucrèce qui tient moins de place et qui sert à l'action. Il serait superflu de poursuivre ces petits emprunts partiels, où le modèle rendu presque méconnaissable est pourtant toujours rappelé plus ou moins indirectement.

XVIII.

Encore un beau moment de grande imitation dans le *cinquième acte*, au commencement, et c'est tout ce que nous aurons à comparer. C'est assez, en effet, de cette succession de passages brillants déduits d'un même caractère, pour avoir maintenu la comédie de Corneille au rang qu'elle occupe sur notre théâtre, malgré l'effort d'indulgence qu'exigent, surtout vers la fin, sa composition et son ensemble dramatique.

Le père du Menteur demande quelques renseignements sur sa nou-

---

1. Acte IV, scène IV, vers 1254. — 2. Acte IV, scène v, vers 1260 et 1261.

velle famille de province à l'un des amis d'université de son fils. C'est à Philiste qu'il s'adresse, rôle très-indifférent, tandis qu'Alcippe (comme Juan de Sosa dans le texte) pourrait également lui répondre. Ce que notre auteur met du sien dans ce dialogue, c'est, dans les réponses de Philiste, une malice ironique qui devient gratuitement assez désobligeante et discourtoise envers ce père trop crédule. Cela est d'ailleurs tourné d'une manière très-leste et très-piquante :

« Non, sa parole est sûre, et vous pouvez l'en croire ;
« Mais il nous servit hier d'une collation
« Qui partoit d'un esprit de grande invention, etc.[1] »

L'auteur espagnol ménage cet éclaircissement d'une façon plus digne, et beaucoup plus frappante par la situation : il amène d'un côté de la scène, au cloître de la Madeleine, don Beltran causant avec Juan de Sosa, tandis que de l'autre côté Garcia achève sur Tristan l'essai de ses inventions. Désabusé enfin, le père reste à la même place, lançant des regards courroucés à son fils qui s'approche, et qui subit pour la seconde fois une éloquente réprimande sur l'infamie de ses mensonges.

Corneille, on le sait, a attendu jusqu'ici pour faire élever la voix à son *iratus Chremes*, et dans cette belle interpellation : *Êtes-vous gentilhomme*[2]? il préfère imiter d'abord la grave leçon de la deuxième journée dont nous avons parlé (XII) et qu'il a omise en son lieu. Le petit monologue : *O vieillesse facile!* etc.[3], est librement imité de cet endroit de la troisième journée :

Válgame Dios! Es posible
que á mí no me perdonaran
las costumbres deste mozo?
Que aun á mí en mis propias canas
me mintiese al mismo tiempo
que riñéndoselo estaba?...

Mais l'interpellation énergique transposée dans Corneille est marquée d'un ton plus irrité, au lieu du ton plutôt grave et triste qu'elle rend dans l'admonestation prudente d'où elle est reprise :

DON BELTRAN.
Sois caballero, García?
DON GARCÍA.
Téngome por hijo vuestro.
DON BELTRAN.
Y basta ser hijo mio
para ser vos caballero?

1. Acte V, scène I, vers 1478 et suivants. — 2. Acte V, scène III, vers 1501.
3. Acte V, scène II.

APPENDICE.

DON GARCÍA.
Yo pienso, señor, que sí.
DON BELTRAN.
Qué engañado pensamiento!
Solo consiste en obrar
como caballero, el serlo.
Quién dió principio á las casas
nobles? Los ilustres hechos
de sus primeros autores.
Sin mirar sus nacimientos,
hazañas de hombres humildes
honraron sus herederos.
Luego en obrar mal ó bien
está el ser malo ó ser bueno.
Es así?
DON GARCÍA.
Que las hazañas
dén nobleza, no lo niego;
mas no neguéis que sin ellas
tambien la dá el nacimiento.
DON BELTRAN.
Pues si honor puede ganar
quien nació sin él, no es cierto
que por el contrario puede
quien con él nació, perdello?
DON GARCÍA.
Es verdad.
DON BELTRAN.
Luego si vos
obrais afrentosos hechos,
aunque seais hijo mio,
dejais de ser caballero :
luego si vuestras costumbres
os infaman en el pueblo,
no importan paternas armas,
no sirven altos abuelos.

« Qui se dit gentilhomme, et ment comme tu fais,
« Il ment quand il le dit, et ne le fut jamais[1]. »

Qué caballero, y qué nada!
Si afrenta al noble y plebeyo
solo el decirle que miente,
decid, qué será el hacerlo,
si vivo sin honra yo,
segun los humanos fueros,
mientras de aquel que me dijo
que mentía, no me vengo[2]?

1. Acte V, scène III, vers 1519 et 1520. — 2. Comparez vers 1523 et suivants.

On voit combien est en général plus forte de style l'éloquence de Corneille, indépendamment du ton plus pressé que comporte ici la situation. De ce premier emprunt il passe à ceux que lui fournit dans l'original la réprimande actuelle :

>Si algun cuidado amoroso
>te obligó á que me engañaras,
>qué enemigo te oprimia,
>qué puñal te amenazaba,
>sino un padre, padre al fin[1]?

L'interlocution un peu plus fréquente où se mêle Cliton à demi-voix est de Corneille. Vient la demande de la main de *Lucrèce*, dont le Menteur atteste, toujours par erreur de nom, qu'il est amoureux, ce qui fut la cause de ses feintes aventures. Tout est imité; en particulier ce beau mouvement : *Tu ne meurs pas de honte*[2].... quand Dorante invoque le témoignage de son valet à l'appui du sien.

>DON BELTRAN.
>No, no. Jesus! Calla. En otra
>habias de meterme. Basta.
>Ya, si dices que esta es luz,
>he de pensar que me engañas.
>DON GARCÍA.
>No, señor : lo que á las obras
>se remite, es verdad clara ;
>y Tristan, de quien te fias,
>es testigo de mis ansias.
>Dilo, Tristan.
>TRISTAN.
>Sí, señor :
>lo que dice es lo que pasa.
>DON BELTRAN.
>No te corres desto? Di :
>no te avergüenza que hayas
>menester que tu criado
>acredite lo que hablas?

XIX.

Il resterait à comparer les deux dénoûments. Garcia ne ment plus dans le dénoûment espagnol, mais il est fourvoyé jusqu'au bout par

---

1. Comparez vers 1543 et suivants.
2. Acte V, scène III, vers 1581 et suivants.

sa première méprise, d'une manière qui nous semble amusante, dramatique et fort habilement combinée.

Dans la pièce française, Dorante est tiré de son erreur par un propos fortuit, quand Clarice dit devant lui à son amie : *Lucrèce, écoute un mot*[1]. Dès lors il fait soudain changement de front. Par une précaution trop visiblement artificielle de l'auteur, Dorante s'est avisé à part lui que Lucrèce *vaut bien* Clarice[2], et pour ne pas rester humilié des mépris de cette dernière, il se met à soutenir assez bassement qu'il a joué la comédie à son égard, et que la vraie Lucrèce a toujours eu son amour. Ce nouveau genre de mensonge n'a rien de l'inspiration comique des précédents : c'est une ressource d'amour-propre qui n'est point confondue comme il le faudrait, et qui profite à son hypocrisie. Tout se termine, nous sommes forcés de le dire, dans une indifférence générale du spectateur pour les personnages, surtout pour le principal, et la conclusion par un double mariage s'accomplit sommairement, à demi dissimulée derrière la coulisse.

Corneille s'applaudit, un peu complaisamment, dans son *Examen*, d'avoir évité, par la conversion soudaine des sentiments de Dorante, ce qu'il y aurait eu de *trop dur* dans un mariage tragiquement imposé sous la menace d'être tué par son père[3]. Dans la roideur des formes françaises, la chose en effet aurait pu prendre ce tour désagréable; mais la conclusion espagnole qui donne Lucrèce à Garcia ne laisse aucune impression bien fâcheuse, et présente au contraire un tableau original et supérieurement ordonné. Huit personnes au moins y sont amenées sur la scène sans aucune confusion, parce que le poëte espagnol peut faire converser séparément des groupes différents. Corneille n'osait faire usage de cette faculté sur son théâtre, et c'est probablement là le genre d'aparté qu'il n'aimait pas, et qu'il aurait voulu éviter[4].

Nous croyons donc devoir terminer cette étude par l'exposé de la dernière scène d'Alarcon, pour compléter un peu l'idée du modèle auquel Corneille renonçait malgré lui, après l'avoir si attentivement poursuivi, habilement imité, surpassé même quelquefois par la poésie du style. Le mérite de l'illusion et de la mise en scène devait rester à une comédie plus formée, plus savante, et moins gênée dans ses allures, telle qu'était alors la comédie espagnole par rapport à la nôtre.

---

1. Acte V, scène VI, vers 1717.
2. Voyez *ibidem*, vers 1724; et même acte, scène IV, vers 1620 et suivants.
3. Voyez ci-dessus, p. 138.
4. Voyez p. 137.

XX.

La scène est un salon attenant à un jardin, chez Lucrèce.

Le seigneur de Luna, père de Lucrèce, dont on s'était passé jusqu'ici, ramène de la promenade son vieil ami don Sanche, l'oncle de Jacinte. On doit souper ensemble, et l'on cause tandis que les deux jeunes filles sont au jardin. On reçoit à cette heure inaccoutumée la visite de Juan de Sosa, pressé de montrer à don Sanche la nomination officielle qu'il a enfin reçue et qui doit assurer son bonheur. L'oncle de Jacinte accueille cette nouvelle avec joie et va dans le jardin en faire part à sa pupille.

Un motif grave amène également chez le seigneur de Luna Garcia et don Beltran, pressé de présenter son fils au père de Lucrèce.

Tandis que Garcia complimente Sosa sur le succès de ses vœux, peu de mots ont suffi aux deux vieillards pour tomber d'accord, et Luna s'empresse de tendre la main au jeune homme en s'engageant pour sa fille.

Une certaine anxiété se prolonge ainsi pour le spectateur, qui sait que Garcia, encore trompé dans sa démarche par un nom mal appliqué, ne songe en réalité qu'à Jacinte, l'accordée de Sosa.

En ce moment reviennent du jardin don Sanche et les jeunes filles. Jacinte reçoit le compliment de son amie, en souhaitant même fortune au penchant qu'elle lui connaît pour Garcia.

C'est là le moment d'un fort joli coup de théâtre.

Quand, d'un côté de la scène, le père de Lucrèce lui a assuré que Garcia, non marié à Salamanque, vient la demander, et qu'elle a consenti, don Sanche à haute voix invite les deux nobles prétendants à s'avancer vers leurs heureuses fiancées. « Maintenant, dit Garcia triomphant, le fait va justifier tout ce que j'ai dit de vrai. » Et là-dessus il s'avance vers Jacinte du même pas que Sosa. « Que faites-vous, Garcia? lui dit celui-ci. Voilà Lucrèce. » Il se récrie; il persiste un moment, et déclare que s'il a demandé l'une par erreur, c'est l'autre qu'il a aimée. Scandale et colère générale. Lucrèce atteste vivement la lettre où il s'engageait à elle d'une manière si peu équivoque; don Beltran le fera périr de sa main s'il persévère dans cette nouvelle indignité; le seigneur de Luna voudra laver dans son sang l'injure faite à sa fille. Juan de Sosa prie brièvement Jacinte de mettre un terme à *tout cela*, et elle se donne à lui. Dès lors Garcia n'a plus qu'à se rendre à la douce Lucrèce.

« A vous la faute, dit Tristan à demi-voix. Si vous aviez commencé par dire vrai, vous posséderiez Jacinte à cette heure. Plus de remède maintenant : consentez, et donnez la main à Lucrèce, qui est aussi une aimable fille.

Don Garcia. Allons, puisqu'il le faut ; je donne ma main.

Tristan. Cela vous apprendra ce qu'on gagne à mentir, et fera voir à l'Assemblée que dans la bouche du menteur d'habitude, la *vérité* devient *suspecte.* »

TRISTAN.
Tú tienes la culpa toda ;
que si al principio dijeras
la verdad, esta es la hora
que de Jacinta gozabas.
Ya no hay remedio : perdona,
y da la mano á Lucrecia,
que tambien es buena moza.

DON GARCÍA.
La mano doy, pues es fuerza.

TRISTAN.
Y aquí verás cuan dañosa
es la mentira ; y verá
el senado, que en la boca
del que mentir acostumbra,
es *la verdad sospechosa.*

L'intérêt qui s'attache à la pièce d'Alarcon et à un poëte de cet ordre dont le nom est presque dépourvu de tout renseignement biographique, nous porte à relever ici deux passages assez remarquables de cette comédie.

Le premier a été déjà signalé par un éditeur : c'est un éloge du roi Philippe III mêlé aux remontrances adressées par don Beltran à son fils : « Songez que vous vivez sous les yeux d'un roi si pieux et si accompli que vos travers ne peuvent trouver en lui de faiblesses qui servent à les excuser. » Cette phrase donnerait à la pièce une date antérieure à la mort de Philippe III, qui arriva en mars 1621.

L'autre passage appartient à la première scène. C'est un trait d'amère censure qui semble coïncider avec des manifestations assez vives de l'opinion publique survenues vers la fin de ce règne, et dont il est question dans le roman de Gil Blas, d'une manière qui ressemble fort à de l'histoire. C'est le moment de la chute du long ministère du duc de Lerme, faiblement continué par son fils le duc d'Uzède. Le *Letrado*, pour consoler don Beltran au sujet de son fils, lui dit qu'on peut tout espérer du séjour de la cour, d'une si grande école d'honneur, pour l'amendement du jeune homme. « Ah ! je suis presque tenté de rire à voir comme vous entendez la cour. Vraiment, il ne trouverait là personne pour lui enseigner à mentir ! Sachez bien qu'à la cour, si fort que soit en ce genre don Garcia, il trouvera des gens qui lui rendront chaque jour mille points en fait de mensonges. Quand on voit ici tel homme occupant un poste élevé, mentir en des affaires où il y va pour ses dupes de leur fortune et de leur honneur, combien un tel méfait n'est-il pas plus grave de la part de celui qui est offert à tout le royaume pour miroir et pour modèle.... Mais quittons ce sujet.... je me laisse aller à de médisants propos, etc. [1]. »

V.

Dans une de ses notes sur *le Menteur* (acte II, scène v), Voltaire mentionne comme étant une imitation de la comédie de Corneille,

---

1. A l'occasion de nos impartiales analyses, nous devons ajouter un mot sur une Histoire de la littérature dramatique des Espagnols, écrite en allemand, ouvrage très-utile et très-bien fait d'ailleurs, mais où sont prononcées contre *le Menteur* et *le Cid* de Corneille des censures fort injustes, d'un esprit exclusif, et qui supposent une étude trop incomplète. Voyez *Geschichte der dramatischen Literatur und Kunst in Spanien*, von Ad. Friedr. von Schack, tome II, p. 430 et p. 625.

Le tome III du même ouvrage, que nous regrettons d'avoir lu trop tard, présente, au détriment de Corneille, d'autres injustices qui, ajoutées aux précédentes, feraient croire, tant elles marquent d'inattention et d'arbitraire, à une aveugle prévention, indigne d'un tel critique. L'une de ces erreurs (p. 373) consiste à supposer que *le Cid* est une imitation combinée ou *compilation* des *deux* modèles fournis concurremment à Corneille par Castro et par Diamante, erreur d'autant plus étrange qu'elle est avancée à titre de rectification d'un jugement tout contraire exprimé au tome II. En se rétractant ainsi, sur la foi d'un certain sentiment de l'originalité espagnole, singulièrement déçu cette fois, M. de Schack oublie de réfuter la preuve péremptoire, la preuve chronologique, qu'il avait si justement invoquée lui-même. Il se laisse prendre au piége d'un petit article inséré par Voltaire au tome II de la *Gazette littéraire* de l'abbé Arnaud, et montrant très-peu de confiance envers la critique de Voltaire, il se donne pour convaincu par celle de l'abbé Arnaud, qui n'est autre que Voltaire lui-même dans l'article en question. Mais, pour en finir avec Diamante, nous avons nous-même à rectifier la supposition que nous avons faite au tome III, p. 238, que sa pièce n'avait été imprimée qu'une fois au dix-septième siècle, en 1658-1659. Il faut joindre à cette édition celle qui est comprise dans ses deux volumes de *Comédies*, Madrid, 1670 et 1674.

L'autre procédé, non moins arbitraire, regarde l'*Héraclius*. Pour maintenir en possession de la priorité l'Espagnol Calderon, qui a traité le même sujet dans son drame intitulé : *En esta vida todo es verdad y todo mentira*, M. de Schack (p. 177) antidate de vingt-sept ans la première publication de cette pièce, et la fait remonter à l'an 1637. Il est vrai qu'il se rétracte encore sur

APPENDICE. 273

la pièce de Goldoni intitulée *il Bugiardo*[1]. Ce rapprochement n'est évidemment qu'une aimable flatterie, motivée par quelques relations de politesse qui s'étaient établies entre Voltaire et l'auteur italien. Les deux ouvrages diffèrent à un tel point l'un de l'autre par les circonstances de l'action, le genre, le ton, la manière, sans parler du talent, que toute comparaison est impossible. Pour montrer combien la distance est grande quant au genre et au ton, il nous suffira de dire que dans la comédie italienne, écrite en prose commune, le père du Menteur, le valet du Menteur, et un autre valet ou confident s'appellent *Pantalone*, *Arlecchino* et *Brighella*, noms de trois masques traditionnels, parlant tous le patois vénitien. Goldoni revendique à bon droit son originalité telle quelle dans un mot de préface, où, par un scrupule de délicatesse, il reconnaît d'une manière générale qu'il a fait quelques emprunts à la pièce française (il ne paraît pas avoir connu l'espagnole) : il a reproduit en effet les plaisantes inventions d'un mariage forcé, d'une femme enceinte, d'un adversaire tué en duel. Au lieu des tirades narratives, c'est en un menu dialogue qu'arrivent une à une toutes les fictions de ce Menteur. Les questions du bonhomme Pantalon en provoquent chaque circonstance successivement, et son jeu de scène devient ainsi le côté le plus plaisant du spectacle.

Du reste le tour honnête et assez sérieux des idées de Goldoni est marqué par son dénoûment. Le menteur Lélio, qu'il a rendu plus méprisable que séduisant, est à la fin chassé par la famille à laquelle il voulait s'allier, et rejeté par son père Pantalon Bisognosi, qui l'abandonne, en lui comptant sa légitime, aux poursuites d'une femme étrangère, qu'il a séduite et délaissée.

V.

---

cette nouvelle erreur, et dans le même volume, p. 289; mais l'absence de toute date en sa faveur ne lui suffit pas pour renoncer à l'imputation de plagiat contre Corneille, et c'est ce dont nous aurons à parler au prochain volume.
V.

1. *Le Menteur*, *le Hâbleur*, représenté à Mantoue au printemps de 1750.

LA SUITE DU MENTEUR

COMÉDIE

1643

NOTICE.

Nous avons peu de chose à dire de *la Suite du Menteur*. La comparaison entre cet ouvrage et la comédie de Lope de Vega intitulée *Amar sin saber á quien*, « Aimer sans savoir qui, » sera faite avec toute la compétence désirable dans l'*Appendice* que nous devons à l'inépuisable obligeance de M. Viguier (voyez p. 391-395); et quant à l'histoire de la représentation, nous l'avons presque racontée d'avance en parlant du *Menteur* lui-même. La scène III du premier acte, citée par nous dans la *Notice* précédente, prouve que les personnages de Dorante et de Cléon furent remplis par les acteurs qui les avaient déjà représentés dans le premier ouvrage, et donne sur ces deux comédiens de curieux détails, auxquels nous nous contentons de renvoyer[1].

Cette pièce fut jouée vers la fin de 1643, et il est permis de conjecturer qu'elle fut lue par Corneille au chancelier Séguier, au commencement d'août de la même année. Voici sur quoi se fonde cette opinion. On lit à la suite d'un passage de la *Bibliothèque françoise* de Gouget[2] où il vient d'être question de la correspondance manuscrite de Chapelain : « Ces lettres.... de même que quelques autres, montrent aussi que Corneille fréquentoit souvent M. le chancelier Séguier et l'hôtel de Rambouillet, et qu'il lisoit ses pièces dramatiques avant de les livrer au théâtre. » L'indication marginale qui accompagne ce passage porte : « Lettres du 16 août 1643 et du 8 novembre 1652. » De ces deux dates la première ne peut se rapporter qu'à *la*

1. Voyez la Notice du *Menteur*, p. 122 et suivantes.
2. Tome XVII, p. 163.

Suite du Menteur et la seconde qu'à *Pertharite*, joué en 1653. Par malheur, il est impossible de recourir au texte même : car, bien que M. Sainte-Beuve possède la plus grande partie des lettres inédites de Chapelain, « cette précieuse copie autographe est, comme le fait remarquer M. Taschereau[1], incomplète d'un volume (1641 à 1658). » Ce que nous venons de dire prouve que Gouget avait probablement parcouru ce volume aujourd'hui perdu, et, faute de mieux, son témoignage nous fournira encore d'utiles renseignements en d'autres circonstances.

Corneille reconnaît en plus d'un endroit[2] que la pièce qui nous occupe a beaucoup moins bien réussi que la précédente; mais il nous apprend que, « quatre ou cinq ans après, la troupe du Marais la remit au théâtre avec un succès plus heureux[3]. » C'est sans doute cette phrase qui a fait supposer fort gratuitement que *le Menteur* et *la Suite* n'avaient pas d'abord été donnés au Marais, mais qu'ils y avaient seulement été repris[4].

Voltaire affectionnait cet ouvrage; il s'exprime ainsi dans la préface du commentaire qu'il lui a consacré : « *La Suite du Menteur* ne réussit point. Serait-il permis de dire qu'avec quelques changements elle ferait au théâtre plus d'effet que *le Menteur* même ? »

Andrieux voulut tenter l'aventure; il mit la pièce en quatre actes, et la fit ainsi représenter, le 26 germinal an xi (1803), sur le théâtre Louvois. Puis, mécontent de son essai, qui avait pourtant été accueilli d'une manière assez favorable, il crut pouvoir trouver des modifications plus heureuses, remit l'ouvrage en cinq actes, et le fit jouer en 1810, avec de nouveaux changements, sur le théâtre de l'Impératrice (aujourd'hui l'Odéon). Toutefois, cette comédie n'a pu se maintenir

---

1. *Histoire de la vie et des ouvrages de P. Corneille*, 2⁰ édition, p. vii.
2. Voyez p. 279 et 285. — 3. Voyez p. 286.
4. On lit dans le *Journal du Théâtre françois* (tome II, fol. 853 verso) : « La troupe royale mit au théâtre au commencement du mois suivant (décembre 1643) une comédie nouvelle de Corneille intitulée *la Suite du Menteur*.... Cette pièce.... n'eut que trois représentations; mais les comédiens du Marais l'ayant remise quatre ans après à leur théâtre, elle en eut dix, et elle y fut très-applaudie. »

au répertoire; mais aucune peut-être ne mériterait davantage de devenir l'objet, au moins passager, d'une de ces intéressantes reprises que, depuis quelque temps, le Théâtre-Français a si à propos multipliées. En effet, si le plan et l'ordonnance laissent quelque chose à désirer, *la Suite du Menteur* n'en offre pas moins des rôles excellents, des scènes charmantes et des situations fort gaies.

L'édition originale a pour titre : LA SVITE DU MENTEUR, COMEDIE. *Imprimé à Roüen, et se vend à Paris, chez Antoine de Sommauille.... et Augustin Courbé....* M.DC.XLV, in-4° de 6 feuillets et 136 pages. On lit à la fin du privilége : « Acheué d'imprimer pour la premiere fois à Rouen, par Laurens Maurry, ce dernier septembre 1645. »

ÉPÎTRE[1].

MONSIEUR,

Je vous avois bien dit que *le Menteur* ne seroit pas le dernier emprunt ou larcin que je ferois chez les Espagnols[2] : en voici une *Suite* qui est encore tirée du même original, et dont Lope a traité le sujet sous le titre de *Amar sin saber á quien.* Elle n'a pas été si heureuse au théâtre que l'autre, quoique plus remplie de beaux sentiments et de beaux vers. Ce n'est pas que j'en veuille accuser ni le défaut des acteurs, ni le mauvais jugement du peuple : la faute en est toute à moi, qui devois mieux prendre mes mesures, et choisir des sujets plus répondants au goût de mon auditoire. Si j'étois de ceux qui tiennent que la poésie a pour but de profiter aussi bien que de plaire[3], je tâcherois de vous persuader que celle-ci

1. Cette épître ne se trouve que dans les éditions antérieures à 1660.
2. Voyez l'*Épître* en tête du *Menteur*, p. 131.
3. Voyez tome II, p. 119 et note 3.

est beaucoup meilleure que l'autre, à cause que Dorante y paroît beaucoup plus honnête homme, et donne des exemples de vertu à suivre; au lieu qu'en l'autre, il ne donne que des imperfections à éviter; mais pour moi, qui tiens avec Aristote et Horace[1] que notre art n'a pour but que le divertissement, j'avoue qu'il est ici bien moins à estimer qu'en la première comédie, puisque, avec ses mauvaises habitudes, il a perdu presque toutes ses grâces, et qu'il semble avoir quitté la meilleure part de ses agréments lorsqu'il a voulu se corriger de ses défauts[2]. Vous me direz que je suis bien injurieux au métier qui me fait connoître, d'en ravaler le but si bas que de le réduire à plaire au peuple, et que je suis bien hardi tout ensemble de prendre pour garant[3] de mon opinion les deux maîtres dont ceux du parti contraire se fortifient. A cela, je vous dirai que ceux-là même qui mettent si haut le but de l'art sont injurieux à l'artisan, dont ils ravalent d'autant plus le mérite, qu'ils pensent relever la dignité de sa profession, parce que, s'il est obligé de prendre soin de l'utile, il évite seulement une faute quand il s'en acquitte, et n'est digne d'aucune louange. C'est mon Horace qui me l'apprend :

Vitavi denique culpam,
Non laudem merui[4].

1. Voyez la *Poétique* d'Aristote, chapitre IV, et l'*Art poétique* d'Horace, vers 333 et suivants.

2. Corneille a dit ailleurs : « Il est hors de doute que c'est une habitude vicieuse que de mentir; mais il débite ses menteries avec une telle présence d'esprit et tant de vivacité, que cette imperfection a bonne grâce en sa personne, et fait confesser aux spectateurs que le talent de mentir ainsi est un vice dont les sots ne sont point capables. » (*Discours du poème dramatique*, tome I, p. 32.)

3. Il y a *garant* (*garand*), au singulier, dans toutes les éditions (1644-1656).

4. Ce sont les vers 267 et 268 de l'*Art poétique*, mais ils ne s'appliquent pas à ce que dit ici Corneille.

En effet, Monsieur, vous ne loueriez pas beaucoup un homme pour avoir réduit un poëme dramatique dans l'unité de jour et de lieu, parce que les lois du théâtre le lui prescrivent, et que sans cela son ouvrage ne seroit qu'un monstre. Pour moi, j'estime extrêmement ceux qui mêlent l'utile au délectable, et d'autant plus qu'ils n'y sont pas obligés par les règles de la poésie[1]; je suis bien aise de dire d'eux avec notre docteur[2] :

Omne tulit punctum, qui miscuit utile dulci ;

mais je dénie qu'ils faillent contre ces règles, lorsqu'ils ne l'y mêlent pas, et les blâme seulement de ne s'être pas proposé un objet assez digne d'eux, ou si vous me permettez de parler un peu chrétiennement, de n'avoir pas eu assez de charité pour prendre l'occasion de donner en passant quelque instruction à ceux qui les écoutent ou qui les lisent. Pourvu qu'ils ayent[3] trouvé le moyen de plaire, ils sont quittes envers leur art; et s'ils pèchent, ce n'est pas contre lui, c'est contre les bonnes mœurs et contre leur auditoire. Pour vous faire voir le sentiment d'Horace là-dessus, je n'ai qu'à répéter ce que j'en ai déjà pris : puisqu'il ne tient pas qu'on soit digne de louange quand on n'a fait que s'acquitter de ce qu'on doit, et qu'il en donne tant à celui qui joint l'utile à l'agréable, il est aisé de conclure qu'il tient que celui-là fait plus qu'il n'étoit obligé de faire. Quant à Aristote, je ne crois pas que ceux du parti contraire ayent d'assez bons yeux pour trouver le mot d'utilité dans tout son *Art poétique :* quand il recherche la cause de la poésie, il ne l'attribue qu'au plaisir que les hommes reçoivent

1. Var. (édit. de 1648-1656) : par les règles de poésie.
2. Horace, *Art poétique*, vers 343.
3. Var. (édit. de 1648-1656) : Mais pourvu qu'ils ayent.

de l'imitation¹; et comparant l'une à l'autre les parties de la tragédie, il préfère la fable aux mœurs, seulement pour ce qu'elle contient tout ce qu'il y a d'agréable dans le poëme²; et c'est pour cela qu'il l'appelle l'âme de la tragédie. Cependant, quand on y mêle³ quelque utilité, ce doit être principalement dans cette partie qui regarde les mœurs, et que ce grand homme toutefois ne tient point du tout nécessaire, puisqu'il permet de la retrancher entièrement, et demeure d'accord qu'on peut faire une tragédie sans mœurs⁴. Or, pour ne vous pas donner mauvaise impression de la comédie du *Menteur*, qui a donné lieu à cette *Suite*, que vous pourriez juger être simplement faite pour plaire, et n'avoir pas ce noble mélange de l'utilité, d'autant qu'elle semble violer une autre maxime, qu'on veut tenir pour indubitable, touchant la récompense des bonnes actions et la punition des mauvaises, il ne sera peut-être pas hors de propos que je vous dise là-dessus ce que je pense. Il est certain que les actions de Dorante ne sont pas bonnes moralement, n'étant que fourbes et menteries; et néanmoins il obtient enfin ce qu'il souhaite, puisque la vraie Lucrèce est en cette pièce sa dernière inclination. Ainsi, si cette maxime est une véritable règle de théâtre, j'ai failli; et si c'est en ce point seul que consiste l'utilité de la poésie, je n'y en ai point mêlé. Pour le premier, je n'ai qu'à vous dire que cette règle imaginaire est entièrement contre la pratique des anciens; et sans aller chercher des exemples parmi les Grecs, Sénèque, qui en a tiré presque tous ses sujets, nous en fournit assez⁵ : Médée brave Jason après

1. Voyez tome I, p. 17 et note 1.
2. Voyez tome I, p. 17 et note 2.
3. Var. (édit. de 1656) : Cependant, quand on mêle.
4. Voyez tome I, p. 38 et note 4.
5. Var. (édit. de 1648-1656) : nous en fournira assez.

avoir brûlé le palais royal, fait périr le Roi et sa fille et tué ses enfants ; dans *la Troade*, Ulysse précipite Astyanax, et Pyrrhus immole Polyxène, tous deux impunément ; dans *Agamemnon*, il est assassiné par sa femme et par son adultère, qui s'empare de son trône sans qu'on voie tomber de foudre sur leurs têtes ; Atrée même, dans le *Thyeste*, triomphe de son misérable frère après lui avoir fait manger ses enfants. Et dans les comédies de Plaute et de Térence, que voyons-nous autre chose que des jeunes fous qui, après avoir, par quelque tromperie, tiré de l'argent de leurs pères, pour dépenser à la suite de leurs amours déréglées, sont enfin richement mariés ; et des esclaves qui, après avoir conduit tout l'intrique[1], et servi de ministres à leurs débauches, obtiennent leur liberté pour récompense ? Ce sont des exemples qui ne seroient non plus propres à imiter que les mauvaises finesses de notre Menteur. Vous me demanderez en quoi donc consiste cette utilité de la poésie, qui en doit être un des grands ornements, et qui relève si haut le mérite du poëte quand il en enrichit son ouvrage. J'en trouve deux à mon sens : l'une empruntée de la morale, l'autre qui lui est particulière : celle-là se rencontre aux sentences[2] et réflexions que l'on peut adroitement semer presque partout ; celle-ci en la naïve peinture des vices et des vertus[3]. Pourvu qu'on les sache mettre en leur jour, et les faire connoître par leurs véritables caractères, celles-ci se feront aimer, quoique malheureuses, et ceux-là se feront détester, quoique triomphants. Et comme le portrait d'une laide femme ne laisse pas d'être beau, et qu'il n'est pas besoin d'avertir que l'original n'en est pas aimable pour empêcher qu'on l'aime, il en est de même dans

1. Voyez tome I, p. 24 et note 1.
2. Voyez tome I, p. 18. — 3. Voyez tome I, p. 20.

notre peinture parlante : quand le crime est bien peint de ses couleurs, quand les imperfections sont bien figurées, il n'est point besoin d'en faire voir un mauvais succès à la fin pour avertir qu'il ne les faut pas imiter; et je m'assure que toutes les fois que *le Menteur* a été représenté, bien qu'on l'ait vu sortir du théâtre pour aller épouser l'objet de ses derniers desirs, il n'y a eu personne qui se soit proposé son exemple pour acquérir une maîtresse, et qui n'ait pris toutes ses fourbes, quoique heureuses, pour des friponneries d'écolier, dont il faut qu'on se corrige avec soin, si l'on veut passer pour honnête homme. Je vous dirois qu'il y a encore une autre utilité propre à la tragédie, qui est la purgation des passions; mais ce n'est pas ici le lieu d'en parler, puisque ce n'est qu'une comédie que je vous présente. Vous y pourrez rencontrer en quelques endroits ces deux sortes d'utilité dont je vous viens d'entretenir. Je voudrois que le peuple y eût trouvé autant d'agréable, afin que je vous pusse présenter quelque chose qui eût mieux atteint le but de l'art. Telle qu'elle est, je vous la donne, aussi bien que la première, et demeure de tout mon cœur,

    MONSIEUR,

        Votre très-humble serviteur,

                                    CORNEILLE.

EXAMEN.

L'EFFET de celle-ci n'a pas été[1] si avantageux que celui de la précédente, bien qu'elle soit mieux écrite. L'original espagnol est de Lope de Végue sans contredit[2], et a ce défaut que ce n'est que le valet qui fait rire, au lieu qu'en l'autre les principaux agréments sont dans la bouche du maître. L'on a pu voir par les divers succès quelle différence il y a entre les railleries spirituelles d'un honnête homme de bonne humeur, et les bouffonneries froides d'un plaisant à gages. L'obscurité que fait en celle-ci le rapport à l'autre a pu contribuer quelque chose à sa disgrâce, y ayant beaucoup de choses qu'on ne peut entendre, si l'on n'a l'idée présente du *Menteur*. Elle a encore quelques défauts particuliers. Au second acte[3], Cléandre raconte à sa sœur la générosité de Dorante qu'on a vue au premier, contre la maxime qu'il ne faut jamais faire raconter ce que le spectateur a déjà vu. Le cinquième est trop sérieux pour une pièce si enjouée, et n'a rien de plaisant que la première scène entre un valet et une servante. Cela plaît si fort en Espagne, qu'ils font souvent parler bas les amants de condition, pour donner lieu à ces sortes de gens de s'entre-dire des badinages ; mais en France, ce n'est pas le goût de l'auditoire. Leur entretien est plus supportable au premier acte, cepen-

---

1. Dans les éditions publiées du vivant de Corneille, cet examen suit celui du *Menteur*, qui finit par ces mots : « la comédie se termine avec pleine tranquillité de tous côtés. » Thomas Corneille, qui dans l'édition de 1692 a placé les examens après chaque pièce, a ainsi modifié la première phrase de celui-ci : « L'effet de cette pièce n'a pas été, etc. » Voyez tome I, p. 137, note 1.
2. Voyez l'*Appendice*; et ci-dessus, la Notice du *Menteur*, p. 119.
3. Voyez acte II, scène II.

dant que Dorante écrit[1] ; car il ne faut jamais laisser le théâtre sans qu'on y agisse, et l'on n'y agit qu'en parlant. Ainsi Dorante qui écrit ne le remplit pas assez ; et toutes les fois que cela arrive, il faut fournir l'action par d'autres gens qui parlent. Le second débute par une adresse digne d'être remarquée, et dont on peut former cette règle, que quand on a quelque occasion de louer une lettre, un billet ou quelque autre pièce éloquente ou spirituelle, il ne faut jamais la faire voir, parce qu'alors c'est une propre louange que le poëte se donne à soi-même[2] ; et souvent le mérite de la chose répond si mal aux éloges qu'on en fait, que j'ai vu des stances présentées à une maîtresse, qu'elle vantoit d'une haute excellence, bien qu'elles fussent très-médiocres, et cela devenoit ridicule. Mélisse loue ici la lettre que Dorante lui a écrite ; et comme elle ne la lit point, l'auditeur a lieu de croire qu'elle est aussi bien faite qu'elle le dit. Bien que d'abord cette pièce n'eût pas grande approbation, quatre ou cinq ans après la troupe du Marais la remit sur le théâtre avec un succès plus heureux ; mais aucune des troupes qui courent les provinces ne s'en est chargée. Le contraire est arrivé de *Théodore*, que les troupes de Paris n'y ont point rétablie depuis sa disgrâce, mais que celles des provinces y ont fait assez passablement réussir.

1. Voyez acte I, scène II, vers 205 et suivants.
2. Var. (édit. de 1660 et de 1663) : que le poëte se donne à lui-même.

LISTE DES ÉDITIONS QUI ONT ÉTÉ COLLATIONNÉES
POUR LES VARIANTES DE *LA SUITE DU MENTEUR.*

ÉDITION SÉPARÉE.

1645 in-4°.

RECUEILS.

1648 in-12 ; 1663 in-fol. ;
1652 in-12 ; 1664 in-8° ;
1654 in-12 ; 1668 in-12 ;
1656 in-12 ; 1682 in-12.
1660 in-8° ;

ACTEURS.

DORANTE.
CLITON, valet de Dorante.
CLÉANDRE, gentilhomme de Lyon.
MÉLISSE, sœur de Cléandre.
PHILISTE, ami de Dorante, et amoureux de Mélisse[1].
LYSE, femme de chambre de Mélisse[2].
Un Prévôt.

La scène est à Lyon[3].

---

1. Var. (édit. de 1645-1656) : Philiste, amoureux de Mélisse.
2. Var. (édit. de 1645-1656) : Lyse, servante de Mélisse.
3. Corneille dit dans le *Discours des trois unités*, tome I, p. 120, que : « *la Suite* fait voir la prison et le logis de Mélisse dans Lyon, » et que « les différentes décorations font reconnoître cette duplicité de lieu. »

LA SUITE DU MENTEUR.
COMÉDIE.

ACTE I.

SCÈNE PREMIÈRE.
DORANTE, CLITON.

(Dorante paroît écrivant dans une prison, et le geôlier ouvrant
la porte à Cliton, et le lui montrant.)

CLITON.
Ah! Monsieur, c'est donc vous?
DORANTE.
                    Cliton, je te revoi!
CLITON.
Je vous trouve, Monsieur, dans la maison du Roi!
Quel charme, quel désordre, ou quelle raillerie,
Des prisons de Lyon fait votre hôtellerie?
DORANTE.
Tu le sauras tantôt. Mais qui t'amène ici ?   5
CLITON.
Les soins de vous chercher.
DORANTE.
                    Tu prends trop de souci ;
Et bien qu'après deux ans ton devoir s'en avise[1],

---
1. *Var.* Et quoique après deux ans ton souvenir s'avise. (1645-56)

Ta rencontre me plaît, j'en aime la surprise :
Ce devoir, quoique tard, enfin s'est éveillé[1].

CLITON.

Et qui savoit, Monsieur, où vous étiez allé ? 10
Vous ne nous témoigniez qu'ardeur et qu'allégresse,
Qu'impatients desirs de posséder Lucrèce ;
L'argent étoit touché, les accords publiés,
Le festin commandé, les parents conviés,
Les violons choisis, ainsi que la journée[2] : 15
Rien ne sembloit plus sûr qu'un si proche hyménée ;
Et parmi ces apprêts, la nuit d'auparavant,
Vous sûtes faire gille[3], et fendites le vent.
Comme il ne fut jamais d'éclipse plus obscure,
Chacun sur ce départ forma sa conjecture : 20
Tous s'entre-regardoient, étonnés, ébahis ;
L'un disoit : « Il est jeune, il veut voir le pays ; »
L'autre : « Il s'est allé battre, il a quelque querelle ; »
L'autre d'une autre idée embrouilloit sa cervelle ;
Et tel vous soupçonnoit de quelque guérison 25
D'un mal privilégié dont je tairai le nom.
Pour moi, j'écoutois tout, et mis dans mon caprice
Qu'on ne devinoit rien que par votre artifice.
Ainsi ce qui chez eux prenoit plus de crédit
M'étoit aussi suspect que si vous l'eussiez dit ; 30
Et tout simple et doucet, sans chercher de finesse[4],
Attendant le boiteux[5], je consolois Lucrèce.

DORANTE.

Je l'aimois, je te jure ; et pour la posséder,

1. *Var.* Ton devoir, quoique tard, enfin s'est éveillé. (1645-56)
2. *Var.* Tout cet attirail prêt qu'on fait pour l'hyménée,
   [Les violons choisis, ainsi que la journée :]
   Qui se fût défié que la nuit de devant
   Votre propre grandeur dût fendre ainsi le vent? (1645-56)
3. *Faire gille*, se sauver, s'enfuir. Voyez le *Lexique*.
4. *Var.* Et tout simple et doucet, sans y chercher finesse. (1645-64)
5. Attendant le temps, l'occasion. Voyez le *Lexique*.

ACTE I, SCÈNE I.

Mon amour mille fois voulut tout hasarder ;
Mais quand j'eus bien pensé que j'allois à mon âge[1] 35
Au sortir de Poitiers entrer au mariage,
Que j'eus considéré ses chaînes de plus près,
Son visage à ce prix n'eut plus pour moi d'attraits :
L'horreur d'un tel lien m'en fit de la maîtresse ;
Je crus qu'il falloit mieux employer ma jeunesse, 40
Et que quelques appas qui pussent me ravir[2],
C'étoit mal en user que sitôt m'asservir.
Je combats toutefois ; mais le temps qui s'avance
Me fait précipiter en cette extravagance ;
Et la tentation de tant d'argent touché 45
M'achève de pousser où j'étois trop penché.
Que l'argent est commode à faire une folie !
L'argent me fait résoudre à courir l'Italie.
Je pars de nuit en poste, et d'un soin diligent
Je quitte la maîtresse, et j'emporte l'argent. 50
  Mais, dis-moi, que fit-elle, et que dit lors son père ?
Le mien, ou je me trompe, étoit fort en colère ?

CLITON.

D'abord de part et d'autre on vous attend sans bruit ;
Un jour se passe, deux, trois, quatre, cinq, six, huit ;
Enfin, n'espérant plus, on éclate, on foudroie. 55
Lucrèce par dépit témoigne de la joie,
Chante, danse, discourt, rit ; mais, sur mon honneur !
Elle enrageoit, Monsieur, dans l'âme, et de bon cœur.
Ce grand bruit s'accommode, et pour plâtrer l'affaire,
La pauvre délaissée épouse votre père, 60
Et rongeant dans son cœur son déplaisir secret,
D'un visage content prend le change à regret.
L'éclat d'un tel affront l'ayant trop décriée,

---

1. *Var.* Mais quand j'eus bien pensé qu'il falloit à mon âge. (1645-56)
2. *Var.* Et que quelques appas qui me pussent ravir. (1645-56)

Il n'est à son avis que d'être mariée ;
Et comme en un naufrage on se prend où l'on peut,   65
En fille obéissante elle veut ce qu'on veut.
Voilà donc le bonhomme enfin à sa seconde,
C'est-à-dire qu'il prend la poste à l'autre monde ;
Un peu moins de deux mois le met dans le cercueil.

DORANTE.

J'ai su sa mort à Rome, où j'en ai pris le deuil.   70

CLITON.

Elle a laissé chez vous un diable de ménage :
Ville prise d'assaut n'est pas mieux au pillage ;
La veuve et les cousins, chacun y fait pour soi,
Comme fait un traitant pour les deniers du Roi[1] :
Où qu'ils jettent la main ils font rafles entières ;   75
Ils ne pardonnent pas même au plomb des gouttières ;
Et ce sera beaucoup si vous trouvez chez vous,
Quand vous y rentrerez, deux gonds et quatre clous.
 J'apprends qu'on vous a vu cependant à Florence.
Pour vous donner avis je pars en diligence ;   80
Et je suis étonné qu'en entrant dans Lyon
Je vois courir du peuple avec émotion.
Je veux voir ce que c'est ; et je vois, ce me semble,
Pousser dans la prison quelqu'un qui vous ressemble,
On m'y permet l'entrée ; et vous trouvant ici[2],   85
Je trouve en même temps mon voyage accourci.
Voilà mon aventure, apprenez-moi la vôtre.

DORANTE.

La mienne est bien étrange, on me prend pour un autre.

CLITON.

J'eusse osé le gager. Est-ce meurtre ou larcin ?

---

1. *Var.* Comme fait un sergent pour les deniers du Roi. (1645-60)
2. *Var.* Je demande d'entrer ; et vous trouvant ici,
   Je trouve avecque vous mon voyage accourci. (1645-56)

DORANTE.
Suis-je fait en voleur ou bien en assassin ? 90
Traître, en ai-je l'habit, ou la mine, ou la taille ?
CLITON.
Connoît-on à l'habit aujourd'hui la canaille,
Et n'est-il point, Monsieur, à Paris de filous
Et de taille et de mine aussi bonnes que vous ?
DORANTE.
Tu dis vrai, mais écoute. Après une querelle 95
Qu'à Florence un jaloux me fit pour quelque belle,
J'eus avis que ma vie y couroit du danger :
Ainsi donc sans trompette il fallut déloger.
Je pars seul et de nuit, et prends ma route en France,
Où, sitôt que je suis en pays d'assurance, 100
Comme d'avoir couru je me sens un peu las,
J'abandonne la poste, et viens au petit pas.
Approchant de Lyon, je vois dans la campagne....
CLITON, bas.
N'aurons-nous point ici de guerres d'Allemagne[1] ?
DORANTE.
Que dis-tu ?
CLITON.
Rien, Monsieur, je gronde entre mes dents
Du malheur qui suivra ces rares incidents ;
J'en ai l'âme déjà toute préoccupée.
DORANTE.
Donc à deux cavaliers je vois tirer l'épée ;
Et pour en empêcher l'événement fatal,
J'y cours la mienne au poing, et descends de cheval. 110
L'un et l'autre, voyant à quoi je me prépare,
Se hâte d'achever avant qu'on les sépare,
Presse sans perdre temps, si bien qu'à mon abord

---

1. *Var.* N'aurons-nous point ici des guerres d'Allemagne ? (1645-56)

D'un coup que l'un allonge, il blesse l'autre à mort.
Je me jette au blessé, je l'embrasse, et j'essaie   115
Pour arrêter son sang de lui bander sa plaie ;
L'autre, sans perdre temps en cet événement[1],
Saute sur mon cheval, le presse vivement,
Disparoît, et mettant à couvert le coupable,
Me laisse auprès du mort faire le charitable.   120
 Ce fut en cet état, les doigts de sang souillés,
Qu'au bruit de ce duel trois sergents éveillés,
Tous gonflés de l'espoir d'une bonne lippée,
Me découvrirent seul, et la main à l'épée.
Lors, suivant du métier le serment solennel,   125
Mon argent fut pour eux le premier criminel ;
Et s'en étant saisis aux premières approches,
Ces Messieurs pour prison lui donnèrent leurs poches,
Et moi, non sans couleur, encor qu'injustement,
Je fus conduit par eux en cet appartement.   130
Qui te fait ainsi rire, et qu'est-ce que tu penses ?

    CLITON.

Je trouve ici, Monsieur, beaucoup de circonstances :
Vous en avez sans doute un trésor infini ?
Votre hymen de Poitiers n'en fut pas mieux fourni ;
Et le cheval surtout vaut, en cette rencontre[2],   135
Le pistolet ensemble, et l'épée, et la montre[3].

    DORANTE.

Je me suis bien défait de ces traits d'écolier
Dont l'usage autrefois m'étoit si familier ;
Et maintenant, Cliton, je vis en honnête homme.

    CLITON.

Vous êtes amendé du voyage de Rome ;   140

---

1. *Var.* L'autre, qui voit pour lui le séjour dangereux,
Saute sur mon cheval, et lui donne des deux. (1645-56)
2. *Var.* Et surtout le cheval, lui seul, en ce rencontre,
Vaut et le pistolet, et l'épée, et la montre. (1645-56)
3. Voyez ci-dessus, p. 175 et 176.

Et votre âme en ce lieu, réduite au repentir,
Fait mentir le proverbe en cessant de mentir.
Ah! j'aurois plutôt cru....
          DORANTE.
                    Le temps m'a fait connoître
Quelle indignité c'est, et quel mal en peut naître.
          CLITON.
Quoi! ce duel, ces coups si justement portés,   145
Ce cheval, ces sergents....
          DORANTE.
                    Autant de vérités.
          CLITON.
J'en suis fâché pour vous, Monsieur, et surtout d'une,
Que je ne compte pas à petite infortune :
Vous êtes prisonnier, et n'avez point d'argent;
Vous serez criminel.
          DORANTE.
                    Je suis trop innocent.   150
          CLITON.
Ah! Monsieur, sans argent est-il de l'innocence?
          DORANTE.
Fort peu; mais dans ces murs Philiste a pris naissance,
Et comme il est parent des premiers magistrats,
Soit d'argent, soit d'amis, nous n'en manquerons pas.
J'ai su qu'il est en ville, et lui venois d'écrire   155
Lorsqu'ici le concierge est venu t'introduire.
Va lui porter ma lettre.
          CLITON.
                    Avec un tel secours
Vous serez innocent avant qu'il soit deux jours¹.
  Mais je ne comprends rien à ces nouveaux mystères :

---

1. *Var.* Vous serez innocent avant qu'il soit huit jours. (1645-60)

Les filles doivent être ici fort volontaires ; 160
Jusque dans la prison elles cherchent les gens.

SCÈNE II.

DORANTE, CLITON, LYSE.

CLITON, à Lyse.

Il ne fait que sortir des mains de trois sergents ;
Je t'en veux avertir : un fol espoir te trouble ;
Il cajole des mieux, mais il n'a pas le double[1].

LYSE.

J'en apporte pour lui.

CLITON.

Pour lui ! tu m'as dupé ; 165
Et je doute sans toi si nous aurions soupé[2].

LYSE, montrant une bourse.

Avec ce passe-port suis-je la bienvenue ?

CLITON.

Tu nous vas à tous deux donner dedans la vue.

LYSE.

Ai-je bien pris mon temps ?

CLITON.

Le mieux qu'il se pouvoit.
C'est une honnête fille, et Dieu nous la devoit : 170
Monsieur, écoutez-la.

DORANTE.

Que veut-elle ?

LYSE.

Une dame
Vous offre en cette lettre un cœur tout plein de flamme.

---

1. Il n'a pas le sou. Voyez le *Lexique*.
2. *Var.* Et je doute sans toi si nous eussions soupé. (1645-56)

ACTE I, SCÈNE II.

DORANTE.

Une dame?

CLITON.

Lisez sans faire de façons :
Dieu nous aime, Monsieur, comme nous sommes bons ;
Et ce n'est pas là tout, l'amour ouvre son coffre, 175
Et l'argent qu'elle tient vaut bien le cœur qu'elle offre.

DORANTE lit.

Au bruit du monde qui vous conduisoit prisonnier, j'ai mis les yeux à la fenêtre, et vous ai trouvé de si bonne mine, que mon cœur est allé dans la même prison que vous, et n'en veut point sortir tant que vous y serez. Je ferai mon possible pour vous en tirer au plus tôt. Cependant obligez-moi de vous servir de ces cent pistoles que je vous envoie : vous en pouvez avoir besoin en l'état où vous êtes, et il m'en demeure assez d'autres à votre service.

(Dorante continue.)

Cette lettre est sans nom.

CLITON.

Les mots en sont françois.

(A Lyse[1].)

Dis-moi, sont-ce louis, ou pistoles de poids[2]?

DORANTE.

Tais-toi.

LYSE, à Dorante.

Pour ma maîtresse il est de conséquence
De vous taire deux jours son nom et sa naissance ; 180
Ce secret trop tôt su peut la perdre d'honneur.

DORANTE.

Je serai cependant aveugle en mon bonheur?
Et d'un si grand bienfait j'ignorerai la source?

---

1. Cette indication manque dans l'édition de 1645.
2. « *Pistole*, pièce d'or qui n'est point battue au coin de France et qui vaut

CLITON, à Dorante.
Curiosité bas, prenons toujours la bourse :
Souvent c'est perdre tout que vouloir tout savoir[1].   185
LYSE, à Dorante.
Puis-je la lui donner?
CLITON, à Lyse.
Donne, j'ai tout pouvoir,
Quand même ce seroit le trésor de Venise.
DORANTE.
Tout beau, tout beau, Cliton, il nous faut....
CLITON.
Lâcher prise?
Quoi? c'est ainsi, Monsieur....
DORANTE.
Parleras-tu toujours?
CLITON.
Et voulez-vous du ciel renvoyer le secours?   190
DORANTE.
Accepter de l'argent porte en soi quelque honte.
CLITON.
Je m'en charge pour vous, et la prends pour mon conte[2].
DORANTE, à Lyse.
Écoute un mot.
CLITON.
Je tremble, il va la refuser[3].
DORANTE.
Ta maîtresse m'oblige.
CLITON.
Il en veut mieux user.
Oyons.

onze livres. *Il y a des pistoles d'Italie et des pistoles d'Espagne. Une pistole légère, une pistole bonne et de poids.* » (*Dictionnaire de Richelet*, 1680.)
1. *Var.* Bien souvent on perd tout pour vouloir tout savoir. (1645-56)
2. Voyez tome I, p. 150, note 1.
3. *Var.*   Je tremble, il la va refuser. (1645-56)

ACTE I, SCÈNE II.   299

DORANTE.
Sa courtoisie est extrême et m'étonne ;   195
Mais....
CLITON.
Le diable de mais!
DORANTE.
Mais qu'elle me pardonne[1]....
CLITON.
Je me meurs, je suis mort.
DORANTE.
Si j'en change l'effet,
Et reçois comme un prêt le don qu'elle me fait.
CLITON.
Je suis ressuscité ; prêt ou don, ne m'importe.
DORANTE, à Cliton, et puis[2] à Lyse.
Prends. Je le lui rendrai même avant que je sorte.   200
CLITON, à Lyse.
Écoute un mot : tu peux t'en aller à l'instant,
Et revenir demain avec encore autant;
Et vous, Monsieur, songez à changer de demeure :
Vous serez innocent avant qu'il soit une heure.
DORANTE, à Cliton, et puis à Lyse.
Ne me romps plus la tête ; et toi, tarde un moment : 205
J'écris à ta maîtresse un mot de compliment.
(Dorante va écrire sur la table.)
CLITON.
Dirons-nous cependant deux mots de guerre ensemble?
LYSE.
Disons.

---

1. *Var.*   [Mais qu'elle me pardonne]
Si.... CLIT. Je meurs, je suis mort. (1645-56)
2. Dans l'édition de 1692, on a, pour varier (voyez l'indication qui précède le vers 205), substitué *ensuite* à *puis*.

CLITON.
Contemple-moi.
LYSE.
Toi?
CLITON.
Oui, moi. Que t'en semble[1]?
Dis.
LYSE.
Que tout vert et rouge, ainsi qu'un perroquet,
Tu n'es que bien en cage, et n'as que du caquet.   210
CLITON.
Tu ris. Cette action, qu'est-elle?
LYSE.
Ridicule.
CLITON.
Et cette main?
LYSE.
De taille à bien ferrer la mule[2].
CLITON.
Cette jambe, ce pied?
LYSE.
Si tu sors des prisons,
Dignes de t'installer aux Petites-Maisons.
CLITON.
Ce front?
LYSE.
Est un peu creux.
CLITON.
Cette tête?
LYSE.
Un peu folle.   215

1. *Var.* Regarde-moi. LYSE. Je le veux. CLIT. Que t'en semble? (1645-56)
2. Tromper sur un achat, supposer des déboursés imaginaires. Voyez le *Lexique*.

CLITON.
Ce ton de voix enfin avec cette parole?
LYSE.
Ah! c'est là que mes sens demeurent étonnés :
Le ton de voix est rare, aussi bien que le nez[1].
CLITON.
Je meure, ton humeur me semble si jolie,
Que tu me vas résoudre à faire une folie.   220
Touche, je veux t'aimer, tu seras mon souci :
Nos maîtres font l'amour, nous le ferons aussi.
J'aurai mille beaux mots tous les jours à te dire;
Je coucherai de feux, de sanglots[2], de martyre;
Je te dirai : « Je meurs, je suis dans les abois,   225
Je brûle.... »
LYSE.
    Et tout cela de ce beau ton de voix?
Ah! si tu m'entreprends deux jours de cette sorte,
Mon cœur est déconfit, et je me tiens pour morte;
Si tu me veux en vie, affoiblis ces attraits,
Et retiens pour le moins la moitié de leurs traits.   230
CLITON.
Tu sais même charmer alors que tu te moques.
Gouverne doucement l'âme que tu m'escroques[3].
On a traité mon maître avec moins de rigueur :
On n'a pris que sa bourse, et tu prends jusqu'au cœur.
LYSE.
Il est riche, ton maître?
CLITON.
Assez.

---

1. Voyez la Notice du *Menteur*, p. 123, et même page, note 3.
2. C'est-à-dire j'étalerai mes feux, mes sanglots, etc. Voyez le *Lexique*, et ci-dessus, p. 196, note 1.
3. Telle est l'orthographe de ce mot dans toutes les éditions, même dans celle de 1692 et dans la première de Voltaire (1764).

LYSE.

Et gentilhomme ? 235

CLITON.

Il le dit.

LYSE.

Il demeure ?

CLITON.

A Paris.

LYSE.

Et se nomme ?

DORANTE, fouillant dans la bourse.

Porte-lui cette lettre, et reçois....

CLITON, lui retenant le bras.

Sans compter ?

DORANTE.

Cette part de l'argent que tu viens d'apporter.

CLITON.

Elle n'en prendra pas, Monsieur, je vous proteste.

LYSE.

Celle qui vous l'envoie en a pour moi de reste. 240

CLITON.

Je vous le disois bien, elle a le cœur trop bon.

LYSE.

Lui pourrai-je, Monsieur, apprendre votre nom ?

DORANTE.

Il est dans mon billet. Mais prends, je t'en conjure.

CLITON.

Vous faut-il dire encor que c'est lui faire injure ?

LYSE.

Vous perdez temps, Monsieur, je sais trop mon devoir. 245
Adieu : dans peu de temps je viendrai vous revoir[1],
Et porte tant de joie à celle qui vous aime,
Qu'elle rapportera la réponse elle-même.

1. *Var.* Adieu : je serai peu sans vous venir revoir. (1645-56)

CLITON.
Adieu, belle railleuse.
LYSE.
Adieu, cher babillard[1].

SCÈNE III.
DORANTE, CLITON.

DORANTE.
Cette fille est jolie, elle a l'esprit gaillard.   250
CLITON.
J'en estime l'humeur, j'en aime le visage;
Mais plus que tous les deux j'adore son message.
DORANTE.
C'est celle dont il vient qu'il en faut estimer;
C'est elle qui me charme et que je veux aimer.
CLITON.
Quoi! vous voulez, Monsieur, aimer cette inconnue? 255
DORANTE.
Oui, je la veux aimer, Cliton.
CLITON.
    Sans l'avoir vue?
DORANTE.
Un si rare bienfait en un besoin pressant
S'empare puissamment d'un cœur reconnoissant;
Et comme de soi-même il marque un grand mérite,
Dessous cette couleur il parle, il sollicite,   260
Peint l'objet aussi beau qu'on le voit généreux,
Et si l'on n'est ingrat, il faut être amoureux.
CLITON.
Votre amour va toujours d'un étrange caprice :

---

1. *Var.*   Adieu, beau nazillard. (1645-56)

Dès l'abord autrefois vous aimâtes Clarice ;
Celle-ci, sans la voir. Mais, Monsieur, votre nom,   265
Lui deviez-vous l'apprendre, et sitôt?

DORANTE.

Pourquoi non?
J'ai cru le devoir faire, et l'ai fait avec joie.

CLITON.

Il est plus décrié que la fausse monnoie.

DORANTE.

Mon nom?

CLITON.

Oui, dans Paris, en langage commun,
Dorante et le Menteur à présent ce n'est qu'un,   270
Et vous y possédez ce haut degré de gloire
Qu'en une comédie on a mis votre histoire.

DORANTE.

En une comédie?

CLITON.

Et si naïvement,
Que j'ai cru, la voyant, voir un enchantement.
On y voit un Dorante avec votre visage ;   275
On le prendroit pour vous : il a votre air, votre âge,
Vos yeux, votre action, votre maigre embonpoint,
Et paroît, comme vous, adroit au dernier point.
Comme à l'événement j'ai part à la peinture :
Après votre portrait on produit ma figure.   280
Le héros de la farce, un certain Jodelet[1],
Fait marcher après vous votre digne valet ;
Il a jusqu'à mon nez et jusqu'à ma parole,
Et nous avons tous deux appris en même école :
C'est l'original même, il vaut ce que je vaux ;   285
Si quelque autre s'en mêle, on peut s'inscrire en faux ;

---

1. Voyez ci-dessus la Notice du *Menteur*, p. 123-125.

ACTE I, SCÈNE III.

Et tout autre que lui, dans cette comédie,
N'en fera jamais voir qu'une fausse copie.
Pour Clarice et Lucrèce, elles en ont quelque air ;
Philiste avec Alcippe y vient vous accorder ; 290
Votre feu père même est joué sous le masque.

DORANTE.

Cette pièce doit être et plaisante et fantasque.
Mais son nom?

CLITON.

Votre nom de guerre, *le Menteur*.

DORANTE.

Les vers en sont-ils bons? fait-on cas de l'auteur?

CLITON.

La pièce a réussi, quoique foible de style, 295
Et d'un nouveau proverbe elle enrichit la ville ;
De sorte qu'aujourd'hui presque en tous les quartiers
On dit, quand quelqu'un ment, qu'il revient de Poitiers.
Et pour moi, c'est bien pis, je n'ose plus paroître.
Ce maraud de farceur m'a fait si bien connoître, 300
Que les petits enfants, sitôt qu'on m'aperçoit,
Me courent dans la rue et me montrent au doigt ;
Et chacun rit de voir les courtauds de boutique,
Grossissant à l'envi leur chienne de musique,
Se rompre le gosier, dans cette belle humeur, 305
A crier après moi : « Le valet du Menteur! »
Vous en riez vous-même!

DORANTE.

Il faut bien que j'en rie[1].

CLITON.

Je n'y trouve que rire, et cela vous décrie,
Mais si bien, qu'à présent, voulant vous marier,

1. *Var.* Vous en riez aussi! DON. Veux-tu point que j'en rie? (1645-56)

Vous ne trouveriez pas la fille d'un huissier, 310
Pas celle d'un recors, pas d'un cabaret même.
DORANTE.
Il faut donc avancer près de celle qui m'aime.
Comme Paris est loin, si je ne suis déçu,
Nous pourrons réussir avant qu'elle ait rien su.
Mais quelqu'un vient à nous, et j'entends du murmure.

SCÈNE IV.

Le Prévôt, CLÉANDRE, DORANTE, CLITON.

CLÉANDRE, au Prévôt.
Ah! je suis innocent; vous me faites injure.
LE PRÉVÔT, à Cléandre.
Si vous l'êtes, Monsieur, ne craignez aucun mal;
Mais comme enfin la mort étoit votre rival,
Et que le prisonnier proteste d'innocence,
Je dois sur ce soupçon vous mettre en sa présence. 320
CLÉANDRE, au Prévôt.
Et si pour s'affranchir il ose me charger?
LE PRÉVÔT, à Cléandre.
La justice entre vous en saura bien juger.
Souffrez paisiblement que l'ordre s'exécute.
(A Dorante.)
Vous avez vu, Monsieur, le coup qu'on vous impute[1].
Voyez ce cavalier; en seroit-il l'auteur? 325
CLÉANDRE, bas.
Il va me reconnoître. Ah, Dieu! je meurs de peur.

---

1. *Var.* Vous dites avoir vu le coup qu'on vous impute.
Voyez ce cavalier; en seroit-ce l'auteur? (1645-56)

ACTE I, SCÈNE IV.

DORANTE, au Prévôt.
Souffrez que j'examine à loisir son visage.
(Bas.)
C'est lui, mais il n'a fait qu'en homme de courage ;
Ce seroit lâcheté, quoi qu'il puisse arriver,
De perdre un si grand cœur quand je puis le sauver[1].   330
Ne le découvrons point.

CLÉANDRE, bas.
Il me connoît, je tremble.

DORANTE, au Prévôt.
Ce cavalier, Monsieur, n'a rien qui lui ressemble ;
L'autre est de moindre taille, il a le poil plus blond,
Le teint plus coloré, le visage plus rond,
Et je le connois moins, tant plus je le contemple.   335

CLÉANDRE, bas.
Oh! générosité qui n'eut jamais d'exemple !

DORANTE.
L'habit même est tout autre.

LE PRÉVÔT.
Enfin ce n'est pas lui ?

DORANTE.
Non, il n'a point de part au duel d'aujourd'hui.

LE PRÉVÔT, à Cléandre.
Je suis ravi, Monsieur, de voir votre innocence
Assurée à présent par sa reconnoissance ;   340
Sortez quand vous voudrez, vous avez tout pouvoir.
Excusez la rigueur qu'a voulu mon devoir.
Adieu.

CLÉANDRE, au Prévôt.
Vous avez fait le dû de votre office.

---

1. *Var.* De perdre un si grand cœur quand je le puis sauver. (1645-56).

SCÈNE V.

DORANTE, CLÉANDRE, CLITON.

DORANTE, à Cléandre.

Mon cavalier, pour vous je me fais injustice ;
Je vous tiens pour brave homme, et vous reconnois bien[1] ;
Faites votre devoir comme j'ai fait le mien.

CLÉANDRE.

Monsieur....

DORANTE.

Point de réplique, on pourroit nous entendre.

CLÉANDRE.

Sachez donc seulement qu'on m'appelle Cléandre,
Que je sais mon devoir, que j'en prendrai souci,
Et que je périrai pour vous tirer d'ici.   350

SCÈNE VI.

DORANTE, CLITON.

DORANTE.

N'est-il pas vrai, Cliton, que c'eût été dommage
De livrer au malheur ce généreux courage ?
J'avois entre mes mains et sa vie et sa mort,
Et je me viens de voir arbitre de son sort.

CLITON.

Quoi ? c'est là donc, Monsieur....

DORANTE.

Oui, c'est là le coupable.

CLITON.

L'homme à votre cheval ?

---

1. *Var.* Je vous tiens pour brave homme, et vous connois fort bien. (1645-56)

DORANTE.
              Rien n'est si véritable.
    CLITON.
Je ne sais où j'en suis, et deviens tout confus :
Ne m'aviez-vous pas dit que vous ne mentiez plus?
            DORANTE.
J'ai vu sur son visage un noble caractère,
Qui me parlant pour lui, m'a forcé de me taire,   360
Et d'une voix connue entre les gens de cœur
M'a dit qu'en le perdant je me perdrois[1] d'honneur :
J'ai cru devoir mentir pour sauver un brave homme.
            CLITON.
Et c'est ainsi, Monsieur, que l'on s'amende à Rome?
Je me tiens au proverbe : oui, courez, voyagez;   365
Je veux être guenon si jamais vous changez :
Vous mentirez toujours, Monsieur, sur ma parole.
Croyez-moi que Poitiers est une bonne école;
Pour le bien du public je veux le publier[2];
Les leçons qu'on y prend ne peuvent s'oublier.   370
            DORANTE.
Je ne mens plus, Cliton, je t'en donne assurance;
Mais en un tel sujet l'occasion dispense.
            CLITON.
Vous en prendrez autant comme vous en verrez.
Menteur vous voulez vivre, et menteur vous mourrez;
Et l'on dira de vous pour oraison funèbre :   375
« C'étoit en menterie un auteur très-célèbre,
Qui sut y raffiner de si digne façon[3],
Qu'aux maîtres du métier il en eût fait leçon;
Et qui tant qu'il vécut, sans craindre aucune risque,

---

1. L'édition de 1682 porte seule: « je me perdois, » pour: « je me perdrois. »
2. *Var.* Pour le bien du public je le veux publier. (1645-56)
3. *Var.* Qui savoit les tailler de si digne façon. (1645-56)

Aux plus forts d'après lui put[1] donner quinze et bisque[2]. »
DORANTE.
Je n'ai plus qu'à mourir, mon épitaphe est fait[3],
Et tu m'érigeras en cavalier parfait :
Tu ferois violence à l'humeur la plus triste.
Mais sans plus badiner, va-t'en chercher Philiste;
Donne-lui cette lettre; et moi, sans plus mentir,   385
Avec les prisonniers j'irai me divertir.

1. Dans toutes les éditions publiées du vivant de Corneille, ce verbe est au subjonctif (avec une *s* ou un accent circonflexe : *pust, pût*).
2. *Var.* Aux meilleurs d'après lui put donner quinze et bisque (*a*). (1645-56)
3. Voyez ci-dessus, p. 15, note 1.

(*a*) Terme du jeu de paume. On disait proverbialement à un homme sur qui l'on se vantait d'avoir de l'avantage en quelque chose que ce fût, qu'on lui donnerait quinze et bisque. Voyez le *Lexique*.

FIN DU PREMIER ACTE

ACTE II.

SCÈNE PREMIÈRE.
MÉLISSE, LYSE.

MÉLISSE, *tenant une lettre ouverte en sa main.*
Certes, il écrit bien : sa lettre est excellente.
LYSE.
Madame, sa personne est encor plus galante :
Tout est charmant en lui, sa grâce, son maintien....
MÉLISSE.
Il semble que déjà tu lui veuilles du bien ? 390
LYSE.
J'en trouve, à dire vrai, la rencontre si belle,
Que je voudrois l'aimer si j'étois demoiselle[1].
Il est riche, et de plus il demeure à Paris,
Où des dames, dit-on, est le vrai paradis ;
Et ce qui vaut bien mieux que toutes ces richesses[2], 395
Les maris y sont bons, et les femmes maîtresses.
Je vous le dis encor, je m'y passerois[3] bien[4] ;
Et si j'étois son fait, il seroit fort le mien.

---

1. « C'est précisément ce que dit Antoine à César dans la tragédie de *Pompée* (acte III, scène III, vers 952) :

    Et si j'étois César, je la voudrois aimer. »
    (*Voltaire.*)

2. *Var.* Et ce qui vaut bien mieux que toutes ses richesses. (1645-63)
3. C'est-à-dire je m'en contenterais, je m'en arrangerais bien. Voyez ci-dessus, p. 156, note 2.
4. *Var.* Et je pense, s'il faut ne vous déguiser rien,
    Que si j'étois son fait, il seroit bien le mien. (1645-56)

MÉLISSE.
Tu n'es pas dégoûtée. Enfin, Lyse, sans rire,
C'est un homme bien fait?

LYSE.
Plus que je ne puis dire. 400

MÉLISSE.
A sa lettre il paroît qu'il a beaucoup d'esprit;
Mais, dis-moi, parle-t-il aussi bien qu'il écrit?

LYSE.
Pour lui faire en discours montrer son éloquence,
Il lui faudroit des gens de plus de conséquence :
C'est à vous d'éprouver ce que vous demandez. 405

MÉLISSE.
Et que croit-il de moi?

LYSE.
Ce que vous lui mandez :
Que vous l'avez tantôt vu par votre fenêtre;
Que vous l'aimez déjà.

MÉLISSE.
Cela pourroit bien être.

LYSE.
Sans l'avoir jamais vu?

MÉLISSE.
J'écris bien sans le voir.

LYSE.
Mais vous suivez d'un frère un absolu pouvoir, 410
Qui vous ayant conté par quel bonheur étrange
Il s'est mis à couvert de la mort de Florange,
Se sert de cette feinte, en cachant votre nom,
Pour lui donner secours dedans cette prison.
L'y voyant en sa place, il fait ce qu'il doit faire¹. 415

1. *Var.* Comme il y tient sa place, il fait ce qu'il doit faire. (1645-56)

MÉLISSE.

Je n'écrivois tantôt qu'à dessein de lui plaire;
Mais, Lyse, maintenant j'ai pitié de l'ennui
D'un homme si bien fait qui souffre pour autrui;
Et par quelques motifs que je vienne d'écrire,
Il est de mon honneur de ne m'en pas dédire.　　420
La lettre est de ma main, elle parle d'amour :
S'il ne sait qui je suis, il peut l'apprendre un jour.
Un tel gage m'oblige à lui tenir parole :
Ce qu'on met par écrit passe une amour frivole.
Puisqu'il a du mérite, on ne m'en peut blâmer;　　425
Et je lui dois mon cœur, s'il daigne l'estimer[1].
Je m'en forme en idée une image si rare,
Qu'elle pourroit gagner l'âme la plus barbare;
L'amour en est le peintre, et ton rapport flatteur
En fournit les couleurs à ce doux enchanteur.　　430

LYSE.

Tout comme vous l'aimez vous verrez qu'il vous aime.
Si vous vous engagez, il s'engage de même,
Et se forme de vous un tableau si parfait,
Que c'est lettre pour lettre et portrait pour portrait.
Il faut que votre amour plaisamment s'entretienne :　435
Il sera votre idée, et vous serez la sienne :
L'alliance est mignarde, et cette nouveauté,
Surtout dans une lettre, aura grande beauté,
Quand vous y souscrirez[2] pour Dorante ou Mélisse :
« Votre très-humble idée à vous rendre service. »　　440
Vous vous moquez, Madame; et loin d'y consentir,
Vous n'en parlez ainsi que pour vous divertir.

MÉLISSE.

Je ne me moque point.

---

1. *Var.* Et je lui dois mon cœur, s'il le daigne estimer. (1645-56)
2. *Souscrirez*, signerez.

LYSE.
		Et que fera, Madame,
Cet autre cavalier dont vous possédez l'âme,
Votre amant?
MÉLISSE.
	Qui?
LYSE.
		Philiste.
MÉLISSE.
			Ah! ne présume pas 445
Que son cœur soit sensible au peu que j'ai d'appas :
Il fait mine d'aimer, mais sa galanterie
N'est qu'un amusement et qu'une raillerie.
LYSE.
Il est riche, et parent des premiers de Lyon.
MÉLISSE.
Et c'est ce qui le porte à plus d'ambition.   450
S'il me voit quelquefois, c'est comme par surprise;
Dans ses civilités on diroit qu'il méprise,
Qu'un seul mot de sa bouche est un rare bonheur,
Et qu'un de ses regards est un excès d'honneur.
L'amour même d'un roi me seroit importune,   455
S'il falloit la tenir à si haute fortune.
La sienne est un trésor qu'il fait bien d'épargner :
L'avantage est trop grand, j'y pourrois trop gagner.
Il n'entre point chez nous; et quand il me rencontre,
Il semble qu'avec peine à mes yeux il se montre,   460
Et prend l'occasion avec une froideur
Qui craint en me parlant d'abaisser sa grandeur.
LYSE.
Peut-être il est timide et n'ose davantage.
MÉLISSE.
S'il craint, c'est que l'amour trop avant ne l'engage.
Il voit souvent mon frère, et ne parle de rien.   465

ACTE II, SCÈNE I.

LYSE.
Mais vous le recevez, ce me semble, assez bien?
MÉLISSE.
Comme je ne suis pas en amour des plus fines,
Faute d'autre j'en souffre, et je lui rends ses mines;
Mais je commence à voir que de tels cajoleurs
Ne font qu'effaroucher les partis les meilleurs, 470
Et ne dois plus souffrir qu'avec cette grimace¹
D'un véritable amant il occupe la place.
LYSE.
Je l'ai vu pour vous voir faire beaucoup de tours.
MÉLISSE.
Qui l'empêche d'entrer, et me voir tous les jours?
Cette façon d'agir est-elle plus polie²? 475
Croit-il....
LYSE.
   Les amoureux ont chacun leur folie :
La sienne est de vous voir avec tant de respect,
Qu'il passe pour superbe, et vous devient suspect;
Et la vôtre, un dégoût de cette retenue,
Qui vous fait mépriser la personne connue, 480
Pour donner votre estime, et chercher avec soin
L'amour d'un inconnu, parce qu'il est de loin.

SCÈNE II.

CLÉANDRE, MÉLISSE, LYSE.

CLÉANDRE.
Envers ce prisonnier as-tu fait cette feinte,
Ma sœur?

---

1. *Var.* Et je m'ennuie enfin qu'avec cette grimace. (1645-56)
2. *Var.* Sommes-nous en Espagne, ou bien en Italie?
LYSE. Les amoureux, Madame, ont chacun leur folie. (1645-56)

MÉLISSE.
Sans me connoître, il me croit l'âme atteinte,
Que je l'ai vu conduire en ce triste séjour, 485
Que ma lettre et l'argent sont des effets d'amour;
Et Lyse, qui l'a vu, m'en dit tant de merveilles,
Qu'elle fait presque entrer l'amour par les oreilles.
CLÉANDRE.
Ah! si tu savois tout!
MÉLISSE.
Elle ne laisse rien;
Elle en vante l'esprit, la taille, le maintien, 490
Le visage attrayant et la façon modeste.
CLÉANDRE.
Ah! que c'est peu de chose au prix de ce qui reste!
MÉLISSE.
Que reste-t-il à dire? Un courage invaincu?
CLÉANDRE.
C'est le plus généreux qui jamais ait vécu[1];
C'est le cœur le plus noble, et l'âme la plus haute....
MÉLISSE.
Quoi? vous voulez, mon frère, ajouter à sa faute,
Percer avec ces traits un cœur qu'il[2] a blessé,
Et vous-même achever ce qu'elle a commencé?
CLÉANDRE.
Ma sœur, à peine sais-je encor comme il se nomme,
Et je sais qu'on n'a vu jamais plus honnête homme, 500
Et que ton frère enfin périroit aujourd'hui,
Si nous avions affaire à tout autre qu'à lui.
Quoique notre partie aye été si secrète

1. *Var.* C'est le plus généreux qui ait jamais (*a*) vécu. (1645)
2. Les éditions de 1682 et de 1692 donnent seules *il;* toutes les autres ont *elle.*

(*a*) Cette transposition est très-vraisemblablement une faute d'impression; voyez cependant au tome II, p. 188, la note qui se rapporte à la variante du vers 1190.

Que j'en dusse espérer une sûre retraite,
Et que Florange et moi, comme je t'ai conté,   505
Afin que ce duel ne pût être éventé[1],
Sans prendre de seconds, l'eussions faite de sorte
Que chacun pour sortir choisît diverse porte[2],
Que nous n'eussions ensemble été vus de huit jours,
Que presque tout le monde ignorât nos amours,   510
Et que l'occasion me fût si favorable
Que je vis l'innocent saisi pour le coupable
(Je crois te l'avoir dit, qu'il nous vint séparer,
Et que sur son cheval je sus me retirer);
Comme je me montrois, afin que ma présence   515
Donnât lieu d'en juger une entière innocence,
Sur un bruit épandu que le défunt et moi
D'une même beauté nous adorions la loi,
Un prévôt soupçonneux me saisit dans la rue,
Me mène au prisonnier, et m'expose à sa vue.   520
Juge quel trouble j'eus de me voir en ces lieux :
Ce cavalier me voit, m'examine des yeux,
Me reconnoît, je tremble encore à te le dire;
Mais apprends sa vertu, chère sœur, et l'admire.
   Ce grand cœur, se voyant mon destin en la main, 525
Devient pour me sauver à soi-même inhumain;
Lui qui souffre pour moi sait mon crime et le nie,
Dit que ce qu'on m'impute est une calomnie,
Dépeint le criminel de toute autre façon,
Oblige le prévôt à sortir sans soupçon,   530
Me promet amitié, m'assure de se taire,
Voilà ce qu'il a fait; vois ce que je dois faire.

MÉLISSE.

L'aimer, le secourir, et tous deux avouer
Qu'une telle vertu ne se peut trop louer.

1. *Var.* De peur que ce duel ne pût être éventé. (1645-56)
2. *Var.* Que sans armes chacun sortît par une porte. (1645-64)

CLÉANDRE.

Si je l'ai plaint tantôt de souffrir pour mon crime, 535
Cette pitié, ma sœur, étoit bien légitime ;
Mais ce n'est plus pitié, c'est obligation,
Et le devoir succède à la compassion.
Nos plus puissants secours ne sont qu'ingratitude ;
Mets à les redoubler ton soin et ton étude[1] ; 540
Sous ce même prétexte et ces déguisements,
Ajoute à ton argent perles et diamants ;
Qu'il ne manque de rien ; et pour sa délivrance
Je vais de mes amis faire agir la puissance.
Que si tous leurs efforts ne peuvent le tirer[2], 545
Pour m'acquitter vers lui j'irai me déclarer.
 Adieu : de ton côté prends souci de me plaire,
Et vois ce que tu dois à qui te sauve un frère.

MÉLISSE.

Je vous obéirai très-ponctuellement.

SCÈNE III.

MÉLISSE, LYSE.

LYSE.

Vous pouviez dire encor très-volontairement ; 550
Et la faveur du ciel vous a bien conservée,
Si ces derniers discours ne vous ont achevée.
Le parti de Philiste a de quoi s'appuyer ;
Je n'en suis plus, Madame : il n'est bon qu'à noyer ;
Il ne valut jamais un cheveu de Dorante. 555
Je puis vers la prison apprendre une courante[3] ?

---

1. *Var.* Donc à les redoubler mets toute ton étude. (1645-56)
2. *Var.* Que si tous leurs efforts ne peuvent tirer. (1645-56)
3. C'est-à-dire courir à la prison, m'y rendre en courant. Voyez le *Lexique*.

ACTE II, SCÈNE III.

MÉLISSE.

Oui, tu peux te résoudre encore à te crotter.

LYSE.

Quels de vos diamants me faut-il lui porter?

MÉLISSE.

Mon frère va trop vite; et sa chaleur l'emporte
Jusqu'à connoître mal des gens de cette sorte. 560
Aussi, comme son but est différent du mien,
Je dois prendre un chemin fort éloigné du sien.
Il est reconnoissant, et je suis amoureuse;
Il a peur d'être ingrat, et je veux être heureuse.
A force de présents il se croit acquitter; 565
Mais le redoublement ne fait que rebuter.
Si le premier oblige un homme de mérite,
Le second l'importune, et le reste l'irrite,
Et passé le besoin, quoi qu'on lui puisse offrir,
C'est un accablement qu'il ne sauroit souffrir. 570
   L'amour est libéral, mais c'est avec adresse :
Le prix de ses présents est en leur gentillesse;
Et celui qu'à Dorante exprès tu vas porter,
Je veux qu'il le dérobe au lieu de l'accepter.
Écoute une pratique assez ingénieuse. 575

LYSE.

Elle doit être belle et fort mystérieuse.

MÉLISSE.

Au lieu des diamants dont tu viens de parler,
Avec quelques douceurs il faut le régaler,
Entrer sous ce prétexte, et trouver quelque voie
Par où, sans que j'y sois, tu fasses qu'il me voie : 580
Porte-lui mon portrait, et comme sans dessein
Fais qu'il puisse aisément le surprendre en ton sein;
Feins lors pour le ravoir un déplaisir extrême :
S'il le rend, c'en est fait; s'il le retient, il m'aime.

LYSE.

A vous dire le vrai, vous en savez beaucoup. 585
MÉLISSE.
L'amour est un grand maître : il instruit tout d'un coup.
LYSE.
Il vient de vous donner de belles tablatures[1].
MÉLISSE.
Viens querir mon portrait avec des confitures :
Comme pourra Dorante en user bien ou mal,
Nous résoudrons après touchant l'original. 590

SCÈNE IV.

PHILISTE, DORANTE, CLITON, dans la prison[2].

DORANTE.
Voilà, mon cher ami, la véritable histoire
D'une aventure étrange et difficile à croire ;
Mais puisque je vous vois, mon sort est assez doux[3].
PHILISTE.
L'aventure est étrange, et bien digne de vous ;
Et si je n'en voyois la fin trop véritable, 595
J'aurois bien de la peine à la trouver croyable :
Vous me seriez suspect, si vous étiez ailleurs.
CLITON.
Ayez pour lui, Monsieur, des sentiments meilleurs :
Il s'est bien converti dans un si long voyage ;
C'est tout un autre esprit sous le même visage ; 600
Et tout ce qu'il débite est pure vérité,
S'il ne ment quelquefois par générosité.
C'est le même qui prit Clarice pour Lucrèce,

1. *Tablatures*, instructions, leçons. Voyez le *Lexique*.
2. *Var.* Cette scène est dans la prison. (1663, en marge.)
3. *Var.* Mais puisque je vous vois, mon sort m'est assez doux. (1645-56)

ACTE II, SCÈNE IV.

Qui fit jaloux Alcippe avec sa noble adresse[1] ;
Et malgré tout cela, le même toutefois,   605
Depuis qu'il est ici, n'a menti qu'une fois.

PHILISTE.

En voudrois-tu jurer?

CLITON.

                 Oui, Monsieur, et j'en jure
Par le Dieu des menteurs, dont il est créature,
Et s'il vous faut encore un serment plus nouveau,
Par l'hymen de Poitiers et le festin sur l'eau.   610

PHILISTE.

Laissant là ce badin, ami, je vous confesse
Qu'il me souvient toujours de vos traits de jeunesse.
Cent fois en cette ville aux meilleures maisons
J'en ai fait un bon conte en déguisant les noms ;
J'en ai ri de bon cœur, et j'en ai bien fait rire ;   615
Et quoi que maintenant je vous entende dire,
Ma mémoire toujours me les vient présenter,
Et m'en fait un rapport qui m'invite à douter.

DORANTE.

Formez en ma faveur de plus saines pensées :
Ces petites humeurs sont aussitôt passées ;   620
Et l'air du monde change en bonnes qualités
Ces teintures qu'on prend aux universités.

PHILISTE.

Dès lors, à cela près, vous étiez en estime
D'avoir une âme noble, et grande, et magnanime.

CLITON.

Je le disois dès lors : sans cette qualité,   625
Vous n'eussiez pu jamais le payer de bonté.

DORANTE.

Ne te tairas-tu point?

---

1. *Var.* Qui fit jaloux Alcippe avecque tant d'adresse. (1645-56)

CLITON.

Dis-je rien qu'il ne sache,
Et fais-je à votre nom quelque nouvelle tache?
N'étoit-il pas, Monsieur, avec Alcippe et vous,
Quand ce festin en l'air le rendit si jaloux?
Lui qui fut le témoin du conte que vous fîtes[1],
Lui qui vous sépara lorsque vous vous battîtes,
Ne sait-il pas encor les plus rusés détours
Dont votre esprit adroit bricola[2] vos amours?

PHILISTE.

Ami, ce flux de langue est trop grand pour se taire;
Mais sans plus l'écouter, parlons de votre affaire.
Elle me semble aisée, et j'ose me vanter
Qu'assez facilement je pourrai l'emporter :
Ceux dont elle dépend sont de ma connoissance,
Et même à la plupart je touche de naissance;
Le mort étoit d'ailleurs fort peu considéré,
Et chez les gens d'honneur on ne l'a point pleuré.
Sans perdre plus de temps, souffrez que j'aille apprendre[3]
Pour en venir à bout quel chemin il faut prendre.
Ne vous attristez point cependant en prison;
On aura soin de vous comme en votre maison :
Le concierge en a l'ordre, il tient de moi sa place,
Et sitôt que je parle il n'est rien qu'il ne fasse.

DORANTE.

Ma joie est de vous voir, vous me l'allez ravir.

---

1. *Var.* Fut-il pas le témoin du conte que vous fîtes?
   Vous sépara-t-il pas lorsque vous vous battîtes?
   Et sait-il pas enfin les plus rusés détours. (1645-56)
2. *Bricoler*, au propre, c'est diriger une balle, une bille, un boulet de façon à atteindre le but indirectement et par raccroc; au figuré, c'est suivre des voies obliques, et activement, conduire par des voies obliques. Voyez le *Lexique*.
3. *Var.* Donc sans perdre de temps, souffrez que j'aille apprendre. (1645-56)

PHILISTE.

Je prends congé de vous pour vous aller servir. 650
Cliton divertira votre mélancolie.

SCÈNE V.
DORANTE, CLITON.

CLITON.
Comment va maintenant l'amour ou la folie[1]?
Cette dame obligeante au visage inconnu,
Qui s'empare des cœurs avec son revenu,
Est-elle encore aimable? a-t-elle encor des charmes?
Par générosité lui rendons-nous les armes[2]?

DORANTE.
Cliton, je la tiens belle, et m'ose figurer
Qu'elle n'a rien en soi qu'on ne puisse adorer.
Qu'en imagines-tu?

CLITON.
   J'en fais des conjectures
Qui s'accordent fort mal avecque vos figures. 660
Vous payer par avance, et vous cacher son nom,
Quoi que vous présumiez, ne marque rien de bon.
A voir ce qu'elle a fait, et comme elle procède,
Je jurerois, Monsieur, qu'elle est ou vieille ou laide,
Peut-être l'une et l'autre, et vous a regardé 665
Comme un galant commode, et fort incommodé[3].

DORANTE.
Tu parles en brutal.

CLITON.
   Vous, en visionnaire.
Mais si je disois vrai, que prétendez-vous faire?

---

1. *Var.* Comme va maintenant l'amour ou la folie? (1645-60)
2. *Var.* Par générosité lui rendrons-nous les armes? (1645-63)
3. *Var.* Comme un galant commode, assez incommodé. (1645-56)

DORANTE.
Envoyer et la dame et les amours au vent.
CLITON.
Mais vous avez reçu : quiconque prend se vend. 670
DORANTE.
Quitte pour lui jeter son argent à la tête.
CLITON.
Le compliment est doux et la défaite honnête.
Tout de bon à ce coup vous êtes converti :
Je le soutiens, Monsieur, le proverbe a menti.
Sans scrupule autrefois, témoin votre Lucrèce, 675
Vous emportiez l'argent, et quittiez la maîtresse ;
Mais Rome vous a fait si grand homme de bien,
Qu'à présent vous voulez rendre à chacun le sien :
Vous vous êtes instruit des cas de conscience.
DORANTE.
Tu m'embrouilles l'esprit faute de patience. 680
Deux ou trois jours peut-être, un peu plus, un peu moins,
Éclairciront ce trouble, et purgeront ces soins[1].
Tu sais qu'on m'a promis que la beauté qui m'aime
Viendra me rapporter sa réponse elle-même ;
Vois déjà sa servante, elle revient.
CLITON.
Tant pis : 685
Dussiez-vous enrager, c'est ce que je vous dis.
Si fréquente ambassade, et maîtresse invisible,
Sont de ma conjecture une preuve infaillible.
Voyons ce qu'elle veut, et si son passe-port
Est aussi bien fourni comme au premier abord. 690
DORANTE.
Veux-tu qu'à tous moments il pleuve des pistoles ?
CLITON.
Qu'avons-nous sans cela besoin de ses paroles ?

1. *Var.* Éclaireront ce trouble, et purgeront ces soins. (1648-56)

SCÈNE VI.
DORANTE, LYSE, CLITON.

DORANTE, à Lyse.
Je ne t'espérois pas si soudain de retour.
LYSE.
Vous jugerez par là d'un cœur qui meurt d'amour.
De vos civilités ma maîtresse est ravie : 695
Elle seroit venue, elle en brûle d'envie ;
Mais une compagnie au logis la retient :
Elle viendra bientôt, et peut-être elle vient ;
Et je me connois mal à l'ardeur qui l'emporte,
Si vous ne la voyez même avant que je sorte. 700
Acceptez cependant quelque peu de douceurs
Fort propres en ces lieux à conforter les cœurs :
Les sèches sont dessous, celles-ci sont liquides.
CLITON.
Les amours de tantôt me sembloient plus solides.
Si tu n'as autre chose, épargne mieux tes pas : 705
Cette inégalité ne me satisfait pas.
Nous avons le cœur bon, et dans nos aventures
Nous ne fûmes jamais hommes à confitures.
LYSE.
Badin, qui te demande ici ton sentiment ?
CLITON.
Ah ! tu me fais l'amour un peu bien rudement. 710
LYSE.
Est-ce à toi de parler ? que n'attends-tu ton heure ?
DORANTE.
Saurons-nous cette fois son nom, ou sa demeure ?
LYSE.
Non pas encor sitôt.

DORANTE.

Mais te vaut-elle bien ?
Parle-moi franchement, et ne déguise rien.

LYSE.

A ce compte, Monsieur, vous me trouvez passable ? 715

DORANTE.

Je te trouve de taille et d'esprit agréable,
Tant de grâce en l'humeur, et tant d'attrait aux yeux,
Qu'à te dire le vrai, je ne voudrois pas mieux :
Elle me charmera, pourvu qu'elle te vaille.

LYSE.

Ma maîtresse n'est pas tout à fait de ma taille, 720
Mais elle me surpasse en esprit, en beauté,
Autant et plus encor, Monsieur, qu'en qualité.

DORANTE.

Tu sais adroitement couler ta flatterie.
Que ce bout de ruban a de galanterie !
Je le veux dérober. Mais qu'est-ce qui le suit[1] ? 725

LYSE.

Rendez-le-moi, Monsieur; j'ai hâte, il s'en va nuit.

DORANTE.

Je verrai ce que c'est.

LYSE.

C'est une mignature[2].

DORANTE.

Oh ! le charmant portrait ! l'adorable peinture !
Elle est faite à plaisir.

LYSE.

Après le naturel.

DORANTE.

Je ne crois pas jamais avoir rien vu de tel. 730

---

1. *Var.* Je veux le dérober. Mais qu'est-ce qui le suit ? (1645-68)
2. Telle est l'orthographe de toutes les éditions, sans excepter celle de 1692.

ACTE II, SCÈNE VI.

LYSE.

Ces quatre diamants dont elle est enrichie
Ont sous eux quelque feuille, ou mal nette, ou blanchie,
Et je cours de ce pas y faire regarder.

DORANTE.

Et quel est ce portrait?

LYSE.

Le faut-il demander?
Et doutez-vous si c'est ma maîtresse elle-même[1]? 735

DORANTE.

Quoi? celle qui m'écrit[2]?

LYSE.

Oui, celle qui vous aime;
A l'aimer tant soit peu vous l'auriez deviné[3].

DORANTE.

Un si rare bonheur ne m'est pas destiné;
Et tu me veux flatter par cette fausse joie.

LYSE.

Quand je dis vrai, Monsieur, je prétends qu'on me croie[4].
Mais je m'amuse trop, l'orfévre est loin d'ici;
Donnez-moi, je perds temps.

DORANTE.

Laisse-moi ce souci :
Nous avons un orfévre arrêté pour ses dettes,
Qui saura tout remettre au point que tu souhaites.

LYSE.

Vous m'en donnez, Monsieur.

DORANTE.

Je te le ferai voir. 745

LYSE.

A-t-il la main fort bonne?

---

1. *Var.* Voyez-vous pas que c'est ma maîtresse elle-même? (1645-60)
2. *Var.* Qui? celle qui m'écrit? (1645 et 48)
3. *Var.* A l'aimer tant soit peu vous l'eussiez deviné. (1645-56)
4. *Var.* Quand je dis vrai, Monsieur, j'entends que l'on me croie. (1645-56)

DORANTE.
Autant qu'on peut l'avoir.
LYSE.
Sans mentir?
DORANTE.
Sans mentir.
CLITON.
Il est trop jeune, il n'ose.
LYSE.
Je voudrois bien pour vous faire ici quelque chose;
Mais vous le montrerez[1].
DORANTE.
Non, à qui que ce soit.
LYSE.
Vous me ferez chasser si quelque autre le voit.   750
DORANTE.
Va, dors en sûreté.
LYSE.
Mais enfin à quand rendre?
DORANTE.
Dès demain.
LYSE.
Demain donc je viendrai le reprendre[2] :
Je ne puis me résoudre à vous désobliger.
CLITON, à Dorante, puis à Lyse[3].
Elle se met pour vous en un très-grand danger.
Dirons-nous rien nous deux?
LYSE.
Non.
CLITON.
Comme tu méprises!

1. *Var.* Mais vous le montreriez. (1645-68)
2. *Var.*   Demain donc je le viendrai reprendre. (1645-56)
3. Cette indication manque dans les impressions de 1645-63.

LYSE.
Je n'ai pas le loisir d'entendre tes sottises.
CLITON.
Avec cette rigueur tu me feras mourir.
LYSE.
Peut-être à mon retour je saurai te guérir[1] ;
Je ne puis mieux pour l'heure : adieu.
CLITON.
Tout me succède.

SCÈNE VII.
DORANTE, CLITON.

DORANTE.
Viens, Cliton, et regarde. Est-elle vieille ou laide ? 760
Voit-on des yeux plus vifs ? voit-on des traits plus doux ?
CLITON.
Je suis un peu moins dupe, et plus futé que vous.
C'est un leurre, Monsieur, la chose est toute claire :
Elle a fait tout du long les mines qu'il faut faire.
On amorce le monde avec de tels portraits : 765
Pour les faire surprendre on les apporte exprès ;
On s'en fâche, on fait bruit, on vous les redemande ;
Mais on tremble toujours de crainte qu'on les rende[2] ;
Et pour dernière adresse, une telle beauté
Ne se voit que de nuit et dans l'obscurité, 770
De peur qu'en un moment l'amour ne s'estropie[3]
A voir l'original si loin de sa copie.
Mais laissons ce discours, qui peut vous ennuyer[4].
Vous ferai-je venir l'orfévre prisonnier ?

---

1. *Var.* Peut-être à mon retour je te saurai guérir. (1645-56)
2. *Var.* Mais on tremble toujours de peur qu'on ne les rende. (1645-60)
3. *Var.* De crainte qu'aussitôt l'amour ne s'estropie. (1645-60)
4. *Var.* Mais laissons ce discours, qui vous peut ennuyer. (1645-56)

DORANTE.
Simple, n'as-tu point vu que c'étoit une feinte,   775
Un effet de l'amour dont mon âme est atteinte?
CLITON.
Bon : en voici déjà de deux en même jour,
Par devoir d'honnête homme, et par effet d'amour.
Avec un peu de temps nous en verrons bien d'autres;
Chacun a ses talents, et ce sont là les vôtres.   780
DORANTE.
Tais-toi, tu m'étourdis de tes sottes raisons[1].
Allons prendre un peu l'air dans la cour des prisons.

1. *Var.* Tais-toi, tu m'étourdis avecque tes raisons. (1645-56)

FIN DU SECOND ACTE.

ACTE III.

(L'acte se passe dans la prison[1].)

SCÈNE PREMIÈRE.
CLÉANDRE, DORANTE, CLITON.

DORANTE.

Je vous en prie encor, discourons d'autre chose,
Et sur un tel sujet ayons la bouche close :
On peut nous écouter, et vous surprendre ici ; 785
Et si vous vous perdez, vous me perdez aussi.
La parfaite amitié que pour vous j'ai conçue,
Quoiqu'elle soit l'effet d'une première vue,
Joint mon péril au vôtre, et les unit si bien
Qu'au cours de votre sort elle attache le mien. 790

CLÉANDRE.

N'ayez aucune peur, et sortez d'un tel doute.
J'ai des gens là dehors qui gardent qu'on écoute[2] ;
Et je puis vous parler en toute sûreté[3]
De ce que mon malheur doit à votre bonté.
Si d'un bienfait si grand qu'on reçoit sans mérite 795
Qui s'avoue insolvable aucunement s'acquitte,
Pour m'acquitter vers vous autant que je le puis,

---

1. Cette indication manque dans les éditions de 1645-60 ; celle de 1663 la donne en marge ; dans les suivantes, elle est placée après le titre de la scène et les noms des acteurs.
2. *Var.* J'ai des gens là dehors qui gardent qu'on n'écoute. (1645-56)
3. *Var.* Et je vous puis parler en toute sûreté. (1645-56)

J'avoue, et hautement, Monsieur, que je le suis ;
Mais si cette amitié par l'amitié se paie,
Ce cœur qui vous doit tout vous en rend une vraie. 800
La vôtre la devance à peine d'un moment ;
Elle attache mon sort au vôtre également ;
Et l'on n'y trouvera que cette différence,
Qu'en vous elle est faveur, en moi reconnoissance.

DORANTE.

N'appelez point faveur ce qui fut un devoir : 805
Entre les gens de cœur il suffit de se voir.
Par un effort secret de quelque sympathie
L'un à l'autre aussitôt un certain nœud les lie :
Chacun d'eux sur son front porte écrit ce qu'il est,
Et quand on lui ressemble, on prend son intérêt. 810

CLITON.

Par exemple, voyez, aux traits de ce visage
Mille dames m'ont pris pour homme de courage,
Et sitôt que je parle, on devine à demi
Que le sexe jamais ne fut mon ennemi.

CLÉANDRE.

Cet homme a de l'humeur[1].

DORANTE.

C'est un vieux domestique,
Qui, comme vous voyez, n'est pas mélancolique.
A cause de son âge il se croit tout permis ;
Il se rend familier avec tous mes amis,
Mêle partout son mot, et jamais, quoi qu'on die,
Pour donner son avis il n'attend qu'on l'en prie[2]. 820
Souvent il importune, et quelquefois il plaît.

CLÉANDRE.

J'en voudrois connoître un de l'humeur dont il est[3].

---

1. De la gaieté, de l'enjouement. Voyez le *Lexique*.
2. *Var.* Pour donner son avis il n'attend qu'on le prie. (1645-56)
3. *Var.* J'en voudrois savoir un de l'humeur dont il est. (1645-56)

ACTE III, SCÈNE I.

CLITON.

Croyez qu'à le trouver vous auriez de la peine[1] :
Le monde n'en voit pas quatorze à la douzaine ;
Et je jurerois bien, Monsieur, en bonne foi,　　825
Qu'en France il n'en est point que Jodelet et moi.

DORANTE.

Voilà de ses bons mots les galantes surprises[2] ;
Mais qui parle beaucoup dit beaucoup de sottises ;
Et quand il a dessein de se mettre en crédit,
Plus il y fait d'effort, moins il sait ce qu'il dit.　　830

CLITON.

On appelle cela des vers à ma louange.

CLÉANDRE.

Presque insensiblement nous avons pris le change.
Mais revenons, Monsieur, à ce que je vous dois.

DORANTE.

Nous en pourrons parler encor quelque autre fois :
Il suffit pour ce coup.

CLÉANDRE.

　　　　　　Je ne saurois vous taire　　835
En quel heureux état se trouve votre affaire.
　Vous sortirez bientôt, et peut-être demain ;
Mais un si prompt secours ne vient pas de ma main ;
Les amis de Philiste en ont trouvé la voie ;
J'en dois rougir de honte au milieu de ma joie ;　　840
Et je ne saurois voir sans être un peu jaloux
Qu'il m'ôte les moyens de m'employer pour vous[3].
Je cède avec regret à cet ami fidèle :
S'il a plus de pouvoir, il n'a pas plus de zèle ;
Et vous m'obligerez, au sortir de prison,　　845
De me faire l'honneur de prendre ma maison.

---

1. *Var.* Croyez qu'à le trouver vous auriez grande peine. (1645-68)
2. *Var.* Voilà de ses bons mots les grâces plus exquises. (1645-56)
3. *Var.* Qu'il m'ôte les moyens de rien faire pour vous. (1645-56)

Je n'attends point le temps de votre délivrance,
De peur qu'encore un coup Philiste me devance;
Comme il m'ôte aujourd'hui l'espoir de vous servir,
Vous loger est un bien que je lui veux ravir.   850
            DORANTE.
C'est un excès d'honneur que vous me voulez rendre;
Et je croirois faillir de m'en vouloir défendre.
            CLÉANDRE.
Je vous en reprierai quand vous pourrez sortir;
Et lors nous tâcherons à vous bien divertir,
Et vous faire oublier l'ennui què je vous cause.   855
   Auriez-vous cependant besoin de quelque chose?
Vous êtes voyageur, et pris par des sergents;
Et quoique ces messieurs soient fort honnêtes gens,
Il en est quelques-uns....
            CLITON.
                     Les siens en sont du nombre :
Ils ont en le prenant pillé jusqu'à son ombre;   860
Et n'étoit que le ciel a su le soulager,
Vous le verriez encor fort net et fort léger;
Mais comme je pleurois ses tristes aventures,
Nous avons reçu lettre, argent et confitures.
            CLÉANDRE.
Et de qui?
            DORANTE.
         Pour le dire, il faudroit deviner.   865
Jugez ce qu'en ma place on peut s'imaginer.
   Une dame m'écrit, me flatte, me régale,
Me promet une amour qui n'eut jamais d'égale,
Me fait force présents,....
            CLÉANDRE.
                Et vous visite?
            DORANTE.
                        Non.

CLÉANDRE.

Vous savez son logis?

DORANTE.

Non, pas même son nom. 870
Ne soupçonnez-vous point ce que ce pourroit être[1]?

CLÉANDRE.

A moins que de la voir je ne la puis connoître.

DORANTE.

Pour un si bon ami je n'ai point de secret.
Voyez, connoissez-vous les traits de ce portrait?

CLÉANDRE.

Elle semble éveillée, et passablement belle; 875
Mais je ne vous en puis dire aucune nouvelle,
Et je ne connois rien à ces traits que je voi.
Je vais vous préparer une chambre chez moi.
Adieu.

SCÈNE II.

DORANTE, CLITON.

DORANTE.

Ce brusque adieu marque un trouble dans l'âme.
Sans doute il la connoît.

CLITON.

C'est peut-être sa femme? 880

DORANTE.

Sa femme?

CLITON.

Oui, c'est sans doute elle qui vous écrit;
Et vous venez de faire un coup de grand esprit.
Voilà de vos secrets et de vos confidences.

---

1. *Var.* Vous figurez-vous point ce que ce pourroit être? (1645-56)

DORANTE.

Nomme-les par leur nom, dis de mes imprudences.
Mais seroit-ce en effet celle que tu me dis ? 885

CLITON.

Envoyez vos portraits à de tels étourdis :
Ils gardent un secret avec extrême adresse.
C'est sa femme, vous dis-je, ou du moins sa maîtresse :
Ne l'avez-vous pas vu tout changé de couleur?

DORANTE.

Je l'ai vu, comme atteint d'une vive douleur, 890
Faire de vains efforts pour cacher sa surprise.
Son désordre, Cliton, montre ce qu'il déguise :
Il a pris un prétexte à sortir promptement,
Sans se donner loisir d'un mot de compliment.

CLITON.

Qu'il fera dangereux rencontrer sa colère ! 895
Il va tout renverser si l'on le laisse faire,
Et je vous tiens pour mort si sa fureur se croit[1] ;
Mais surtout ses valets peuvent bien marcher droit :
Malheureux le premier qui fâchera son maître !
Pour autres cent louis je ne voudrois pas l'être. 900

DORANTE.

La chose est sans remède; en soit ce qui pourra :
S'il fait tant le mauvais, peut-être on le verra.
Ce n'est pas qu'après tout, Cliton, si c'est sa femme,
Je ne sache étouffer cette naissante flamme :
Ce seroit lui prêter un fort mauvais secours 905
Que lui ravir l'honneur en conservant ses jours[2] ;
D'une belle action j'en ferois une noire.
J'en ai fait mon ami, je prends part à sa gloire[3] ;

---

1. Il y a *croit*, sans accent et sans *s*, dans toutes les éditions publiées du vivant de Corneille et dans celle de 1692. Voltaire (1764) a donné *croît*.
2. *Var.* De lui ravir l'honneur en conservant ses jours. (1645-56)
3. *Var.* J'en ai fait mon ami, j'ai part dedans sa gloire;
   Et je ne voudrois pas qu'on me pût reprocher. (1645-56)

ACTE III, SCÈNE II.

Et je ne voudrois pas qu'on pût me reprocher
De servir un brave homme au prix d'un bien si cher. 910

CLITON.

Et s'il est son amant?

DORANTE.

Puisqu'elle me préfère,
Ce que j'ai fait pour lui vaut bien qu'il me défère ;
Sinon, il a du cœur, il en sait bien les lois,
Et je suis résolu de défendre son choix.
Tandis, pour un moment trêve de raillerie, 915
Je veux entretenir un peu ma rêverie.

(Il prend le portrait de Mélisse.)

    Merveille qui m'as enchanté,
    Portrait à qui je rends les armes,
    As-tu bien autant de bonté
    Comme tu me fais voir de charmes? 920
    Hélas! au lieu de l'espérer,
    Je ne fais que me figurer
    Que tu te plains à cette belle,
    Que tu lui dis mon procédé,
    Et que je te fus[1] infidèle 925
    Sitôt que je t'eus possédé.

    Garde mieux le secret que moi,
    Daigne en ma faveur te contraindre :
    Si j'ai pu te manquer de foi[2],
    C'est m'imiter que de t'en plaindre. 930
    Ta colère en me punissant
    Te fait criminel d'innocent ;
    Sur toi retombent les vengeances[3]....

---

1. L'édition de 1656 porte : « je te suis, » pour : « je te fus. »
2. *Var.*   Si je t'ai pu manquer de foi. (1645-56)
3. *Var.*   Sur toi retombent tes vengeances.... (1645)
   Var.   Sur toi retombent des vengeances.... (1648-56)

CLITON, *lui ôtant le portrait*[1].

Vous ne dites, Monsieur, que des extravagances,
Et parlez justement le langage des fous.
Donnez, j'entretiendrai ce portrait mieux que vous;
Je veux vous en montrer de meilleures méthodes,
Et lui faire des vœux plus courts et plus commodes.

    Adorable et riche beauté,
    Qui joins les effets aux paroles,
    Merveille qui m'as enchanté
    Par tes douceurs et tes pistoles,
    Sache un peu mieux les partager;
    Et si tu nous veux obliger
    A dépeindre aux races futures
    L'éclat de tes faits inouïs,
    Garde pour toi les confitures,
    Et nous accable de louis.

Voilà parler en homme.

DORANTE.
                  Arrête tes saillies,
Ou va du moins ailleurs débiter tes folies.
Je ne suis pas toujours d'humeur à t'écouter[2].

CLITON.

Et je ne suis jamais d'humeur à vous flatter;
Je ne vous puis souffrir de dire une sottise.
Par un double intérêt je prends cette franchise:
L'un, vous êtes mon maître, et j'en rougis pour vous;
L'autre, c'est mon talent, et j'en deviens jaloux.

DORANTE.

Si c'est là ton talent, ma faute est sans exemple.

---

1. On lit ici *pourtrait* dans l'édition originale, qui, comme les autres, donne partout ailleurs *portrait*.
2. Ce vers a été omis par erreur dans l'édition de 1656.

CLITON.
Ne me l'enviez point, le vôtre est assez ample ;
Et puisque enfin le ciel m'a voulu départir
Le don d'extravaguer, comme à vous de mentir, 960
Comme je ne mens point devant votre Excellence,
Ne dites à mes yeux aucune extravagance ;
N'entreprenez sur moi, non plus que moi sur vous.

DORANTE.
Tais-toi ; le ciel m'envoie un entretien plus doux :
L'ambassade revient.

CLITON.
Que nous apporte-t-elle ? 965

DORANTE.
Maraud, veux-tu toujours quelque douceur nouvelle ?

CLITON.
Non pas, mais le passé m'a rendu curieux ;
Je lui regarde aux mains un peu plutôt qu'aux yeux[1].

SCÈNE III.

DORANTE, MÉLISSE, déguisée en servante, cachant son visage sous une coiffe ; CLITON, LYSE.

CLITON, à Lyse.
Montre ton passe-port. Quoi ? tu viens les mains vides ?
Ainsi détruit le temps les biens les plus solides[2] ; 970
Et moins d'un jour réduit tout votre heur et le mien,
Des louis aux douceurs, et des douceurs à rien.

LYSE.
Si j'apportai tantôt, à présent je demande.

---

1. *Var.* Je lui regarde aux mains aussitôt comme aux yeux. (1645-56)
2. *Var.* Ainsi détruit le temps les choses plus solides (*a*). (1645-56)

(*a*) L'édition de 1645 porte en marge, à côté de ce vers, les mots : *à Dorante.*

DORANTE.

Que veux-tu?

LYSE.

Ce portrait, que je veux qu'on me rende¹.

DORANTE.

As-tu pris du secours pour faire plus de bruit? 975

LYSE.

J'amène ici ma sœur, parce qu'il s'en va nuit² ;
Mais vous pensez en vain chercher une défaite :
Demandez-lui, Monsieur, quelle vie on m'a faite.

DORANTE.

Quoi? ta maîtresse sait que tu me l'as laissé?

LYSE.

Elle s'en est doutée, et je l'ai confessé. 980

DORANTE.

Elle s'en est donc mise en colère?

LYSE.

Et si forte,
Que je n'ose rentrer si je ne le rapporte :
Si vous vous obstinez à me le retenir,
Je ne sais dès ce soir, Monsieur, que devenir;
Ma fortune est perdue, et dix ans de service. 985

DORANTE.

Écoute, il n'est pour toi chose que je ne fisse.
Si je te nuis ici, c'est avec grand regret³ ;
Mais on aura mon cœur avant que ce portrait.
Va dire de ma part à celle qui t'envoie
Qu'il fait tout mon bonheur, qu'il fait toute ma joie; 990
Que rien n'approcheroit de mon ravissement,
Si je le possédois de son consentement;
Qu'il est l'unique bien où mon espoir se fonde,

---

1. *Var.*   Ce portrait, qu'il faut que l'on me rende. (1645-56)
2. *Var.* C'est ma sœur que j'amène, à cause qu'il fait nuit. (1645-56)
3. *Var.* Si je te nuis ici, c'est avecque regret. (1645-56)

Qu'il est le seul trésor qui me soit cher au monde.
Et quant à ta fortune, il est en mon pouvoir   995
De la faire monter par delà ton espoir.

LYSE.

Je ne veux point de vous, ni de vos récompenses.

DORANTE.

Tu me dédaignes trop.

LYSE.

Je le dois.

CLITON.

Tu l'offenses.
Mais voulez-vous, Monsieur, me croire et vous venger?
Rendez-lui son portrait pour la faire enrager.   1000

LYSE.

Oh! le grand habile homme! il y connoît finesse.
C'est donc ainsi, Monsieur, que vous tenez promesse?
Mais puisque auprès de vous j'ai si peu de crédit,
Demandez à ma sœur ce qu'elle m'en a dit,
Et si c'est sans raison que j'ai tant l'épouvante[1]. 1005

DORANTE.

Tu verras que ta sœur sera plus obligeante;
Mais si ce grand courroux lui donne autant d'effroi,
Je ferai tout autant pour elle que pour toi.

LYSE.

N'importe, parlez-lui : du moins vous saurez d'elle
Avec quelle chaleur j'ai pris votre querelle.   1010

DORANTE, à Mélisse.

Son ordre est-il si rude?

MÉLISSE.

Il est assez exprès;
Mais sans mentir, ma sœur vous presse un peu de près :
Quoi qu'elle ait commandé, la chose a deux visages.

---

1. Tel est le texte de toutes les éditions, y compris celle de 1692. Voltaire (1764) y a substitué « tant d'épouvante. »

CLITON.

Comme toutes les deux jouënt leurs personnages!

MÉLISSE.

Souvent tout cet effort à ravoir un portrait 1015
N'est que pour voir l'amour par l'état qu'on en fait.
C'est peut être après tout le dessein de Madame[1] :
Ma sœur, non plus que moi, ne lit pas dans son âme.
En ces occasions il fait bon hasarder[2],
Et de force ou de gré je saurois le garder. 1020
Si vous l'aimez, Monsieur, croyez qu'en son courage
Elle vous aime assez pour vous laisser ce gage :
Ce seroit vous traiter avec trop de rigueur,
Puisque avant ce portrait on aura votre cœur;
Et je la trouverois d'une humeur bien étrange, 1025
Si je ne lui faisois accepter cette échange[3].
Je l'entreprends pour vous, et vous répondrai bien
Qu'elle aimera ce gage autant comme le sien.

DORANTE.

O ciel! et de quel nom faut-il que je te nomme?

CLITON.

Ainsi font deux soldats qui sont chez le bonhomme[4];
Quand l'un veut tout tuer, l'autre rabat les coups;
L'un jure comme un diable, et l'autre file doux.
  Les belles, n'en déplaise à tout votre grimoire!
Vous vous entr'entendez comme larrons en foire.

MÉLISSE.

Que dit cet insolent?

---

1. *Var.* Que sait-on si c'est point le dessein de Madame? (1645-56)
2. *Var.* Si j'étois que de vous, je voudrois hasarder,
   Et de force ou de gré je saurois garder. (1645-56)
3. Les éditions de 1663-82 donnent *cette échange*, au féminin; les précédentes et celle de 1692 font le mot masculin : *cet échange*.
4. *Var.* Ainsi font deux soldats logés chez le bonhomme (*a*). (1645-68)

(*a*) L'édition de 1692 et Voltaire, dans la sienne, ont adopté cette variante.

DORANTE.
       C'est un fou qui me sert.   1035
   CLITON.
Vous dites que....
       DORANTE, à Cliton.
       Tais-toi, ta sottise me perd.
          (A Mélisse.)
Je suivrai ton conseil, il m'a rendu la vie.
          LYSE.
Avec sa complaisance à flatter votre envie,
Dans le cœur de Madame elle croit pénétrer;
Mais son front en rougit, et n'ose se montrer.   1040
       MÉLISSE, se découvrant.
Mon front n'en rougit point, et je veux bien qu'il voie
D'où lui vient ce conseil qui lui rend tant de joie.
          DORANTE.
Mes yeux, que vois-je? où suis-je? êtes-vous des flatteurs?
Si le portrait dit vrai, les habits sont menteurs.
Madame, c'est ainsi que vous savez surprendre!   1045
          MÉLISSE.
C'est ainsi que je tâche à ne me point méprendre,
A voir si vous m'aimez, et savez mériter
Cette parfaite amour que je vous veux porter.
  Ce portrait est à vous, vous l'avez su défendre,
Et de plus sur mon cœur vous pouvez tout prétendre[1];
Mais par quelque motif que vous l'eussiez rendu,
L'un et l'autre à jamais étoit pour vous perdu.
Je retirois le cœur en retirant ce gage[2],
Et vous n'eussiez de moi jamais vu que l'image.
Voilà le vrai sujet de mon déguisement.   1055
Pour ne rien hasarder, j'ai pris ce vêtement,

1. *Var.* Et sur l'original vous pouvez tout prétendre. (1645-56)
2. *Var.* Je retirois mon cœur en retirant ce gage. (1645-60)

Pour entrer sans soupçon, pour en sortir de même,
Et ne me point montrer qu'ayant vu si l'on m'aime.
DORANTE.
Je demeure immobile, et pour vous répliquer
Je perds la liberté même de m'expliquer. 1060
Surpris, charmé, confus d'une telle merveille,
Je ne sais si je dors, je ne sais si je veille,
Je ne sais si je vis; et je sais toutefois
Que ma vie est trop peu pour ce que je vous dois;
Que tous mes jours usés à vous rendre service[1], 1065
Que tout mon sang pour vous offert en sacrifice,
Que tout mon cœur brûlé d'amour pour vos appas,
Envers votre beauté ne m'acquitteroient pas.
MÉLISSE.
Sachez, pour arrêter ce discours qui me flatte,
Que je n'ai pu moins faire, à moins que d'être ingrate. 1070
Vous avez fait pour moi plus que vous ne savez,
Et je vous dois bien plus que vous ne me devez.
Vous m'entendrez un jour; à présent je vous quitte,
Et malgré mon amour, je romps cette visite.
Le soin de mon honneur veut que j'en use ainsi : 1075
Je crains à tous moments qu'on me surprenne ici;
Encor que déguisée, on pourroit me connoître.
Je vous puis cette nuit parler par ma fenêtre,
Du moins si le concierge est homme à consentir,
A force de présents, que vous puissiez sortir. 1080
Un peu d'argent fait tout chez les gens de sa sorte.
DORANTE.
Mais après que les dons m'auront ouvert la porte[2],
Où dois-je vous chercher?

---

1. *Var.* Que tous mes jours usés dessous votre service. (1645-64)
2. *Var.* Je le sais; mais, Madame, en cas que je l'emporte,
   Où vous dois-je chercher? (1645-56)

ACTE III, SCÈNE III.   345

MÉLISSE.

Ayant su la maison,
Vous pourriez aisément vous informer du nom :
Encore un jour ou deux il me faut vous le taire;   1085
Mais vous n'êtes pas homme à me vouloir déplaire.
Je loge en Bellecour[1], environ au milieu,
Dans un grand pavillon. N'y manquez pas. Adieu.

DORANTE.

Donnez quelque signal pour plus certaine adresse.

LYSE.

Un linge servira de marque plus expresse;   1090
J'en prendrai soin.

MÉLISSE.

On ouvre et quelqu'un vous vient voir.
Si vous m'aimez, Monsieur....

(Elles abaissent toutes deux leurs coiffes[2].)

DORANTE.

Je sais bien mon devoir;
Sur ma discrétion prenez toute assurance[3].

---

1. Place de Lyon, qui, au commencement du dix-septième siècle, était encore une prairie, souvent inondée. La ville l'acquit en 1618.
2. *Var. Elles rabaissent toutes deux leur coiffe.* (1645-56) — *Elles abaissent toutes deux leur coiffe.* (1660-68) — Voltaire (1764) a substitué *baissent* à *abaissent*.
3. « Cette scène où Mélisse voilée vient voir si on lui rendra son portrait devait être d'autant plus agréable que les femmes alors étaient en usage de porter un masque de velours, ou d'abaisser leurs coiffes quand elles sortaient à pied. Cette mode venait d'Espagne, ainsi que la plupart de nos comédies. »

(*Voltaire.*)

SCÈNE IV.

PHILISTE, DORANTE, CLITON[1].

PHILISTE.

Ami, notre bonheur passe notre espérance.
Vous avez compagnie! Ah! voyons, s'il vous plaît. 1095

DORANTE.

Laissez-les s'échapper, je vous dirai qui c'est[2].
Ce n'est qu'une lingère : allant en Italie,
Je la vis en passant, et la trouvai jolie;
Nous fîmes connoissance; et me sachant ici,
Comme vous le voyez, elle en a pris souci. 1100

PHILISTE.

Vous trouvez en tous lieux d'assez bonnes fortunes.

DORANTE.

Celle-ci pour le moins n'est pas des plus communes.

PHILISTE.

Elle vous semble belle, à ce compte?

DORANTE.

A ravir.

PHILISTE.

Je n'en suis point jaloux.

DORANTE.

M'y voulez-vous servir?

PHILISTE.

Je suis trop maladroit pour un si noble rôle[3]. 1105

DORANTE.

Vous n'avez seulement qu'à dire une parole.

---

1. *Var.* PHILISTE, DORANTE, CLITON; MÉLISSE, LYSE, *qui s'écoulent incontinent* (1645); — .... *qui s'échappent incontinent.* (1648-60)
2. *Var.* Laissez-les s'écouler, je vous dirai qui c'est. (1645)
3. L'orthographe de ce mot est *roolle* dans toutes les éditions, hormis celle de 1656, qui a *roole*, par une seule *l.*

ACTE III, SCÈNE IV. 347

PHILISTE.

Qu'une?

DORANTE.

Non. Cette nuit j'ai promis de la voir,
Sûr que vous obtiendrez mon congé pour ce soir.
Le concierge est à vous.

PHILISTE.

C'est une affaire faite.

DORANTE.

Quoi! vous me refusez un mot que je souhaite?   1110

PHILISTE.

L'ordre, tout au contraire, en est déjà donné,
Et votre esprit trop prompt n'a pas bien deviné.
Comme je vous quittois avec peine à vous croire,
Quatre de mes amis m'ont conté votre histoire.
Ils marchoient après vous deux ou trois mille pas;   1115
Ils vous ont vu courir, tomber le mort à bas,
L'autre vous démonter, et fuir en diligence :
Ils ont vu tout cela de sur une éminence,
Et n'ont connu personne, étant trop éloignés.
Voilà, quoi qu'il en soit, tous nos procès gagnés,   1120
Et plus tôt de beaucoup que je n'osois prétendre.
Je n'ai point perdu temps[1], et les ai fait entendre;
Si bien que sans chercher d'autre éclaircissement,
Vos juges m'ont promis votre élargissement.
Mais quoiqu'il soit constant qu'on vous prend pour un [autre,
Il faudra caution, et je serai la vôtre :
Ce sont formalités que pour vous dégager[2]
Les juges, disent-ils, sont tenus d'exiger;

---

1. Par une erreur singulière, les éditions de 1645-56 portent toutes : « Je n'ai point perdu *de* temps, » ce qui fait un vers de treize syllabes.
2. *Var.* Ce sont formalités que la justice veut;
   Autrement, disent-ils, l'affaire ne se peut;
   Mais je crois qu'ils en font ainsi que bon leur semble. (1645-56)

Mais sans doute ils en font ainsi que bon leur semble.
Tandis, ce soir chez moi nous souperons ensemble; 1130
Dans un moment ou deux vous y pourrez venir;
Nous aurons tout loisir de nous entretenir[1],
Et vous prendrez le temps de voir votre lingère.
Ils m'ont dit toutefois qu'il seroit nécessaire
De coucher pour la forme un moment en prison, 1135
Et m'en ont sur-le-champ rendu quelque raison;
Mais c'est si peu mon jeu que de telles matières,
Que j'en perds aussitôt les plus belles lumières.
Vous sortirez demain, il n'est rien de plus vrai :
C'est tout ce que j'en aime, et tout ce que j'en sai. 1140

DORANTE.
Que ne vous dois-je point pour de si bons offices!

PHILISTE.
Ami, ce ne sont là que de petits services;
Je voudrois pouvoir mieux, tout me seroit fort doux.
Je vais chercher du monde à souper avec vous.
Adieu : je vous attends au plus tard dans une heure. 1145

SCÈNE V.

DORANTE, CLITON[2].

DORANTE.
Tu ne dis mot, Cliton.

CLITON.
Elle est belle, ou je meure!

---

1. Ce vers se retrouve presque textuellement dans *les Plaideurs* de Racine, acte II, scène 1 :

« Vous aurez tout moyen de vous entretenir. »

2. Les éditions de 1664-82 et, à leur exemple, celle de 1692 ajoutent LYSE aux personnages de cette scène. C'est une erreur évidente : voyez p. 346, note 1.

DORANTE.

Elle te semble belle?

CLITON.

Et si parfaitement
Que j'en suis même encor dans le ravissement.
Encor dans mon esprit je la vois et l'admire,
Et je n'ai su depuis trouver le mot à dire.   1150

DORANTE.

Je suis ravi de voir que mon élection[1]
Ait enfin mérité ton approbation.

CLITON.

Ah! plût à Dieu, Monsieur, que ce fût la servante!
Vous verriez comme quoi je la trouve charmante,
Et comme pour l'aimer je ferois le mutin.   1155

DORANTE.

Admire en cet amour la force du destin.

CLITON.

J'admire bien plutôt votre adresse ordinaire,
Qui change en un moment cette dame en lingère.

DORANTE.

C'étoit nécessité dans cette occasion,
De crainte que Philiste eût quelque vision,   1160
S'en formât quelque idée, et la pût reconnoître.

CLITON.

Cette métamorphose est de vos coups de maître;
Je n'en parlerai plus, Monsieur, que cette fois;
Mais en un demi-jour comptez déjà pour trois.
Un coupable honnête homme, un portrait, une dame,   1165
A son premier métier rendent soudain votre âme;
Et vous savez mentir par générosité,
Par adresse d'amour, et par nécessité.
Quelle conversion!

---

1. *Var.* Vraiment, je suis ravi que mon élection. (1645-60)

DORANTE.
Tu fais bien le sévère.
CLITON.
Non, non, à l'avenir je fais vœu de m'en taire :
J'aurois trop à compter.
DORANTE.
Conserver un secret,
Ce n'est pas tant mentir qu'être amoureux discret;
L'honneur d'une maîtresse aisément y dispose.
CLITON.
Ce n'est qu'autre prétexte et non pas autre chose.
Croyez-moi, vous mourrez, Monsieur, dans votre peau,
Et vous mériterez cet illustre tombeau,
Cette digne oraison que naguère j'ai faite¹ :
Vous vous en souvenez, sans que je la répète².
DORANTE.
Pour de pareils secrets peut-on s'en garantir³?
Et toi-même, à ton tour, ne crois-tu point mentir⁴?
L'occasion convie, aide, engage, dispense;
Et pour servir un autre on ment sans qu'on y pense.
CLITON.
Si vous m'y surprenez, étrillez-y-moi bien.
DORANTE.
Allons trouver Philiste, et ne jurons de rien.

1. *Var.* Cette digne oraison que j'avois tantôt faite. (1645-56)
2. Voyez acte I, scène VI, vers 375 et suivants.
3. *Var.* Pour de pareils sujets peut-on s'en garantir? (1645-68)
4. *Var.* Et toi-même, à ton tour, penses-tu point mentir? (1645-56)

FIN DU TROISIÈME ACTE.

ACTE IV.

SCÈNE PREMIÈRE.

MÉLISSE, LYSE.

MÉLISSE.
J'en tremble encor de peur, et n'en suis pas remise.   1185
LYSE.
Aussi bien comme vous je pensois être prise.
MÉLISSE.
Non, Philiste n'est fait que pour m'incommoder.
Voyez ce qu'en ces lieux il venoit demander,
S'il est heure si tard de faire une visite.
LYSE.
Un ami véritable à toute heure s'acquitte;   1190
Mais un amant fâcheux, soit de jour, soit de nuit,
Toujours à contre-temps à nos yeux se produit[1];
Et depuis qu'une fois il commence à déplaire,
Il ne manque jamais d'occasion contraire :
Tant son mauvais destin semble prendre de soins   1195
A mêler sa présence où l'on la veut le moins !
MÉLISSE.
Quel désordre eût-ce été, Lyse, s'il m'eût connue !
LYSE.
Il vous auroit donné fort avant dans la vue[2].

---

1. *Var.* Toujours à contre-temps son malheur le produit. (1645-56)
2. *Var.* Il vous eût fort avant donné dedans la vue. (1645-56)

MÉLISSE.
Quel bruit et quel éclat n'eût point fait son courroux!
LYSE.
Il eût été peut-être aussi honteux que vous.   1200
　　Un homme un peu content et qui s'en fait accroire,
Se voyant méprisé, rabat bien de sa gloire,
Et surpris qu'il en est en telle occasion,
Toute sa vanité tourne en confusion.
Quand il a de l'esprit, il sait rendre le change;   1205
Loin de s'en émouvoir, en raillant il se venge,
Affecte des mépris, comme pour reprocher
Que la perte qu'il fait ne vaut pas s'en fâcher;
Tant qu'il peut, il témoigne une âme indifférente.
Quoi qu'il en soit enfin, vous avez vu Dorante,   1210
Et fort adroitement je vous ai mise en jeu.
MÉLISSE.
Et fort adroitement tu m'as fait voir son feu.
LYSE.
Eh bien! mais que vous semble encor du personnage?
Vous en ai-je trop dit?
MÉLISSE.
　　　　J'en ai vu davantage.
LYSE.
Avez-vous du regret d'avoir trop hasardé?   1215
MÉLISSE.
Je n'ai qu'un déplaisir, d'avoir si peu tardé.
LYSE.
Vous l'aimez?
MÉLISSE.
　　Je l'adore.
LYSE.
　　　　　Et croyez qu'il vous aime?
MÉLISSE.　　　　　　　　　　[trême.
Qu'il m'aime, et d'une amour, comme la mienne, ex-

ACTE IV, SCÈNE I. 353
LYSE.
Une première vue, un moment d'entretien,
Vous fait ainsi tout croire et ne douter de rien[1]! 1220
MÉLISSE.
Quand les ordres du ciel nous ont faits l'un pour l'autre,
Lyse, c'est un accord bientôt fait que le nôtre[2] :
Sa main entre les cœurs, par un secret pouvoir,
Sème l'intelligence avant que de se voir;
Il prépare si bien l'amant et la maîtresse, 1225
Que leur âme au seul nom s'émeut et s'intéresse.
On s'estime, on se cherche, on s'aime en un moment :
Tout ce qu'on s'entre-dit persuade aisément;
Et sans s'inquiéter d'aucunes peurs frivoles[3],
La foi semble courir au-devant des paroles : 1230
La langue en peu de mots en explique beaucoup;
Les yeux, plus éloquents, font tout voir tout d'un coup;
Et de quoi qu'à l'envi tous les deux nous instruisent,
Le cœur en entend plus que tous les deux n'en disent[4].
LYSE.
Si, comme dit Sylvandre, une âme en se formant[5], 1235

1. *Var.* Vous font ainsi tout croire et ne douter de rien! (1645-60)
2. *Var.* Lyse, c'est un amour bientôt fait que le nôtre. (1645-56)
   Var. Lyse, c'est un traité bientôt fait que le nôtre. (1660)
3. *Var.* Et sans s'inquiéter de mille peurs frivoles (a). (1645-64)
4. « L'assurance que prend Mélisse, au quatrième de *la Suite du Menteur*, sur les premières protestations d'amour que lui fait Dorante, qu'elle n'a vu qu'une seule fois, ne se peut autoriser que sur la facilité et la promptitude que deux amants nés l'un pour l'autre ont à donner croyance à ce qu'ils s'entre-disent; et les douze vers qui expriment cette moralité en termes généraux ont tellement plu, que beaucoup de gens d'esprit n'ont pas dédaigné d'en charger leur mémoire. » (*Discours du poëme dramatique*, tome I, p. 19.) Une note de Voltaire confirme ce qu'avance Corneille : « Si *la Suite du Menteur*, dit-il, est tombée, ces vers ne le sont pas; presque tous les connaisseurs les savent par cœur. » — L'idée exprimée dans ce passage revient plusieurs fois dans les pièces de Corneille. Voyez tome II, p. 308 et 309.
5. Ce n'est pas là précisément ce que dit Sylvandre; mais dans le troisième

(a) Voltaire, qui, dans son texte (1764), donne, comme nous, ce vers d'après l'impression de 1682, le cite dans une note avec *de mille*, pour *d'aucunes*, d'après les éditions de 1645-64.

CORNEILLE. IV 23

Ou descendant du ciel, prend d'une autre[1] l'aimant,
La sienne a pris le vôtre, et vous a rencontrée.

MÉLISSE.

Quoi? tu lis les romans?

LYSE.

Je puis bien lire *Astrée*[2];
Je suis de son village[3], et j'ai de bons garants
Qu'elle et son Céladon étoient de nos parents[4].   1240

MÉLISSE.

Quelle preuve en as-tu?

LYSE.

Ce vieux saule, Madame,
Où chacun d'eux cachoit ses lettres et sa flamme,
Quand le jaloux Sémire en fit un faux témoin[5];

livre de la seconde partie de l'*Astrée*, il grave un cadran « dont l'aiguille tremblante tournoit du côté de la tramontane, avec ce mot : J'EN SUIS TOUCHÉ : voulant signifier que tout ainsi que l'aiguille du cadran étant touchée de l'aimant se tourne toujours de ce côté-là (parce que les plus savants ont opinion que, s'il faut dire ainsi, l'élément de la calamite y est), par cette puissance naturelle, qui fait que toute partie recherche de se rejoindre à son tout; de même son cœur atteint des beautés de sa maîtresse, tournoit incessamment toutes ses pensées vers elle. Et pour mieux faire entendre cette conception, il ajouta ces vers :

MADRIGAL.

L'aiguille du cadran cherche la tramontane
        Touchée avec l'aimant,
Mon cœur aussi touché des beautés de Diane
        La cherche incessamment. »

1. La leçon *d'une autre* n'est que dans les éditions de 1664 et de 1668. Toutes les autres donnent : *d'un autre*. Voyez tome I, p. 228, note 3 a. — L'édition de 1692 a le féminin, qui, de toute manière, paraît ici préférable.

2. L'*Astrée*, célèbre roman pastoral d'Honoré d'Urfé, divisé en cinq parties, dont la première a paru en 1610 et la dernière en 1625. Cette édition ne se trouve plus, dit M. Brunet en parlant de la 1re partie de 1610, in-4°, dédiée à Henri IV.

3. Le village d'Astrée n'est pas nommé par d'Urfé, qui se contente de placer le lieu de la scène dans le Forez, sur les bords du Lignon.

4. *Var.* Qu'elle et son Céladon étoient de mes parents. (1645-68)

5. D'Urfé dit, dès les premières pages de son roman, qu'Astrée et Céladon « se virent poussés par les trahisons de Semyre aux plus profondes infortunes, » mais il ne donne point de détails particuliers à ce sujet, et, dans la *Tragico-*

ACTE IV, SCÈNE I.

Du pré de mon grand-père il fait encor le coin,
Et l'on m'a dit que c'est un infaillible signe   1245
Que d'un si rare hymen je viens en droite ligne.
Vous ne m'en croyez pas?

MÉLISSE.

De vrai, c'est un grand point.

LYSE.

Aurois-je tant d'esprit, si cela n'étoit point?
D'où viendroit cette adresse à faire vos messages,
A jouer avec vous de si bons personnages,   1250
Ce trésor de lumière et de vivacité,
Que d'un sang amoureux que j'ai d'eux hérité?

MÉLISSE.

Tu le disois tantôt, chacun a sa folie :
Les uns l'ont importune, et la tienne est jolie.

SCÈNE II.

CLÉANDRE, MÉLISSE, LYSE.

CLÉANDRE.

Je viens d'avoir querelle avec ce prisonnier[1],   1255
Ma sœur....

MÉLISSE.

Avec Dorante? avec ce cavalier[2]
Dont vous tenez l'honneur, dont vous tenez la vie?
Qu'avez-vous fait?

CLÉANDRE.

Un coup dont tu seras ravie.

---

médie pastorale, où les amours d'Astrée et de Céladon sont meslées à celles de
Diane, de Sylvandre et de Paris, par le sieur de Rayssiguier.... 1630, Sémire
ne paraît même pas.

1. Toutes les éditions donnent *ce prisonnier*. Voltaire (1764) y a substitué : *un prisonnier*.
2. *Var.* MÉL. Avec? CLÉAND. Avec Dorante. MÉL. Avec ce cavalier. (1645-56)

MÉLISSE.
Qu'à cette lâcheté je puisse consentir[1] !
CLÉANDRE.
Bien plus, tu m'aideras à le faire mentir.   1260
MÉLISSE.
Ne le présumez pas, quelque espoir qui vous flatte :
Si vous êtes ingrat, je ne puis être ingrate.
CLÉANDRE.
Tu sembles t'en fâcher?
MÉLISSE.
Je m'en fâche pour vous[2] :
D'un mot il peut vous perdre, et je crains son courroux.
CLÉANDRE.
Il est trop généreux; et d'ailleurs la querelle,   1265
Dans les termes qu'elle est, n'est pas si criminelle.
Écoute. Nous parlions des dames de Lyon;
Elles sont assez mal en son opinion :
Il confesse de vrai qu'il a peu vu la ville;
Mais il se l'imagine en beautés fort stérile,   1270
Et ne peut se résoudre à croire qu'en ces lieux
La plus belle ait de quoi captiver de bons yeux[3].
Pour l'honneur du pays j'en nomme trois ou quatre;
Mais à moins que de voir, il n'en veut rien rabattre;
Et comme il ne le peut étant dans la prison,   1275
J'ai cru par un portrait le mettre à la raison;
Et sans chercher plus loin ces beautés qu'on admire,
Je ne veux que le tien pour le faire dédire :
Me le dénieras-tu, ma sœur, pour un moment?

---

1. *Var.* Qu'à cette lâcheté je pusse consentir! (1645)
2. *Var.* Tu t'en fâches, ma sœur? MÉL. Je m'en fâche pour vous :
D'un mot il vous peut perdre, et je crains son courroux.
CLÉAND. Il est trop généreux; et puis notre querelle. (1645-56)
3. *Var.* La plus belle ait de quoi suborner de bons yeux. (1645-56)

######## MÉLISSE.
Vous me jouez, mon frère, assez accortement :   1280
La querelle est adroite et bien imaginée.
######## CLÉANDRE.
Non, je m'en suis vanté, ma parole est donnée.
######## MÉLISSE.
S'il faut ruser ici, j'en sais autant que vous,
Et vous serez bien fin si je ne romps vos coups.
Vous pensez me surprendre, et je n'en fais que rire :
Dites donc tout d'un coup ce que vous voulez dire
######## CLÉANDRE.
Eh bien! je viens de voir ton portrait en ses mains
######## MÉLISSE.
Et c'est ce qui vous fâche?
######## CLÉANDRE.
Et c'est dont je me plains.
######## MÉLISSE.
J'ai cru vous obliger, et l'ai fait pour vous plaire.
Votre ordre étoit exprès.
######## CLÉANDRE.
Quoi? je te l'ai fait faire?   1290
######## MÉLISSE.
Ne m'avez-vous pas dit : « Sous ces déguisements
Ajoute à ton argent perles et diamants? »
Ce sont vos propres mots, et vous en êtes cause.
######## CLÉANDRE.
Eh quoi! de ce portrait disent-ils quelque chose?
######## MÉLISSE.
Puisqu'il est enrichi de quatre diamants,   1295
N'est-ce pas obéir à vos commandements?
######## CLÉANDRE.
C'est fort bien expliquer le sens de mes prières.
Mais, ma sœur, ces faveurs sont un peu singulières :
Qui donne le portrait promet l'original.

MÉLISSE.

C'est encore votre ordre, ou je m'y connois mal[1].　　1300
Ne m'avez-vous pas dit : « Prends souci de me plaire,
Et vois ce que tu dois à qui te sauve un frère? »
Puisque vous lui devez et la vie et l'honneur,
Pour vous en revancher dois-je moins que mon cœur?
Et doutez-vous encore à quel point je vous aime,　　1305
Quand pour vous acquitter je me donne moi-même?

CLÉANDRE.

Certes, pour m'obéir avec plus de chaleur,
Vous donnez à mon ordre une étrange couleur,
Et prenez un grand soin de bien payer mes dettes :
Non que mes volontés en soient mal satisfaites;　　1310
Loin d'éteindre ce feu, je voudrois l'allumer,
Qu'il eût de quoi vous plaire, et voulût vous aimer.
Je tiendrois à bonheur de l'avoir pour beau-frère :
J'en cherche les moyens, j'y fais ce qu'on peut faire;
Et c'est à ce dessein qu'au sortir de prison　　1315
Je viens de l'obliger à prendre la maison[2],
Afin que l'entretien produise quelques flammes
Qui forment doucement l'union de vos âmes.
Mais vous savez trouver des chemins plus aisés :
Sans savoir s'il vous plaît, ni si vous lui plaisez,　　1320
Vous pensez l'engager en lui donnant ces gages[3],
Et lui donnez sur vous de trop grands avantages.
　　Que sera-ce, ma sœur, si quand vous le verrez,
Vous n'y rencontrez pas ce que vous espérez,
Si quelque aversion vous prend pour son visage,　　1325
Si le vôtre le choque ou qu'un autre l'engage,
Et que de ce portrait donné légèrement,
Il érige un trophée à quelque objet charmant?

1. *Var.* C'est encore votre ordre, ou je le conçois mal. (1645-56)
2. *Var.* Je le viens d'obliger à prendre la maison. (1645-56)
3. *Var.* Vous pensez l'engager avecque de tels gages. (1645-56)

MÉLISSE.

Sans jamais l'avoir vu, je connois son courage[1] :
Qu'importe après cela quel en soit le visage ?   1330
Tout le reste m'en plaît; si le cœur en est haut,
Et si l'âme est parfaite, il n'a point de défaut.
Ajoutez que vous-même, après votre aventure,
Ne m'en avez pas fait une laide peinture ;
Et comme vous devez vous y connoître mieux,   1335
Je m'en rapporte à vous, et choisis par vos yeux.
N'en doutez nullement, je l'aimerai, mon frère ;
Et si ces foibles traits n'ont point de quoi lui plaire[2],
S'il aime en autre lieu, n'en appréhendez rien[3] :
Puisqu'il est généreux, il en usera bien.   1340

CLÉANDRE.

Quoi qu'il en soit, ma sœur, soyez plus retenue
Alors qu'à tous moments vous serez à sa vue.
Votre amour me ravit, je veux le couronner[4] ;
Mais souffrez qu'il se donne avant que vous donner.
Il sortira demain, n'en soyez point en peine.   1345
Adieu : je vais une heure entretenir Climène.

SCÈNE III.

MÉLISSE, LYSE.

LYSE.

Vous en voilà défaite et quitte à bon marché.
Encore est-il traitable alors qu'il est fâché.
Sa colère a pour vous une douce méthode,

---

1. *Var.* Sans l'avoir jamais vu, je connois son courage. (1645-68)
2. *Var.* Et si ces foibles traits n'ont pas de quoi lui plaire. (1645-56)
3. *Var.* S'il aime en autre lieu, n'en appréhendons rien. (1645-60)
4. *Var.* Votre amour me ravit, je la veux couronner. (1645-56)

Et sur la remontrance il n'est pas incommode. 1350
MÉLISSE.
Aussi qu'ai-je commis pour en donner sujet?
Me ranger à son choix sans savoir son projet,
Deviner sa pensée, obéir par avance,
Sont-ce, Lyse, envers lui des crimes d'importance?
LYSE.
Obéir par avance est un jeu délicat, 1355
Dont tout autre que lui feroit un mauvais plat.
Mais ce nouvel amant dont vous faites votre âme
Avec un grand secret ménage votre flamme :
Devoit-il exposer ce portrait à ses yeux?
Je le tiens indiscret.
MÉLISSE.
Il n'est que curieux, 1360
Et ne montreroit pas si grande impatience,
S'il me considéroit avec indifférence;
Outre qu'un tel secret peut souffrir un ami.
LYSE.
Mais un homme qu'à peine il connoît à demi!
MÉLISSE.
Mon frère lui doit tant, qu'il a lieu d'en attendre 1365
Tout ce que d'un ami tout autre peut prétendre.
LYSE.
L'amour excuse tout dans un cœur enflammé,
Et tout crime est léger dont l'auteur est aimé.
Je serois plus sévère, et tiens qu'à juste titre
Vous lui pouvez tantôt en faire un bon chapitre. 1370
MÉLISSE.
Ne querellons personne, et puisque tout va bien,
De crainte d'avoir pis, ne nous plaignons de rien.
LYSE.
Que vous avez de peur que le marché n'échappe!

ACTE IV, SCÈNE III.

MÉLISSE.

Avec tant de façons que veux-tu que j'attrape[1]?
Je possède son cœur, je ne veux rien de plus, 1375
Et je perdrois le temps en débats superflus.
Quelquefois en amour trop de finesse abuse.
S'excusera-t-il mieux que mon feu ne l'excuse[2]?
Allons, allons l'attendre, et sans en murmurer,
Ne pensons qu'aux moyens de nous en assurer. 1380

LYSE.

Vous ferez-vous connoître?

MÉLISSE.

Oui, s'il sait de mon frère
Ce que jusqu'à présent j'avois voulu lui taire :
Sinon, quand il viendra prendre son logement,
Il se verra surpris plus agréablement.

SCÈNE IV.

DORANTE, PHILISTE, CLITON.

DORANTE.

Me reconduire encor! cette cérémonie 1385
D'entre les vrais amis devroit être bannie.

PHILISTE.

Jusques en Bellecour je vous ai reconduit,
Pour voir une maîtresse en faveur de[3] la nuit.
Le temps est assez doux, et je la vois paroître
En de semblables nuits souvent à la fenêtre : 1390
J'attendrai le hasard un moment en ce lieu,
Et vous laisse aller voir votre lingère. Adieu.

1. *Var.* Avecque tes façons que veux-tu que j'attrape? (1645-56)
2. *Var.* S'excusera-t-il mieux que le mien ne l'excuse? (1645-56)
3. *En faveur de*, à la faveur de.

DORANTE.
Que je vous laisse ici, de nuit, sans compagnie?
PHILISTE.
C'est faire à votre tour trop de cérémonie.
Peut-être qu'à Paris j'aurois besoin de vous;   1395
Mais je ne crains ici ni rivaux, ni filous.
DORANTE.
Ami, pour des rivaux, chaque jour en fait naître;
Vous en pouvez avoir, et ne les pas connoître :
Ce n'est pas que je veuille entrer dans vos secrets;
Mais nous nous tiendrons loin en confidents discrets.
J'ai du loisir assez.
PHILISTE.
Si l'heure ne vous presse,
Vous saurez mon secret touchant cette maîtresse :
Elle demeure, ami, dans ce grand pavillon.
CLITON, bas.
Tout se prépare mal à cet échantillon.
DORANTE.
Est-ce où je pense voir un linge qui voltige?   1405
PHILISTE.
Justement.
DORANTE.
Elle est belle?
PHILISTE.
Assez.
DORANTE.
Et vous oblige?
PHILISTE.
Je ne saurois encor, s'il faut tout avouer,
Ni m'en plaindre beaucoup, ni beaucoup m'en louer;
Son accueil n'est pour moi ni trop doux ni trop rude :
Il est et sans faveur et sans ingratitude,   1410
Et je la vois toujours dedans un certain point
Qui ne me chasse pas et ne l'engage point.

ACTE IV, SCÈNE IV.

Mais je me trompe fort, ou sa fenêtre s'ouvre.
DORANTE.
Je me trompe moi-même, ou quelqu'un s'y découvre.
PHILISTE.
J'avance; approchez-vous, mais sans suivre mes pas,
Et prenez un détour qui ne vous montre pas :
Vous jugerez quel fruit je puis espérer d'elle.
Pour Cliton, il peut faire ici la sentinelle.
DORANTE, parlant à Cliton, après que Philiste s'est éloigné[1].
Que me vient-il de dire? et qu'est-ce que je vois?
Cliton, sans doute il aime en même lieu que moi. 1420
O ciel! que mon bonheur est de peu de durée!
CLITON.
S'il prend l'occasion qui vous est préparée,
Vous pouvez disputer avec votre valet
A qui mieux de vous deux gardera le mulet[2].
DORANTE.
Que de confusion et de trouble en mon âme! 1425
CLITON.
Allez prêter l'oreille aux discours de la dame;
Au bruit que je ferai prenez bien votre temps,
Et nous lui donnerons de jolis passe-temps.
(Dorante va auprès de Philiste.)

SCÈNE V.

MÉLISSE, LYSE, à la fenêtre[3]; PHILISTE, DORANTE, CLITON.

MÉLISSE.
Est-ce vous?

1. Cette indication manque dans les éditions antérieures à 1663.
2. *Garder le mulet*, locution proverbiale, qui signifie « attendre longtemps, s'ennuyer à attendre. »
3. L'édition de 1663 omet ici les mots *à la fenêtre*, et porte en marge, à côté du premier vers de la scène : *Mélisse et Lyse sont à la fenêtre.*

PHILISTE.
Oui, Madame.
MÉLISSE.
Ah! que j'en suis ravie[1]!
Que mon sort cette nuit devient digne d'envie! 1430
Certes, je n'osois plus espérer ce bonheur.
PHILISTE.
Manquerois-je à venir où j'ai laissé mon cœur?
MÉLISSE.
Qu'ainsi je sois aimée, et que de vous j'obtienne
Une amour si parfaite et pareille à la mienne!
PHILISTE.
Ah! s'il en est besoin, j'en jure, et par vos yeux. 1435
MÉLISSE.
Vous revoir en ce lieu m'en persuade mieux[2];
Et sans autre serment, cette seule visite
M'assure d'un bonheur qui passe mon mérite.
CLITON.
A l'aide!
MÉLISSE.
J'oy du bruit.
CLITON.
A la force! au secours!
PHILISTE.
C'est quelqu'un qu'on maltraite : excusez si j'y cours ;
Madame, je reviens.
CLITON, *s'éloignant toujours derrière le théâtre.*
On m'égorge, on me tue.
Au meurtre!
PHILISTE.
Il est déjà dans la prochaine rue.

---

1. *Var.* Ah! que je suis ravie! (1645)
2. *Var.* Vous revoir en ce lieu me persuade mieux. (1645-56)

DORANTE.
C'est Cliton : retournez, il suffira de moi.
PHILISTE.
Je ne vous quitte point : allons.
(Ils sortent tous deux.)
MÉLISSE.
Je meurs d'effroi.
CLITON, derrière le théâtre.
Je suis mort.

MÉLISSE.
Un rival lui fait cette surprise.   1445
LYSE.
C'est plutôt quelque ivrogne, ou quelque autre sottise
Qui ne méritoit pas rompre votre entretien
MÉLISSE.
Tu flattes mes desirs.

SCÈNE VI.

DORANTE, MÉLISSE, LYSE.

DORANTE.
Madame, ce n'est rien :
Des marauds, dont le vin embrouilloit la cervelle,
Vidoient à coups de poing une vieille querelle :   1450
Ils étoient trois contre un, et le pauvre battu
A crier de la sorte exerçoit sa vertu.
(Bas.)
Si Cliton m'entendoit, il compteroit pour quatre.
MÉLISSE.
Vous n'avez donc point eu d'ennemis à combattre?
DORANTE.
Un coup de plat d'épée a tout fait écouler.   1455

MÉLISSE.

Je mourois de frayeur, vous y voyant aller.

DORANTE.

Que Philiste est heureux! qu'il doit aimer la vie!

MÉLISSE.

Vous n'avez pas sujet de lui porter envie.

DORANTE.

Vous lui parliez naguère en termes assez doux.

MÉLISSE.

Je pense d'aujourd'hui n'avoir parlé qu'à vous. 1460

DORANTE.

Vous ne lui parliez pas avant tout ce vacarme?
Vous ne lui disiez pas que son amour vous charme,
Qu'aucuns feux à vos feux ne peuvent s'égaler?

MÉLISSE.

J'ai tenu ce discours, mais j'ai cru vous parler.
N'êtes-vous pas Dorante?

DORANTE.

Oui, je le suis, Madame, 1465
Le malheureux témoin de votre peu de flamme.
Ce qu'un moment fit naître, un autre l'a détruit;
Et l'ouvrage d'un jour se perd en une nuit.

MÉLISSE.

L'erreur n'est pas un crime; et votre aimable idée[1],
Régnant sur mon esprit, m'a si bien possédée, 1470
Que dans ce cher objet le sien s'est confondu[2],
Et lorsqu'il m'a parlé je vous ai répondu;
En sa place tout autre eût passé pour vous-même :
Vous verrez par la suite à quel point je vous aime.
Pardonnez cependant à mes esprits déçus; 1475

1. *Var.* L'erreur n'est pas un crime; et votre chère idée. (1645-56)
2. *Var.* Que dedans votre objet le sien s'est confondu. (1645-56)

ACTE IV, SCÈNE VI.

Daignez prendre pour vous les vœux qu'il a reçus;
Ou si, manque d'amour, votre soupçon persiste....
DORANTE.
N'en parlons plus, de grâce, et parlons de Philiste :
Il vous sert, et la nuit me l'a trop découvert.
MÉLISSE.
Dites qu'il m'importune, et non pas qu'il me sert; 1480
N'en craignez rien. Adieu : j'ai peur qu'il ne revienne.
DORANTE.
Où voulez-vous demain que je vous entretienne?
Je dois être élargi.
MÉLISSE.
Je vous ferai savoir
Dès demain chez Cléandre où vous me pourrez voir.
DORANTE.
Et qui vous peut sitôt apprendre ces nouvelles? 1485
MÉLISSE.
Et ne savez-vous pas que l'amour a des ailes?
DORANTE.
Vous avez habitude avec ce cavalier?
MÉLISSE.
Non, je sais tout cela d'un esprit familier.
Soyez moins curieux, plus secret, plus modeste,
Sans ombrage, et demain nous parlerons du reste. 1490
DORANTE, seul.
Comme elle est ma maîtresse, elle m'a fait leçon,
Et d'un soupçon je tombe en un autre soupçon.
Lorsque je crains Cléandre, un ami me traverse;
Mais nous avons bien fait de rompre le commerce :
Je crois l'entendre.

SCÈNE VII.

DORANTE, PHILISTE, CLITON.

PHILISTE.

Ami, vous m'avez tôt quitté. 1495

DORANTE.

Sachant fort peu la ville, et dans l'obscurité,
En moins de quatre pas j'ai tout perdu de vue;
Et m'étant égaré dès la première rue,
Comme je sais un peu ce que c'est que l'amour,
J'ai cru qu'il vous falloit attendre en Bellecour; 1500
Mais je n'ai plus trouvé personne à la fenêtre.
Dites-moi, cependant, qui massacroit ce traître?
Qui le faisoit crier?

PHILISTE.

A quelques[1] mille pas,
Je l'ai rencontré seul tombé sur des plâtras.

DORANTE.

Maraud, ne criois-tu que pour nous mettre en peine?

CLITON.

Souffrez encore un peu que je reprenne haleine.
Comme à Lyon le peuple aime fort les laquais,
Et leur donne souvent de dangereux paquets,
Deux coquins, me trouvant tantôt en sentinelle,
Ont laissé choir sur moi leur haine naturelle; 1510
Et sitôt qu'ils ont vu mon habit rouge et vert[2]....

DORANTE.

Quand il est nuit sans lune, et qu'il fait temps couvert,
Connoît-on les couleurs? tu donnes une bourde.

---

1. Voyez tome I, p. 299, note 1. L'édition de 1692 a *quelque*, sans *s*.
2. *Var.* Et me prenant pour l'être à l'habit rouge et vert.... (1645-56)

ACTE IV, SCÈNE VII.

CLITON.

Ils portoient sous le bras une lanterne sourde.
C'étoit fait de ma vie, ils me traînoient à l'eau ;   1515
Mais sentant du secours, ils ont craint pour leur peau,
Et jouant des talons tous deux en gens habiles,
Ils m'ont fait trébucher sur un monceau de tuiles[1],
Chargé de tant de coups et de poing et de pied,
Que je crois tout au moins en être estropié.   1520
Puissé-je voir bientôt la canaille noyée!

PHILISTE.

Si j'eusse pu les joindre, ils me l'eussent payée,
L'heureuse occasion dont je n'ai pu jouir[2],
Et que cette sottise a fait évanouir.
Vous en êtes témoin, cette belle adorable   1525
Ne me pourroit jamais être plus favorable :
Jamais je n'en reçus d'accueil si gracieux ;
Mais j'ai bientôt perdu ces moments précieux.
    Adieu : je prendrai soin demain de votre affaire.
Il est saison pour vous de voir votre lingère.   1530
Puissiez-vous recevoir dans ce doux entretien[3]
Un plaisir plus solide et plus long que le mien!

SCÈNE VIII.

DORANTE, CLITON.

DORANTE.

Cliton, si tu le peux, regarde-moi sans rire.

CLITON.

J'entends à demi-mot, et ne m'en puis dédire :
J'ai gagné votre mal.

---

1. *Var.* M'ont jeté de roideur sur un monceau de tuiles. (1645-56)
2. *Var.* La belle occasion dont je n'ai pu jouir. (1645-63)
3. *Var.* Puissiez-vous recevoir dedans son entretien. (1645-56)

DORANTE.
Eh bien ! l'occasion ? 1535
CLITON.
Elle fait le menteur, ainsi que le larron.
Mais si j'en ai donné, c'est pour votre service.
DORANTE.
Tu l'as bien fait courir avec cet artifice.
CLITON.
Si je ne fusse chu, je l'eusse mené loin ;
Mais surtout j'ai trouvé la lanterne au besoin ; 1540
Et sans ce prompt secours, votre feinte importune
M'eût bien embarrassé de votre nuit sans lune.
Sachez une autre fois que ces difficultés
Ne se proposent point qu'entre gens concertés.
DORANTE.
Pour le mieux éblouir, je faisois le sévère. 1545
CLITON.
C'étoit un jeu tout propre à gâter le mystère.
Dites-moi cependant, êtes-vous satisfait ?
DORANTE.
Autant comme on peut l'être.
CLITON.
En effet ?
DORANTE.
En effet.
CLITON.
Et Philiste ?
DORANTE.
Il se tient comblé d'heur et de gloire ;
Mais on l'a pris pour moi dans une nuit si noire : 1550
On s'excuse du moins avec cette couleur.
CLITON.
Ces fenêtres toujours vous ont porté malheur :

Vous y prîtes jadis Clarice pour Lucrèce[1];
Aujourd'hui même erreur trompe cette maîtresse[2];
Et vous n'avez point eu de pareils rendez-vous   1555
Sans faire une jalouse ou devenir jaloux.

DORANTE.

Je n'ai pas lieu de l'être, et n'en sors pas fort triste.

CLITON.

Vous pourrez maintenant savoir tout de Philiste[3].

DORANTE.

Cliton, tout au contraire, il me faut l'éviter :
Tout est perdu pour moi, s'il me va tout conter.   1560
De quel front oserois-je, après sa confidence,
Souffrir que mon amour se mît en évidence?
Après les soins qu'il prend de rompre ma prison,
Aimer en même lieu semble une trahison.
Voyant cette chaleur qui pour moi l'intéresse,   1565
Je rougis en secret de servir sa maîtresse,
Et crois devoir du moins ignorer son amour[4]
Jusqu'à ce que le mien ait pu paroître au jour.
Déclaré le premier, je l'oblige à se taire;
Ou si de cette flamme il ne se peut défaire,   1570
Il ne peut refuser de s'en remettre au choix
De celle dont tous deux nous adorons les lois.

CLITON.

Quand il vous préviendra, vous pouvez le défendre
Aussi bien contre lui comme contre Cléandre.

DORANTE.

Contre Cléandre et lui je n'ai pas même droit :   1575
Je dois autant à l'un comme l'autre me doit;

---

1. Voyez *le Menteur*, acte III, scène IV.
2. *Var.* Aujourd'hui même erreur trompe votre maîtresse. (1645-60)
3. *Var.* Vous pourrez maintenant tout savoir de Philiste.
  DOR. Cliton, tout au contraire, il le faut éviter. (1645-56)
4. *Var.* Et crois devoir au moins ignorer son amour. (1645-56)

Et tout homme d'honneur n'est qu'en inquiétude,
Pouvant être suspect de quelque ingratitude.
Allons nous reposer : la nuit et le sommeil
Nous pourront inspirer quelque meilleur conseil. 1580

FIN DU QUATRIÈME ACTE.

ACTE V.

SCÈNE PREMIÈRE.

LYSE, CLITON.

CLITON.
Nous voici bien logés, Lyse, et sans raillerie,
Je ne souhaitois pas meilleure hôtellerie.
Enfin nous voyons clair à ce que nous faisons,
Et je puis à loisir te conter mes raisons.

LYSE.
Tes raisons, c'est-à-dire autant d'extravagances. 1585

CLITON.
Tu me connois déjà!

LYSE.
Bien mieux que tu ne penses.

CLITON.
J'en débite beaucoup.

LYSE.
Tu sais les prodiguer[1].

CLITON.
Mais sais-tu que l'amour me fait extravaguer?

LYSE.
En tiens-tu donc pour moi?

CLITON.
J'en tiens, je le confesse.

LYSE.
Autant comme ton maître en tient pour ma maîtresse?

---

1. *Var.*   Tu les sais prodiguer. (1645-56)

CLITON.

Non pas encor si fort, mais dès ce même instant
Il ne tiendra qu'à toi que je n'en tienne autant :
Tu n'as qu'à l'imiter pour être autant aimée.

LYSE.

Si son âme est en feu, la mienne est enflammée ;
Et je crois jusqu'ici ne l'imiter pas mal.   1595

CLITON.

Tu manques, à vrai dire, encore au principal.

LYSE.

Ton secret est obscur.

CLITON.

Tu ne veux pas l'entendre ;
Vois quelle est sa méthode, et tâche de la prendre[1].
Ses attraits tout-puissants ont des avant-coureurs
Encor plus souverains à lui gagner les cœurs :   1600
Mon maître se rendit à ton premier message.
Ce n'est pas qu'en effet je n'aime ton visage ;
Mais l'amour aujourd'hui dans les cœurs les plus vains
Entre moins par les yeux qu'il ne fait par les mains ;
Et quand l'objet aimé voit les siennes garnies,   1605
Il voit en l'autre objet des grâces infinies.
Pourrois-tu te résoudre à m'attaquer ainsi ?

LYSE.

J'en voudrois être quitte à moins d'un grand merci.

CLITON.

Écoute : je n'ai pas une âme intéressée,
Et je te veux ouvrir le fond de ma pensée.   1610
Aimons-nous but-à-but[2], sans soupçon, sans rigueur :
Donnons âme pour âme et rendons cœur pour cœur.

---

1. *Var.* Vois quelle est sa méthode, et tâche de l'apprendre. (1652-56)
2. *But à but*, c'est-à-dire d'une manière égale, sans nous faire réciproquement aucun avantage. C'est un terme de jeu.

LYSE.

J'en veux bien à ce prix.

CLITON.

Donc, sans plus de langage,
Tu veux bien m'en donner quelques baisers pour gage?

LYSE.

Pour l'âme et pour le cœur, tant que tu les voudras[1];
Mais pour le bout du doigt, ne le demande pas :
Un amour délicat hait ces faveurs grossières,
Et je t'ai bien donné des preuves plus entières.
Pourquoi me demander des gages superflus?
Ayant l'âme et le cœur, que te faut-il de plus ? 1620

CLITON.

J'ai le goût fort grossier en matière de flamme :
Je sais que c'est beaucoup qu'avoir le cœur et l'âme;
Mais je ne sais pas moins qu'on a fort peu de fruit
Et de l'âme et du cœur, si le reste ne suit.

LYSE.

Eh quoi! pauvre ignorant, ne sais-tu pas encore 1625
Qu'il faut suivre l'humeur de celle qu'on adore,
Se rendre complaisant, vouloir ce qu'elle veut?

CLITON.

Si tu n'en veux changer, c'est ce qui ne se peut.
De quoi me guériroient ces gages invisibles?
Comme j'ai l'esprit lourd, je les veux plus sensibles : 1630
Autrement, marché nul.

LYSE.

Ne désespère point :
Chaque chose a son ordre, et tout vient à son point;
Peut-être avec le temps nous pourrons-nous connoître.
Apprends-moi cependant qu'est devenu ton maître.

---

1. *Var.* Pour l'âme et pour le cœur, autant que tu voudras. (1645-56)

CLITON.

Il est avec Philiste allé remercier 1635
Ceux que pour son affaire il a voulu prier.
LYSE.
Je crois qu'il est ravi de voir que sa maîtresse
Est la sœur de Cléandre et devient son hôtesse?
CLITON.
Il a raison de l'être et de tout espérer.
LYSE.
Avec toute assurance il peut se déclarer[1] : 1640
Autant comme la sœur le frère le souhaite;
Et s'il l'aime en effet, je tiens la chose faite.
CLITON.
Ne doute point s'il l'aime après qu'il meurt d'amour.
LYSE.
Il semble toutefois fort triste à son retour.

SCÈNE II.

DORANTE, CLITON, LYSE.

DORANTE.
Tout est perdu, Cliton, il faut ployer bagage. 1645
CLITON.
Je fais ici, Monsieur, l'amour de bon courage;
Au lieu de m'y troubler, allez en faire autant.
DORANTE.
N'en parlons plus.
CLITON.
Entrez, vous dis-je, on vous attend.
DORANTE.
Que m'importe?

---

1. *Var.* Avec toute assurance il se peut déclarer. (1645-56)

ACTE V, SCÈNE II.

CLITON.
On vous aime.
DORANTE.
Hélas!
CLITON.
On vous adore.
DORANTE.
Je le sais.
CLITON.
D'où vient donc l'ennui qui vous dévore? 1650
DORANTE.
Que je te trouve heureux!
CLITON.
Le destin m'est si doux
Que vous avez sujet d'en être fort jaloux :
Alors qu'on vous caresse à grands coups de pistoles,
J'obtiens tout doucement paroles pour paroles.
L'avantage est fort rare et me rend fort heureux. 1655
DORANTE.
Il faut partir, te dis-je.
CLITON.
Oui, dans un an ou deux.
DORANTE.
Sans tarder un moment.
LYSE.
L'amour trouve des charmes
A donner quelquefois de pareilles alarmes.
DORANTE.
Lyse, c'est tout de bon.
LYSE.
Vous n'en avez pas lieu.
DORANTE.
Ta maîtresse survient, il faut lui dire adieu. 1660

Puisse en ses belles mains ma douleur immortelle
Laisser toute mon âme en prenant congé d'elle!

SCÈNE III.
DORANTE, MÉLISSE, LYSE, CLITON[1].

MÉLISSE.

Au bruit de vos soupirs, tremblante et sans couleur,
Je viens savoir de vous mon crime ou mon malheur;
Si j'en suis le sujet, si j'en suis le remède, 1665
Si je puis le guérir, ou s'il faut que j'y cède[2];
Si je dois ou vous plaindre ou me justifier,
Et de quels ennemis il faut me défier[3].

DORANTE.

De mon mauvais destin, qui seul me persécute.

MÉLISSE.

A ses injustes lois que faut-il que j'impute[4]? 1670

DORANTE.

Le coup le plus mortel dont il m'eût pu frapper.

MÉLISSE.

Est-ce un mal que mes yeux ne puissent dissiper?

DORANTE.

Votre amour le fait naître, et vos yeux le redoublent.

MÉLISSE.

Si je ne puis calmer les soucis qui vous troublent,
Mon amour avec vous saura les partager[5]. 1675

DORANTE.

Ah! vous les aigrissez, les voulant soulager!

---

1. *Var.* DORANTE, MÉLISSE, CLITON, LYSE. (1645-52)
2. *Var.* Si je le puis guérir, ou s'il faut que j'y cède. (1645-56)
3. *Var.* Et de quel ennemi je me dois défier. (1645-56)
   Var. Et de quel ennemi je dois me défier. (1660)
4. *Var.* A son injuste loi que faut-il que j'impute? (1645-56)
5. *Var.* Du moins avecque vous je puis les partager. (1645-56)

Puis-je voir tant d'amour avec tant de mérite,
Et dire sans mourir qu'il faut que je vous quitte?
MÉLISSE.
Vous me quittez! ô ciel! Mais, Lyse, soutenez :
Je sens manquer la force à mes sens étonnés.   1680
DORANTE.
Ne croissez point ma plaie, elle est assez ouverte[1] :
Vous me montrez en vain la grandeur de ma perte.
Ce grand excès d'amour que font voir vos douleurs
Triomphe de mon cœur sans vaincre mes malheurs.
On ne m'arrête pas pour redoubler mes chaînes,   1685
On redouble ma flamme, on redouble mes peines;
Mais tous ces nouveaux feux qui viennent m'embraser
Me donnent seulement plus de fers à briser.
MÉLISSE.
Donc à m'abandonner votre âme est résolue?
DORANTE.
Je cède à la rigueur d'une force absolue.   1690
MÉLISSE.
Votre manque d'amour vous y fait consentir.
DORANTE.
Traitez-moi de volage, et me laissez partir :
Vous me serez plus douce en m'étant plus cruelle.
Je ne pars toutefois que pour être fidèle;
A quelques lois par là qu'il me faille obéir[2],   1695
Je m'en révolterois, si je pouvois trahir.
Sachez-en le sujet; et peut-être, Madame,
Que vous-même avouerez, en lisant dans mon âme,
Qu'il faut plaindre Dorante, au lieu de l'accuser;
Que plus il quitte en vous, plus il est à priser,   1700

1. *Var.* N'aigrissez point ma plaie, elle est assez ouverte. (1645-56)
2. *Var.* Et je me résoudrois à lui désobéir,
   Si je pouvois aussi me résoudre à trahir. (1645-56)

Et que tant de faveurs dessus lui répandues
Sur un indigne objet ne sont pas descendues.
　Je ne vous redis point combien il m'étoit doux
De vous connoître enfin et de loger chez vous,
Ni comme avec transport je vous ai rencontrée :　1705
Par cette porte, hélas! mes maux ont pris entrée,
Par ce dernier bonheur mon bonheur s'est détruit;
Ce funeste départ en est l'unique fruit,
Et ma bonne fortune, à moi-même contraire,
Me fait perdre la sœur par la faveur du frère.　1710
　Le cœur enflé d'amour et de ravissement,
J'allois rendre à Philiste un mot de compliment;
Mais lui tout aussitôt, sans le vouloir entendre :
« Cher ami, m'a-t-il dit, vous logez chez Cléandre,
Vous aurez vu sa sœur : je l'aime, et vous pouvez　1715
Me rendre beaucoup plus que vous ne me devez :
En faveur de mes feux parlez à cette belle;
Et comme mon amour a peu d'accès chez elle,
Faites l'occasion quand je vous irai voir. »
A ces mots j'ai frémi sous l'horreur du devoir.　1720
Par ce que je lui dois jugez de ma misère[1] :
Voyez ce que je puis et ce que je dois faire.
Ce cœur qui le trahit, s'il vous aime aujourd'hui,
Ne vous trahit pas moins s'il vous parle pour lui.
Ainsi, pour n'offenser son amour ni le vôtre,　1725
Ainsi, pour n'être ingrat ni vers l'un ni vers l'autre,
J'ôte de votre vue un amant malheureux,
Qui ne peut plus vous voir sans vous trahir tous deux[2] :
Lui, puisqu'à son amour j'oppose ma présence;

---

1. *Var.* Par ce que je lui dois jugez, dans ma misère,
　Ce que j'ai dû promettre et ce que je dois faire. (1645-56)
2. *Var.* Puisque même à vous voir je vous trahis tous deux :
　Lui, soutenant vos feux, avecque ma présence;
　Vous, parlant pour Philiste, avecque mon silence. (1645-56)

ACTE V, SCENE III.

Vous, puisqu'en sa faveur je m'impose silence. 1730
MÉLISSE.
C'est à Philiste donc que vous m'abandonnez?
Ou plutôt c'est Philiste à qui vous me donnez?
Votre amitié trop ferme, ou votre amour trop lâche,
M'ôtant ce qui me plaît, me rend ce qui me fâche?
Que c'est à contre-temps faire l'amant discret, 1735
Qu'en ces occasions conserver un secret!
Il falloit découvrir.... mais simple! je m'abuse :
Un amour si léger eût mal servi d'excuse;
Un bien acquis sans peine est un trésor en l'air;
Ce qui coûte si peu ne vaut pas en parler : 1740
La garde en importune et la perte en console,
Et pour le retenir, c'est trop qu'une parole.
DORANTE.
Quelle excuse, Madame, et quel remercîment!
Et quel compte eût-il fait d'un amour d'un moment,
Allumé d'un coup d'œil? car lui dire autre chose, 1745
Lui conter de vos feux la véritable cause,
Que je vous sauve un frère et qu'il me doit le jour,
Que la reconnoissance a produit votre amour,
C'étoit mettre en sa main le destin de Cléandre,
C'étoit trahir ce frère en voulant vous défendre, 1750
C'étoit me repentir de l'avoir conservé,
C'étoit l'assassiner après l'avoir sauvé,
C'étoit désavouer ce généreux silence
Qu'au péril de mon sang garda mon innocence,
Et perdre, en vous forçant à ne plus m'estimer, 1755
Toutes les qualités qui vous firent m'aimer.
MÉLISSE.
Hélas! tout ce discours ne sert qu'à me confondre.
Je n'y puis consentir, et ne sais qu'y répondre[1].

1. *Var.* Je n'y puis consentir, et n'y sais que répondre. (1645-64)

Mais je découvre enfin l'adresse de vos coups :
Vous parlez pour Philiste, et vous faites pour vous ; 1760
Vos dames de Paris vous rappellent vers elles[1] ;
Nos provinces pour vous n'en ont point d'assez belles.
Si dans votre prison vous avez fait l'amant,
Je ne vous y servois que d'un amusement.
A peine en sortez-vous que vous changez de style : 1765
Pour quitter la maîtresse il faut quitter la ville.
Je ne vous retiens plus, allez.

DORANTE.
                    Puisse à vos yeux
M'écraser à l'instant la colère des cieux,
Si j'adore autre objet que celui de Mélisse,
Si je conçois des vœux que pour votre service, 1770
Et si pour d'autres yeux on m'entend soupirer,
Tant que je pourrai voir quelque lieu d'espérer !
Oui, Madame, souffrez que cette amour persiste
Tant que l'hymen engage ou Mélisse ou Philiste.
Jusque-là les douceurs de votre souvenir 1775
Avec un peu d'espoir sauront m'entretenir :
J'en jure par vous-même, et ne suis pas capable
D'un serment ni plus saint ni plus inviolable.
Mais j'offense Philiste avec un tel serment ;
Pour guérir vos soupçons je nuis à votre amant. 1780
J'effacerai ce crime avec cette prière :
Si vous devez le cœur à qui vous sauve un frère,
Vous ne devez pas moins au généreux secours
Dont tient le jour celui qui conserva ses jours.
Aimez en ma faveur un ami qui vous aime, 1785
Et possédez Dorante en un autre lui-même.
   Adieu : contre vos yeux c'est assez combattu ;
Je sens à leurs regards chanceler ma vertu ;

1. *Var.* Vos dames de Paris vous appellent vers elles. (1645-56)

ACTE V, SCÈNE III.

Et dans le triste état où mon âme est réduite,
Pour sauver mon honneur, je n'ai plus que la fuite. 1790

SCÈNE IV.

DORANTE, PHILISTE, MÉLISSE, LYSE, CLITON.

PHILISTE.
Ami, je vous rencontre assez heureusement.
Vous sortiez ?

DORANTE.
Oui, je sors, ami, pour un moment.
Entrez, Mélisse est seule, et je pourrois vous nuire.

PHILISTE.
Ne m'échappez donc point avant que m'introduire[1] ;
Après, sur le discours vous prendrez votre temps ; 1795
Et nous serons ainsi l'un et l'autre contents[2].
Vous me semblez troublé.

DORANTE.
J'ai bien raison de l'être.
Adieu.

PHILISTE.
Vous soupirez, et voulez disparoître !
De Mélisse ou de vous je saurai vos malheurs.
Madame, puis-je.... O ciel ! elle-même est en pleurs !
Je ne vois des deux parts que des sujets d'alarmes !
D'où viennent ses soupirs ? et d'où naissent vos larmes ?

---

1. *Var.* Vous ne m'échappez point, à moins que m'introduire. (1645-56)
2. *Var.* [Et nous serons ainsi l'un et l'autre contents.]
   Je voudrois toutefois vous dire une nouvelle,
   Et vous en faire rire en sortant d'avec elle :
   Chez un de mes amis je viens de rencontrer
   Certain livre nouveau que je vous veux montrer.
   [Vous me semblez troublé.] (1645-56)

Quel accident vous fâche, et le fait retirer?
Qu'ai-je à craindre pour vous, ou qu'ai-je à déplorer?
MÉLISSE.
Philiste, il est tout vrai.... Mais retenez Dorante : 1805
Sa présence au secret est la plus importante.
DORANTE.
Vous me perdez, Madame.
MÉLISSE.
Il faut tout hasarder
Pour un bien qu'autrement je ne puis plus garder.
LYSE.
Cléandre entre.
MÉLISSE.
Le ciel à propos nous l'envoie.

SCÈNE V.

DORANTE, PHILISTE, CLÉANDRE, MÉLISSE, LYSE, CLITON.

CLÉANDRE.
Ma sœur, auriez-vous cru?... Vous montrez peu de joie!
En si bon entretien qui vous peut attrister?
MÉLISSE, à Cléandre.
J'en contois le sujet, vous pouvez l'écouter.
(A Philiste.)
Vous m'aimez, je l'ai su de votre propre bouche[1],
Je l'ai su de Dorante, et votre amour me touche,
Si trop peu pour vous rendre un amour tout pareil, 1815
Assez pour vous donner un fidèle conseil.
Ne vous obstinez plus à chérir une ingrate :
J'aime ailleurs; c'est en vain qu'un faux espoir vous flatte.

1. *Var.* Vous m'aimez, je l'ai su, Monsieur, de votre bouche. (1645-56)

ACTE V, SCÈNE V.

J'aime, et je suis aimée, et mon frère y consent:
Mon choix est aussi beau que mon amour puissant; 1820
Vous l'auriez fait pour moi, si vous étiez mon frère :
C'est Dorante, en un mot, qui seul a pu me plaire.
Ne me demandez point ni quelle occasion,
Ni quel temps entre nous a fait cette union;
S'il la faut appeler ou surprise, ou constance : 1825
Je ne vous en puis dire aucune circonstance;
Contentez-vous de voir que mon frère aujourd'hui
L'estime et l'aime assez pour le loger chez lui,
Et d'apprendre de moi que mon cœur se propose
Le change et le tombeau pour une même chose. 1830
Lorsque notre destin nous sembloit le plus doux,
Vous l'avez obligé de me parler pour vous;
Il l'a fait, et s'en va pour vous quitter la place :
Jugez par ce discours quel malheur nous menace[1].
Voilà cet accident qui le fait retirer; 1835
Voilà ce qui le trouble, et qui me fait pleurer;
Voilà ce que je crains; et voilà les alarmes
D'où viennent ses soupirs, et d'où naissent mes larmes.

PHILISTE.

Ce n'est pas là, Dorante, agir en cavalier.
Sur ma parole encor vous êtes prisonnier; 1840
Votre liberté n'est qu'une prison plus large;
Et je réponds de vous s'il survient quelque charge.
Vous partez cependant, et sans m'en avertir!
Rentrez dans la prison dont vous vouliez sortir.

DORANTE.

Allons, je suis tout prêt d'y laisser une vie 1845
Plus digne de pitié qu'elle n'étoit d'envie;
Mais après le bonheur que je vous ai cédé,
Je méritois peut-être un plus doux procédé.

1. *Var.* Jugez par là, Monsieur, quel malheur nous menace. (1645-56)

PHILISTE.

Un ami tel que vous n'en mérite point d'autre :
Je vous dis mon secret, vous me cachez le vôtre,   1850
Et vous ne craignez point d'irriter mon courroux,
Lorsque vous me jugez moins généreux que vous!
Vous pouvez me céder un objet qui vous aime;
Et j'ai le cœur trop bas pour vous traiter de même,
Pour vous en céder un à qui l'amour me rend,   1855
Sinon trop mal voulu, du moins indifférent.
Si vous avez pu naître et noble et magnanime,
Vous ne me deviez pas tenir en moindre estime;
Malgré notre amitié, je m'en dois ressentir :
Rentrez dans la prison dont vous vouliez sortir.   1860

CLÉANDRE.

Vous prenez pour mépris son trop de déférence,
Dont il ne faut tirer qu'une pleine assurance
Qu'un ami si parfait, que vous osez blâmer,
Vous aime plus que lui, sans vous moins estimer.
Si pour lui votre foi sert aux juges d'otage,   1865
Permettez qu'auprès d'eux la mienne la dégage,
Et sortant du péril d'en être inquiété,
Remettez-lui, Monsieur, toute sa liberté;
Ou si mon mauvais sort vous rend inexorable,
Au lieu de l'innocent arrêtez le coupable :   1870
C'est moi qui me sus hier sauver sur son cheval,
Après avoir donné la mort à mon rival.
Ce duel fut l'effet de l'amour de Climène,
Et Dorante sans vous se fût tiré de peine,
Si devant le prévôt son cœur trop généreux   1875
N'eût voulu méconnoître un homme malheureux.

PHILISTE.

Je ne demande plus quel secret a pu faire
Et l'amour de la sœur et l'amitié du frère :
Ce qu'il a fait pour vous est digne de vos soins.

Vous lui devez beaucoup, vous ne rendez pas moins :
D'un plus haut sentiment la vertu n'est capable,
Et puisque ce duel vous avoit fait coupable,
Vous ne pouviez jamais envers un innocent
Être plus obligé ni plus reconnoissant.
Je ne m'oppose point à votre gratitude ; 1885
Et si je vous ai mis en quelque inquiétude,
Si d'un si prompt départ j'ai paru me piquer¹,
Vous ne m'entendiez pas, et je vais m'expliquer.
 On nomme une prison le nœud de l'hyménée ;
L'amour même a des fers dont l'âme est enchaînée ;
Vous les rompiez pour moi, je n'y puis consentir² :
Rentrez dans la prison dont vous vouliez sortir³.

DORANTE.

Ami, c'est là le but qu'avoit votre colère ?

PHILISTE.

Ami, je fais bien moins que vous ne vouliez faire.

CLÉANDRE.

Comme à lui je vous dois et la vie et l'honneur. 1895

MÉLISSE.

Vous m'avez fait trembler pour croître mon bonheur.

PHILISTE, à Mélisse⁴.

J'ai voulu voir vos pleurs pour mieux voir votre flamme,
Et la crainte a trahi les secrets de votre âme.
Mais quittons désormais des compliments si vains.

(A Cléandre.)

Votre secret, Monsieur, est sûr entre mes mains ; 1900

---

1. *Var.* Si de votre départ j'ai paru me piquer. (1645-56)
2. *Var.* Vous les quittiez pour moi, je n'y puis consentir. (1645-56)
3. Au sujet de ce refrain, critiqué par Voltaire :

 Rentrez dans la prison dont vous vouliez sortir,

voyez ci-après l'*Appendice*, p. 394.

4. Les mots *à Mélisse*, et, avant le vers 1900, *à Cléandre*, manquent dans l'édition originale.

Recevez-moi pour tiers d'une amitié si belle,
Et croyez qu'à l'envi je vous serai fidèle[1].

> 1. *Var.* [Et croyez qu'à l'envi je vous serai fidèle.]
> Cher ami, cependant connoissez-vous ceci (*a*)?
> (*Il lui montre le* Menteur *imprimé.*)
> DOR. Oui, je sais ce que c'est; vous en êtes aussi :
> Un peu moins que le mien votre nom s'y fait lire;
> Et si Cliton dit vrai (*b*), nous aurons de quoi rire.
> C'est une comédie où, pour parler sans fard,
> Philiste, ainsi que moi, doit avoir quelque part :
> Au sortir d'écolier, j'eus certaine aventure
> Qui me met là dedans en fort bonne posture ;
> On la joue au Marais, sous le nom du *Menteur*.
> CLIT. Gardez que celle-ci n'aille jusqu'à l'auteur,
> Et que pour une suite il n'y trouve matière ;
> La seconde, à mon gré, vaudroit bien la première.
> DOR. Fais-en ample mémoire, et va le lui porter;
> Nous prendrons du plaisir à la représenter :
> Entre les gens d'honneur on fait de ces parties,
> Et je tiens celle-ci pour des mieux assorties.
> PHIL. Le sujet seroit beau. DOR. Vous n'en savez pas tout.
> MÉL. Quoi? jouer nos amours ainsi de bout en bout!
> CLÉAND. La majesté des rois, que leur cour idolâtre,
> Sans perdre son éclat, monte sur le théâtre :
> C'est gloire, et non pas honte ; et pour moi, j'y consens.
> PHIL. S'il vous en faut encor des motifs plus puissants,
> Vous pouvez effacer avec cette seconde
> Les bruits que la première a laissés dans le monde,
> Et ce cœur généreux n'a que trop d'intérêt
> Qu'elle fasse partout connoître ce qu'il est.
> CLIT. Mais peut-on l'ajuster dans les vingt et quatre heures?
> DOR. Qu'importe? CLIT. A mon avis, ce sont bien les meilleures;
> Car, grâces au bon Dieu, nous nous y connoissons;
> Les poëtes au parterre en font tant de leçons,
> Et là cette science est si bien éclaircie,
> Que nous savons que c'est que de péripétie,
> Catastase, épisode, unité, dénoûment,
> Et quand nous en parlons, nous parlons congrûment.
> Donc, en termes de l'art, je crains que votre histoire
> Soit peu juste au théâtre, et la preuve est notoire :
> Si le sujet est rare, il est irrégulier ;
> Car vous êtes le seul qu'on y voit marier (*c*).
> DOR. L'auteur y peut mettre ordre avec fort peu de peine :
> Cléandre en même temps épousera Climène ;
> Et pour Philiste, il n'a qu'à me faire une sœur
> Dont il recevra l'offre avec joie et douceur ;
> Il te pourra toi-même assortir avec Lyse.

(*a*) Les éditions de 1648-56 portent avant ce vers : « *A Dorante.* »
(*b*) Voyez vers 269 et suivants.
(*c*) Ceci pourrait bien être une allusion au triple mariage qui termine la pièce espagnole. Voyez l'*Appendice*, p. 394 et 395.

ACTE V, SCÈNE V.

CLITON, seul.

Ceux qui sont las debout se peuvent aller seoir,
Je vous donne en passant cet avis, et bonsoir.

> CLIT. L'invention est juste, et me semble de mise.
> Ne reste plus qu'un point touchant votre cheval :
> Si l'auteur n'en rend compte, elle finira mal;
> Les esprits délicats y trouveront à dire,
> Et feront de la pièce entre eux une satire,
> Si de quoi qu'on y parle, autant gros que menu,
> La fin ne leur apprend ce qu'il est devenu.
> CLÉAND. De peur que dans la ville il me fît reconnoître,
> Je le laissai bientôt libre de chercher maître;
> Mais pour mettre la pièce à sa perfection,
> L'auteur, à ce défaut, jouera d'invention.
> DOR. Nous perdons trop de temps autour de sa doctrine;
> Qu'à son choix, comme lui, tout le monde y raffine;
> Allons voir comme ici l'auteur m'a figuré,
> Et rire à mes dépens après avoir pleuré.
> CLITON, *seul*. Tout change, et de la joie on passe à la tristesse;
> Aux plus grands déplaisirs succède l'allégresse.
> [Ceux qui sont las debout se peuvent aller seoir.] (1645-56)

FIN DU CINQUIÈME ET DERNIER ACTE.

APPENDICE.

QUELQUES REMARQUES
SUR
LA SUITE DU MENTEUR,
COMME IMITATION D'UNE COMÉDIE DE LOPE DE VEGA.

Amar sin saber á quien, « Aimer sans savoir qui on aime, » est une des meilleures et des plus agréables comédies de Lope de Vega. Un volume de ses œuvres dramatiques qu'il devait publier lui-même, et qui contient cette pièce, le *véritable* XXII[1], fut donné en 1635, quelques mois après sa mort, par son gendre, à Madrid (in-4°). Mais ce n'est probablement pas cette édition de 1635 qui servit au travail de Corneille. Le même volume apocryphe qui lui avait donné comme étant de Lope la pièce d'Alarcon et qui est de Saragosse, 1630, contient aussi, sans fausse attribution d'auteur cette fois, la comédie, *Amar sin saber á quien*. C'est la septième du volume. Celle d'Alarcon est la cinquième. Cette circonstance nous offre une raison de plus de conjecturer que Corneille n'avait eu ni le temps ni les moyens de se faire une bibliothèque espagnole bien considérable. En ce genre son fonds pouvait bien se réduire à un très-petit nombre de volumes.

On ignore les dates premières des diverses compositions rassemblées dans l'impression de 1635 dont nous venons de parler; mais dans *Amar sin saber á quien* nous avons remarqué deux points de repère : une mention familière de Cervantes et du *don Quichotte*, comme antithèse de la mode des romanceros; et une mention de Lope lui-même, nommé en passant dans le dialogue, où est citée une sentence de ses livres. Il y a d'ailleurs dans l'ensemble assez de vigueur

---

1. Voyez plus haut l'Appendice du *Menteur*, p. 241 et 242.

et de fraîcheur pour marquer une période comprise dans les meilleures années du poëte, vingt ans au moins et peut-être plus de trente avant l'édition de 1630, qui doit être la première[1].

Rien absolument dans cette comédie n'a le moindre rapport à la conception dramatique traitée, un peu plus tard, comme nous sommes porté à le croire, dans *le Menteur* du poëte Alarcon; et Corneille, alors même qu'il regardait les deux comédies comme l'œuvre de Lope, n'a pu leur attribuer la moindre connexion de motif et de sujet. Ici le rôle principal est celui d'un jeune gentilhomme, modèle de générosité. Incarcéré, poursuivi sur de fausses apparences, il s'abstient de révéler le véritable auteur d'un meurtre commis dans un duel, dont il n'a été que le témoin involontaire. Plus tard, il veut renoncer par la fuite aux espérances d'un amour partagé, dès qu'il a découvert que sa dame est recherchée par le noble ami dont le zèle l'a fait sortir de prison. Ces deux situations forment une sorte de roman dramatique, soutenu par une inspiration toujours distinguée, qui n'exclut nullement l'aisance, la grâce, et même la gaieté. Il n'y a point là de place pour un caractère vicieux à corriger, ou à continuer par une *suite* quelconque. L'idée d'associer la dissimulation généreuse du prisonnier, don Juan de Aguilar, aux fantaisies mensongères du jeune Garcia serait trop fausse pour avoir pu se présenter d'elle-même à l'esprit de Corneille; il faut croire qu'elle lui fut suggérée par un faux calcul de succès; peut-être ne fit-il que suivre le conseil de Jodelet, qui jouait Cliton, et des autres acteurs de la troupe, désireux tous de donner une *suite* aux recettes lucratives du *Menteur*. Tout ce qu'il était possible de faire dans ce dessein, d'après ce titre une fois imposé, c'était d'affubler le héros du nom de Dorante, de ramener le babillard Cliton, et l'insignifiant Philiste, en faisant de celui-ci l'ami magnanime qui se sacrifie à son tour, au dénoûment. Les expédients inventés pour combler par des récits rétrospectifs un intervalle de quelques années entre les deux actions dramatiques suffiraient seuls à expliquer le mauvais accueil fait à la seconde : ils présentent une transition doublement choquante, en contre-sens avec ce qui suit et avec ce qui précède : avec le nouveau Dorante, si accompli désormais, et avec l'ancien, en qui ces récits froissent et déshonorent un sujet d'agréables souvenirs. Le poëte, aux deux premiers actes, se prévaut de ces souvenirs pour rappeler épisodiquement son succès des deux années précédentes, et le raconter en vers spirituels, qui méritent d'être lus comme une intéressante curiosité littéraire. Du reste on ne sait que penser de ce Dorante qui, comme on nous le rapporte en

---

[1]. On trouve la même pièce dans la *Biblioteca de autores españoles* de Rivadeneyra, tome II des *Comedias escogidas* de Lope, Madrid, 1855, grand in-8°.

un style léger et indifférent, s'est transformé depuis la chute du rideau en un vil fripon, qui a délaissé sa fiancée, volé la dot, causé la mort de son père, *pris le deuil à Rome*[1], qu'une dernière aventure nous fait retrouver en prison à Lyon, pour y déployer toute la noblesse du personnage inventé par Lope de Vega. Nous ne pouvons concevoir comment une aussi énorme incohérence morale échappe à la censure, très-distraite il est vrai, de Voltaire, quand nous le voyons d'autre part relever avec admiration, en homme du métier, les attachantes données dramatiques dont il aurait voulu voir sortir un chef-d'œuvre, et pour lesquelles il rend, presque à son insu, un vif hommage au poëte espagnol, dont il ne connaissait d'ailleurs que le nom[2].

Mais les données qui, entre les mains exercées de Lope, avaient produit sinon une œuvre modèle, du moins un original et charmant ouvrage, étaient très-difficiles à remanier. Cela est vrai surtout de la double situation sentimentale, fort effacée dans Corneille, que le titre espagnol indique : ces amours réciproques conçus de part et d'autre avant qu'on se soit vu seulement, et sans être justifiés par des circonstances qui éveillent la sympathie ainsi que la curiosité du spectateur. C'est d'un côté la jeune fille induite à secourir le prisonnier par les instances d'un frère qui a sur le cœur tout ce qu'il doit à ce noble inconnu ; de l'autre, ce jeune homme recevant d'abord des secours anonymes, avec un romanesque billet de femme, destiné seulement à les faire accepter, puis les messages d'une suivante vive et adroite, puis un portrait, puis une visite voilée, où la mystérieuse mantille finit par s'entr'ouvrir avec tout l'enchantement d'une exquise galanterie. La différence des nuances et des tons ne peut pas se mesurer dans tout ce qui est tenté pour correspondre en français à cette élégante gradation, particulièrement lorsque Mélisse vient se montrer à Dorante sous une coiffe de *servante*, comme sœur de sa soubrette, et qu'il la fait passer à son tour pour une petite lingère, de ses anciennes amies[3].

Il y a bien aussi dans l'original un valet bouffon qui a beaucoup de sympathie pour l'argent donné, qui fait sa cour à la soubrette avec une gaieté burlesque, et qui commente le mystère de la dame en mauvaise part, la supposant laide et vieille ; mais en ce genre tout dépend de la mesure et du goût des plaisanteries, et par malheur le Jodelet (ou Cliton) de Corneille dégrade la scène et abaisse les rôles principaux par des plaisanteries souvent grossières, qu'on n'a point à reprocher au *gracioso* Limon.

1. Acte I, scène I, vers 70.
2. A peine encore le nom, car il l'écrivait *Lopez*.
3. Acte III, scènes III et IV.

Il était encore inévitable que la fatale loi des unités vînt apporter chez nous bien des entraves au vrai développement du drame. L'action commence très-vivement dans l'original par le duel presque sans paroles de deux gentilshommes de Tolède, dont l'un tombe mort, et l'autre, pour s'enfuir, monte sur la mule de don Juan de Aguilar, qui en est descendu pour venir les séparer. Don Juan, trouvé près du mort, se voit arrêté avec son valet par les hommes de police. Rien de plus naturel que de supposer quelques journées d'intervalle pour les allées et venues de la suivante, et pour les avances successives de la jeune Castillane, qui aime et se fait aimer *sin saber à quien*. Il faut aussi admettre quelque intervalle pour les beaux engagements d'amitié qui se forment entre le prisonnier et ses deux protecteurs, savoir don Fernand, frère de la belle Leonarda, et don Luis de Ribera, l'illustre prétendant, peu agréé; il en faut enfin pour les démarches officieuses de ce dernier, qui obtient un ordre de libération. Vers la fin, il n'était pas indifférent à l'intérêt théâtral de supposer notre héros déjà parti de Tolède pour faire place aux prétentions plus anciennes de son ami; il convenait d'amener la jeune fille désespérée à s'en expliquer franchement, non pas en présence de tous les personnages, réunis en une scène dernière, comme chez Corneille, mais en tête-à-tête avec don Luis, lequel, vivement piqué d'honneur à son tour, se hâte de courir après son ami fugitif. Il le rejoint en poste, à moitié chemin entre Tolède et Madrid, et de là, comme il faut le ramener à sa dame avec toute l'autorité sévère d'un noble Castillan dont il a pu mettre en doute la grandeur d'âme (un Ribera y Guzman!), don Luis, en possession de la grâce officielle, se prévaut de son rôle pour lui enjoindre de le suivre, de *retourner à sa prison* à Tolède. Ces détails si attachants ne sont pas inutiles à connaître pour expliquer, sinon pour justifier, l'effet purement oratoire et subtil arrangé par Corneille, et que Voltaire traitait rigoureusement quand il disait[1] : « Ce refrain, *Rentrez dans la prison dont vous vouliez sortir*, est encore plus froid que le caractère de Philiste; et cette petite finesse anéantit tout le mérite que pouvait avoir Philiste en se sacrifiant pour son ami. » Il est certain que l'artifice énigmatique des paroles n'est pas aussi contourné dans l'original, où d'ailleurs l'action, par plus de mouvement et de puissance, fait de cet artifice une véritable beauté.

Une habitude ordinaire dans ces fables espagnoles, c'est le soin que mettent les auteurs à les compléter, sans craindre de les compliquer. Deux ou trois mariages ne sont jamais trop à la fin de ces comédies[2].

1. Dans la dernière note de la pièce.
2. Voyez ci-dessus, p. 388, note 1.

APPENDICE.

Il faut donc marier don Fernando, frère de doña Leonarda; pour cela est introduite une jeune Lisarda, un peu inconsidérée, qui a été cause du duel avec le querelleur don Pedro, mort au commencement de la pièce. Corneille n'avait point tort d'écarter cette figure légère et surabondante, ainsi que les petites complications qu'elle amène.

On lit au troisième acte de la comédie française[1] des stances qui ne sont point imitées de l'espagnol, mais dont l'idée a pu être suggérée par une émulation de luxe métrique, Lope ayant embelli sa pièce de trois sonnets et de quelques variétés de versification, où l'on distingue, à la troisième journée, deux tirades, très-bien faites, de récit et de complainte, en *endechas*, vers de cinq syllabes. Diverses parties de la diction de Corneille annoncent aussi beaucoup de soin, surtout les vers encore célèbres sur la sympathie[2], où, pour le dire en passant, se trouve une mention de l'*Astrée* de d'Urfé, correspondant de loin à la jolie scène espagnole où est mentionné le *don Quichotte*. Mais nous demeurons en peine de comprendre la supériorité que notre auteur attribue en général aux vers de *la Suite* sur ceux du *Menteur*[3], si ce jugement hasardé n'est pas un sophisme de consolation à l'usage du poëte, moins heureux au second essai qu'au premier. Toujours est-il que nous ne trouverions pas à citer ici de ces uttes brillantes de traduction et d'imitation comme celles qui se sont ait admirer dans la pièce précédente. Cela peut tenir en partie à la manière de Lope, plus glissante, d'un vol plus léger que celle d'Alarcon, et généralement moins adaptée aux allures de Corneille.

V.

1. Acte III, scène II, p. 337 et 338.
2. Acte IV, scène I, vers 1221 et suivants.
3. Voyez ci-dessus, p. 279 et 285.

RODOGUNE

PRINCESSE DES PARTHES

TRAGÉDIE

1644

NOTICE.

En 1644, Gabriel Gilbert, secrétaire de la duchesse de Rohan, qui déjà s'était fait connaître comme poëte dramatique par deux tragi-comédies, *Marguerite de France* et *Philoclée et Téléphonte*[1], en fit représenter une troisième, *Rodogune*, qui n'obtint qu'un fort médiocre succès.

Quelques mois après[2], dans le courant de la même année,

---

1. Les frères Parfait placent *Marguerite* en 1640 et *Philoclée* en 1642; cette dernière pièce, qui contient, dit-on, quelques vers de Richelieu, a inspiré à la Chapelle un *Téléphonte*, à la Grange-Chancel un *Amasis*, et à Voltaire sa *Mérope*. Plus habile à choisir ses sujets qu'à les bien traiter, Gabriel Gilbert fit représenter en 1646 *Hippolyte ou le Garçon insensible*, et eut l'honneur de fournir à Racine l'hémistiche célèbre :

C'est toi qui l'as nommé,

heureusement traduit d'Euripide.

Auteur de beaucoup d'autres ouvrages, nommé secrétaire des commandements de la reine Christine, et devenu son résident en France en 1657, c'est-à-dire après son abdication, il ne trouva la fortune ni dans ses occupations littéraires, ni dans ses fonctions officielles, et mourut, suivant toute apparence, vers 1675, recueilli par la famille d'Hervart, si bienveillante pour les gens de lettres pauvres, si célèbre par les soins délicats dont elle sut plus tard entourer la Fontaine.

2. Mouhy, dans le *Journal du Théâtre françois* manuscrit que nous avons déjà cité plus d'une fois, mais auquel nous n'ajoutons qu'une confiance fort limitée, dit que les deux ouvrages furent représentés par « la troupe royale, » et que la pièce de Corneille fut jouée « deux mois » après celle de Gilbert (tome II, fol. 864 verso et 869 recto). Au reste, bien qu'ils diffèrent sur quelques points de détail, tous les

Corneille faisait représenter un ouvrage portant le même titre, qu'il n'hésitait pas à préférer à *Cinna* et au *Cid*, et qui, bien

historiens du théâtre s'accordent à mettre les deux pièces dans l'année 1644, et par conséquent à regarder la *Rodogune* de Corneille comme antérieure à *Théodore*, représentée incontestablement en 1645. Dans son édition, Voltaire dit d'une part que la *Rodogune* de Gilbert a été jouée à la fin de 1645, et de l'autre il place, suivi en cela par M. Lefèvre, la *Rodogune* de Corneille en 1646, après *Théodore*. Il ne fait pas connaître le motif qui l'a porté à un classement si contraire au témoignage unanime de tous ceux qui se sont occupés de notre théâtre; mais ce motif est facile à deviner, et, au premier abord, il ne manque pas d'une certaine force. *Théodore* a été imprimée avant *Rodogune*, et dans tous les recueils, si l'on en excepte celui de 1663, elle passe la première*. C'est pour ne pas changer cet arrangement que Voltaire a modifié les dates données partout; mais il aurait dû remarquer qu'une courte notice quasi officielle sur Corneille, publiée moins de dix ans après la représentation de *Rodogune*, intervertit cet ordre. Dans sa *Relation contenant l'histoire de l'Académie françoise*, publiée en 1653, Pellisson s'exprime ainsi (p. 553 et 554) à l'égard de notre poëte :

« CORNEILLE. Pierre Corneille, avocat général à la table de marbre de Rouen, né au même lieu. Il a composé jusques ici vingt-deux pièces de théâtre, qui sont *Mélite*, *Clitandre*, *la Veuve*, *la Galerie du Palais*, *la Suivante*, *la Place Royale*, *Médée*, *l'Illusion comique*, *le Cid*, *Horace*, *Cinna*, *Polyeucte*, *la Mort de Pompée*, *le Menteur*, *la Suite du Menteur*, *Rodogune*, *Théodore*, *Héraclius*, *Don Sanche d'Arragon*, *Andromède*, *Nicomède*, *Pertharite*. Il a fait imprimer aussi deux livres de *l'Imitation de Jésus-Christ* en vers, et travaille aux deux autres. »

Fontenelle n'est pas moins explicite à cet égard : « A *la Suite du Menteur* succéda *Rodogune*, » dit-il dans sa *Vie de Corneille* (OEuvres, tome III, p. 105). On doit donc penser, suivant nous, que *Théodore* n'ayant nullement réussi, Corneille, qui n'avait point intérêt à en retarder l'impression afin de conserver aux comédiens qui l'avaient montée un privilége dont ils se montraient fort peu jaloux, eut hâte d'en appeler aux lecteurs du jugement des spectateurs, et publia *Théodore*, tandis que *Rodogune* poursuivait le cours de son succès. Plus tard, dans les recueils, on adopta sans doute l'ordre de l'impression plutôt que celui de la représentation.

* Dans l'édition de 1660, *Théodore* vient immédiatement après *Pompée* et précède *le Menteur* et *la Suite du Menteur*; *Rodogune* suit ces deux comédies. Dans l'impression de 1692, *le Menteur* et *la Suite du Menteur* sont placés après *Pompée*, et terminent le tome II; *Théodore* et *Rodogune* commencent le tome III.

que généralement regardé comme indigne d'un tel honneur, mérite toutefois d'occuper un des premiers rangs parmi ses tragédies.

Si l'on compare les deux *Rodogune*, on est frappé des rapports qu'elles présentent jusqu'à la fin du quatrième acte. Le plan est identique, les situations analogues; plusieurs vers même se ressemblent, autant toutefois que les vers de Gilbert peuvent ressembler à ceux de Corneille; mais ce qui surprend tout d'abord, c'est que le nom qui sert de titre aux deux pièces n'est pas, dans chacune d'elles, appliqué au même personnage: la Rodogune de Gilbert est la Reine mère des deux jeunes princes, et correspond par conséquent à la Cléopatre de Corneille. Au cinquième acte tout rapport entre les deux ouvrages cesse brusquement, et le dénoûment de la *Rodogune* de Gilbert est aussi traînant et aussi plat que celui de la *Rodogune* de Corneille est terrible et sublime.

Fontenelle donne de cette ressemblance qu'offre la plus grande partie des deux pièces une explication toute simple et qui paraît fort plausible : « Je ne crois pas, dit-il, devoir rappeler ici le souvenir d'une autre *Rodogune* que fit M. Gilbert sur le plan de celle de M. Corneille, qui fut trahi en cette occasion par quelque confident indiscret. Le public n'a que trop décidé entre ces deux pièces en oubliant parfaitement l'une[1]. » Le confident indiscret n'avait sans doute pas eu connaissance du cinquième acte, pour lequel Gilbert fut abandonné à ses propres ressources; et l'attention que Corneille avait mise à ne point nommer Cléopatre de peur qu'elle ne fût confondue par les spectateurs avec la célèbre princesse d'Égypte qu'il avait déjà mise au théâtre dans *Pompée*, contribua sans doute à faire croire au malencontreux imitateur que c'était ce personnage qui devait porter le nom de Rodogune.

La Rodogune de Gilbert est veuve d'Hydaspe, roi de Perse; ses deux fils sont Darie et Artaxerce. La princesse promise à leur père, et qu'ils aiment tous deux, la Rodogune de Corneille en un mot, est une Lydie, fille de Tigrane, roi d'Arménie. A quel historien l'auteur emprunte-t-il les faits de la vie de Darius qu'il nous raconte? Où trouve-t-il les personnages dont

---

1. *OEuvres*, tome III, p. 106.

il l'entoure ? il se garde bien de nous en instruire, et pour cause. Quoique l'achevé d'imprimer de son ouvrage soit du « treizième février 1646, » et fort postérieur par conséquent à la représentation de la pièce de Corneille, il ne dit pas un mot de celle-ci, et fait seulement dans sa dédicace à Gaston d'Orléans, frère de Louis XIII, une allusion évidente, quoique détournée, à la différence du caractère de la Reine mère dans les deux pièces : « Cette héroïne, Monseigneur, qui demande aujourd'hui votre protection, est celle-là même dont les héros venoient jadis implorer la grâce. Pour vous persuader de lui accorder la faveur qu'elle vous demande, elle vous assure qu'elle n'a jamais eu la pensée de tremper ses mains dans le sang de son mari, ni dans celui de son fils ; que si elle eût eu des sentiments si barbares et si contraires aux inclinations de Votre Altesse Royale, elle n'eût jamais osé se présenter devant Elle, et n'eût pas eu assez d'audace pour demander à la vertu la protection du vice. »

Ce passage curieux, que M. Viguier n'a pas cité, est cependant très-propre à confirmer une conjecture fort ingénieuse qu'il propose dans ses intéressantes *Anecdotes littéraires sur Pierre Corneille*. « Anne d'Autriche, dit-il, était susceptible, scrupuleuse, romanesque, emportée, et sa position de régente, tutrice du jeune roi et de son frère, était fort délicate, ainsi que celle de Gaston, si incertain de ses droits et de ses devoirs comme lieutenant général du royaume. Or le bruit courait chez Monsieur le Prince et partout qu'une héroïne nouvelle de Corneille allait faire voir sur la scène une reine régente, mère de deux princes, homicide, par ambition, de son mari et de ses deux fils. Le duc d'Orléans, Gaston, devait assez bien faire sa cour à la Régente en *commandant* au poëte Gilbert une autre Reine mère que celle de Corneille[1]. »

Soit que Corneille crût devoir quelques ménagements à un rival si bien en cour, soit que le mépris qu'il avait pour son procédé le portât à ne se point commettre avec lui, il ne laisse pas échapper une phrase, un mot qui puisse se rapporter à la pièce de Gilbert[2].

1. Pages 62 et 63.
2. Nous donnons en appendice, à la suite de la tragédie, l'analyse de cette pièce de Gilbert par les frères Parfait.

NOTICE.

L'ouvrage de Corneille, achevé d'imprimer le 31 janvier 1647, a pour titre :

RODOGVNE, PRINCESSE DES PARTHES, tragedie. *Imprimé à Roüen, et se vend à Paris, chez Toussaint Quinet, au Palais, sous la montée de la Cour des Aydes*, M.DC.XLVII. *Auec priuilege du Roy.* Il est in-4° et forme 8 feuillets et 115 pages. Peut-être cette façon d'indiquer sur le titre même de quelle *Rodogune* il est question a-t-elle pour objet d'insister sur la méprise de Gilbert. La crainte que Corneille avait de voir son ouvrage confondu avec celui d'un indigne concurrent ressort bien du moins de cette mention du frontispice gravé, qui représente la dernière scène de l'ouvrage dessinée par Lebrun : *La Rodogune, tragédie, de M. de Corneille.* Elle était d'autant plus nécessaire que le format des deux ouvrages est indentique, l'apparence extérieure semblable, et que, bien que Toussaint Quinet soit titulaire du privilége de la pièce de Corneille, certains exemplaires portent le nom de Courbé, libraire de Gilbert, qui, ainsi qu'Antoine de Sommaville, s'était associé avec Quinet pour la publication de la pièce de Corneille. Dans les préliminaires de l'ouvrage notre poëte ne se permet qu'une critique tout à fait indirecte, mais très-significative, c'est l'indication détaillée des nombreuses sources historiques où il a puisé, et dont son plagiaire n'a pas un instant soupçonné l'existence.

Nous pourrions fort bien nous en tenir là sur l'origine de *Rodogune*, mais comme nous ne voulons laisser ignorer au lecteur aucune des opinions qui ont eu cours à l'égard des ouvrages de Corneille, nous sommes obligé d'en venir à une série de faits avancés par les uns avec beaucoup de mauvaise foi, et répétés par les autres avec une incroyable légèreté.

Dans ses *Passe-temps d'un reclus*[1] Charles Brifaut reproduit en ces termes un récit que lui fit le chansonnier Laujon, « qui, dit-il, avait voué un culte à Corneille : »

« Je possédais dans ma bibliothèque un curieux roman écrit en latin, au moyen âge, par un moine qui ne manquait pas de talent, comme vous allez voir. Sa fable intéressante et très-fortement conduite, sauf d'assez nombreuses invraisemblances,

---

1. *OEuvres*, tome III, p. 53 et 54.

offrait des rapports si remarquables avec le sujet de *Rodogune*, qu'il était difficile de ne pas croire que Corneille avait eu connaissance de l'ouvrage. Les incidents de la grande scène du poison, le dialogue même, tout dénonçait le plagiat, chose permise quand elle est avouée; sinon, non. Je ne sais, ajouta Laujon, comment M. de Voltaire apprit que j'étais possesseur de ce trésor littéraire. Or vous jugez bien qu'il ne perdit point de temps, lui commentateur de Corneille, pour m'en faire demander communication, promettant de le garder très-précieusement et de me le renvoyer au plus tôt. Comme je me défiais de l'usage auquel il destinait l'œuvre en question, je refusai net. Instances, prières, cajoleries, louanges, tout échoua devant mon inébranlable résolution. Il eut beau recourir aux mille ruses de son esprit charmant, m'offrant de plus tout l'argent que je voudrais, tout le crédit dont il disposait. Plus il redoublait ses instances, plus mes soupçons augmentaient. Je tins ferme; mais je n'en restai pas là. Pour que le précieux ouvrage tant convoité ne donnât pas lieu à quelque scandale dramatique après ma mort, pour qu'il ne fût commis, par défaut de précaution de ma part, aucun crime de lèse-majesté cornélienne, je le brûlai. »

Laujon fut félicité, fêté par tous ceux qui entendirent ce petit récit, et Delille, qui se trouvait là, lui sut tellement gré de « son honorable procédé, » que lorsque Laujon se présenta à quatre-vingt-trois ans à l'Académie française, l'illustre traducteur de Virgile parvint à faire admettre l'adorateur de Corneille en disant : « Nous savons où il va, laissons-le passer par l'Institut. »

Tout irrite et blesse dans cette anecdote. D'abord, quand Corneille aurait tiré l'idée première de *Rodogune* d'un vieux roman latin, au lieu de l'extraire directement d'Appien, sa gloire y perdrait-elle quelque chose? Ensuite, si Laujon le pensait, que ne brûlait-il tout d'abord, sans rien dire, le volume unique qui accusait son poëte de prédilection, au lieu de répandre le bruit du larcin en refusant d'en faire connaître la nature, et en se faisant de son dévouement à Corneille un titre académique? Voilà déjà qui peut paraître étrange, mais nous allons voir s'accumuler les contradictions et les invraisemblances.

Voltaire, dans sa *Préface* de *Rodogune*, cite tout autre chose que le prétendu volume de Laujon : « On parle, dit-il, d'un ancien roman de *Rodogune;* je ne l'ai pas vu ; c'est, dit-on, une brochure in-8º imprimée chez Sommaville, qui servit également au grand auteur et au mauvais. Corneille embellit le roman, et Gilbert le gâta. » M. Viguier, qui, dans les *Anecdotes*[1] auxquelles nous avons fait plus d'un emprunt, reproduit ce passage, ajoute finement : « Le scrupuleux éditeur de Voltaire, M. Beuchot, dont nous aimons à citer le nom avec honneur, nous pardonnera d'appeler le sourire du lecteur sur cette note qu'il attache avec une bonhomie si parfaite au *je ne l'ai pas vu* de son auteur chéri : « Je n'ai pas été plus heureux « que Voltaire. Je n'ai pu découvrir cette *Rodogune*, brochure « in-8º. » Qui n'aurait regret à toutes les insomnies dont cette vaine recherche a dû troubler la longue et savante carrière du consciencieux bibliographe ? »

Voltaire termine ainsi la *Préface* que nous venons de citer : « Il y a un autre roman de *Rodogune* en deux volumes, mais il ne fut imprimé qu'en 1668 ; il est très-rare et presque oublié : le premier l'est entièrement. » On trouve à la Bibliothèque impériale ce roman de 1668 ; il est de format in-8º. Son titre exact est : *Rodogune ou l'histoire du grand Antiocus. A Paris, chez Estienne Loyson.* L'avis *Au lecteur* est signé d'Aigue d'Iffremont. Il paraîtrait difficile que cet auteur n'eût pas connu, lui, le prétendu roman publié avant le sien chez Sommaville, s'il eût réellement existé. Bien loin toutefois de regarder Corneille comme ayant profité d'un sujet dont quelque contemporain lui avait suggéré l'idée, il lui en attribue l'honneur. « Le nom que j'ai donné à tout l'ouvrage, dit-il, n'est pas inconnu en France. Ce fameux poëte qui a porté si haut la gloire des muses françoises et qui les fait aller de pair avec les grecques et les latines ; ce grand homme qui nous a tantôt représenté sur le théâtre toutes les passions, et de la manière la plus forte, la plus touchante et la plus riche que l'esprit humain puisse imaginer ; enfin l'illustre Monsieur de Corneille en a fait une tragédie que j'appellerois la plus achevée de toutes les pièces que nous avons de lui, s'il y avoit quelque chose à souhaiter dans les autres, et s'il n'étoit toujours également

1. Page 67.

admirable en tous ses ouvrages. Tout le monde a vu sa *Rodogune;* mais encore que ce soit ici le même nom et la même héroïne, ce n'est pourtant pas la même chose ; et comme il a découvert lui-même ce qu'il avoit changé de l'histoire, quelque respect que j'aye pour ses fictions merveilleuses, je n'ai pas cru être obligé de m'en servir. »

On ne peut rien imaginer de plus obscur et de plus contradictoire que les renseignements qu'on rencontre sur les acteurs qui ont joué d'original dans *Rodogune*. Nous trouvons dans un article sur Molière, qui nous a été utile pour la *Notice du Menteur*, cette singulière biographie :

« N. Petit de Beauchamps, dite la belle Brune, grand'mère maternelle du Sr du Boccage, acteur de la troupe du Roi. Elle étoit de la troupe du Marais, et joua d'original dans une des tragédies de P. Corneille le rôle de Rodogune, pour lequel le cardinal de Richelieu lui fit présent d'un habit magnifique à la romaine. C'étoit une excellente actrice, grande et bien faite, d'une représentation avantageuse, morte en Allemagne dans la troupe des comédiens du duc de Zell. Elle refusa d'entrer à l'hôtel de Bourgogne, parce qu'on ne vouloit donner qu'une demi-part à son mari, qui avoit un talent singulier pour jouer tous les déguisements en femme[1]. »

A cela Lemazurier répond fort à propos que le Cardinal, mort deux ans avant la première représentation de *Rodogune*, ne peut avoir donné un habit à la romaine à la *belle Brune*, et que Corneille ayant fait représenter sa pièce à l'hôtel de Bourgogne, où cette actrice refusa d'entrer, il est impossible qu'elle ait joué d'original un rôle dans l'ouvrage[2].

Si nous voulions nous en rapporter à Mouhy, il ne tiendrait qu'à nous de nous imaginer que nous possédons le tableau complet des acteurs qui ont joué d'original dans *Rodogune*. Voici celui qu'il nous donne dans son *Journal* manuscrit : « Baron joua le rôle d'Antiochus ; Villiers, Séleucus ; Champmeslé, Timagène ; le Comte, Oronte ; Mlle de Champmeslé, Rodogune ; Mlle Dupin, Laodice, et Mlle Guiot, Cléopatre[3]. » Nous

1. *Mercure* de mai 1740, p. 845.
2. *Galerie des acteurs du Théâtre français*, tome II, p. 4.
3. Folio 869 recto.

avons cru devoir reproduire cette distribution de rôles parce qu'il n'est pas probable que Mouhy l'ait inventée, mais elle doit être postérieure d'une trentaine d'années à l'époque où parut *Rodogune*.

Dans une *Mazarinade* de 1649, intitulée *Lettre de Bellerose à l'abbé de la Rivière*[1], signée Belleroze, comédien d'honneur et datée de l'hôtel de Bourgogne, le 24 mars, on trouve un passage relatif à la Bellerose, où on lit ce qui suit : « Cette Rodogune, cette impératrice de nos jeux se voit dans un état bien contraire à sa pompe théâtrale. Elle est réduite, il y a déjà assez longtemps, à ne se plus mirer que dans une losange de vitre cassée, ou dans un seau d'eau claire, parce qu'il a été nécessaire qu'elle ait vendu son miroir pour avoir du pain. » Voilà enfin un témoignage contemporain, ou peu s'en faut, qui bien certainement se rapporte à la *Rodogune* de Corneille, car en 1649 celle de Gilbert devait déjà être oubliée. Il faut nous en tenir à ce renseignement, tout incomplet qu'il est, et compter pour rien les assertions sans preuves des historiens du théâtre.

La *Rodogune* est du nombre des pièces que Louis XIV fit représenter à Versailles en octobre 1676.

> On voit Sertorius, OEdipe, Rodogune,
> Rétablis par ton choix dans toute leur fortune,

dit Corneille dans le touchant remercîment qu'il adresse *Au Roi* en cette occasion.

L'admirable rôle de Cléopatre a été assez souvent choisi par des débutantes : nous pouvons mentionner, d'après Lemazurier, Mlle Aubert, le 13 juin 1712[2]; Mlle Lamotte, en octobre 1722[3]; Mlle Balicourt, le 29 novembre 1727[4]. Ces débuts de jeunes actrices dans un rôle de mère donnaient lieu parfois à des scènes fort plaisantes. On a surtout gardé le souvenir du dernier dont nous venons de parler. Quand

---

1. Voyez ci-dessus, p. 5 et 6.
2. Tome II, p. 9.
3. Tome II, p. 275.
4. Tome II, p. 12.

Mlle Balicourt dit en s'adressant à Baron (Antiochus), âgé de quatre-vingts ans, et à Mlle Duclos (Rodogune), qui en avait plus de cinquante :

> Approchez, mes enfants[1]....

un immense éclat de rire parcourut la salle[2].

L'actrice qui passe pour être parvenue à l'expression la plus complète de ce terrible caractère de Cléopatre est Mlle Dumesnil. « On n'oubliera pas surtout, dit Lemazurier, qu'un jour où elle avait mis dans les imprécations de Cléopatre toute l'énergie dont elle était dévorée, le parterre tout entier, par un mouvement d'horreur aussi vif que spontané, recula devant elle[3], de manière à laisser un grand espace vide entre ses premiers rangs et l'orchestre. Ce fut aussi à cette représentation, à l'instant où, prête à expirer dans les convulsions de la rage, Cléopatre prononce ce vers terrible :

> Je maudirois les Dieux, s'ils me rendoient le jour[4],

que Mlle Dumesnil se sentit frappée d'un grand coup de poing dans le dos par un vieux militaire placé sur le théâtre; il accompagna ce trait de délire, qui interrompit le spectacle et l'actrice, de ces mots énergiques : « Va, chienne, à tous les « diables! » et lorsque la tragédie fut finie, Mlle Dumesnil le remercia de son coup de poing comme de l'éloge le plus flatteur qu'elle eût jamais reçu[5]. »

Le rôle de Rodogune a été joué d'une manière fort brillante par Mlle Gaussin et par Mlle Clairon, mais il paraît que le jeu de l'une différait beaucoup de celui de l'autre. Laissons parler Mlle Clairon[6] : « Mlle Gaussin avait la plus belle tête, le son de voix le plus touchant possible; son ensemble était noble, tous ses mouvements avaient une grâce enfantine à laquelle il

---

1. Acte V, scène III, vers 1559.
2. *Lettre à milord*** sur Baron*, p. 5 et 6 ; et Lemazurier, tome I, p. 99.
3. On sait qu'en ce temps-là on se tenait debout au parterre.
4. Acte V, scène IV, vers 1826.
5. *Galerie des acteurs du Théâtre français*, tome II, p. 195 et 196.
6. *Mémoires.... Anecdote sur Rodogune*, p. 227 et suivantes.

était impossible de résister; mais elle était Mlle Gaussin dans tout.... Rodogune demandant à ses amants la tête de leur mère est assurément une femme très-altière, très-décidée.... Il est vrai que Corneille a placé dans ce rôle quatre vers d'un genre plus pastoral que tragique :

> Il est des nœuds secrets, il est des sympathies,
> Dont par le doux rapport les âmes assorties
> S'attachent l'une à l'autre, et se laissent piquer
> Par ces je ne sais quoi qu'on ne peut expliquer[1].

Rodogune aime, et l'actrice, sans se ressouvenir que l'expression du sentiment se modifie d'après le caractère, et non d'après les mots, disait ces vers avec une grâce, une naïveté voluptueuse, plus faite, suivant moi, pour Lucinde dans *l'Oracle*[2] que pour Rodogune. Le public, routiné à cette manière, attendait ce couplet avec impatience et l'applaudissait avec transport.

Quelque danger que je craignisse en m'éloignant de cette route, j'eus le courage de ne pas me mentir à moi-même. Je dis ces vers avec le dépit d'une femme fière, qui se voit contrainte d'avouer qu'elle est sensible. Je n'eus pas un dégoût; mais je n'eus pas un coup de main.... J'eus le plus grand succès dans le reste du rôle; et, suivant ma coutume, je vins, entre les deux pièces, écouter aux portes du foyer les critiques qu'on pouvait faire. J'entendis M. Duclos, de l'Académie française, dire, avec son ton de voix élevé et positif, que la tragédie avait été bien jouée; que j'avais eu de fort bonnes choses; mais que je ne devais pas penser à jouer les *rôles tendres*, après Mlle Gaussin.

« Étonnée d'un jugement si peu réfléchi, craignant l'impression qu'il pouvait faire sur tous ceux qui l'écoutaient, et maîtrisée par un mouvement de colère, je fus à lui et lui dis :

---

1. Acte I, scène v, vers 359-362.
2. « *L'Oracle*, comédie en un acte, en prose, par M. de Saint-Foix, donnée pour la première fois sur le Théâtre françois le 22 mars 1740, avec beaucoup de succès, et souvent revue depuis avec plaisir. Cette pièce offre un tableau charmant du langage de la nature, rendu avec toutes les grâces et la naïveté possible par l'aimable actrice qui fait le rôle de Lucinde, c'est-à-dire Mlle Gaussin. » (*Dictionnaire portatif des théâtres*. Paris, 1754.)

« Rodogune un rôle tendre, Monsieur? Une Parthe, une furie
« qui demande à ses amants la tête de leur mère et de leur
« reine, un rôle tendre? Voilà certes un beau jugement!... »
Effrayée moi-même de ma démarche, les larmes me gagnèrent,
et je m'enfuis au milieu des applaudissements. »

Il est inutile de dire que dans les *Mémoires pour Marie-Françoise Dumesnil en réponse aux Mémoires d'Hippolyte Clairon*[1], cette dernière est entièrement sacrifiée à Mlle Gaussin.

1. Pages 323 et suivantes.

ÉPÎTRE.

A MONSEIGNEUR

MONSEIGNEUR LE PRINCE[1].

Monseigneur,

Rodogune se présente à Votre Altesse avec quelque sorte de confiance, et ne peut croire qu'après avoir fait sa bonne fortune, vous dédaigniez de la prendre en votre protection. Elle a trop de connoissance de votre bonté pour craindre que vous veuilliez laisser votre ouvrage imparfait, et lui dénier la continuation des grâces dont vous lui avez été si prodigue. C'est à votre illustre suffrage qu'elle est obligée de tout ce qu'elle a reçu d'applaudissement; et les favorables regards dont il vous plut fortifier la foiblesse de sa naissance lui donnèrent tant d'éclat et de vigueur, qu'il sembloit que vous eussiez pris plaisir à répandre sur elle un rayon de cette gloire qui vous environne, et à lui faire part de cette facilité de vaincre qui vous suit partout. Après cela, Monseigneur, quels hommages peut-elle rendre à Votre Altesse qui ne soient au-dessous de ce qu'elle doit? Si elle tâche à lui témoigner quelque reconnoissance par l'admiration de ses vertus, où trouvera-t-elle des éloges dignes de cette main qui fait trembler tous nos ennemis, et dont les coups d'essai furent signalés par la défaite des premiers capitaines de l'Europe? Votre Altesse sut vaincre avant qu'ils se pussent imaginer qu'elle sût combattre; et ce grand courage, qui n'avoit encore vu la guerre que dans les livres, effaça tout ce qu'il avoit lu des Alexandres

---

1. Cette épître, adressée au grand Condé, n'est que dans les éditions antérieures à 1660.

et des Césars[1], sitôt qu'il parut à la tête d'une armée. La générale consternation où la perte de notre grand monarque nous avoit plongés, enfloit l'orgueil de nos adversaires en un tel point qu'ils osoient se persuader que du siége de Rocroi dépendoit la prise de Paris, et l'avidité de leur ambition dévoroit déjà le cœur d'un royaume dont ils pensoient avoir surpris les frontières. Cependant les premiers miracles de votre valeur renversèrent si pleinement toutes leurs espérances, que ceux-là mêmes qui s'étoient promis tant de conquêtes sur nous virent terminer la campagne de cette même année par celle que vous fîtes sur eux. Ce fut par là, MONSEIGNEUR, que vous commençâtes ces grandes victoires que vous avez toujours si bien choisies, qu'elles ont honoré deux règnes tout à la fois, comme si c'eût été trop peu pour Votre Altesse d'étendre les bornes de l'État sous celui-ci, si elle n'eût en même temps effacé quelques-uns des malheurs qui s'étoient mêlés aux longues prospérités de l'autre. Thionville, Philisbourg et Norlinghen étoient des lieux funestes pour la France : elle n'en pouvoit entendre les noms sans gémir; elle ne pouvoit y porter sa pensée sans soupirer; et ces mêmes lieux, dont le souvenir lui arrachoit des soupirs et des gémissements, sont devenus les éclatantes marques de sa nouvelle félicité, les dignes occasions de ses feux de joie, et les glorieux sujets des actions de grâces qu'elle a rendues au ciel pour les triomphes que votre courage invincible en a obtenus. Dispensez-moi, MONSEIGNEUR, de vous parler de Dunquerque[2] : j'épuise toutes les forces de mon imagination,

1. Telle est l'orthographe de toutes les éditions où l'*Épître* a paru du vivant de Corneille.
2. Dunkerque s'était rendu au duc d'Enghien le 7 octobre 1646. Ce prince, au moment où Corneille publia *Rodogune*, ne portait le nom de Condé que depuis deux mois environ : son père était mort

et je ne conçois rien qui réponde à la dignité de ce grand ouvrage, qui nous vient d'assurer l'Océan par la prise de cette fameuse retraite de corsaires. Tous nos havres en étoient comme assiégés ; il n'en pouvoit échapper un vaisseau qu'à la merci de leurs brigandages ; et nous en avons vu souvent de pillés à la vue des mêmes ports dont ils venoient de faire voile : et maintenant, par la conquête d'une seule ville, je vois, d'un côté, nos mers libres, nos côtes affranchies, notre commerce rétabli, la racine de nos maux publics coupée ; d'autre côté, la Flandre ouverte, l'embouchure de ses rivières captive, la porte de son secours fermée, la source de son abondance en notre pouvoir ; et ce que je vois n'est rien encore au prix de ce que je prévois sitôt que Votre Altesse y reportera la terreur de ses armes. Dispensez-moi donc, MONSEIGNEUR, de profaner des effets si merveilleux et des attentes si hautes par la bassesse de mes idées et par l'impuissance de mes expressions ; et trouvez bon que demeurant dans un respectueux silence, je n'ajoute rien ici qu'une protestation très-inviolable d'être toute ma vie,

    MONSEIGNEUR,

        De Votre Altesse,

            Le très-humble, très-obéissant et très-passionné serviteur,

                  CORNEILLE.

le 26 décembre 1646. — Nous n'avons pas besoin de rappeler que les divers exploits rappelés plus haut étaient tous de date récente : la bataille de Rocroi, du 19 mai 1643 ; la prise de Thionville, du 10 août de la même année ; la prise de Philippsbourg, du 9 septembre 1644 ; la victoire de Nordlingen, du 3 août 1645.

APPIAN ALEXANDRIN,

Au livre *des Guerres de Syrie*, sur la fin[1].

« Démétrius, surnommé Nicanor, roi de Syrie, entreprit la guerre contre les Parthes, et étant devenu leur prisonnier, vécut dans la cour de leur roi Phraates, dont il épousa la sœur nommée Rodogune. Cependant Diodotus, domestique des rois précédents, s'empara du trône de Syrie, et y fit asseoir un Alexandre, encore enfant, fils d'Alexandre le Bâtard et d'une fille de Ptolomée[2]. Ayant gouverné quelque temps comme son tuteur, il se défit de ce malheureux pupille, et eut l'insolence de prendre lui-même la couronne sous un nouveau nom de Tryphon qu'il se donna. Mais Antiochus[3], frère du Roi prisonnier, ayant appris à Rhodes sa captivité, et les troubles qui l'avoient suivie, revint dans le pays, où ayant défait Tryphon avec beaucoup de peine, il le fit mourir. De là il porta ses armes contre Phraates, lui redemandant son frère; et vaincu dans une bataille, il se tua lui-même. Démétrius, retourné en son royaume, fut tué par sa femme Cléopatre, qui lui dressa des embûches en haine de cette seconde femme Rodogune qu'il avoit épousée, dont elle avoit conçu une telle indignation, que pour s'en venger elle avoit épousé ce même Antiochus, frère de son mari. Elle avoit deux fils de

---

1. Cette espèce d'avertissement, où l'auteur indique ses sources, ne se trouve que dans les impressions de 1647, 1652 et 1655. — Le fragment historique qui est placé en tête est tiré des chapitres LXVII-LXIX des *Affaires* ou *Guerres de Syrie* d'Appien.

2. Cette fille de Ptolomée (Philométor) n'est autre que la Cléopatre de cette tragédie. Avant d'épouser Démétrius Nicanor (ou Nicator), elle avait été la femme d'Alexandre Bala.

3. Antiochus Sidétès.

AVERTISSEMENT.

Démétrius : l'un nommé Séleucus, et l'autre Antiochus[1], dont elle tua le premier d'un coup de flèche, sitôt qu'il eut pris le diadème après la mort de son père, soit qu'elle craignît qu'il ne la voulût venger, soit que l'impétuosité de la même fureur la portât à ce nouveau parricide. Antiochus lui succéda, qui contraignit cette mauvaise mère de boire le poison qu'elle lui avoit préparé. C'est ainsi qu'elle fut enfin punie. »

Voilà ce que m'a prêté l'histoire, où j'ai changé les circonstances de quelques incidents, pour leur donner plus de bienséance. Je me suis servi du nom de Nicanor plutôt que de celui de Démétrius, à cause que le vers souffroit plus aisément l'un que l'autre. J'ai supposé qu'il n'avoit pas encore épousé Rodogune, afin que ses deux fils pussent avoir de l'amour pour elle sans choquer les spectateurs, qui eussent trouvé étrange cette passion pour la veuve de leur père, si j'eusse suivi l'histoire. L'ordre de leur naissance incertain, Rodogune prisonnière, quoiqu'elle ne vint jamais en Syrie, la haine de Cléopâtre pour elle, la proposition sanglante qu'elle fait à ses fils, celle que cette princesse est obligée de leur faire pour se garantir, l'inclination qu'elle a pour Antiochus, et la jalouse fureur de cette mère qui se résout plutôt à perdre ses fils qu'à se voir sujette de sa rivale, ne sont que des embellissements de l'invention, et des acheminements vraisemblables à l'effet dénaturé que me présentoit l'histoire, et que les lois du poëme ne me permettoient pas de changer. Je l'ai même adouci tant que j'ai pu en Antiochus[2], que j'avois fait trop honnête homme, dans le reste de l'ouvrage, pour forcer à la fin sa mère à s'empoisonner soi-même[3].

1. Antiochus, surnommé Grypus.
2. Voyez le *Discours de la tragédie*, tome I, p. 79 et 80.
3. Voltaire a substitué *elle-même* à *soi-même*.

On s'étonnera peut-être de ce que j'ai donné à cette tragédie le nom de *Rodogune* plutôt que celui de *Cléopatre*, sur qui tombe toute l'action tragique, et même on pourra douter si la liberté de la poésie peut s'étendre jusqu'à feindre un sujet entier sous des noms véritables, comme j'ai fait ici, où depuis la narration du premier acte, qui sert de fondement au reste, jusques aux effets qui paroissent dans le cinquième, il n'y a rien que l'histoire avoue.

Pour le premier, je confesse ingénument que ce poëme devoit plutôt porter le nom de *Cléopatre* que de *Rodogune*; mais ce qui m'a fait en user ainsi a été la peur que j'ai eue qu'à ce nom le peuple ne se laissât préoccuper des idées de cette fameuse et dernière reine d'Égypte, et ne confondît cette reine de Syrie avec elle, s'il l'entendoit prononcer. C'est pour cette même raison que j'ai évité de le mêler dans mes vers, n'ayant jamais fait parler de cette seconde Médée que sous celui de la Reine; et je me suis enhardi à cette licence d'autant plus librement, que j'ai remarqué parmi nos anciens maîtres qu'ils se sont fort peu mis en peine de donner à leurs poëmes le nom des héros qu'ils y faisoient paroître, et leur ont souvent fait porter celui des chœurs, qui ont encore bien moins de part dans l'action que les personnages épisodiques, comme Rodogune : témoin *les Trachiniennes* de Sophocle[1], que nous n'aurions jamais voulu nommer autrement que *la Mort d'Hercule*.

Pour le second point, je le tiens un peu plus difficile à résoudre, et n'en voudrois pas donner mon opinion pour bonne : j'ai cru que, pourvu que nous conservassions les effets de l'histoire, toutes les circonstances, ou, comme je viens de les nommer, les acheminements,

---

1. Le chœur de cette tragédie est composé de jeunes filles de Trachine, amies et compagnes de Déjanire.

étoient en notre pouvoir; au moins je ne pense point avoir vu de règle qui restreigne cette liberté que j'ai prise. Je m'en suis assez bien trouvé en cette tragédie; mais comme je l'ai poussée encore plus loin dans *Héraclius*, que je viens de mettre sur le théâtre[1], ce sera en le donnant au public que je tâcherai de la justifier, si je vois que les savants s'en offensent, ou que le peuple en murmure. Cependant ceux qui en auront quelque scrupule m'obligeront de considérer les deux *Électres* de Sophocle et d'Euripide, qui conservant le même effet, y parviennent par des voies si différentes, qu'il faut nécessairement conclure que l'une des deux est tout à fait de l'invention de son auteur. Ils pourront encore jeter l'œil sur l'*Iphigénie in Tauris*, que notre Aristote nous donne pour exemple d'une parfaite tragédie[2], et qui a bien la mine d'être toute de même nature, vu qu'elle n'est fondée que sur cette feinte que Diane enleva Iphigénie du sacrifice dans une nuée, et supposa une biche en sa place. Enfin ils pourront prendre garde à l'*Hélène* d'Euripide, où la principale action et les épisodes, le nœud et le dénouement, sont entièrement inventés, sous des noms véritables.

Au reste, si quelqu'un a la curiosité de voir cette histoire plus au long, qu'il prenne la peine de lire Justin, qui la commence au trente-sixième livre, et l'ayant quittée la reprend sur la fin du trente et huitième[3], et l'achève au trente-neuvième. Il la rapporte un peu autrement, et ne dit pas que Cléopatre tua son mari, mais qu'elle l'abandonna, et qu'il fut tué par le commande-

1. Voyez ci-après, tome V, le commencement de la Notice d'*Héraclius*.
2. Aristote, dans sa *Poétique*, cite avec éloge l'*Iphigénie en Tauride*; mais nous ne voyons pas où il la « donne pour exemple d'une parfaite tragédie. »
3. Var. (édit. de 1655) : du trente-huitième.

ment d'un des capitaines d'un Alexandre, qu'il lui oppose[1]. Il varie aussi beaucoup sur ce qui regarde Tryphon et son pupille, qu'il nomme Antiochus[2], et ne s'accorde avec Appian que sur ce qui se passa entre la mère et les deux fils[3].

Le premier livre des *Machabées*, aux chapitres 11. 13. 14. et 15., parle de ces guerres de Tryphon et de la prison de Démétrius chez les Parthes; mais il nomme ce pupille Antiochus, ainsi que Justin, et attribue la défaite de Tryphon à Antiochus, fils de Démétrius, et non pas à son frère, comme fait Appian, que j'ai suivi, et ne dit rien du reste.

Josèphe, au 13. livre des *Antiquités judaïques*[4], nomme encore ce pupille de Tryphon Antiochus, fait marier Cléopatre à Antiochus, frère de Démétrius, durant la captivité de ce premier mari chez les Parthes, lui attribue la défaite et la mort de Tryphon, s'accorde avec Justin touchant la mort de Démétrius, abandonné et non pas tué par sa femme, et ne parle point de ce qu'Appian et lui rapportent d'elle et de ses deux fils, dont j'ai fait cette tragédie.

EXAMEN[5].

Le sujet de cette tragédie est tiré d'Appian Alexandrin, dont voici les paroles, sur la fin du livre qu'il a fait

---

1. Voyez le chapitre 1 du livre XXXIX de Justin.
2. Voyez le chapitre 1 du livre XXXVI du même auteur.
3. Voyez le chapitre 11 du livre XXXIX.
4. Voyez les chapitres v-ix.
5. Il faut se souvenir que les *Examens* ont paru pour la première fois dans l'impression de 1660 (voyez tome I, p. 137, note 1). Cela explique que parfois, comme celui-ci dans ses deux premiers para-

des Guerres de Syrie : « Démétrius, surnommé Nicanor, entreprit la guerre contre les Parthes, et vécut quelque temps prisonnier dans la cour de leur roi Phraates, dont il épousa la sœur, nommée Rodogune. Cependant Diodotus, domestique des rois précédents, s'empara du trône de Syrie, et y fit asseoir un Alexandre, encore enfant, fils d'Alexandre le Bâtard et d'une fille de Ptolomée. Ayant gouverné quelque temps comme tuteur sous le nom de ce pupille, il s'en défit, et prit lui-même la couronne sous un nouveau nom de Tryphon qu'il se donna. Antiochus, frère du Roi prisonnier, ayant appris sa captivité à Rhodes, et les troubles qui l'avoient suivie, revint dans la Syrie, où ayant défait Tryphon, il le fit mourir. De là il porta ses armes contre Phraates, et vaincu dans une bataille, il se tua lui-même. Démétrius, retournant en son royaume, fut tué par sa femme Cléopatre, qui lui dressa des embûches sur le chemin, en haine de cette Rodogune qu'il avoit épousée, dont elle avoit conçu une telle indignation, qu'elle avoit épousé ce même Antiochus, frère de son mari. Elle avoit deux fils de Démétrius, dont elle tua Séleucus, l'aîné, d'un coup de flèche, sitôt qu'il eut pris le diadème après la mort de son père, soit qu'elle craignît qu'il ne la voulût venger sur elle, soit que la même fureur l'emportât à ce nouveau parricide. Antiochus son frère lui succéda, et contraignit cette mère dénaturée de prendre le poison qu'elle lui avoit préparé[1]. »

Justin, en son 36, 38 et 39. livre, raconte cette histoire plus au long, avec quelques autres circonstances. Le pre-

graphes, ils ne soient que la répétition ou le résumé des *Avertissements* rédigés par Corneille pour des éditions antérieures et remplacés plus tard par les *Examens*.

[1]. Voyez ci-dessus, p. 414 et 415. Corneille, comme on peut le voir, a un peu modifié sa traduction.

mier des *Machabées*, et Josèphe, au 13. des *Antiquités judaïques*, en disent aussi quelque chose, qui ne s'accorde pas tout à fait avec Appian. C'est à lui que je me suis attaché pour la narration que j'ai mise au premier acte[1], et pour l'effet du cinquième, que j'ai adouci du côté d'Antiochus. J'en ai dit la raison ailleurs[2]. Le reste sont des épisodes d'invention, qui ne sont pas incompatibles avec l'histoire, puisqu'elle ne dit point ce que devint Rodogune après la mort de Démétrius, qui vraisemblablement l'amenoit en Syrie prendre possession de sa couronne. J'ai fait porter à la pièce le nom de cette princesse plutôt que celui de Cléopatre, que je n'ai même osé nommer dans mes vers, de peur qu'on ne confondît cette reine de Syrie avec cette fameuse princesse d'Égypte qui portoit même nom, et que l'idée de celle-ci, beaucoup plus connue que l'autre, ne semât une dangereuse occupation parmi les auditeurs.

On m'a souvent fait une question à la cour[3] : quel étoit celui de mes poëmes que j'estimois le plus ; et j'ai trouvé tous ceux qui me l'ont faite si prévenus en faveur de *Cinna* ou du *Cid*, que je n'ai jamais osé déclarer toute la tendresse que j'ai toujours eue pour celui-ci, à qui j'aurois volontiers donné mon suffrage, si je n'avois craint de manquer, en quelque sorte, au respect que je devois à ceux que je voyois pencher d'un autre côté. Cette préférence est peut-être en moi un effet de ces inclinations aveugles qu'ont beaucoup de pères pour quelques-uns de leurs enfants plus que pour les autres ; peut-être y entre-t-il un peu d'amour-propre, en ce que cette tragédie me semble être un peu plus à moi que

---

1. Dans les scènes I et IV.
2. Voyez le *Discours de la tragédie*, tome I, p. 79 et 80.
3. Var. (édit. de 1660) : dans la cour.

celles qui l'ont précédée, à cause des incidents surprenants qui sont purement de mon invention, et n'avoient jamais été vus au théâtre; et peut-être enfin y a-t-il un peu de vrai mérite qui fait que cette inclination n'est pas tout à fait injuste[1]. Je veux bien laisser chacun en liberté de ses sentiments, mais certainement on peut dire que mes autres pièces ont peu d'avantages qui ne se rencontrent en celle-ci : elle a tout ensemble la beauté du sujet, la nouveauté des fictions, la force des vers, la facilité de l'expression, la solidité du raisonnement, la chaleur des passions, les tendresses de l'amour et de l'amitié; et cet heureux assemblage est ménagé de sorte qu'elle s'élève d'acte en acte. Le second passe le premier, le troisième est au-dessus du second, et le dernier l'emporte sur tous les autres. L'action y est une, grande, complète; sa durée ne va point, ou fort peu, au delà de celle de la représentation[2]. Le jour en est le plus illustre qu'on puisse imaginer[3], et l'unité de lieu s'y rencontre en la manière que je l'explique dans le troisième de ces discours[4], et avec l'indulgence que j'ai demandée pour le théâtre.

Ce n'est pas que je me flatte assez pour présumer qu'elle soit sans taches. On a fait tant d'objections contre

---

1. « Peut-être préféroit-il *Rodogune* parce qu'elle lui avoit extrêmement coûté; car il fut plus d'un an à disposer le sujet. » (Fontenelle, *Œuvres*, tome III, p. 105.)

2. Voyez le *Discours des trois unités*, tome I, p. 113. — Les éditions de 1660 et de 1663 omettent toutes deux les mots : « dans le troisième de ces discours, » et ont la variante fautive que voici : « que je la viens de l'expliquer. » Faut-il lire : « que je la viens d'expliquer, » ou « que je viens de l'expliquer? » — Dans l'impression de 1660, comme dans celles de 1664, 1668 et 1682, le troisième discours, ou *Discours des trois unités*, est placé en tête du volume qui contient *Rodogune*; mais dans l'édition de 1663 (in-fol.) il est à la fin.

3. Voyez le *Discours des trois unités*, tome I, p. 116 et 117.

4. Voyez *ibidem*, tome I, p. 118 et 121.

la narration de Laonice au premier acte[1], qu'il est malaisé de ne donner pas les mains à quelques-unes[2]. Je ne la tiens pas toutefois si inutile qu'on l'a dit. Il est hors de doute que Cléopatre, dans le second[3], feroit connoître beaucoup de choses par sa confidence avec cette Laonice, et par le récit qu'elle en a fait à ses deux fils, pour leur remettre devant les yeux combien[4] ils lui ont d'obligation[5]; mais ces deux scènes demeureroient assez obscures, si cette narration ne les avoit précédées, et du moins les

---

1. Dans les scènes I et IV. — Ici Corneille a principalement en vue la *Pratique du Théâtre* de d'Aubignac, où on lit ce qui suit au sujet de cette narration : « Il faut prendre garde à bien entretenir le discours dans les mouvements et de n'y mêler aucune apparence de récit, parce que, pour peu que cela sente l'affectation, il est vicieux, comme fait exprès en faveur des spectateurs. Aussi ne puis-je jamais conseiller d'user d'une méthode assez commune, mais que j'estime fort mauvaise : c'est à savoir lorsqu'une personne sait une partie de l'histoire et que le spectateur n'en sait encore rien du tout; car en ces occasions les poëtes font répéter ce que l'acteur présent sait déjà, en lui disant seulement : « Vous savez telle chose, » et ajoutant : « Voici le reste, que vous ignorez. » A dire le vrai, cela me semble grossier; j'aimerois mieux faire entrer en motifs de passion ce que l'acteur présent connoît déjà, et trouver ensuite quelque couleur ingénieuse pour traiter le reste par forme de récit ordinaire. Ce défaut est sensible dans la *Rodogune*, où Timagène feint de ne savoir qu'une partie de l'histoire de cette princesse, et où tout ce qu'on lui répète sommairement et ce qu'on lui conte est après expliqué assez clairement par les divers sentiments des acteurs ; si bien que cette narration n'étoit pas même nécessaire : outre qu'il n'est pas vraisemblable que ce Timagène, qui avoit été à la cour du roi d'Égypte avec les deux princes de Syrie, eût ignoré ce qu'on lui conte, qui n'est rien qu'une histoire publique, contenant des batailles, avec la mort et le mariage de deux rois. » (Pages 393 et 394.)

2. Les éditions de 1660 et de 1663 donnent *quelqu'unes*, au lieu de *quelques-unes*.

3. VAR. (édit. de 1660) : dans le second acte.

4. VAR. (édit. de 1660-1664) : pour leur faire connoître combien, etc.

5. Voyez les scènes II et III du deuxième acte.

justes défiances de Rodogune à la fin du premier acte, et la peinture que Cléopatre fait d'elle-même dans son monologue qui ouvre le second, n'auroient pu se faire entendre sans ce secours.

J'avoue qu'elle est sans artifice, et qu'on la fait de sang-froid à un personnage protatique[1], qui se pourroit toutefois justifier par les deux exemples de Térence que j'ai cités sur ce sujet au premier discours[2]. Timagène, qui l'écoute, n'est introduit que pour l'écouter, bien que je l'emploie au cinquième[3] à faire celle de la mort de Séleucus, qui se pouvoit faire par un autre. Il l'écoute sans y avoir aucun intérêt notable, et par simple curiosité d'apprendre ce qu'il pouvoit avoir su déjà en la cour d'Égypte, où il étoit en assez bonne posture, étant gouverneur des neveux du Roi, pour entendre des nouvelles assurées de tout ce qui se passoit dans la Syrie, qui en est voisine. D'ailleurs, ce qui ne peut recevoir d'excuse, c'est que, comme il y avoit déjà quelque temps qu'il étoit de retour avec les princes, il n'y a pas d'apparence qu'il aye attendu ce grand jour de cérémonie pour s'informer de sa sœur comment se sont passés tous ces troubles qu'il dit ne savoir que confusément. Pollux, dans *Médée*, n'est qu'un personnage protatique qui écoute sans intérêt comme lui[4]; mais sa surprise de voir Jason à Corinthe, où il vient d'arriver[5], et son séjour en Asie, que la mer en sépare, lui donnent juste sujet d'ignorer ce qu'il en apprend. La narration ne laisse pas de demeurer froide

---

1. On appelle proprement *protatique* un personnage qui ne paraît qu'à la *protase*, c'est-à-dire dans les scènes d'exposition.
2. Voyez le *Discours du poëme dramatique*, tome I, p. 46.
3. Voyez la dernière scène de la pièce.
4. Voyez la première scène de *Médée*.
5. Var. (édit. de 1660 et de 1663) : de Corinthe, où il ne fait qu'arriver.

comme celle-ci, parce qu'il ne s'est encore rien passé dans la pièce qui excite la curiosité de l'auditeur, ni qui lui puisse donner quelque émotion en l'écoutant ; mais si vous voulez réfléchir sur celle de Curiace dans l'*Horace*, vous trouverez qu'elle fait tout un autre effet. Camille, qui l'écoute, a intérêt, comme lui, à savoir comment s'est faite une paix dont dépend leur mariage ; et l'auditeur, que Sabine et elle n'ont entretenu que de leurs malheurs et des appréhensions d'une bataille qui se va donner entre deux partis où elles voient leurs frères dans l'un et leur amour dans l'autre, n'a pas moins d'avidité qu'elle d'apprendre comment une paix si surprenante s'est pu conclure.

Ces défauts dans cette narration confirment ce que j'ai dit ailleurs[1], que lorsque la tragédie a son fondement sur des guerres entre deux États, ou sur d'autres affaires publiques, il est très-malaisé d'introduire un acteur qui les ignore, et qui puisse recevoir le récit qui en doit instruire les spectateurs en parlant à lui.

J'ai déguisé quelque chose de la vérité historique en celui-ci : Cléopâtre n'épousa Antiochus qu'en haine de ce que son mari avoit épousé Rodogune chez les Parthes, et je fais qu'elle ne l'épouse que par la nécessité de ses affaires, sur un faux bruit de la mort de Démétrius, tant pour ne la faire pas méchante sans nécessité, comme Ménélas dans l'*Oreste* d'Euripide[2], que pour avoir lieu de feindre que Démétrius n'avoit pas encore épousé Rodogune, et venoit l'épouser dans son royaume pour la mieux établir en la place de l'autre, par le consentement de ses peuples, et assurer la couronne aux enfants qui naîtroient de ce mariage. Cette fiction m'étoit absolu-

---

1. Voyez l'Examen de *Médée*, tome II, p. 336.
2. Voyez la *Poétique* d'Aristote, chapitres xv et xxv.

ment nécessaire, afin qu'il fût tué avant que de l'avoir
épousée, et que l'amour que ses deux fils ont pour elle ne
fît point d'horreur aux spectateurs, qui n'auroient pas
manqué d'en prendre une assez forte, s'ils les eussent
vus amoureux de la veuve de leur père : tant cette affection incestueuse répugne à nos mœurs!

Cléopatre a lieu d'attendre ce jour-là à faire confidence
à Laonice[1] de ses desseins et des véritables raisons de
tout ce qu'elle a fait. Elle eût pu trahir son secret aux
princes ou à Rodogune, si elle l'eût su plus tôt; et cette
ambitieuse mère ne lui en fait part qu'au moment qu'elle
veut bien qu'il éclate, par la cruelle proposition qu'elle
va faire à ses fils. On a trouvé celle que Rodogune leur
fait à son tour indigne d'une personne vertueuse, comme
je la peins; mais on n'a pas considéré qu'elle ne la fait
pas, comme Cléopatre, avec espoir de la voir exécuter
par les princes, mais seulement pour s'exempter d'en
choisir aucun, et les attacher tous deux à sa protection
par une espérance égale. Elle étoit avertie par Laonice
de celle que la Reine leur avoit faite, et devoit prévoir
que si elle se fût déclarée pour Antiochus, qu'elle aimoit,
son ennemie, qui avoit seule le secret de leur naissance,
n'eût pas manqué de nommer Séleucus pour aîné, afin
de les commettre l'un contre l'autre, et d'exciter[2] une
guerre civile qui eût pu causer sa perte. Ainsi elle devoit
s'exempter de choisir, pour les contenir tous deux dans
l'égalité de prétention, et elle n'en avoit point de meilleur moyen que de rappeler le souvenir de ce qu'elle
devoit à la mémoire de leur père, qui avoit perdu la vie
pour elle, et leur faire cette proposition qu'elle savoit

1. On lit dans toutes les éditions publiées du vivant de Corneille
(1660-1682) : *Stratonice*, au lieu de *Laonice*. Cette faute singulière a
été corrigée dans l'impression de 1692.
2. Var. (édit. de 1660 et de 1663) : et exciter.

bien qu'ils n'accepteroient pas. Si le traité de paix l'avoit forcée à se départir de ce juste sentiment de reconnoissance[1], la liberté qu'ils lui rendoient la rejetoit dans cette obligation. Il étoit de son devoir de venger cette mort ; mais il étoit de celui des princes de ne se pas charger de cette vengeance. Elle avoue elle-même à Antiochus qu'elle les haïroit, s'ils lui avoient obéi ; que comme elle a fait ce qu'elle a dû par cette demande, ils font ce qu'ils doivent par leur refus[2] ; qu'elle aime trop la vertu pour vouloir être le prix d'un crime, et que la justice qu'elle demande de la mort de leur père seroit un parricide, si elle la recevoit de leurs mains.

Je dirai plus : quand cette proposition seroit tout à fait condamnable en sa bouche, elle mériteroit quelque grâce et pour l'éclat que la nouveauté de l'invention a fait au théâtre, et pour l'embarras surprenant où elle jette les princes, et pour l'effet qu'elle produit dans le reste de la pièce, qu'elle conduit à l'action historique. Elle est cause que Séleucus, par dépit, renonce au trône et à la possession de cette princesse ; que la Reine, le voulant animer contre son frère, n'en peut rien obtenir, et qu'enfin elle se résout par désespoir de les perdre tous deux, plutôt que de se voir sujette de son ennemie.

Elle commence par Séleucus, tant pour suivre l'ordre de l'histoire, que parce que, s'il fût demeuré en vie après Antiochus et Rodogune, qu'elle vouloit empoisonner publiquement, il les auroit pu venger. Elle ne craint pas la même chose d'Antiochus pour son frère, d'autant qu'elle espère que le poison violent qu'elle lui a préparé fera un effet assez prompt pour le faire mourir avant

---

1. Var. (édit. de 1660 et de 1663) : *de ce juste sentiment de reconnoissance pour le bien des deux États.*
2. L'édition de 1692 donne *par leurs refus*, au pluriel.

qu'il ait pu rien savoir de cette autre mort[1], ou du moins avant qu'il l'en puisse convaincre, puisqu'elle a si bien pris son temps pour l'assassiner, que ce parricide n'a point eu de témoins. J'ai parlé ailleurs de l'adoucissement que j'ai apporté pour empêcher qu'Antiochus n'en commît un en la forçant de prendre le poison qu'elle lui présente[2], et du peu d'apparence qu'il y avoit qu'un moment après qu'elle a expiré presque à sa vue, il parlât d'amour et de mariage à Rodogune[3]. Dans l'état où ils rentrent derrière le théâtre, ils peuvent le résoudre quand ils le jugeront à propos. L'action est complète, puisqu'ils sont hors de péril; et la mort de Séleucus m'a exempté de développer le secret du droit d'aînesse entre les deux frères, qui d'ailleurs n'eût jamais été croyable, ne pouvant être éclairci que par une bouche en qui l'on n'a pas vu assez de sincérité pour prendre aucune assurance sur son témoignage.

LISTE DES ÉDITIONS QUI ONT ÉTÉ COLLATIONNÉES POUR LES VARIANTES DE *RODOGUNE*.

ÉDITIONS SÉPARÉES.

1647 in-4°; | 1647 in-12.

RECUEILS.

1652 in-12; | 1663 in-fol.;
1654 in-12; | 1664 in-8°;
1655 in-12; | 1668 in-12;
1656 in-12; | 1682 in-12.
1660 in-8°; |

1. VAR. (édit. de 1660 et de 1663) : avant qu'il ait rien pu savoir de sa mort.
2. Voyez le *Discours de la tragédie*, tome I, p. 79 et 80.
3. Voyez le *Discours du poëme dramatique*, tome I, p. 27.

ACTEURS.

CLÉOPATRE, reine de Syrie, veuve de Démétrius Nicanor[1].
SÉLEUCUS,
ANTIOCHUS, } fils de Démétrius et de Cléopatre[2].
RODOGUNE, sœur de Phraates, roi des Parthes[3].
TIMAGÈNE, gouverneur des deux princes[4].
ORONTE, ambassadeur de Phraates[5].
LAONICE, sœur de Timagène, confidente de Cléopatre[6].

La scène est à Séleucie, dans le palais royal.

---

1. Les mots : « veuve de Démétrius Nicanor, » manquent dans les éditions de 1647-1656.
2. Ces mêmes éditions (1647-1656) donnent seulement « fils de Démétrius; » les mots *et de Cléopatre* sont omis.
3. VAR. (édit. de 1647-1656) : RODOGUNE, sœur du roi des Parthes.
4. VAR. (édit. de 1647-1656) : TIMAGÈNE, gentilhomme syrien, confident des deux princes.
5. VAR. (édit. de 1647-1656) : ORONTE, ambassadeur des Parthes.
6. VAR. (édit. de 1647-1656) : confidente de la Reine.

RODOGUNE.

TRAGÉDIE.

ACTE I.

SCÈNE PREMIÈRE.
LAONICE, TIMAGÈNE.

LAONICE.

Enfin ce jour pompeux, cet heureux jour nous luit,
Qui d'un trouble si long doit dissiper la nuit,
Ce grand jour où l'hymen, étouffant la vengeance,
Entre le Parthe et nous remet l'intelligence[1],
Affranchit sa princesse, et nous fait pour jamais   5
Du motif de la guerre un lien de la paix;
Ce grand jour est venu, mon frère, où notre reine,
Cessant de plus tenir la couronne incertaine,
Doit rompre aux yeux de tous son silence obstiné,
De deux princes gémeaux nous déclarer l'aîné;   10
Et l'avantage seul d'un moment de naissance,
Dont elle a jusqu'ici caché la connoissance,
Mettant au plus heureux le sceptre dans la main,
Va faire l'un sujet, et l'autre souverain.
Mais n'admirez-vous point que cette même reine   15

---

1. *Var.* Des Parthes avec nous remet l'intelligence,
   Affranchit leur princesse, et nous fait pour jamais. (1647-56)

Le donne pour époux à l'objet de sa haine,
Et n'en doit faire un roi qu'afin de couronner
Celle que dans les fers elle aimoit à gêner?
Rodogune, par elle en esclave traitée,
Par elle se va voir sur le trône montée,   20
Puisque celui des deux qu'elle nommera roi
Lui doit donner la main et recevoir sa foi.

TIMAGÈNE.

Pour le mieux admirer, trouvez bon, je vous prie,
Que j'apprenne de vous les troubles de Syrie.
J'en ai vu les premiers, et me souviens encor   25
Des malheureux succès du grand roi Nicanor,
Quand des Parthes vaincus pressant l'adroite fuite[1],
Il tomba dans leurs fers au bout de sa poursuite.
Je n'ai pas oublié que cet événement
Du perfide Tryphon fit le soulèvement.   30
Voyant le Roi captif, la Reine désolée,
Il crut pouvoir saisir la couronne ébranlée;
Et le sort, favorable à son lâche attentat,
Mit d'abord sous ses lois la moitié de l'État.
La Reine, craignant tout de ces nouveaux orages[2], 35
En sut mettre à l'abri ses plus précieux gages;
Et pour n'exposer pas l'enfance de ses fils,
Me les fit chez son frère[3] enlever à Memphis.
Là, nous n'avons rien su que de la renommée,
Qui par un bruit confus diversement semée,   40

---

1. *Var.* Quand poursuivant le Parthe, et ravageant sa terre,
   Il fut, de son vainqueur, son prisonnier de guerre. (1647-56)
2. *Var.* La reine, succombant sous de si prompts orages,
   En voulut à l'abri mettre ses plus chers gages,
   Ses fils encore enfants, qui par un sage avis
   Passèrent en Égypte, où je les ai suivis. (1647-56)
3. Cléopatre était fille de Ptolémée Philométor. Au temps dont il est ici parlé, ce n'était pas son frère, mais son oncle Ptolémée Évergète II qui régnait en Égypte.

ACTE I, SCÈNE I.

N'a porté jusqu'à nous ces grands renversements[1]
Que sous l'obscurité de cent déguisements.

LAONICE.

Sachez donc que Tryphon, après quatre batailles,
Ayant su nous réduire à ces seules murailles[2],
En forma tôt le siége; et pour comble d'effroi, 45
Un faux bruit s'y coula touchant la mort du Roi.
Le peuple épouvanté, qui déjà dans son âme
Ne suivoit qu'à regret les ordres d'une femme,
Voulut forcer la Reine à choisir un époux[3].
Que pouvoit-elle faire et seule et contre tous? 50
Croyant son mari mort, elle épousa son frère[4].
L'effet montra soudain ce conseil salutaire.
Le prince Antiochus, devenu nouveau roi,
Sembla de tous côtés traîner l'heur avec soi[5] :
La victoire attachée au progrès de ses armes 55
Sur nos fiers ennemis rejeta nos alarmes[6];
Et la mort de Tryphon dans un dernier combat,
Changeant tout notre sort, lui rendit tout l'État[7].
Quelque promesse alors qu'il eût faite à la mère
De remettre ses fils au trône de leur père, 60
Il témoigna si peu de la vouloir tenir,

---

1. *Var.* Changeant de bouche en bouche, au lieu de vérités,
   N'a porté jusqu'à nous que des obscurités.
   LAONICE. Sachez donc qu'en trois ans gagnant quatre batailles,
   Tryphon nous réduisit à ces seules murailles,
   Les assiége, les bat; et pour dernier effroi,
   Il s'y coule un faux bruit touchant la mort du Roi. (1647-56)
2. De Séleucie.
3. *Var.* Presse et force la Reine à choisir un époux. (1647-56)
4. *Var.* Croyant son mari mort, elle épouse son frère (*a*). (1647-56)
5. *Var.* Semble de tous côtés traîner l'heur avec soi :
   La victoire le suit avec tant de furie,
   Qu'il se voit en deux ans maître de la Syrie. (1647-56)
6. *Var.* Dessus nos ennemis rejeta nos alarmes. (1660-64)
7. *Var.* Termine enfin la guerre, et lui rend tout l'Etat. (1647-56)

(*a*) Antiochus Sidétès, frère de son premier mari, Démétrius Nicanor.

Qu'elle n'osa jamais les faire revenir.
Ayant régné sept ans, son ardeur militaire[1]
Ralluma cette guerre où succomba son frère :
Il attaqua le Parthe, et se crut assez fort   65
Pour en venger sur lui la prison et la mort.
Jusque dans ses États il lui porta la guerre ;
Il s'y fit partout craindre à l'égal du tonnerre ;
Il lui donna bataille, où mille beaux exploits....
Je vous achèverai le reste une autre fois,   70
Un des princes survient.

(Elle veut se retirer[2].)

SCÈNE II.

ANTIOCHUS, TIMAGÈNE, LAONICE.

ANTIOCHUS.
Demeurez, Laonice :
Vous pouvez, comme lui, me rendre un bon office.
Dans l'état où je suis, triste et plein de souci,
Si j'espère beaucoup, je crains beaucoup aussi.
Un seul mot aujourd'hui, maître de ma fortune,   75
M'ôte ou donne à jamais le sceptre et Rodogune ;
Et de tous les mortels ce secret révélé
Me rend le plus content ou le plus désolé.
Je vois dans le hasard tous les biens que j'espère,
Et ne puis être heureux sans le malheur d'un frère ;   80

1. *Var.* Ayant régné sept ans sans trouble et sans alarmes,
   La soif de s'agrandir lui fait prendre les armes :
   Il attaque le Parthe, et se croit assez fort
   Pour venger de son frère et la prise et la mort.
   Jusque dans ses États il lui porte la guerre ;
   Il s'y fait partout craindre à l'égal du tonnerre ;
   Il lui donne bataille, où mille beaux exploits.... (1647-56)
2. Les éditions de 1682 et de 1692 donnent : *Il se veut retirer ;* mais les premiers mots de la scène suivante montrent que c'est une faute.

ACTE I, SCÈNE II.

Mais d'un frère si cher, qu'une sainte amitié[1]
Fait sur moi de ses maux rejaillir[2] la moitié.
Donc, pour moins hasarder, j'aime mieux moins prétendre;
Et pour rompre le coup que mon cœur n'ose attendre,
Lui cédant de deux biens le plus brillant aux yeux, 85
M'assurer de celui qui m'est plus précieux.
Heureux si, sans attendre un fâcheux droit d'aînesse,
Pour un trône incertain j'en obtiens la Princesse,
Et puis par ce partage épargner les soupirs
Qui naîtroient de ma peine ou de ses déplaisirs! 90
 Va le voir de ma part, Timagène, et lui dire
Que pour cette beauté je lui cède l'empire;
Mais porte-lui si haut la douceur de régner,
Qu'à cet éclat du trône il se laisse gagner;
Qu'il s'en laisse éblouir jusqu'à ne pas connoître 95
A quel prix je consens de l'accepter pour maître.

(Timagène s'en va, et le Prince continue à parler à Laonice.)

 Et vous, en ma faveur voyez ce cher objet,
Et tâchez d'abaisser ses yeux sur un sujet
Qui peut-être aujourd'hui porteroit la couronne,
S'il n'attachoit les siens à sa seule personne[3], 100
Et ne la préféroit à cet illustre rang
Pour qui les plus grands cœurs prodiguent tout leur sang.

(Timagène rentre sur le théâtre[4].)

TIMAGÈNE.

Seigneur, le Prince vient, et votre amour lui-même
Lui peut sans interprète offrir le diadème.

---

1. *Var.* Mais d'un frère si cher, que les nœuds d'amitié
   Font sur moi de ses maux rejaillir la moitié. (1647-64)
2. Les éditions de 1654 et de 1664 donnent seules *rejaillir;* toutes les autres portent *rejallir.*
3. *Var.* S'il ne la préféroit à tout ce qu'elle donne,
   Qui renonçant pour elle à cet illustre rang,
   La voudroit acheter encor de tout son sang.... (1647-56)
4. *Var.* TIMAGÈNE, *rentrant sur le théâtre.* (1647-60)

ANTIOCHUS.

Ah! je tremble, et la peur d'un trop juste refus
Rend ma langue muette et mon esprit confus.

SCÈNE III.

SÉLEUCUS, ANTIOCHUS, TIMAGÈNE, LAONICE.

SÉLEUCUS.

Vous puis-je en confiance expliquer ma pensée¹?

ANTIOCHUS.

Parlez : notre amitié par ce doute est blessée.

SÉLEUCUS.

Hélas! c'est le malheur que je crains aujourd'hui.
L'égalité, mon frère, en est le ferme appui;
C'en est le fondement, la liaison, le gage;
Et voyant d'un côté tomber tout l'avantage,
Avec juste raison je crains qu'entre nous deux
L'égalité rompue en rompe les doux nœuds²,
Et que ce jour, fatal à l'heur de notre vie,
Jette sur l'un de nous trop de honte ou d'envie.

ANTIOCHUS.

Comme nous n'avons eu jamais qu'un sentiment,
Cette peur me touchoit, mon frère, également;
Mais si vous le voulez, j'en sais bien le remède.

SÉLEUCUS.

Si je le veux! bien plus, je l'apporte, et vous cède
Tout ce que la couronne a de charmant en soi.
Oui, Seigneur, car je parle à présent à mon roi,
Pour le trône cédé, cédez-moi Rodogune³,

---

1. *Var.* Vous oserois-je ici découvrir ma pensée?
ANTIOCH. Notre étroite amitié par ce doute est blessée. (1647-56)
2. *Var.* L'égalité rompue en rompe les beaux nœuds. (1647-56)
3. *Var.* Pour le trône cédé, donnez-moi Rodogune. (1647-63)

ACTE I, SCÈNE III.

Et je n'envierai point votre haute fortune.
Ainsi notre destin n'aura rien de honteux,
Ainsi notre bonheur n'aura rien de douteux ;
Et nous mépriserons ce foible droit d'aînesse,
Vous, satisfait du trône, et moi de la Princesse.

ANTIOCHUS.

Hélas !

SÉLEUCUS.
Recevez-vous l'offre avec déplaisir ?

ANTIOCHUS.
Pouvez-vous nommer offre une ardeur de choisir[1],
Qui de la même main qui me cède un empire,
M'arrache un bien plus grand, et le seul où j'aspire ?

SÉLEUCUS.
Rodogune ?

ANTIOCHUS.
Elle-même ; ils en sont les témoins.

SÉLEUCUS.
Quoi ? l'estimez-vous tant ?

ANTIOCHUS.
Quoi ? l'estimez-vous moins ?

SÉLEUCUS.
Elle vaut bien un trône, il faut que je le die.

ANTIOCHUS.
Elle vaut à mes yeux tout ce qu'en a l'Asie[2].

SÉLEUCUS.
Vous l'aimez donc, mon frère ?

ANTIOCHUS.
Et vous l'aimez aussi :
C'est là tout mon malheur, c'est là tout mon souci.

---

1. *Var.* Vous l'appelez une offre : en effet, c'est choisir ;
   Et cette même main qui me cède un empire. (1647-56)
2. *Var.* Elle vaut à mes yeux tous les trônes d'Asie. (1647-56)

J'espérois que l'éclat dont le trône se pare[1]
Toucheroit vos desirs plus qu'un objet si rare ;   140
Mais aussi bien qu'à moi son prix vous est connu,
Et dans ce juste choix vous m'avez prévenu.
Ah, déplorable prince !

SÉLEUCUS.

Ah, destin trop contraire !

ANTIOCHUS.

Que ne ferois-je point contre un autre qu'un frère ?

SÉLEUCUS.

O mon cher frère ! ô nom pour un rival trop doux !   145
Que ne ferois-je point contre un autre que vous ?

ANTIOCHUS.

Où nous vas-tu réduire, amitié fraternelle ?

SÉLEUCUS.

Amour, qui doit ici vaincre de vous ou d'elle ?

ANTIOCHUS.

L'amour, l'amour doit vaincre, et la triste amitié
Ne doit être à tous deux qu'un objet de pitié.   150
Un grand cœur cède un trône, et le cède avec gloire[2] :
Cet effort de vertu couronne sa mémoire ;
Mais lorsqu'un digne objet a pu nous enflammer,
Qui le cède est un lâche et ne sait pas aimer.
   De tous deux Rodogune a charmé le courage ;   155
Cessons par trop d'amour de lui faire un outrage :
Elle doit épouser, non pas vous, non pas moi,
Mais de moi, mais de vous, quiconque sera roi.
La couronne entre nous flotte encore incertaine ;
Mais sans incertitude elle doit être reine.   160
Cependant, aveuglés dans notre vain projet[3],

---

1. *Var.* J'espérois que l'éclat qui sort d'une couronne
    Vous laisseroit peu voir celui de sa personne. (1647-56)
2. Voyez ci-après l'*Appendice*, p. 510.
3. *Var.* Cependant, aveuglés dedans notre projet. (1647-56)

ACTE I, SCÈNE III.

Nous la faisions tous deux la femme d'un sujet!
Régnons : l'ambition ne peut être que belle,
Et pour elle quittée, et reprise pour elle ;
Et ce trône où tous deux nous osions renoncer,   165
Souhaitons-le tous deux, afin de l'y placer :
C'est dans notre destin le seul conseil à prendre;
Nous pouvons nous en plaindre, et nous devons l'attendre.

SÉLEUCUS.

Il faut encor plus faire : il faut qu'en ce grand jour
Notre amitié triomphe aussi bien que l'amour.   170
   Ces deux siéges fameux de Thèbes et de Troie,
Qui mirent l'une en sang, l'autre aux flammes en proie[1],
N'eurent pour fondements à leurs maux infinis
Que ceux que contre nous le sort a réunis.
Il sème entre nous deux toute la jalousie   175
Qui dépeupla la Grèce et saccagea l'Asie :
Un même espoir du sceptre est permis à tous deux[2];
Pour la même beauté nous faisons mêmes vœux.
Thèbes périt pour l'un, Troie a brûlé pour l'autre.
Tout va choir en ma main ou tomber en la vôtre[3].   180
En vain notre[4] amitié tâchoit à partager;
Et si j'ose tout dire, un titre assez léger,
Un droit d'aînesse obscur, sur la foi d'une mère,
Va combler l'un de gloire et l'autre de misère.
Que de sujets de plainte en ce double intérêt   185
Aura le malheureux contre un si foible arrêt!
Que de sources de haine! Hélas! jugez le reste :

---

1. *Var.* Qui mirent l'un en sang, l'autre aux flammes en proie. (1647-56)
2. *Var.* Nous avons même droit sur un trône douteux;
  Pour la même beauté nous soupirons tous deux. (1647-56)
3. *Var.* Et tout tombe en ma main, ou tout tombe en la vôtre.
  En vain notre amitié les vouloit partager. (1647-56)
4. Les éditions de 1682 et de 1692 sont les seules qui, au lieu de *votre*, donnent ici *notre*, leçon adoptée par Voltaire; l'impression de 1682 porte *votre* au vers 161, où c'est une faute encore plus évidente.

Craignez-en avec moi l'événement funeste,
Ou plutôt avec moi faites un digne effort
Pour armer votre cœur contre un si triste sort. 190
Malgré l'éclat du trône et l'amour d'une femme,
Faisons si bien régner l'amitié sur notre âme,
Qu'étouffant dans leur perte un regret suborneur[1],
Dans le bonheur d'un frère on trouve son bonheur.
Ainsi ce qui jadis perdit Thèbes et Troie 195
Dans nos cœurs mieux unis ne versera que joie;
Ainsi notre amitié, triomphante à son tour,
Vaincra la jalousie en cédant à l'amour,
Et de notre destin bravant l'ordre barbare,
Trouvera des douceurs aux maux qu'il nous prépare. 200

ANTIOCHUS.

Le pourrez-vous, mon frère?

SÉLEUCUS.

Ah! que vous me pressez!
Je le voudrai du moins, mon frère, et c'est assez;
Et ma raison sur moi gardera tant d'empire,
Que je désavouerai mon cœur s'il en soupire.

ANTIOCHUS.

J'embrasse comme vous ces nobles sentiments[2]; 205
Mais allons leur donner le secours des serments,
Afin qu'étant témoins de l'amitié jurée,
Les Dieux contre un tel coup assurent sa durée.

SÉLEUCUS.

Allons, allons l'étreindre au pied de leurs autels
Par des liens sacrés et des nœuds immortels. 210

---

1. C'est-à-dire un regret séducteur, mauvais conseiller. Comparez le vers 835 du *Cid*, tome III, p. 152.

2. *Var.* J'embrasse avecque vous ces nobles sentiments. (1647-56)

SCÈNE IV.

LAONICE, TIMAGÈNE.

LAONICE.
Peut-on plus dignement mériter la couronne?
TIMAGÈNE.
Je ne suis point surpris de ce qui vous étonne :
Confident de tous deux, prévoyant leur douleur,
J'ai prévu leur constance, et j'ai plaint leur malheur;
Mais, de grâce, achevez l'histoire commencée[1].   215
LAONICE.
Pour la reprendre donc où nous l'avons laissée,
Les Parthes, au combat par les nôtres forcés,
Tantôt presque vainqueurs, tantôt presque enfoncés,
Sur l'une et l'autre armée, également heureuse,
Virent longtemps voler la victoire douteuse;   220
Mais la fortune enfin se tourna contre nous,
Si bien qu'Antiochus, percé de mille coups,
Près de tomber aux mains d'une troupe ennemie,
Lui voulut dérober les restes de sa vie,
Et préférant aux fers la gloire de périr,   225
Lui-même par sa main acheva de mourir.
La Reine ayant appris cette triste nouvelle,
En reçut tôt après une autre plus cruelle :
Que Nicanor vivoit; que sur un faux rapport,
De ce premier époux elle avoit cru la mort;   230
Que piqué jusqu'au vif contre son hyménée,
Son âme à l'imiter s'étoit déterminée,
Et que pour s'affranchir des fers de son vainqueur,
Il alloit épouser la Princesse sa sœur.
C'est cette Rodogune, où l'un et l'autre frère   235

---

1. *Var.* Mais, de grâce, achevons l'histoire commencée. (1647-56)

Trouve encor les appas qu'avoit trouvés[1] leur père[2].
La Reine envoie en vain pour se justifier :
On a beau la défendre, on a beau le prier,
On ne rencontre en lui qu'un juge inexorable;
Et son amour nouveau la veut croire coupable[3] : 240
Son erreur est un crime, et pour l'en punir mieux,
Il veut même épouser Rodogune à ses yeux,
Arracher de son front le sacré diadème,
Pour ceindre une autre tête en sa présence même;
Soit qu'ainsi sa vengeance eût plus d'indignité, 245
Soit qu'ainsi cet hymen eût plus d'autorité,
Et qu'il assurât mieux par cette barbarie
Aux enfants qui naîtroient le trône de Syrie.
 Mais tandis qu'animé de colère et d'amour,
Il vient déshériter ses fils par son retour, 250
Et qu'un gros escadron de Parthes pleins de joie
Conduit ces deux amants et court comme à la proie,
La Reine, au désespoir de n'en rien obtenir,
Se résout de se perdre ou de le prévenir.
Elle oublie un mari qui veut cesser de l'être, 255
Qui ne veut plus la voir qu'en implacable maître[4],
Et changeant à regret son amour en horreur,
Elle abandonne tout à sa juste fureur.
Elle-même leur dresse une embûche au passage[5],
Se mêle dans les coups, porte partout sa rage, 260
En pousse jusqu'au bout les furieux effets.
Que vous dirai-je enfin? les Parthes sont défaits;
Le Roi meurt, et, dit-on, par la main de la Reine;

---

1. Toutes les éditions, jusqu'en 1660 inclusivement, portent *trouvé* ou *treuvé*, invariable.
2. *Var.* Trouve encor les appas qu'avoit treuvé le père. (1647 et 52)
 Var. Trouve encor les appas qu'avoit trouvé le père. (1654-56)
3. *Var.* Et son nouvel amour la veut croire coupable. (1647-56)
4. *Var.* Qui ne la veut plus voir qu'en implacable maître. (1647-56)
5. *Var.* Elle-même leur dresse un embûche au passage. (1647 in-12 et 52-60)

Rodogune captive est livrée à sa haine.
Tous les maux qu'un esclave endure dans les fers, 265
Alors sans moi, mon frère, elle les eût soufferts.
La Reine, à la gêner prenant mille délices,
Ne commettoit qu'à moi l'ordre de ses supplices;
Mais quoi que m'ordonnât cette âme toute en feu,
Je promettois beaucoup et j'exécutois peu. 270
Le Parthe cependant en jure la vengeance :
Sur nous à main armée il fond en diligence,
Nous surprend, nous assiége, et fait un tel effort,
Que la ville aux abois, on lui parle d'accord.
Il veut fermer l'oreille, enflé de l'avantage; 275
Mais voyant parmi nous Rodogune en otage,
Enfin il craint pour elle et nous daigne écouter;
Et c'est ce qu'aujourd'hui l'on doit exécuter.
  La Reine de l'Égypte a rappelé nos princes
Pour remettre à l'aîné son trône et ses provinces. 280
Rodogune a paru, sortant de sa prison,
Comme un soleil levant dessus notre horizon.
Le Parthe a décampé, pressé par d'autres guerres
Contre l'Arménien qui ravage ses terres[1];
D'un ennemi cruel il s'est fait notre appui : 285
La paix finit la haine, et pour comble aujourd'hui,
Dois-je dire de bonne ou mauvaise fortune?
Nos deux princes tous deux adorent Rodogune.

TIMAGÈNE.

Sitôt qu'ils ont paru tous deux en cette cour[2],
Ils ont vu Rodogune, et j'ai vu leur amour; 290
Mais comme étant rivaux nous les trouvons à plaindre,
Connoissant leur vertu, je n'en vois rien à craindre.
Pour vous qui gouvernez cet objet de leurs vœux....

1. *Var.* Contre l'Arménien qui court dessus ses terres. (1647-56)
2. *Var.* D'abord qu'ils ont paru tous deux en cette cour. (1647-56)

LAONICE.

Et n'ai point encor vu qu'elle aime aucun des deux[1]....
TIMAGÈNE.
Vous me trouvez mal propre à cette confidence, 295
Et peut-être à dessein je la vois qui s'avance.
Adieu : je dois au rang qu'elle est prête à tenir
Du moins la liberté de vous entretenir.

SCÈNE V.

RODOGUNE, LAONICE.

RODOGUNE.

Je ne sais quel malheur aujourd'hui me menace,
Et coule dans ma joie une secrète glace : 300
Je tremble, Laonice, et te voulois parler,
Ou pour chasser ma crainte ou pour m'en consoler.
LAONICE.
Quoi? Madame, en ce jour pour vous si plein de gloire?
RODOGUNE.
Ce jour m'en promet tant que j'ai peine à tout croire :
La fortune me traite avec trop de respect, 305
Et le trône et l'hymen, tout me devient suspect.
L'hymen semble à mes yeux cacher quelque supplice,
Le trône sous mes pas creuser un précipice ;
Je vois de nouveaux fers après les miens brisés,
Et je prends tous ces biens pour des maux déguisés : 310
En un mot, je crains tout de l'esprit de la Reine.
LAONICE.
La paix qu'elle a jurée en a calmé la haine.

1. *Var.* Je n'ai point encor vu qu'elle aime aucun des deux (*a*). (1647-56)

(*a*) Cette leçon est aussi celle qu'a donnée Thomas Corneille dans l'édition de 1692.

ACTE I, SCÈNE V.

RODOGUNE.

La haine entre les grands se calme rarement :
La paix souvent n'y sert que d'un amusement ;
Et dans l'État où j'entre, à te parler sans feinte, 315
Elle a lieu de me craindre, et je crains cette crainte.
Non qu'enfin je ne donne au bien des deux États[1]
Ce que j'ai dû de haine à de tels attentats :
J'oublie, et pleinement, toute mon aventure ;
Mais une grande offense est de cette nature, 320
Que toujours son auteur impute à l'offensé
Un vif ressentiment dont il le croit blessé ;
Et quoiqu'en apparence on les réconcilie,
Il le craint, il le hait, et jamais ne s'y fie ;
Et toujours alarmé de cette illusion, 325
Sitôt qu'il peut le perdre, il prend l'occasion :
Telle est pour moi la Reine.

LAONICE.

Ah ! Madame, je jure
Que par ce faux soupçon vous lui faites injure :
Vous devez oublier un désespoir jaloux
Où força son courage un infidèle époux. 330
Si teinte de son sang et toute furieuse
Elle vous traita lors en rivale odieuse,
L'impétuosité d'un premier mouvement
Engageoit sa vengeance à ce dur traitement ;
Il falloit un prétexte à vaincre sa colère[2], 335
Il y falloit du temps ; et pour ne vous rien taire,
Quand je me dispensois à lui mal obéir[3],

---

1. *Var.* Non pas que mon esprit, justement irrité,
   Conserve à son sujet quelque animosité :
   Au bien des deux États je donne mon injure. (1647-56)
2. *Var.* Il falloit un prétexte à s'en pouvoir dédire,
   La paix le vient de faire ; et s'il vous faut tout dire. (1647-56)
3. C'est-à-dire : Quand je me permettais de lui mal obéir. Voyez tome I,
p. 208, note 2.

Quand en votre faveur je semblois la trahir,
Peut-être qu'en son cœur plus douce et repentie
Elle en dissimuloit la meilleure partie ; 340
Que se voyant tromper elle fermoit les yeux,
Et qu'un peu de pitié la satisfaisoit mieux[1].
A présent que l'amour succède à la colère,
Elle ne vous voit plus qu'avec des yeux de mère ;
Et si de cet amour je la voyois sortir, 345
Je jure de nouveau de vous en avertir :
Vous savez comme quoi je vous suis toute acquise.
Le Roi souffriroit-il d'ailleurs quelque surprise ?

RODOGUNE.

Qui que ce soit des deux qu'on couronne aujourd'hui,
Elle sera sa mère, et pourra tout sur lui. 350

LAONICE.

Qui que ce soit des deux, je sais qu'il vous adore :
Connoissant leur amour, pouvez-vous craindre encore ?

RODOGUNE.

Oui, je crains leur hymen, et d'être à l'un des deux.

LAONICE.

Quoi ? sont-ils des sujets indignes de vos feux ?

RODOGUNE.

Comme ils ont même sang avec pareil mérite[2], 355
Un avantage égal pour eux me sollicite ;
Mais il est malaisé, dans cette égalité[3],
Qu'un esprit combattu ne penche d'un côté.
Il est des nœuds secrets, il est des sympathies
Dont par le doux rapport les âmes assorties 360
S'attachent l'une à l'autre et se laissent piquer
Par ces je ne sais quoi qu'on ne peut expliquer[4].

1. *Var.* Et qu'ainsi ma pitié la satisfaisoit mieux. (1647-56)
2. *Var.* Quoique égaux en naissance et pareils en mérite. (1647-56)
3. *Var.* Il est bien malaisé, dans cette égalité. (1647-56)
4. Voyez tome II, p. 308 et 309, et ci-dessus, p. 409.

ACTE I; SCÈNE V.

C'est par là que l'un d'eux obtient la préférence :
Je crois voir l'autre encore avec indifférence ;
Mais cette indifférence est une aversion   365
Lorsque je la compare avec ma passion.
Étrange effet d'amour ! incroyable chimère !
Je voudrois être à lui si je n'aimois son frère ;
Et le plus grand des maux toutefois que je crains,
C'est que mon triste sort me livre entre ses mains.   370

LAONICE.
Ne pourrai-je servir une si belle flamme ?

RODOGUNE.
Ne crois pas en tirer le secret de mon âme :
Quelque époux que le ciel veuille me destiner[1],
C'est à lui pleinement que je veux me donner[2].
De celui que je crains si je suis le partage[3],   375
Je saurai l'accepter avec même visage ;
L'hymen me le rendra précieux à son tour,
Et le devoir fera ce qu'auroit fait l'amour,
Sans crainte qu'on reproche à mon humeur forcée
Qu'un autre qu'un mari règne sur ma pensée[4].   380

LAONICE.
Vous craignez que ma foi vous l'ose reprocher ?

RODOGUNE.
Que ne puis-je à moi-même aussi bien le cacher !

LAONICE.
Quoi que vous me cachiez, aisément je devine ;
Et pour vous dire enfin ce que je m'imagine,
Le Prince....

RODOGUNE.
Garde-toi de nommer mon vainqueur :   385

---

1. *Var.* Quelque époux que le ciel me veuille destiner. (1647-56)
2. *Var.* C'est à lui pleinement que je me veux donner. (1647-54 et 56)
3. *Var.* Et si du malheureux je deviens le partage. (1647-56)
4. *Var.* Qu'un autre qu'un mari règne dans ma pensée. (1647-56)

Ma rougeur trahiroit les secrets de mon cœur,
Et je te voudrois mal de cette violence
Que ta dextérité feroit à mon silence;
Même de peur qu'un mot par hasard échappé
Te fasse voir ce cœur et quels traits l'ont frappé, 390
Je romps un entretien dont la suite me blesse.
Adieu; mais souviens-toi que c'est sur ta promesse
Que mon esprit reprend quelque tranquillité.

LAONICE.

Madame, assurez-vous sur ma fidélité.

FIN DU PREMIER ACTE.

ACTE II.

SCÈNE PREMIÈRE.
CLÉOPATRE.

Serments fallacieux, salutaire contrainte, 395
Que m'imposa la force et qu'accepta ma crainte,
Heureux déguisements d'un immortel courroux,
Vains fantômes d'État, évanouissez-vous !
Si d'un péril pressant la terreur vous fit naître,
Avec ce péril même il vous faut disparoître[1], 400
Semblables à ces vœux dans l'orage formés,
Qu'efface un prompt oubli quand les flots sont calmés.
Et vous, qu'avec tant d'art cette feinte a voilée,
Recours des impuissants, haine dissimulée,
Digne vertu des rois, noble secret de cour, 405
Éclatez, il est temps, et voici notre jour.
Montrons-nous toutes deux, non plus comme sujettes,
Mais telle que je suis et telle que vous êtes.
Le Parthe est éloigné, nous pouvons tout oser :
Nous n'avons rien à craindre et rien à déguiser ; 410
Je hais, je règne encor. Laissons d'illustres marques
En quittant, s'il le faut, ce haut rang des monarques :
Faisons-en avec gloire un départ éclatant,
Et rendons-le funeste à celle qui l'attend.
C'est encor, c'est encor cette même ennemie 415
Qui cherchoit ses honneurs dedans mon infamie,

---

1. *Var.* Avecque ce péril vous devez disparoître. (1647-56)

Dont la haine à son tour croit me faire la loi,
Et régner par mon ordre et sur vous et sur moi.
Tu m'estimes bien lâche, imprudente rivale,
Si tu crois que mon cœur jusque-là se ravale, 420
Qu'il souffre qu'un hymen qu'on t'a promis en vain
Te mette ta vengeance et mon sceptre à la main.
Vois jusqu'où m'emporta l'amour du diadème;
Vois quel sang il me coûte, et tremble pour toi-même :
Tremble, te dis-je; et songe, en dépit du traité[1], 425
Que pour t'en faire un don je l'ai trop acheté.

SCÈNE II.

CLÉOPATRE, LAONICE.

CLÉOPATRE.

Laonice, vois-tu que le peuple s'apprête
Au pompeux appareil de cette grande fête?

LAONICE.

La joie en est publique, et les princes tous deux[2]
Des Syriens ravis emportent tous les vœux : 430
L'un et l'autre fait voir un mérite si rare,
Que le souhait confus entre les deux s'égare;
Et ce qu'en quelques-uns on voit d'attachement
N'est qu'un foible ascendant d'un premier mouvement.
Ils penchent d'un côté, prêts à tomber de l'autre : 435
Leur choix pour s'affermir attend encor le vôtre;
Et de celui qu'ils font ils sont si peu jaloux,
Que votre secret su les réunira tous.

CLÉOPATRE.

Sais-tu que mon secret n'est pas ce que l'on pense?

---

1. *Var.* Je l'ai trop acheté pour t'en faire un présent;
   Crains tout ce qu'on peut craindre en te désabusant. (1647-56)
2. *Var.* Oui, Madame, avec joie, et les princes tous deux. (1647-56)

ACTE II, SCÈNE II.

LAONICE.

J'attends avec eux tous celui de leur naissance. 440

CLÉOPATRE.

Pour un esprit de cour, et nourri chez les grands,
Tes yeux dans leurs secrets sont bien peu pénétrants.
Apprends, ma confidente, apprends à me connoître.
   Si je cache en quel rang le ciel les a fait naître,
Vois, vois que tant que l'ordre en demeure douteux,
Aucun des deux ne règne, et je règne pour eux :
Quoique ce soit un bien que l'un et l'autre attende,
De crainte de le perdre aucun ne le demande ;
Cependant je possède, et leur droit incertain
Me laisse avec leur sort leur sceptre dans la main : 450
Voilà mon grand secret. Sais-tu par quel mystère
Je les laissois tous deux en dépôt chez mon frère ?

LAONICE.

J'ai cru qu'Antiochus les tenoit éloignés
Pour jouir des États qu'il avoit regagnés.

CLÉOPATRE.

Il occupoit leur trône et craignoit leur présence, 455
Et cette juste crainte assuroit ma puissance.
Mes ordres en étoient de point en point suivis,
Quand je le menaçois du retour de mes fils :
Voyant ce foudre prêt à suivre ma colère,
Quoi qu'il me plût oser, il n'osoit me déplaire ; 460
Et content malgré lui du vain titre de roi,
S'il régnoit au lieu d'eux, ce n'étoit que sous moi.
   Je te dirai bien plus : sans violence aucune
J'aurois vu Nicanor épouser Rodogune,
Si content de lui plaire et de me dédaigner¹, 465
Il eût vécu chez elle en me laissant régner.

---

1. *Var.* Si content d'en jouir et de me dédaigner,
Il eût vécu chez elle, et m'eût laissé régner. (1647-56)

CORNEILLE. IV   29

Son retour me fâchoit plus que son hyménée,
Et j'aurois pu l'aimer, s'il ne l'eût couronnée.
Tu vis comme il y fit des efforts superflus :
Je fis beaucoup alors, et ferois encor plus   470
S'il étoit quelque voie, infâme ou légitime,
Que m'enseignât la gloire, ou que m'ouvrît le crime,
Qui me pût conserver un bien que j'ai chéri
Jusqu'à verser pour lui tout le sang d'un mari.
Dans l'état pitoyable où m'en réduit la suite,   475
Délices[1] de mon cœur, il faut que je te quitte :
On m'y force, il le faut; mais on verra quel fruit
En recevra bientôt celle qui m'y réduit[2].
L'amour que j'ai pour toi tourne en haine pour elle :
Autant que l'un fut grand, l'autre sera cruelle;   480
Et puisqu'en te perdant j'ai sur qui m'en venger,
Ma perte est supportable, et mon mal est léger.

LAONICE.

Quoi? vous parlez encor de vengeance et de haine
Pour celle dont vous-même allez faire une reine!

CLÉOPATRE.

Quoi? je ferois un roi pour être son époux,   485
Et m'exposer aux traits de son juste courroux!
N'apprendras-tu jamais, âme basse et grossière,
A voir par d'autres yeux que les yeux du vulgaire?
Toi qui connois ce peuple, et sais qu'aux champs de Mars
Lâchement d'une femme il suit les étendards;   490
Que sans Antiochus Tryphon m'eût dépouillée;
Que sous lui son ardeur fut soudain réveillée;
Ne saurois-tu juger que si je nomme un roi,
C'est pour le commander, et combattre pour moi?
J'en ai le choix en main avec le droit d'aînesse;   495

---

1. Voltaire a mis le singulier : *délice*. Le mot est au pluriel dans toutes les éditions publiées du vivant de Corneille.
2. *Var.* En recevra tantôt celle qui m'y réduit. (1647-56)

Et puisqu'il en faut faire une aide à ma foiblesse,
Que la guerre sans lui ne peut se rallumer¹,
J'userai bien du droit que j'ai de le nommer.
On ne montera point au rang dont je dévale²,
Qu'en épousant ma haine au lieu de ma rivale :   500
Ce n'est qu'en me vengeant qu'on me le peut ravir,
Et je ferai régner qui me voudra servir.

LAONICE.

Je vous connoissois mal.

CLÉOPATRE.

     Connois-moi toute entière.
Quand je mis Rodogune en tes mains prisonnière,
Ce ne fut ni pitié ni respect de son rang   505
Qui m'arrêta le bras et conserva son sang.
La mort d'Antiochus me laissoit sans armée,
Et d'une troupe en hâte à me suivre animée
Beaucoup dans ma vengeance ayant fini leurs jours
M'exposoient à son frère et foible et sans secours.   510
Je me voyois perdue, à moins d'un tel otage :
Il vint, et sa fureur craignit pour ce cher gage ;
Il m'imposa des lois, exigea des serments,
Et moi, j'accordai tout pour obtenir du temps.
Le temps est un trésor plus grand qu'on ne peut croire :
J'en obtins, et je crus obtenir la victoire.
J'ai pu reprendre haleine, et sous de faux apprêts....
Mais voici mes deux fils, que j'ai mandés exprès :
Écoute, et tu verras quel est cet hyménée
Où se doit terminer cette illustre journée.   520

1. *Var.* Que la guerre sans lui ne se peut rallumer. (1647-56)
2. *Dévaler*, descendre. Voyez le *Lexique*.
— *Var.* On n'aura point ce rang, dont la perte me gêne,
 Qu'au lieu de ma rivale on n'épouse ma haine. (1660)

SCÈNE III.

CLÉOPATRE, ANTIOCHUS, SÉLEUCUS, LAONICE.

CLÉOPATRE.

Mes enfants, prenez place[1]. Enfin voici le jour
Si doux à mes souhaits, si cher à mon amour[2],
Où je puis voir briller sur une de vos têtes
Ce que j'ai conservé parmi tant de tempêtes,
Et vous remettre un bien, après tant de malheurs,   525
Qui m'a coûté pour vous tant de soins et de pleurs.
Il peut vous souvenir quelles furent mes larmes[3]
Quand Tryphon me donna de si rudes alarmes,
Que pour ne vous pas voir exposés à ses coups[4],
Il fallut me résoudre à me priver de vous.   530
Quelles peines depuis, grands Dieux, n'ai-je souffertes!
Chaque jour redoubla mes douleurs et mes pertes.
Je vis votre royaume entre ces murs réduit;
Je crus mort votre père; et sur un si faux bruit
Le peuple mutiné voulut avoir un maître.   535
J'eus beau le nommer lâche, ingrat, parjure, traître,
Il fallut satisfaire à son brutal desir,
Et de peur qu'il en prît, il m'en fallut choisir[5].
Pour vous sauver l'État que n'eussé-je pu faire?
Je choisis un époux avec des yeux de mère,   540
Votre oncle Antiochus, et j'espérai qu'en lui
Votre trône tombant trouveroit un appui;

---

1. « Il semble que Racine ait pris en quelque chose ce discours pour modèle du grand discours d'Agrippine à Néron, dans *Britannicus* (acte IV, scène II). » (*Voltaire*.)
2. *Var.* Si cher à mes souhaits, si doux à mon amour. (1647-56)
3. *Var.* Il vous souvient peut-être encore de mes larmes. (1647-56)
4. *Var.* Que pour ne vous voir pas exposés à ses coups. (1647-60)
5. *Var.* Et de peur qu'il n'en prît, il m'en fallut choisir. (1647-56)

Mais à peine son bras en relève la chute[1],
Que par lui de nouveau le sort me persécute :
Maître de votre État par sa valeur sauvé,   545
Il s'obstine à remplir ce trône relevé ;
Qui lui parle de vous attire sa menace.
Il n'a défait Tryphon que pour prendre sa place ;
Et de dépositaire et de libérateur,
Il s'érige en tyran et lâche usurpateur.   550
Sa main l'en a puni : pardonnons à son ombre ;
Aussi bien en un seul voici des maux sans nombre.
  Nicanor votre père et mon premier époux....
Mais pourquoi lui donner encor des noms si doux,
Puisque l'ayant cru mort, il sembla ne revivre   555
Que pour s'en dépouiller afin de nous poursuivre[2] ?
Passons ; je ne me puis souvenir sans trembler
Du coup dont j'empêchai qu'il nous pût accabler :
Je ne sais s'il est digne ou d'horreur ou d'estime,
S'il plut aux Dieux ou non, s'il fut justice ou crime ; 560
Mais soit crime ou justice, il est certain, mes fils,
Que mon amour pour vous fit tout ce que je fis :
Ni celui des grandeurs ni celui de la vie
Ne jeta dans mon cœur cette aveugle furie.
J'étois lasse d'un trône où d'éternels malheurs   565
Me combloient chaque jour de nouvelles douleurs.
Ma vie est presque usée, et ce reste inutile
Chez mon frère avec vous trouvoit un sûr asile ;
Mais voir, après douze ans et de soins et de maux,
Un père vous ôter le fruit de mes travaux ;   570

  1. *Var.* Je n'en fus point trompée, il releva sa chute ;
     Mais par lui de nouveau mon sort me persécute :
     Ce trône relevé lui plaît à retenir ;
     Il imite Tryphon, qu'il venoit de punir ;
     Qui lui parle de vous irrite sa colère ;
     C'est un crime envers lui que les pleurs d'une mère. (1647-56)
  2. *Var.* Que pour les dépouiller afin de nous poursuivre ? (1647-56)

Mais voir votre couronne après lui destinée
Aux enfants qui naîtroient d'un second hyménée!
A cette indignité je ne connus plus rien :
Je me crus tout permis pour garder votre bien¹.
Recevez donc, mes fils², de la main d'une mère   575
Un trône racheté par le malheur d'un père.
Je crus qu'il fit lui-même un crime en vous l'ôtant,
Et si j'en ai fait un en vous le rachetant,
Daigne du juste ciel la bonté souveraine,
Vous en laissant le fruit, m'en réserver la peine,   580
Ne lancer que sur moi les foudres mérités³,
Et n'épandre sur vous que des prospérités!

ANTIOCHUS.

Jusques ici, Madame, aucun ne met en doute
Les longs et grands travaux que notre amour vous coûte,
Et nous croyons tenir des soins de cette amour⁴   585
Ce doux espoir du trône aussi bien que le jour :
Le récit nous en charme, et nous fait mieux comprendre
Quelles grâces tous deux nous vous en devons rendre⁵;
Mais afin qu'à jamais nous les puissions bénir,
Épargnez le dernier à notre souvenir :   590
Ce sont fatalités dont l'âme embarrassée
A plus qu'elle ne veut se voit souvent forcée.
Sur les noires couleurs d'un si triste tableau
Il faut passer l'éponge ou tirer le rideau :
Un fils est criminel quand il les examine;   595
Et quelque suite enfin que le ciel y destine,
J'en rejette l'idée, et crois qu'en ces malheurs
Le silence ou l'oubli nous sied mieux que les pleurs.

1. *Var.* Je me crus tout permis pour ravoir votre bien. (1647-56)
2. L'édition de 1682 porte *mon fils*, pour *mes fils*.
3. *Var.* Consumer sur mon chef les foudres mérités. (1647-56)
4. *Var.* Et nous croyons tenir des soins de cet amour. (1647-68)
5. Les éditions de 1647-55 ont toutes ici une faute bien évidente : « nous nous en devons rendre, » pour : « nous vous en devons rendre. »

ACTE II, SCÈNE III.

Nous attendons le sceptre avec même espérance ;
Mais si nous l'attendons, c'est sans impatience.   600
Nous pouvons sans régner vivre tous deux contents :
C'est le fruit de vos soins, jouissez-en longtemps ;
Il tombera sur nous quand vous en serez lasse :
Nous le recevrons lors de bien meilleure grâce[1] ;
Et l'accepter sitôt semble nous reprocher   605
De n'être revenus que pour vous l'arracher.

SÉLEUCUS.

J'ajouterai, Madame, à ce qu'a dit mon frère,
Que bien qu'avec plaisir et l'un et l'autre espère,
L'ambition n'est pas notre plus grand desir.
Régnez, nous le verrons tous deux avec plaisir[2] ;   610
Et c'est bien la raison que pour tant de puissance
Nous vous rendions du moins un peu d'obéissance,
Et que celui de nous dont le ciel a fait choix
Sous votre illustre exemple apprenne l'art des rois.

CLÉOPATRE.

Dites tout, mes enfants : vous fuyez la couronne,   615
Non que son trop d'éclat ou son poids vous étonne :
L'unique fondement de cette aversion,
C'est la honte attachée à sa possession.
Elle passe à vos yeux pour la même infamie,
S'il faut la partager avec notre ennemie[3],   620
Et qu'un indigne hymen la fasse retomber
Sur celle qui venoit pour vous la dérober.
  O nobles sentiments d'une âme généreuse !
O fils vraiment mes fils ! ô mère trop heureuse !
Le sort de votre père enfin est éclairci :   625
Il étoit innocent, et je puis l'être aussi ;
Il vous aima toujours, et ne fut mauvais père

---

1. *Var.* Nous le recevrons lors avec meilleure grâce. (1647-64)
2. *Var.* Régnez, nous le verrons tous deux sans déplaisir. (1647-56)
3. *Var.* S'il faut la partager avec votre ennemie. (1647-63)

Que charmé par la sœur, ou forcé par le frère;
Et dans cette embuscade où son effort fut vain,
Rodogune, mes fils, le tua par ma main. 630
Ainsi de cet amour[1] la fatale puissance
Vous coûte votre père, à moi mon innocence;
Et si ma main pour vous n'avoit tout attenté,
L'effet de cet amour vous auroit tout coûté.
Ainsi vous me rendrez l'innocence et l'estime[2], 635
Lorsque vous punirez la cause de mon crime.
De cette même main qui vous a tout sauvé,
Dans son sang odieux je l'aurois bien lavé;
Mais comme vous aviez votre part aux offenses,
Je vous ai réservé votre part aux vengeances; 640
Et pour ne tenir plus en suspens vos esprits,
Si vous voulez régner, le trône est à ce prix.
Entre deux fils que j'aime avec même tendresse,
Embrasser ma querelle est le seul droit d'aînesse :
La mort de Rodogune en nommera l'aîné. 645
  Quoi? vous montrez tous deux un visage étonné!
Redoutez-vous son frère? Après la paix infâme
Que même en la jurant je détestois dans l'âme,
J'ai fait lever des gens par des ordres secrets,
Qu'à vous suivre en tous lieux vous trouverez tous prêts;
Et tandis qu'il fait tête aux princes d'Arménie,
Nous pouvons sans péril briser sa tyrannie.
Qui vous fait donc pâlir à cette juste loi?
Est-ce pitié pour elle? est-ce haine pour moi?
Voulez-vous l'épouser afin qu'elle me brave, 655
Et mettre mon destin aux mains de mon esclave?
Vous ne répondez point! Allez, enfants ingrats,
Pour qui je crus en vain conserver ces États :

---

1. Les éditions de 1682 et de 1692 donnent ici *cette amour*, et trois vers plus loin *cet amour*. Toutes les autres ont *cet amour* aux deux endroits.
2. *Var.* Ainsi vous me rendez l'innocence et l'estime. (1647-54 et 56)

J'ai fait votre oncle roi, j'en ferai bien un autre;
Et mon nom peut encore ici plus que le vôtre. 660
SÉLEUCUS.
Mais, Madame, voyez que pour premier exploit¹....
CLÉOPATRE.
Mais que chacun de vous pense à ce qu'il me doit.
Je sais bien que le sang qu'à vos mains je demande
N'est pas le digne essai d'une valeur bien grande;
Mais si vous me devez et le sceptre et le jour, 665
Ce doit être envers moi le sceau de votre amour :
Sans ce gage ma haine à jamais s'en défie;
Ce n'est qu'en m'imitant que l'on me justifie.
Rien ne vous sert ici de faire les surpris :
Je vous le dis encor, le trône est à ce prix; 670
Je puis en disposer comme de ma conquête :
Point d'aîné, point de roi, qu'en m'apportant sa tête;
Et puisque mon seul choix vous y peut élever,
Pour jouir de mon crime il le faut achever.

SCÈNE IV.
SÉLEUCUS, ANTIOCHUS.
SÉLEUCUS.
Est-il une constance à l'épreuve du foudre 675
Dont ce cruel arrêt met notre espoir en poudre?
ANTIOCHUS.
Est-il un coup de foudre à comparer aux coups
Que ce cruel arrêt vient de lancer sur nous?
SÉLEUCUS.
O haines, ô fureurs dignes d'une Mégère!

1. *Var.* Mais, Madame, pensez que pour premier exploit.... (1647-60)

O femme, que je n'ose appeler encor mère! 680
Après que tes forfaits ont régné pleinement,
Ne saurois-tu souffrir qu'on règne innocemment?
Quels attraits penses-tu qu'ait pour nous la couronne,
S'il faut qu'un crime égal par ta main nous la donne?
Et de quelles horreurs nous doit-elle combler, 685
Si pour monter au trône il faut te ressembler?

ANTIOCHUS.

Gardons plus de respect aux droits de la nature,
Et n'imputons qu'au sort notre triste aventure :
Nous le nommions cruel, mais il nous étoit doux
Quand il ne nous donnoit à combattre que nous. 690
Confidents tout ensemble et rivaux l'un de l'autre,
Nous ne concevions point de mal pareil au nôtre;
Cependant à nous voir l'un de l'autre rivaux,
Nous ne concevions pas la moitié de nos maux.

SÉLEUCUS.

Une douleur si sage et si respectueuse, 695
Ou n'est guère sensible ou guère impétueuse;
Et c'est en de tels maux avoir l'esprit bien fort
D'en connoître la cause et l'imputer au sort.
Pour moi, je sens les miens avec plus de foiblesse :
Plus leur cause m'est chère, et plus l'effet m'en blesse;
Non que pour m'en venger j'ose entreprendre rien :
Je donnerois encor tout mon sang pour le sien.
Je sais ce que je dois; mais dans cette contrainte,
Si je retiens mon bras, je laisse aller ma plainte;
Et j'estime qu'au point qu'elle nous a blessés, 705
Qui ne fait que s'en plaindre a du respect assez.
Voyez-vous bien quel est le ministère infâme
Qu'ose exiger de nous la haine d'une femme?
Voyez-vous qu'aspirant à des crimes nouveaux,
De deux princes ses fils elle fait ses bourreaux? 710
Si vous pouvez le voir, pouvez-vous vous en taire?

ANTIOCHUS.

Je vois bien plus encor : je vois qu'elle est ma mère;
Et plus je vois son crime indigne de ce rang,
Plus je lui vois souiller la source de mon sang.
J'en sens de ma douleur croître la violence;   715
Mais ma confusion m'impose le silence,
Lorsque dans ses forfaits sur nos fronts imprimés
Je vois les traits honteux dont nous sommes formés.
Je tâche à cet objet d'être aveugle ou stupide :
J'ose me déguiser jusqu'à son parricide;   720
Je me cache à moi-même un excès de malheur
Où notre ignominie égale ma douleur;
Et détournant les yeux d'une mère cruelle,
J'impute tout au sort qui m'a fait naître d'elle.
   Je conserve pourtant encore un peu d'espoir :   725
Elle est mère, et le sang a beaucoup de pouvoir;
Et le sort l'eût-il faite encor plus inhumaine,
Une larme d'un fils[1] peut amollir sa haine.

SÉLEUCUS.

Ah! mon frère, l'amour n'est guère véhément[2]
Pour des fils élevés dans un bannissement,   730
Et qu'ayant fait nourrir presque dans l'esclavage
Elle n'a rappelés que pour servir sa rage.
De ses pleurs tant vantés je découvre le fard :
Nous avons en son cœur vous et moi peu de part;
Elle fait bien sonner ce grand amour de mère,   735
Mais elle seule enfin s'aime et se considère;
Et quoi que nous étale un langage si doux,
Elle a tout fait pour elle, et n'a rien fait pour nous.
Ce n'est qu'un faux amour que la haine domine :
Nous ayant embrassés, elle nous assassine,   740

---

1. Les éditions de 1660-82 portent *du fils*. Toutes les autres, y compris celle de 1692, donnent *d'un fils*.
2. *Var.* Croyez-moi, que l'amour n'est guère véhément. (1647-56)

En veut au cher objet dont nous sommes épris,
Nous demande son sang, met le trône à ce prix.
Ce n'est plus de sa main qu'il nous le faut attendre :
Il est, il est à nous, si nous osons le prendre.
Notre révolte ici n'a rien que d'innocent[1] : 745
Il est à l'un de nous, si l'autre le consent;
Régnons, et son courroux ne sera que foiblesse[2] :
C'est l'unique moyen de sauver la Princesse.
Allons la voir, mon frère, et demeurons unis :
C'est l'unique moyen de voir nos maux finis. 750
Je forme un beau dessein, que son amour m'inspire;
Mais il faut qu'avec lui notre union conspire :
Notre amour, aujourd'hui si digne de pitié,
Ne sauroit triompher que par notre amitié.

ANTIOCHUS.

Cet avertissement marque une défiance 755
Que la mienne pour vous souffre avec patience.
Allons, et soyez sûr que même le trépas
Ne peut rompre des nœuds que l'amour ne rompt pas.

1. *Var.* Et pour user encor d'un terme plus pressant. (1647-56)
2. *Var.* Régnons, tout son effort ne sera que foiblesse. (1647-56)

FIN DU SECOND ACTE.

ACTE III.

SCÈNE PREMIÈRE.
RODOGUNE, ORONTE, LAONICE.

RODOGUNE.
Voilà comme l'amour succède à la colère,
Comme elle ne me voit qu'avec des yeux de mère, 760
Comme elle aime la paix, comme elle fait un roi,
Et comme elle use enfin de ses fils et de moi.
Et tantôt mes soupçons lui faisoient une offense?
Elle n'avoit rien fait qu'en sa juste défense?
Lorsque tu la trompois elle fermoit les yeux? 765
Ah! que ma défiance en jugeoit beaucoup mieux!
Tu le vois, Laonice.
LAONICE.
Et vous voyez, Madame,
Quelle fidélité vous conserve mon âme,
Et qu'ayant reconnu sa haine et mon erreur,
Le cœur gros de soupirs et frémissant d'horreur, 770
Je romps une foi due aux secrets de ma reine,
Et vous viens découvrir mon erreur et sa haine.
RODOGUNE.
Cet avis salutaire est l'unique secours
A qui je crois devoir le reste de mes jours;
Mais ce n'est pas assez de m'avoir avertie : 775
Il faut de ces périls m'aplanir la sortie;
Il faut que tes conseils m'aident à repousser....

LAONICE.

Madame, au nom des Dieux, veuillez m'en dispenser :
C'est assez que pour vous je lui sois infidèle,
Sans m'engager encore à des conseils contre elle.   780
Oronte est avec vous, qui, comme ambassadeur,
Devoit de cet hymen honorer la splendeur;
Comme c'est en ses mains que le Roi votre frère
A déposé le soin d'une tête si chère,
Je vous laisse avec lui pour en délibérer :   785
Quoi que vous résolviez, laissez-moi l'ignorer.
Au reste, assurez-vous de l'amour des deux princes :
Plutôt que de vous perdre ils perdront leurs provinces;
Mais je ne réponds pas que ce cœur inhumain
Ne veuille à leur refus s'armer d'une autre main.   790
Je vous parle en tremblant : si j'étois ici vue,
Votre péril croîtroit, et je serois perdue.
Fuyez, grande princesse, et souffrez cet adieu.

RODOGUNE.

Va, je reconnoîtrai ce service en son lieu.

SCÈNE II.

RODOGUNE, ORONTE.

RODOGUNE.

Que ferons-nous, Oronte, en ce péril extrême,   795
Où l'on fait de mon sang le prix d'un diadème?
Fuirons-nous chez mon frère? attendrons-nous la mort,
Ou ferons-nous contre elle un généreux effort?

ORONTE.

Notre fuite, Madame, est assez difficile :
J'ai vu des gens de guerre épandus par la ville[1].   800

---

1. *Var.* J'ai vu les gens de guerre épandus par la ville. (1660)

Si l'on veut votre perte, on vous fait observer ;
Ou s'il vous est permis encor de vous sauver,
L'avis de Laonice est sans doute une adresse :
Feignant de vous servir elle sert sa maîtresse.
La Reine, qui surtout craint de vous voir régner, 805
Vous donne ces terreurs pour vous faire éloigner ;
Et pour rompre un hymen qu'avec peine elle endure,
Elle en veut à vous-même imputer la rupture.
Elle obtiendra par vous le but de ses souhaits,
Et vous accusera de violer la paix ; 810
Et le Roi, plus piqué contre vous que contre elle,
Vous voyant lui porter une guerre nouvelle,
Blâmera vos frayeurs et nos légèretés,
D'avoir osé douter de la foi des traités ;
Et peut-être, pressé des guerres d'Arménie, 815
Vous laissera moquée, et la Reine impunie.
    A ces honteux moyens gardez de recourir :
C'est ici qu'il vous faut ou régner ou périr.
Le ciel pour vous ailleurs n'a point fait de couronne,
Et l'on s'en rend indigne alors qu'on l'abandonne. 820

RODOGUNE.

Ah! que de vos conseils j'aimerois la vigueur,
Si nous avions la force égale à ce grand cœur[1] !
Mais pourrons-nous braver une reine en colère
Avec ce peu de gens que m'a laissés mon frère ?

ORONTE.

J'aurois perdu l'esprit si j'osois me vanter 825

[1] *Var.* Si nous avions autant de forces que de cœur !
  Mais que peut de vos gens une foible poignée
  Contre tout le pouvoir d'une reine indignée ?
ORONTE. Vous promettre que seuls ils puissent résister,
  J'aurois perdu le sens si j'osois m'en vanter :
  Ils mourront à vos pieds ; c'est toute l'assistance
  Que peut à leur princesse offrir leur impuissance ;
  Mais doit-on redouter les hommes en des lieux
    Où vous portez le maître et des rois et des Dieux ? (1647-56)

Qu'avec ce peu de gens nous pussions résister :
Nous mourrons à vos pieds; c'est toute l'assistance
Que vous peut en ces lieux offrir notre impuissance;
Mais pouvez-vous trembler quand dans ces mêmes lieux
Vous portez le grand maître et des rois et des Dieux? 830
L'Amour fera lui seul tout ce qu'il vous faut faire.
Faites-vous un rempart des fils contre la mère;
Ménagez bien leur flamme, ils voudront tout pour vous;
Et ces astres naissants sont adorés de tous.
Quoi que puisse en ces lieux une reine cruelle, 835
Pouvant tout sur ses fils, vous y pouvez plus qu'elle.
Cependant trouvez bon qu'en ces extrémités
Je tâche à rassembler nos Parthes écartés :
Ils sont peu, mais vaillants, et peuvent de sa rage
Empêcher la surprise et le premier outrage. 840
Craignez moins, et surtout, Madame, en ce grand jour,
Si vous voulez régner, faites régner l'Amour.

SCÈNE III.

RODOGUNE.

Quoi? je pourrois descendre à ce lâche artifice
D'aller de mes amants mendier le service,
Et sous l'indigne appas d'un coup d'œil affété, 845
J'irois jusqu'en leurs cœurs chercher ma sûreté!
Celles de ma naissance ont horreur des bassesses :
Leur sang tout généreux hait ces molles adresses.
Quel que soit le secours qu'ils me puissent offrir,
Je croirai faire assez de le daigner souffrir : 850
Je verrai leur amour, j'éprouverai sa force,
Sans flatter leurs desirs, sans leur jeter d'amorce;
Et s'il est assez fort pour me servir d'appui,
Je le ferai régner, mais en régnant sur lui.

ACTE III, SCÈNE III.

Sentiments étouffés de colère et de haine[1], 855
Rallumez vos flambeaux à celles de la Reine,
Et d'un oubli contraint rompez la dure loi[2],
Pour rendre enfin justice aux mânes d'un grand roi ;
Rapportez à mes yeux son image sanglante,
D'amour et de fureur encore étincelante[3], 860
Telle que je le vis, quand tout percé de coups
Il me cria : « Vengeance ! Adieu : je meurs pour vous ! »
Chère ombre, hélas ! bien loin de l'avoir poursuivie,
J'allois baiser la main qui t'arracha la vie,
Rendre un respect de fille à qui versa ton sang ; 865
Mais pardonne aux devoirs que m'impose mon rang :
Plus la haute naissance approche des couronnes,
Plus cette grandeur même asservit nos personnes ;
Nous n'avons point de cœur pour aimer ni haïr :
Toutes nos passions ne savent qu'obéir. 870
Après avoir armé pour venger cet outrage,
D'une paix mal conçue on m'a faite le gage ;
Et moi, fermant les yeux sur ce noir attentat,
Je suivois mon destin en victime d'État.
Mais aujourd'hui qu'on voit cette main parricide[4], 875
Des restes de ta vie insolemment avide,
Vouloir encor percer ce sein infortuné,
Pour y chercher le cœur que tu m'avois donné,
De la paix qu'elle rompt je ne suis plus le gage :
Je brise avec honneur mon illustre esclavage ; 880
J'ose reprendre un cœur pour aimer et haïr,
Et ce n'est plus qu'à toi que je veux obéir.
 Le consentiras-tu, cet effort sur ma flamme,

---

1. *Var.* Sentiments étouffés de vengeance et de haine. (1647-56)
2. *Var.* Et d'un honteux oubli rompant l'injuste loi,
 Rendez ce que je dois aux mânes d'un grand roi. (1647-56)
3. *Var.* De colère et d'amour encore étincelante. (1647-56)
4. *Var.* Aujourd'hui que je vois cette main parricide. (1647-56)

CORNEILLE. IV

Toi, son vivant portrait, que j'adore dans l'âme,
Cher prince, dont je n'ose en mes plus doux souhaits 885
Fier encor le nom aux murs de ce palais[1]?
Je sais quelles seront tes douleurs et tes craintes :
Je vois déjà tes maux, j'entends déjà tes plaintes;
Mais pardonne aux devoirs qu'exige enfin un roi
A qui tu dois le jour qu'il a perdu pour moi. 890
J'aurai mêmes douleurs, j'aurai mêmes alarmes;
S'il t'en coûte un soupir, j'en verserai des larmes.
Mais, Dieux! que je me trouble en les voyant tous deux!
Amour, qui me confonds, cache du moins tes feux;
Et content de mon cœur dont je te fais le maître, 895
Dans mes regards surpris garde-toi de paroître[2].

SCÈNE IV.

ANTIOCHUS, SÉLEUCUS, RODOGUNE.

ANTIOCHUS.

Ne vous offensez pas, Princesse, de nous voir
De vos yeux à vous-même expliquer le pouvoir.
Ce n'est pas d'aujourd'hui que nos cœurs en soupirent :
A vos premiers regards tous deux ils se rendirent; 900
Mais un profond respect nous fit taire et brûler,
Et ce même respect nous force de parler.
L'heureux moment approche où votre destinée
Semble être aucunement à la nôtre enchaînée,
Puisque d'un droit d'aînesse incertain parmi nous 905
La nôtre attend un sceptre et la vôtre un époux.
C'est trop d'indignité que notre souveraine
De l'un de ses captifs tienne le nom de reine :

---

1. *Var.* Fier même le nom aux murs de ce palais? (1647-56)
2. *Var.* Dedans mes yeux surpris garde-toi de paroître. (1647-56)

Notre amour s'en offense, et changeant cette loi,
Remet à notre reine à nous choisir un roi. 910
Ne vous abaissez plus à suivre la couronne :
Donnez-la, sans souffrir qu'avec elle on vous donne ;
Réglez notre destin, qu'ont mal réglé les Dieux :
Notre seul droit d'aînesse est de plaire à vos yeux ;
L'ardeur qu'allume en nous une flamme si pure 915
Préfère votre choix au choix de la nature,
Et vient sacrifier à votre élection
Toute notre espérance et notre ambition.
   Prononcez donc, Madame, et faites un monarque :
Nous céderons sans honte à cette illustre marque ; 920
Et celui qui perdra votre divin objet
Demeurera du moins votre premier sujet :
Son amour immortel saura toujours lui dire
Que ce rang près de vous vaut ailleurs un empire ;
Il y mettra sa gloire, et dans un tel malheur, 925
L'heur de vous obéir flattera sa douleur.

RODOGUNE.

Prince, je dois beaucoup à cette déférence
De votre ambition et de votre espérance ;
Et j'en recevrois l'offre avec quelque plaisir,
Si celles de mon rang avoient droit de choisir. 930
Comme sans leur avis les rois disposent d'elles
Pour affermir leur trône ou finir leurs querelles,
Le destin des États est arbitre du leur,
Et l'ordre des traités règle tout dans leur cœur.
C'est lui que suit le mien, et non pas la couronne : 935
J'aimerai l'un de vous, parce qu'il me l'ordonne ;
Du secret révélé j'en prendrai le pouvoir,
Et mon amour pour naître attendra mon devoir.
N'attendez rien de plus, ou votre attente est vaine.
Le choix que vous m'offrez appartient à la Reine ; 940
J'entreprendrois sur elle à l'accepter de vous.

Peut-être on vous a tu jusqu'où va son courroux ;
Mais je dois par épreuve assez bien le connoître
Pour fuir l'occasion de le faire renaître.
Que n'en ai-je souffert, et que n'a-t-elle osé ? 945
Je veux croire avec vous que tout est apaisé ;
Mais craignez avec moi que ce choix ne ranime
Cette haine mourante à quelque nouveau crime :
Pardonnez-moi ce mot qui viole un oubli
Que la paix entre nous doit avoir établi. 950
Le feu qui semble éteint souvent dort sous la cendre :
Qui l'ose réveiller peut s'en laisser surprendre ;
Et je mériterois qu'il me pût consumer,
Si je lui fournissois de quoi se rallumer.

SÉLEUCUS.

Pouvez-vous redouter sa haine renaissante, 955
S'il est en votre main de la rendre impuissante ?
Faites un roi, Madame, et régnez avec lui :
Son courroux désarmé demeure sans appui,
Et toutes ses fureurs sans effet rallumées
Ne pousseront en l'air que de vaines fumées[1]. 960
Mais a-t-elle intérêt au choix que vous ferez,
Pour en craindre les maux que vous vous figurez ?
La couronne est à nous ; et sans lui faire injure,
Sans manquer de respect aux droits de la nature,
Chacun de nous à l'autre en peut céder sa part, 965
Et rendre à votre choix ce qu'il doit au hasard.
Qu'un si foible scrupule en notre faveur cesse :
Votre inclination vaut bien un droit d'aînesse,
Dont vous seriez traitée avec trop de rigueur,
S'il se trouvoit contraire aux vœux de votre cœur. 970
On vous applaudiroit quand vous seriez à plaindre ;
Pour vous faire régner ce seroit vous contraindre,

---

1. Comparez *Pompée*, acte I, scène II, vers 221 et 222.

ACTE III, SCÈNE IV.

Vous donner la couronne en vous tyrannisant,
Et verser du poison sur ce noble présent.
Au nom de ce beau feu qui tous deux nous consume, 975
Princesse, à notre espoir ôtez cette amertume;
Et permettez que l'heur qui suivra votre époux
Se puisse redoubler à le tenir de vous.

RODOGUNE.

Ce beau feu vous aveugle autant comme il vous brûle;
Et tâchant d'avancer, son effort vous recule. 980
Vous croyez que ce choix que l'un et l'autre attend
Pourra faire un heureux sans faire un mécontent;
Et moi, quelque vertu que votre cœur prépare,
Je crains d'en faire deux si le mien se déclare;
Non que de l'un et l'autre il dédaigne les vœux : 985
Je tiendrois à bonheur d'être à l'un de vous deux;
Mais souffrez que je suive enfin ce qu'on m'ordonne :
Je me mettrai trop haut s'il faut que je me donne;
Quoique aisément je cède aux ordres de mon roi,
Il n'est pas bien aisé de m'obtenir de moi. 990
Savez-vous quels devoirs, quels travaux, quels services
Voudront de mon orgueil exiger les caprices?
Par quels degrés de gloire on me peut mériter?
En quels affreux périls il faudra vous jeter?
Ce cœur vous est acquis après le diadème, 995
Princes; mais gardez-vous de le rendre à lui-même.
Vous y renoncerez peut-être pour jamais,
Quand je vous aurai dit à quel prix je le mets.

SÉLEUCUS.

Quels seront les devoirs, quels travaux, quels services
Dont nous ne vous fassions d'amoureux sacrifices? 1000
Et quels affreux périls pourrons-nous redouter,
Si c'est par ces degrés qu'on peut vous mériter?

ANTIOCHUS.

Princesse, ouvrez ce cœur, et jugez mieux du nôtre;

Jugez mieux du beau feu qui brûle l'un et l'autre[1],
Et dites hautement à quel prix votre choix
Veut faire l'un de nous le plus heureux des rois.
RODOGUNE.
Prince, le voulez-vous?
ANTIOCHUS.
C'est notre unique envie.
RODOGUNE.
Je verrai cette ardeur d'un repentir suivie.
SÉLEUCUS.
Avant ce repentir tous deux nous périrons.
RODOGUNE.
Enfin vous le voulez?
SÉLEUCUS.
Nous vous en conjurons.
RODOGUNE.
Eh bien donc! il est temps de me faire connoître[2].
J'obéis à mon roi, puisqu'un de vous doit l'être;
Mais quand j'aurai parlé, si vous vous en plaignez[3],
J'atteste tous les Dieux que vous m'y contraignez,
Et que c'est malgré moi qu'à moi-même rendue
J'écoute une chaleur qui m'étoit défendue;
Qu'un devoir rappelé me rend un souvenir
Que la foi des traités ne doit plus retenir.

Tremblez, princes, tremblez au nom de votre père :
Il est mort, et pour moi, par les mains d'une mère.
Je l'avois oublié, sujette à d'autres lois;
Mais libre, je lui rends enfin ce que je dois.
C'est à vous de choisir mon amour ou ma haine.
J'aime les fils du Roi, je hais ceux de la Reine :

---

1. *Var.* Parlez, et ce beau feu qui brûle l'un et l'autre
   D'une si prompte ardeur suivra votre desir,
   Que vous-même en perdrez le pouvoir de choisir. (1647-56)
2. Voyez ci-après l'*Appendice*, p. 510.
3. *Var.* Mais ayant su mon choix, si vous vous en plaignez. (1647-56)

Réglez-vous là-dessus; et sans plus me presser[1], 1025
Voyez auquel des deux vous voulez renoncer.
Il faut prendre parti, mon choix suivra le vôtre :
Je respecte autant l'un que je déteste l'autre;
Mais ce que j'aime en vous du sang de ce grand roi,
S'il n'est digne de lui, n'est pas digne de moi. 1030
Ce sang que vous portez, ce trône qu'il vous laisse,
Valent bien que pour lui votre cœur s'intéresse :
Votre gloire le veut, l'amour vous le prescrit.
Qui peut contre elle et lui soulever votre esprit?
Si vous leur préférez une mère cruelle, 1035
Soyez cruels, ingrats, parricides comme elle.
Vous devez la punir, si vous la condamnez;
Vous devez l'imiter, si vous la soutenez.
Quoi? cette ardeur s'éteint! l'un et l'autre soupire!
J'avois su le prévoir, j'avois su le prédire.... 1040

ANTIOCHUS.
Princesse....

RODOGUNE.
        Il n'est plus temps, le mot en est lâché.
Quand j'ai voulu me taire, en vain je l'ai tâché.
Appelez ce devoir haine, rigueur, colère :
Pour gagner Rodogune il faut venger un père;
Je me donne à ce prix : osez me mériter, 1045
Et voyez qui de vous daignera m'accepter.
Adieu, princes.

SCÈNE V.
ANTIOCHUS, SÉLEUCUS.

ANTIOCHUS.
        Hélas! c'est donc ainsi qu'on traite
Les plus profonds respects d'une amour si parfaite!

---

1. *Var.* Vous êtes l'un et l'autre; et sans plus me presser. (1647-56)

SÉLEUCUS.
Elle nous fuit, mon frère, après cette rigueur.
ANTIOCHUS.
Elle fuit, mais en Parthe, en nous perçant le cœur. 1050
SÉLEUCUS.
Que le ciel est injuste! Une âme si cruelle
Méritoit notre mère, et devoit naître d'elle.
ANTIOCHUS.
Plaignons-nous sans blasphème.
SÉLEUCUS.
                          Ah! que vous me gênez
Par cette retenue où vous vous obstinez!
Faut-il encor régner? faut-il l'aimer encore ? 1055
ANTIOCHUS.
Il faut plus de respect pour celle qu'on adore.
SÉLEUCUS.
C'est ou d'elle ou du trône être ardemment épris,
Que vouloir ou l'aimer ou régner à ce prix[1].
ANTIOCHUS.
C'est et d'elle et de lui tenir bien peu de compte,
Que faire une révolte et si pleine et si prompte[2]. 1060
SÉLEUCUS.
Lorsque l'obéissance a tant d'impiété,
La révolte devient une nécessité.
ANTIOCHUS.
La révolte, mon frère, est bien précipitée,
Quand la loi qu'elle rompt peut être rétractée ;
Et c'est à nos désirs trop de témérité 1065
De vouloir de tels biens avec facilité :
Le ciel par les travaux veut qu'on monte à la gloire ;
Pour gagner un triomphe il faut une victoire.

1. *Var.* De vouloir ou l'aimer ou régner à ce prix. (1647-60)
2. *Var.* De faire une révolte et si pleine et si prompte. (1647-60)

Mais que je tâche en vain de flatter nos tourments!
Nos malheurs sont plus forts que ces déguisements.　1070
Leur excès à mes yeux paroît un noir abîme
Où la haine s'apprête à couronner le crime,
Où la gloire est sans nom, la vertu sans honneur,
Où sans un parricide il n'est point de bonheur,
Et voyant de ces maux l'épouvantable image,　　1075
Je me sens affoiblir quand je vous encourage :
Je frémis, je chancelle, et mon cœur abattu
Suit tantôt sa douleur, et tantôt sa vertu.
Mon frère, pardonnez à des discours sans suite,
Qui font trop voir le trouble où mon âme est réduite[1].

SÉLEUCUS.

J'en ferois comme vous, si mon esprit troublé
Ne secouoit le joug dont il est accablé.
Dans mon ambition, dans l'ardeur de ma flamme,
Je vois ce qu'est un trône, et ce qu'est une femme;
Et jugeant par leur prix de leur possession,　　　1085
J'éteins enfin ma flamme et mon ambition;
Et je vous céderois l'un et l'autre avec joie,
Si dans la liberté que le ciel me renvoie,
La crainte de vous faire un funeste présent
Ne me jetoit dans l'âme un remords trop cuisant.　1090
　Dérobons-nous, mon frère, à ces âmes cruelles,
Et laissons-les sans nous achever leurs querelles.

ANTIOCHUS.

Comme j'aime beaucoup, j'espère encore un peu :
L'espoir ne peut s'éteindre où brûle tant de feu;
Et son reste confus me rend quelques lumières　　1095
Pour juger mieux que vous de ces âmes si fières.
Croyez-moi, l'une et l'autre a redouté nos pleurs :
Leur fuite à nos soupirs a dérobé leurs cœurs;

---

1. *Var.* Et jugez par ce trouble où mon âme est réduite. (1647-56)

Et si tantôt leur haine eût attendu nos larmes,
Leur haine à nos douleurs auroit rendu les armes. 1100

SÉLEUCUS.

Pleurez donc à leurs yeux, gémissez, soupirez,
Et je craindrai pour vous ce que vous espérez.
Quoi qu'en votre faveur vos pleurs obtiennent d'elles,
Il vous faudra parer leurs haines mutuelles ;
Sauver l'une de l'autre ; et peut-être leurs coups, 1105
Vous trouvant au milieu, ne perceront que vous :
C'est ce qu'il faut pleurer. Ni maîtresse ni mère
N'ont plus de choix ici ni de lois à nous faire[1] :
Quoi que leur rage exige ou de vous ou de moi,
Rodogune est à vous, puisque je vous fais roi. 1110
Épargnez vos soupirs près de l'une et de l'autre[2].
J'ai trouvé mon bonheur, saisissez-vous du vôtre :
Je n'en suis point jaloux ; et ma triste amitié
Ne le verra jamais que d'un œil de pitié.

SCÈNE VI.

ANTIOCHUS.

Que je serois heureux si je n'aimois un frère ! 1115
Lorsqu'il ne veut pas voir le mal qu'il se veut faire,
Mon amitié s'oppose à son aveuglement :
Elle agira pour vous, mon frère, également,
Et n'abusera point de cette violence
Que l'indignation fait à votre espérance. 1120
La pesanteur du coup souvent nous étourdit :
On le croit repoussé quand il s'approfondit ;

---

1. *Var.* Si je ne prétends plus, n'ont plus de choix à faire :
Je leur ôte le droit de vous faire la loi. (1647-56)
2. *Var.* Épargnez vos soupirs auprès de l'une et l'autre. (1647-56)

Et quoi qu'un juste orgueil sur l'heure persuade,
Qui ne sent point son mal est d'autant plus malade :
Ces ombres de santé cachent mille poisons, 1125
Et la mort suit de près ces fausses guérisons.
Daignent les justes Dieux rendre vain ce présage!
Cependant allons voir si nous vaincrons l'orage,
Et si contre l'effort d'un si puissant courroux
La nature et l'amour voudront parler pour nous. 1130

FIN DU TROISIÈME ACTE.

ACTE IV.

SCENE PREMIÈRE.
ANTIOCHUS, RODOGUNE.

RODOGUNE.

Prince, qu'ai-je entendu? parce que je soupire,
Vous présumez que j'aime, et vous m'osez le dire !
Est-ce un frère, est-ce vous dont la témérité[1]
S'imagine....

ANTIOCHUS.

    Apaisez ce courage irrité,
Princesse; aucun de nous ne seroit téméraire   1135
Jusqu'à s'imaginer qu'il eût l'heur de vous plaire :
Je vois votre mérite et le peu que je vaux,
Et ce rival si cher connoît mieux ses défauts.
Mais si tantôt ce cœur parloit par votre bouche,
Il veut que nous croyions qu'un peu d'amour le touche,
Et qu'il daigne écouter quelques-uns de nos vœux,
Puisqu'il tient à bonheur d'être à l'un de nous deux.
Si c'est présomption de croire ce miracle,
C'est une impiété de douter de l'oracle,
Et mériter les maux où vous nous condamnez,   1145
Qu'éteindre un bel espoir que vous nous ordonnez.
Princesse, au nom des Dieux, au nom de cette flamme....

---

1. *Var.* Qui de vous deux encore a la témérité
De se croire.... (1647-56)

RODOGUNE.

Un mot ne fait pas voir jusques au fond d'une âme ;
Et votre espoir trop prompt prend trop de vanité
Des termes obligeants de ma civilité. 1150
Je l'ai dit, il est vrai ; mais quoi qu'il en puisse être,
Méritez cet amour que vous voulez connoître.
Lorsque j'ai soupiré, ce n'étoit pas pour vous ;
J'ai donné ces soupirs aux mânes d'un époux[1] ;
Et ce sont les effets du souvenir fidèle 1155
Que sa mort à toute heure en mon âme rappelle.
Princes, soyez ses fils, et prenez son parti.

ANTIOCHUS.

Recevez donc son cœur en nous deux réparti ;
Ce cœur qu'un saint amour rangea sous votre empire,
Ce cœur pour qui le vôtre à tous moments soupire, 1160
Ce cœur, en vous aimant indignement percé,
Reprend pour vous aimer le sang qu'il a versé ;
Il le reprend en nous, il revit, il vous aime,
Et montre, en vous aimant, qu'il est encor le même.
Ah ! Princesse, en l'état où le sort nous a mis, 1165
Pouvons-nous mieux montrer que nous sommes ses fils ?

RODOGUNE.

Si c'est son cœur en vous qui revit et qui m'aime,
Faites ce qu'il feroit s'il vivoit en lui-même ;
A ce cœur qu'il vous laisse osez prêter un bras :
Pouvez-vous le porter et ne l'écouter pas ? 1170
S'il vous explique mal ce qu'il en doit attendre,
Il emprunte ma voix pour se mieux faire entendre[2].
Une seconde fois il vous le dit par moi :
Prince, il faut le venger.

---

1. « *Espoux*, dit Nicot dans son *Dictionnaire*, à l'article *Espouser*, est celui qui n'est que fiancé, et ne se peut encore porter pour mari. » Voyez le *Lexique*. — Voyez aussi plus haut, p. 415 et 425.

2. *Var.* Il emprunte ma voix pour mieux se faire entendre. (1647-64)

ANTIOCHUS.

J'accepte cette loi.
Nommez les assassins, et j'y cours.

RODOGUNE.

Quel mystère 1175
Vous fait, en l'acceptant, méconnoître une mère?

ANTIOCHUS.

Ah! si vous ne voulez voir finir nos destins,
Nommez d'autres vengeurs ou d'autres assassins.

RODOGUNE.

Ah! je vois trop régner son parti dans votre âme :
Prince, vous le prenez.

ANTIOCHUS.

Oui, je le prends, Madame;
Et j'apporte à vos pieds le plus pur de son sang,
Que la nature enferme en ce malheureux flanc.
Satisfaites vous-même à cette voix secrète
Dont la vôtre envers nous daigne être l'interprète[1] :
Exécutez son ordre, et hâtez-vous sur moi 1185
De punir une reine et de venger un roi;
Mais quitte par ma mort d'un devoir si sévère,
Écoutez-en un autre en faveur de mon frère.
De deux princes unis à soupirer pour vous
Prenez l'un pour victime et l'autre pour époux; 1190
Punissez un des fils des crimes de la mère,
Mais payez l'autre aussi des services du père,
Et laissez un exemple à la postérité

---

1. *Var.* [Dont la vôtre envers nous daigne être l'interprète :]
Elle s'explique assez à ce cœur qui l'entend,
Et vous lui rendrez plus que son ombre n'attend (*a*);
Mais aussi, par ma mort vers elle dégagée,
Rendez heureux mon frère après l'avoir vengée.
[De deux princes unis à soupirer pour vous.] (1647-56)

(*a*) Et vous lui rendez plus que son ombre n'attend. (1655)

ACTE IV, SCÈNE I.

Et de rigueur entière et d'entière équité[1].
Quoi? n'écouterez-vous ni l'amour ni la haine?
Ne pourrai-je obtenir ni salaire ni peine?
Ce cœur qui vous adore et que vous dé...

RODOGUNE.

Hélas! Prince.

Est-...
Ce soupir ne va-t-il

Allez, ou pour le moi... ..e frère :   1200
Le combat pour mon â.. ..noins dangereux
Lorsque je vous avois à c.. ..battre tous deux :
Vous êtes plus fort seul que vous n'étiez ensemble;
Je vous bravois tantôt, et maintenant je tremble.
J'aime; n'abusez pas, Prince, de mon secret :   1205
Au milieu de ma haine il m'échappe à regret;
Mais enfin il m'échappe, et cette retenue
Ne peut plus soutenir l'effort de votre vue :
Oui, j'aime un de vous deux malgré ce grand courroux,
Et ce dernier soupir dit assez que c'est vous.   1210
   Un rigoureux devoir à cet amour s'oppose[3].
Ne m'en accusez point, vous en êtes la cause;
Vous l'avez fait renaître en me pressant d'un choix
Qui rompt de vos traités les favorables lois.
D'un père mort pour moi voyez le sort étrange : 1215
Si vous me laissez libre, il faut que je le venge;
Et mes feux dans mon âme ont beau s'en mutiner,
Ce n'est qu'à ce prix seul que je puis me donner[4];

---

1. *Var.* Et de reconnoissance et de sévérité. (1647-56)
2. *Var.* Hélas! ANTIOCH. Sont-ce les morts ou nous que vous plaignez?
Soupirez-vous pour eux, ou pour notre misère?
RODOG. Allez, Prince, ou du moins rappelez votre frère. (1647-56)
3. *Var.* Un rigoureux devoir à cette amour s'oppose. (1647-56)
4. *Var.* Ce n'est qu'à ce prix seul que je me puis donner. (1647-56)

Mais ce n'est pas de vous qu'il faut que je l'attende ;
Votre refus est juste autant que ma demande :
A force de respect votre amour s'est trahi.
Je voudrois vous haïr s'il m'avoit obéi ;
Et je n'estime pas l'honneur d'une vengeance
Jusqu'à vouloir d'un crime être la récompense.
Rentrons donc sous les lois que m'impose la paix,
Puisque m'en affranchir c'est vous perdre à jamais.
Prince, en votre faveur je ne puis davantage :
L'orgueil de ma naissance enfle encor mon courage,
Et quelque grand pouvoir que l'amour ait sur moi,
Je n'oublierai jamais que je me dois un roi.
Oui, malgré mon amour, j'attendrai d'une mère
Que le trône me donne ou vous ou votre frère.
Attendant son secret vous aurez mes desirs,
Et s'il le fait régner, vous aurez mes soupirs :
C'est tout ce qu'à mes feux ma gloire peut permettre,
Et tout ce qu'à vos feux les miens osent promettre.

ANTIOCHUS.

Que voudrois-je de plus ? son bonheur est le mien.
Rendez heureux ce frère, et je ne perdrai rien :
L'amitié le consent, si l'amour l'appréhende ;
Je bénirai le ciel d'une perte si grande ;
Et quittant les douceurs de cet espoir flottant,
Je mourrai de douleur, mais je mourrai content.

RODOGUNE.

Et moi, si mon destin entre ses mains me livre,
Pour un autre que vous s'il m'ordonne de vivre[1],
Mon amour.... Mais adieu : mon esprit se confond.
Prince, si votre flamme à la mienne répond,
Si vous n'êtes ingrat à ce cœur qui vous aime,
Ne me revoyez point qu'avec le diadème.

1. *Var.* Si pour d'autres que vous il m'ordonne de vivre. (1647-56)

SCÈNE II.

ANTIOCHUS.

Les plus doux de mes vœux enfin sont exaucés :
Tu viens de vaincre, amour; mais ce n'est pas assez. 1250
Si tu veux triompher en cette conjoncture[1],
Après avoir vaincu, fais vaincre la nature;
Et prête-lui pour nous ces tendres sentiments
Que ton ardeur inspire aux cœurs des vrais amants,
Cette pitié qui force, et ces dignes foiblesses 1255
Dont la vigueur détruit les fureurs vengeresses.
Voici la Reine. Amour, nature, justes Dieux,
Faites-la-moi fléchir ou mourir à ses yeux.

SCÈNE III.

CLÉOPATRE, ANTIOCHUS, LAONICE.

CLÉOPATRE.
Eh bien! Antiochus, vous dois-je la couronne?
ANTIOCHUS.
Madame, vous savez si le ciel me la donne. 1260
CLÉOPATRE.
Vous savez mieux que moi si vous la méritez.
ANTIOCHUS.
Je sais que je péris si vous ne m'écoutez.
CLÉOPATRE.
Un peu trop lent peut-être à servir ma colère,
Vous vous êtes laissé prévenir par un frère?
Il a su me venger quand vous délibériez, 1265

---

1. *Var.* Si tu veux triompher dedans notre aventure. (1647-64)

Et je dois à son bras ce que vous espériez?
Je vous en plains, mon fils, ce malheur est extrême :
C'est périr en effet que perdre un diadème.
Je n'y sais qu'un remède; encore est-il fâcheux,
Étonnant, incertain, et triste pour tous deux; 1270
Je périrai moi-même avant que de le dire;
Mais enfin on perd tout quand on perd un empire.

ANTIOCHUS.

Le remède à nos maux est tout en votre main,
Et n'a rien de fâcheux, d'étonnant, d'incertain;
Votre seule colère a fait notre infortune. 1275
Nous perdons tout, Madame, en perdant Rodogune :
Nous l'adorons tous deux; jugez en quels tourments
Nous jette la rigueur de vos commandements.

L'aveu de cet amour sans doute vous offense;
Mais enfin nos malheurs croissent par le silence, 1280
Et votre cœur, qu'aveugle un peu d'inimitié,
S'il ignore nos maux, n'en peut prendre pitié :
Au point où je les vois, c'en est le seul remède.

CLÉOPATRE.

Quelle aveugle fureur vous-même vous possède?
Avez-vous oublié que vous parlez à moi? 1285
Ou si vous présumez être déjà mon roi?

ANTIOCHUS.

Je tâche avec respect à vous faire connoître
Les forces d'un amour que vous avez fait naître.

CLÉOPATRE.

Moi, j'aurois allumé cet insolent amour?

ANTIOCHUS.

Et quel autre prétexte a fait notre retour? 1290
Nous avez-vous mandés qu'afin qu'un droit d'aînesse
Donnât à l'un de nous le trône et la Princesse?
Vous avez bien fait plus, vous nous l'avez fait voir,
Et c'étoit par vos mains nous mettre en son pouvoir.

Qui de nous deux, Madame, eût osé s'en défendre, 1295
Quand vous nous ordonniez à tous deux d'y prétendre?
Si sa beauté dès lors n'eût allumé nos feux,
Le devoir auprès d'elle eût attaché nos vœux;
Le desir de régner eût fait la même chose;
Et dans l'ordre des lois que la paix nous impose, 1300
Nous devions aspirer à sa possession
Par amour, par devoir, ou par ambition.
Nous avons donc aimé, nous avons cru vous plaire :
Chacun de nous n'a craint que le bonheur d'un frère;
Et cette crainte enfin cédant à l'amitié, 1305
J'implore pour tous deux un moment de pitié.
Avons-nous dû prévoir cette haine cachée,
Que la foi des traités n'avoit point arrachée?

CLÉOPATRE.

Non; mais vous avez dû garder le souvenir
Des hontes que pour vous j'avois su prévenir, 1310
Et de l'indigne état où votre Rodogune,
Sans moi, sans mon courage, eût mis votre fortune.
Je croyois que vos cœurs, sensibles à ces coups,
En sauroient conserver un généreux courroux;
Et je le retenois avec ma douceur feinte, 1315
Afin que grossissant sous un peu de contrainte,
Ce torrent de colère et de ressentiment
Fût plus impétueux en son débordement.
Je fais plus maintenant : je presse, sollicite,
Je commande, menace, et rien ne vous irrite. 1320
Le sceptre, dont ma main vous doit récompenser,
N'a point de quoi vous faire un moment balancer[1] :
Vous ne considérez ni lui ni mon injure;
L'amour étouffe en vous la voix de la nature :
Et je pourrois aimer des fils dénaturés! 1325

1. *Var.* Ne vaut pas à vos yeux la peine d'y penser. (1647-56)

ANTIOCHUS.

La nature et l'amour ont leurs droits séparés ;
L'un n'ôte point à l'autre une âme qu'il possède.

CLÉOPATRE.

Non, non, où l'amour règne il faut que l'autre cède.

ANTIOCHUS.

Leurs charmes à nos cœurs sont également doux.
Nous périrons tous deux s'il faut périr pour vous ; 1330
Mais aussi....

CLÉOPATRE.

Poursuivez, fils ingrat et rebelle.

ANTIOCHUS.

Nous périrons tous deux s'il faut périr pour elle.

CLÉOPATRE.

Périssez, périssez : votre rébellion
Mérite plus d'horreur que de compassion.
Mes yeux sauront le voir sans verser une larme, 1335
Sans regarder en vous que l'objet qui vous charme ;
Et je triompherai, voyant périr mes fils,
De ses adorateurs et de mes ennemis.

ANTIOCHUS.

Eh bien ! triomphez-en, que rien ne vous retienne :
Votre main tremble-t-elle ? y voulez-vous la mienne ?
Madame, commandez, je suis prêt d'obéir :
Je percerai ce cœur qui vous ose trahir ;
Heureux si par ma mort je puis vous satisfaire,
Et noyer dans mon sang toute votre colère !
Mais si la dureté de votre aversion 1345
Nomme encor notre amour une rébellion,
Du moins souvenez-vous qu'elle n'a pris pour armes
Que de foibles soupirs et d'impuissantes larmes.

CLÉOPATRE.

Ah ! que n'a-t-elle pris et la flamme et le fer !
Que bien plus aisément j'en saurois triompher ! 1350

Vos lar... s dans mon cœur ont trop d'intelligence;
Elles ont presque éteint cette ardeur de vengeance.
Je ne puis refuser des soupirs à vos pleurs;
Je sens que je suis mère auprès de vos douleurs.
C'en est fait, je me rends, et ma colère expire : 1355
Rodogune est à vous aussi bien que l'empire.
Rendez grâces aux Dieux qui vous ont fait l'aîné :
Possédez-la, régnez.

ANTIOCHUS.

Oh! moment fortuné!
Oh! trop heureuse fin de l'excès de ma peine¹!
Je rends grâces aux Dieux qui calment votre haine; 1360
Madame, est-il possible?

CLÉOPATRE.

En vain j'ai résisté,
La nature est trop forte, et mon cœur s'est dompté².
Je ne vous dis plus rien, vous aimez votre mère,
Et votre amour pour moi taira ce qu'il faut taire.

ANTIOCHUS.

Quoi? je triomphe donc sur le point de périr! 1365
La main qui me blessoit a daigné me guérir!

CLÉOPATRE.

Oui, je veux couronner une flamme si belle.
Allez à la Princesse en porter la nouvelle;
Son cœur, comme le vôtre, en deviendra charmé :
Vous n'aimeriez pas tant si vous n'étiez aimé. 1370

ANTIOCHUS.

Heureux Antiochus! heureuse Rodogune!
Oui, Madame, entre nous la joie en est commune

CLÉOPATRE.

Allez donc; ce qu'ici vous perdez de moments

1. *Var.* Oh! trop heureuse fin d'un excès de misère!
   Je rends grâces aux Dieux qui m'ont rendu ma mère. (1647-56)
2. *Var.* La nature est trop forte, et ce cœur s'est dompté.
   Je ne vous dis plus rien, vous aimez une mère. (1647-56)

Sont autant de larcins à vos contentements[1];
Et ce soir, destiné pour la cérémonie, 1375
Fera voir pleinement si ma haine est finie.
ANTIOCHUS.
Et nous vous ferons voir tous nos desirs bornés
A vous donner en nous des sujets couronnés.

SCÈNE IV.

CLÉOPATRE, LAONICE.

LAONICE.
Enfin ce grand courage a vaincu sa colère.
CLÉOPATRE.
Que ne peut point un fils sur le cœur d'une mère? 1380
LAONICE.
Vos pleurs coulent encore, et ce cœur adouci....
CLÉOPATRE.
Envoyez-moi son frère, et nous laissez ici.
Sa douleur sera grande, à ce que je présume;
Mais j'en saurai sur l'heure adoucir l'amertume.
Ne lui témoignez rien : il lui sera plus doux 1385
D'apprendre tout de moi, qu'il ne seroit de vous.

SCÈNE V[2].

CLÉOPATRE.
Que tu pénètres mal le fond de mon courage!
Si je verse des pleurs, ce sont des pleurs de rage;

---

1. *Var.* Sont autant de larcins à ses contentements. (1647-56)
2. « On dit qu'au théâtre on n'aime pas les scélérats. Il n'y a point de criminelle plus odieuse que Cléopatre, et cependant on se plaît à la voir; du moins le parterre, qui n'est pas toujours composé de connaisseurs sévères et délicats, s'est laissé subjuguer quand une actrice imposante a joué ce

ACTE IV, SCÈNE V.

Et ma haine, qu'en vain tu crois s'évanouir,
Ne les a fait couler qu'afin de t'éblouir.   1390
Je ne veux plus que moi dedans ma confidence.
Et toi, crédule amant, que charme l'apparence,
Et dont l'esprit léger s'attache avidement
Aux attraits captieux de mon déguisement,
Va, triomphe en idée avec ta Rodogune,   1395
Au sort des immortels préfère ta fortune,
Tandis que mieux instruite en l'art de me venger,
En de nouveaux malheurs je saurai te plonger.
Ce n'est pas tout d'un coup que tant d'orgueil trébuche :
De qui se rend trop tôt on doit craindre une embûche ;
Et c'est mal démêler le cœur d'avec le front,
Que prendre pour sincère un changement si prompt[1].
L'effet te fera voir comme je suis changée.

SCÈNE VI.

CLÉOPATRE, SÉLEUCUS.

CLÉOPATRE.

Savez-vous, Séleucus, que je me suis vengée ?

SÉLEUCUS.

Pauvre princesse, hélas !

CLÉOPATRE.

                Vous déplorez son sort !   1405
Quoi ? l'aimiez-vous ?

SÉLEUCUS.

        Assez pour regretter sa mort.

---

rôle. » (*Voltaire.*) — Les derniers mots : « du moins le parterre, etc., » ne sont pas dans la première édition du commentaire de Voltaire (1764) ; il les a ajoutés dans celle de 1774 in-4°, probablement après avoir vu Mlle Dumesnil dans ce rôle. Voyez la *Notice*, p. 408.

1. *Var.* De prendre pour sincère un changement si prompt. (1647-60)

CLÉOPATRE.

Vous lui pouvez servir encor d'amant fidèle ;
Si j'ai su me venger, ce n'a pas été d'elle.

SÉLEUCUS.

Oh ciel! et de qui donc, Madame?

CLÉOPATRE.

      C'est de vous,
Ingrat, qui n'aspirez qu'à vous voir son époux ;   1410
De vous, qui l'adorez en dépit d'une mère ;
De vous, qui dédaignez de servir ma colère ;
De vous, de qui l'amour, rebelle à mes desirs,
S'oppose à ma vengeance, et détruit mes plaisirs.

SÉLEUCUS.

De moi !

CLÉOPATRE.

   De toi, perfide ! Ignore, dissimule   1415
Le mal que tu dois craindre et le feu qui te brûle ;
Et si pour l'ignorer tu crois t'en garantir,
Du moins en l'apprenant commence à le sentir.
 Le trône étoit à toi par le droit de naissance ;
Rodogune avec lui tomboit en ta puissance ;   1420
Tu devois l'épouser, tu devois être roi !
Mais comme ce secret n'est connu que de moi,
Je puis, comme je veux, tourner le droit d'aînesse,
Et donne à ton rival ton sceptre et ta maîtresse.

SÉLEUCUS.

A mon frère ?

CLÉOPATRE.

    C'est lui que j'ai nommé l'aîné.   1425

SÉLEUCUS.

Vous ne m'affligez point de l'avoir couronné ;
Et par une raison qui vous est inconnue,
Mes propres sentiments vous avoient prévenue :
Les biens que vous m'ôtez n'ont point d'attraits si doux

ACTE IV, SCÈNE VI.

Que mon cœur n'ait donnés à ce frère avant vous[1] ; 1430
Et si vous bornez là toute votre vengeance,
Vos desirs et les miens seront d'intelligence.

CLÉOPATRE.

C'est ainsi qu'on déguise un violent dépit ;
C'est ainsi qu'une feinte au dehors l'assoupit[2],
Et qu'on croit amuser de fausses patiences   1435
Ceux dont en l'âme on craint les justes défiances.

SÉLEUCUS.

Quoi? je conserverois quelque courroux secret!

CLÉOPATRE.

Quoi? lâche, tu pourrois la perdre sans regret?
Elle de qui les Dieux te donnoient l'hyménée?
Elle dont tu plaignois la perte imaginée?   1440

SÉLEUCUS.

Considérer sa perte avec compassion,
Ce n'est pas aspirer à sa possession.

CLÉOPATRE.

Que la mort la ravisse, ou qu'un rival l'emporte,
La douleur d'un amant est également forte ;
Et tel qui se console après l'instant fatal[3],   1445
Ne sauroit voir son bien aux mains de son rival :
Piqué jusques au vif, il tâche à le reprendre ;
Il fait de l'insensible, afin de mieux surprendre ;
D'autant plus animé, que ce qu'il a perdu
Par rang ou par mérite à sa flamme étoit dû.   1450

SÉLEUCUS.

Peut-être ; mais enfin par quel amour de mère
Pressez-vous tellement ma douleur contre un frère?
Prenez-vous intérêt à la faire éclater?

---

1. *Var.* Que mon cœur n'ait cédés à ce frère avant vous. (1647-63)
2. *Var.* C'est ainsi qu'au dehors il traîne et s'assoupit,
   Et qu'il croit amuser de fausses patiences
   Ceux dont il veut guérir les justes défiances. (1647-56)
3. *Var.* Et tel qui se console après un coup fatal. (1647-56)

CLÉOPATRE.

J'en prends à la connoître, et la faire avorter ;
J'en prends à conserver malgré toi mon ouvrage   1455
Des jaloux attentats de ta secrète rage.

SÉLEUCUS.

Je le veux croire ainsi ; mais quel autre intérêt
Nous fait tous deux aînés quand et comme il vous plaît ?
Qui des deux vous doit croire, et par quelle justice
Faut-il que sur moi seul tombe tout le supplice,   1460
Et que du même amour dont nous sommes blessés
Il soit récompensé, quand vous m'en punissez ?

CLÉOPATRE.

Comme reine, à mon choix je fais justice ou grâce,
Et je m'étonne fort d'où vous vient cette audace,
D'où vient qu'un fils, vers moi noirci de trahison,   1465
Ose de mes faveurs me demander raison.

SÉLEUCUS.

Vous pardonnerez donc ces chaleurs indiscrètes :
Je ne suis point jaloux du bien que vous lui faites ;
Et je vois quel amour vous avez pour tous deux,
Plus que vous ne pensez et plus que je ne veux :   1470
Le respect me défend d'en dire davantage.
  Je n'ai ni faute d'yeux ni faute de courage,
Madame ; mais enfin n'espérez voir en moi[1]
Qu'amitié pour mon frère, et zèle pour mon roi.
Adieu.

SCÈNE VII.

CLÉOPATRE.

De quel malheur suis-je encore capable ?   1475
Leur amour m'offensoit, leur amitié m'accable ;

---

1. *Var.* Non, Madame ; et jamais vous ne verrez en moi. (1647-56)

ACTE IV, SCÈNE VII.

Et contre mes fureurs je trouve en mes deux fils
Deux enfants révoltés et deux rivaux unis.
Quoi? sans émotion perdre trône et maîtresse!
Quel est ici ton charme, odieuse princesse?   1480
Et par quel privilége, allumant de tels feux,
Peux-tu n'en prendre qu'un et m'ôter tous les deux?
N'espère pas pourtant triompher de ma haine :
Pour régner sur deux cœurs, tu n'es pas encor reine.
Je sais bien qu'en l'état où tous deux je les voi,   1485
Il me les faut percer pour aller jusqu'à toi;
Mais n'importe : mes mains sur le père enhardies
Pour un bras refusé sauront prendre deux vies;
Leurs jours également sont pour moi dangereux :
J'ai commencé par lui, j'achèverai par eux.   1490
    Sors de mon cœur, nature, ou fais qu'ils m'obéissent :
Fais-les servir ma haine, ou consens qu'ils périssent.
Mais déjà l'un a vu que je les veux punir :
Souvent qui tarde trop se laisse prévenir.
Allons chercher le temps d'immoler mes victimes[1],   1495
Et de me rendre heureuse à force de grands crimes.

1. *Var.* Allons chercher le temps d'immoler nos victimes,
   Et de nous rendre heureuse à force de grands crimes. (1647-56)

FIN DU QUATRIÈME ACTE.

ACTE V.

SCÈNE PREMIERE.
CLÉOPATRE.

Enfin, grâces aux Dieux, j'ai moins d'un ennemi :
La mort de Séleucus m'a vengée à demi.
Son ombre, en attendant Rodogune et son frère,
Peut déjà de ma part les promettre à son père :   1500
Ils le suivront de près, et j'ai tout préparé
Pour réunir bientôt ce que j'ai séparé.
O toi, qui n'attends plus que la cérémonie
Pour jeter à mes pieds ma rivale punie,
Et par qui deux amants vont d'un seul coup du sort   1505
Recevoir l'hyménée, et le trône, et la mort,
Poison, me sauras-tu rendre mon diadème?
Le fer m'a bien servie, en feras-tu de même?
Me seras-tu fidèle? Et toi, que me veux-tu,
Ridicule retour d'une sotte vertu,   1510
Tendresse dangereuse autant comme importune?
Je ne veux point pour fils l'époux de Rodogune,
Et ne vois plus en lui les restes de mon sang,
S'il m'arrache du trône et la met en mon rang[1].
   Reste du sang ingrat d'un époux infidèle,   1515
Héritier d'une flamme envers moi criminelle,
Aime mon ennemie, et péris comme lui.
Pour la faire tomber j'abattrai son appui :

---

1. *Var.* S'il m'arrache du trône et la met à mon rang. (1647-56)

ACTE V, SCÈNE I.

Aussi bien sous mes pas c'est creuser un abîme,
Que retenir ma main sur la moitié du crime; 1520
Et te faisant mon roi, c'est trop me négliger,
Que te laisser sur moi père et frère à venger.
Qui se venge à demi court lui-même à sa peine :
Il faut ou condamner ou couronner sa haine¹.
Dût le peuple en fureur pour ses maîtres nouveaux 1525
De mon sang odieux arroser² leurs tombeaux,
Dût le Parthe vengeur me trouver sans défense,
Dût le ciel égaler le supplice à l'offense,
Trône, à t'abandonner je ne puis consentir :
Par un coup de tonnerre il vaut mieux en sortir; 1530
Il vaut mieux mériter le sort le plus étrange.
Tombe sur moi le ciel, pourvu que je me venge!
J'en recevrai le coup d'un visage remis :
Il est doux de périr après ses ennemis;
Et de quelque rigueur que le destin me traite, 1535
Je perds moins à mourir qu'à vivre leur sujette³.
 Mais voici Laonice : il faut dissimuler
Ce que le seul effet doit bientôt révéler.

---

1. *Var.* [Il faut ou condamner ou couronner sa haine :]
   Cette sorte de plaie est trop longue à saigner,
   Pour en vivre impunie, à moins que de régner.
   Régnons donc, aux dépens de l'une et l'autre vie;
   Et dût être leur mort de ma perte suivie,
   [Dût le peuple en fureur pour ses maîtres nouveaux (*a*).] (1647-56)
2. Les éditions antérieures à 1660 donnent toutes *arrouser*.
3. *Var.* Mourir est toujours moins que vivre leur sujette. (1647-56)

(*a*) Dût le peuple en fureur pour ces maîtres nouveaux. (1655)

SCÈNE II.

CLÉOPATRE, LAONICE.

CLÉOPATRE.

Viennent-ils, nos amants?
LAONICE.
Ils approchent, Madame :
On lit dessus leur front l'allégresse de l'âme ; 1540
L'amour s'y fait paroître avec la majesté ;
Et suivant le vieil ordre en Syrie usité,
D'une grâce en tous deux toute auguste et royale
Ils viennent prendre ici la coupe nuptiale,
Pour s'en aller au temple, au sortir du palais, 1545
Par les mains du grand prêtre être unis à jamais :
C'est là qu'il les attend pour bénir l'alliance.
Le peuple tout ravi par ses vœux le devance,
Et pour eux à grands cris demande aux immortels
Tout ce qu'on leur souhaite au pied de leurs autels, 1550
Impatient pour eux que la cérémonie
Ne commence bientôt, ne soit bientôt finie.
Les Parthes à la foule aux Syriens mêlés,
Tous nos vieux différends de leur âme exilés[1],
Font leur suite assez grosse, et d'une voix commune
Bénissent à l'envi le Prince et Rodogune.
Mais je les vois déjà, Madame : c'est à vous
A commencer ici des spectacles si doux.

1. *Var.* Tous ces vieux différends de leur âme exilés. (1647-56)

SCÈNE III.

CLÉOPATRE, ANTIOCHUS, RODOGUNE, ORONTE, LAONICE, TROUPE DE PARTHES ET DE SYRIENS.

CLÉOPATRE.

Approchez, mes enfants, car l'amour maternelle,
Madame, dans mon cœur, vous tient déjà pour telle;
Et je crois que ce nom ne vous déplaira pas.

RODOGUNE.

Je le chérirai même au delà du trépas.
Il m'est trop doux, Madame; et tout l'heur que j'espère,
C'est de vous obéir et respecter en mère.

CLÉOPATRE.

Aimez-moi seulement : vous allez être rois,   1565
Et s'il faut du respect, c'est moi qui vous le dois.

ANTIOCHUS.

Ah! si nous recevons la suprême puissance,
Ce n'est pas pour sortir de votre obéissance :
Vous régnerez ici quand nous y régnerons,
Et ce seront vos lois que nous y donnerons.   1570

CLÉOPATRE.

J'ose le croire ainsi; mais prenez votre place :
Il est temps d'avancer ce qu'il faut que je fasse.
(*Ici Antiochus s'assied dans un fauteuil, Rodogune à sa gauche, en même rang, et Cléopatre à sa droite, mais en rang inférieur, et qui marque quelque inégalité. Oronte s'assied aussi à la gauche de Rodogune, avec la même différence; et Cléopatre, cependant*[1] *qu'ils prennent leurs places, parle à l'oreille de Laonice, qui s'en va quérir une coupe pleine de vin empoisonné. Après qu'elle est partie, Cléopatre continue :*)

Peuple qui m'écoutez, Parthes et Syriens,

---

1. L'édition de 1692 substitue *pendant* à *cependant* : voyez plus haut, p. 137, note 5.

Sujets du Roi son frère, ou qui fûtes les miens[1],
Voici de mes deux fils celui qu'un droit d'aînesse   1575
Élève dans le trône, et donne à la Princesse.
Je lui rends cet État que j'ai sauvé pour lui :
Je cesse de régner, il commence aujourd'hui.
Qu'on ne me traite plus ici de souveraine :
Voici votre roi, peuple, et voilà votre reine[2].   1580
Vivez pour les servir, respectez-les tous deux,
Aimez-les, et mourez, s'il est besoin, pour eux.
    Oronte, vous voyez avec quelle franchise
Je leur rends ce pouvoir dont je me suis démise :
Prêtez les yeux au reste, et voyez les effets   1585
Suivre de point en point les traités de la paix.

          (Laonice revient avec une coupe à la main.)
                    ORONTE.
Votre sincérité s'y fait assez paroître,
Madame, et j'en ferai récit au Roi mon maître.
                   CLÉOPATRE.
L'hymen est maintenant notre plus cher souci.
L'usage veut, mon fils, qu'on le commence ici :   1590
Recevez de ma main la coupe nuptiale,
Pour être après unis sous la foi conjugale;
Puisse-t-elle être un gage, envers votre moitié,
De votre amour ensemble et de mon amitié!
          ANTIOCHUS, prenant la coupe.
Ciel! que ne dois-je point aux bontés d'une mère?   1595
                   CLÉOPATRE.
Le temps presse, et votre heur d'autant plus se diffère.
               ANTIOCHUS, à Rodogune.
Madame, hâtons donc ces glorieux moments :
Voici l'heureux essai de nos contentements.
Mais si mon frère étoit le témoin de ma joie....

1. *Var.* Sujets du Roi son frère, et qui fûtes les miens. (1647-56)
2. *Var.* Voici votre roi, peuple, et voici votre reine. (1647-63)

ACTE V, SCÈNE III.

CLÉOPATRE.

C'est être trop cruel de vouloir qu'il la voie : 1600
Ce sont des déplaisirs qu'il fait bien d'épargner;
Et sa douleur secrète a droit de l'éloigner.

ANTIOCHUS.

Il m'avoit assuré qu'il la verroit sans peine.
Mais n'importe, achevons.

SCÈNE IV.

CLÉOPATRE, ANTIOCHUS, RODOGUNE, ORONTE,
TIMAGÈNE, LAONICE, TROUPE.

TIMAGÈNE.

Ah! Seigneur.

CLÉOPATRE.

Timagène,
Quelle est votre insolence?

TIMAGÈNE.

Ah! Madame.

ANTIOCHUS, rendant la coupe à Laonice.

Parlez. 1605

TIMAGÈNE.

Souffrez pour un moment que mes sens rappelés[1]....

ANTIOCHUS.

Qu'est-il donc arrivé?

TIMAGÈNE.

Le Prince votre frère....

ANTIOCHUS.

Quoi? se voudroit-il rendre à mon bonheur contraire?

---

1. *Var.* Je ne puis : la douleur a tous mes sens troublés.
 ANTIOCH. Quoi? qu'est-il arrivé? [TIMAG. Le Prince votre frère....]
 ANTIOCH. Se voudroit-il bien rendre à mon bonheur contraire? (1647-56)

TIMAGÈNE.

L'ayant cherché longtemps afin de divertir
L'ennui que de sa perte il pouvoit ressentir,   1610
Je l'ai trouvé, Seigneur, au bout de cette allée,
Où la clarté du ciel semble toujours voilée.
Sur un lit de gazon, de foiblesse étendu,
Il sembloit déplorer ce qu'il avoit perdu[1] :
Son âme à ce penser paroissoit attachée ;   1615
Sa tête sur un bras languissamment penchée,
Immobile et rêveur, en malheureux amant....

ANTIOCHUS.

Enfin, que faisoit-il ? achevez promptement.

TIMAGÈNE.

D'une profonde plaie en l'estomac ouverte,
Son sang à gros bouillons sur cette couche verte....

CLÉOPATRE.

Il est mort ?

TIMAGÈNE.

    Oui, Madame.

CLÉOPATRE.

        Ah! destins ennemis[2],
Qui m'enviez le bien que je m'étois promis,
Voilà le coup fatal que je craignois dans l'âme,
Voilà le désespoir où l'a réduit sa flamme.
Pour vivre en vous perdant il avoit trop d'amour[3],   1625
Madame, et de sa main il s'est privé du jour[4].

TIMAGÈNE, à Cléopatre.

Madame, il a parlé : sa main est innocente.

---

1. *Var.* Il sembloit soupirer ce qu'il avoit perdu. (1647-56)
2. *Var.* [Il est mort? TIM. Oui, Madame.] ANT. Ah! mon frère! CL. Ah! mon
 RODOG. Ah! funeste hyménée! CLÉOP. Ah! destins ennemis! [fils!
 [Voilà le coup fatal que je craignois dans l'âme.] (1647-56)
3. Certains exemplaires de l'édition de 1647 in-4° portent ici en marge : *à
Rodogune.*
4. *Var.* Et de sa propre main il s'est privé du jour. (1647-56)

ACTE V, SCÈNE IV.

CLÉOPATRE, à Timagène.

La tienne est donc coupable, et ta rage insolente,
Par une lâcheté qu'on ne peut égaler,
L'ayant assassiné, le fait encor parler ! 1630

ANTIOCHUS.

Timagène, souffrez la douleur d'une mère,
Et les premiers soupçons d'une aveugle colère[1].
Comme ce coup fatal n'a point d'autres témoins,
J'en ferois autant qu'elle, à vous connoître moins.
Mais que vous a-t-il dit? achevez, je vous prie. 1635

TIMAGÈNE.

Surpris d'un tel spectacle, à l'instant je m'écrie ;
Et soudain à mes cris, ce prince, en soupirant,
Avec assez de peine entr'ouvre un œil mourant ;
Et ce reste égaré de lumière incertaine[2]
Lui peignant son cher frère au lieu de Timagène, 1640
Rempli de votre idée, il m'adresse pour vous
Ces mots où l'amitié règne sur le courroux :
  « Une main qui nous fut bien chère
Venge ainsi le refus d'un coup trop inhumain.
  Régnez; et surtout, mon cher frère, 1645
  Gardez-vous de la même main.
C'est.... » La Parque à ce mot lui coupe la parole ;
Sa lumière s'éteint, et son âme s'envole ;
Et moi, tout effrayé d'un si tragique sort,
J'accours pour vous en faire un funeste rapport. 1650

ANTIOCHUS.

Rapport vraiment funeste, et sort vraiment tragique,
Qui va changer en pleurs l'allégresse publique.

---

1. Qui cherche à qui se prendre en sa juste colère.
  Vous avez vu sa mort, et sans autres témoins. (1647-56)
2. *Var.* Puis, arrêtant sur moi ce reste de lumière,
  Au lieu de Timagène, il croit voir son cher frère ;
  Et plein de votre idée, il m'adresse pour vous. (1647-56)

O frère, plus aimé que la clarté du jour,
O rival, aussi cher que m'étoit mon amour,
Je te perds, et je trouve en ma douleur extrême[1]   1655
Un malheur dans ta mort plus grand que ta mort même.
Oh! de ses derniers mots fatale obscurité!
En quel gouffre d'horreurs m'as-tu précipité?
Quand j'y pense chercher la main qui l'assassine,
Je m'impute à forfait tout ce que j'imagine;   1660
Mais aux marques enfin que tu m'en viens donner,
Fatale obscurité, qui dois-je en soupçonner?
    « Une main qui nous fut bien chère! »
Madame, est-ce la vôtre, ou celle de ma mère?
Vous vouliez toutes deux un coup trop inhumain;   1665
Nous vous avons tous deux refusé notre main :
Qui de vous s'est vengé? est-ce l'une, est-ce l'autre
Qui fait agir la sienne au refus de la nôtre?
Est-ce vous qu'en coupable il me faut regarder?
Est-ce vous désormais dont je me dois garder?   1670

CLÉOPATRE.

Quoi? vous me soupçonnez?

RODOGUNE.

            Quoi? je vous suis suspecte?

ANTIOCHUS.

Je suis amant et fils, je vous aime et respecte;
Mais quoi que sur mon cœur puissent des noms si doux,
A ces marques enfin je ne connois que vous.
As-tu bien entendu? dis-tu vrai, Timagène?   1675

TIMAGÈNE.

Avant qu'en soupçonner la Princesse ou la Reine[2],
Je mourrois mille fois; mais enfin mon récit
Contient, sans rien de plus, ce que le Prince a dit[3].

---

1. *Var.* Je te perds, mais je trouve en ma douleur extrême. (1652-56)
2. *Var.* Avant qu'en soupçonner ou Madame ou la Reine. (1647-56)
3. *Var.* Contient, Seigneur, sans plus, ce que le Prince a dit. (1647-56)

ANTIOCHUS.

D'un et d'autre côté l'action est si noire,
Que n'en pouvant douter, je n'ose encor la croire. 1680
   O quiconque des deux avez versé son sang,
Ne vous préparez plus à me percer le flanc!
Nous avons mal servi vos haines mutuelles,
Aux jours l'une de l'autre également cruelles;
Mais si j'ai refusé ce détestable emploi, 1685
Je veux bien vous servir toutes deux contre moi :
Qui que vous soyez donc, recevez une vie
Que déjà vos fureurs m'ont à demi ravie[1].

RODOGUNE.

Ah! Seigneur, arrêtez.

TIMAGÈNE.

      Seigneur, que faites-vous?

ANTIOCHUS.

Je sers ou l'une ou l'autre, et je préviens ses coups. 1690

CLÉOPATRE.

Vivez, régnez heureux.

ANTIOCHUS.

      Otez-moi donc de doute,
Et montrez-moi la main qu'il faut que je redoute[2],
Qui pour m'assassiner ose me secourir,
Et me sauve de moi pour me faire périr.
Puis-je vivre et traîner cette gêne éternelle[3], 1695
Confondre l'innocente avec la criminelle,
Vivre et ne pouvoir plus vous voir sans m'alarmer,
Vous craindre toutes deux, toutes deux vous aimer?
Vivre avec ce tourment, c'est mourir à toute heure

---

1. Après ce vers, l'édition de 1692 ajoute ce jeu de scène, que Voltaire donne aussi dans la sienne : *Il tire son épée et veut se tuer.*
2. *Var.* Et me montrez la main qu'il faut que je redoute. (1647-56)
3. *Var.* Puis-je vivre et traîner le soupçon qui m'accable,
   Confondre l'innocente avecque la coupable. (1647-56)

Tirez-moi de ce trouble, ou souffrez que je meure, 1700
Et que mon déplaisir, par un coup généreux,
Épargne un parricide à l'une de vous deux.
CLÉOPATRE.
Puisque le même jour que ma main vous couronne
Je perds un de mes fils, et l'autre me soupçonne;
Qu'au milieu de mes pleurs, qu'il devroit essuyer, 1705
Son peu d'amour me force à me justifier;
Si vous n'en pouvez mieux consoler une mère
Qu'en la traitant d'égal avec une étrangère,
Je vous dirai, Seigneur (car ce n'est plus à moi
A nommer autrement et mon juge et mon roi), 1710
Que vous voyez l'effet de cette vieille haine
Qu'en dépit de la paix me garde l'inhumaine,
Qu'en son cœur du passé soutient le souvenir,
Et que j'avois raison de vouloir prévenir.
Elle a soif de mon sang, elle a voulu l'épandre : 1715
J'ai prévu d'assez loin ce que j'en viens d'apprendre;
Mais je vous ai laissé désarmer mon courroux.
(A Rodogune.)
Sur la foi de ses pleurs je n'ai rien craint de vous,
Madame; mais, ô Dieux! quelle rage est la vôtre!
Quand je vous donne un fils, vous assassinez l'autre, 1720
Et m'enviez soudain l'unique et foible appui
Qu'une mère opprimée eût pu trouver en lui!
Quand vous m'accablerez, où sera mon refuge?
Si je m'en plains au Roi, vous possédez mon juge;
Et s'il m'ose écouter, peut-être, hélas! en vain 1725
Il voudra se garder de cette même main.
Enfin je suis leur mère, et vous leur ennemie;
J'ai recherché leur gloire, et vous leur infamie;
Et si je n'eusse aimé ces fils que vous m'ôtez,
Votre abord en ces lieux les eût déshérités. 1730
C'est à lui maintenant, en cette concurrence,

A régler ses soupçons sur cette différence,
A voir de qui des deux il doit se défier,
Si vous n'avez un charme à vous justifier.
RODOGUNE, à Cléopatre.
Je me défendrai mal : l'innocence étonnée 1735
Ne peut s'imaginer qu'elle soit soupçonnée ;
Et n'ayant rien prévu d'un attentat si grand,
Qui l'en veut accuser sans peine la surprend.

Je ne m'étonne point de voir que votre haine
Pour me faire coupable a quitté Timagène. 1740
Au moindre jour ouvert de tout jeter sur moi,
Son récit s'est trouvé digne de votre foi.
Vous l'accusiez pourtant, quand votre âme alarmée
Craignoit qu'en expirant ce fils vous eût nommée ;
Mais de ses derniers mots voyant le sens douteux, 1745
Vous avez pris soudain le crime entre nous deux.
Certes, si vous voulez passer pour véritable
Que l'une de nous deux de sa mort soit coupable,
Je veux bien par respect ne vous imputer rien ;
Mais votre bras au crime est plus fait que le mien ; 1750
Et qui sur un époux fit son apprentissage
A bien pu sur un fils achever son ouvrage.
Je ne dénierai point, puisque vous les savez,
De justes sentiments dans mon âme élevés :
Vous demandiez[1] mon sang ; j'ai demandé le vôtre : 1755
Le Roi sait quels motifs ont poussé l'une et l'autre ;
Comme par sa prudence il a tout adouci,
Il vous connoît peut-être, et me connoît aussi.
(A Antiochus.)
Seigneur, c'est un moyen de vous être bien chère
Que pour don nuptial vous immoler un frère : 1760
On fait plus ; on m'impute un coup si plein d'horreur,

---

1. L'édition de 1682 porte : « Vous demandez, » pour : « Vous demandiez. »

Pour me faire un passage à vous percer le cœur,
(A Cléopatre.)
Où fuirois-je de vous après tant de furie,
Madame, et que feroit toute votre Syrie,
Où seule, et sans appui contre mes attentats, 1765
Je verrois...? Mais, Seigneur, vous ne m'écoutez pas.
ANTIOCHUS.
Non, je n'écoute rien; et dans la mort d'un frère
Je ne veux point juger entre vous et ma mère :
Assassinez un fils, massacrez un époux,
Je ne veux me garder ni d'elle, ni de vous[1]. 1770
Suivons aveuglément ma triste destinée;
Pour m'exposer à tout achevons l'hyménée.
Cher frère, c'est pour moi le chemin du trépas :
La main qui t'a percé ne m'épargnera pas;
Je cherche à te rejoindre, et non à m'en défendre, 1775
Et lui veux bien donner tout lieu de me surprendre :
Heureux si sa fureur, qui me prive de toi,
Se fait bientôt connoître en achevant sur moi,
Et si du ciel, trop lent à la réduire en poudre,
Son crime redoublé peut arracher la foudre! 1780
Donnez-moi....
RODOGUNE, l'empêchant de prendre la coupe.
Quoi? Seigneur.
ANTIOCHUS.
Vous m'arrêtez en vain :
Donnez..
RODOGUNE.
Ah! gardez-vous de l'une et l'autre main.
Cette coupe est suspecte, elle vient de la Reine[2];
Craignez de toutes deux quelque secrète haine.

1. *Var.* Je ne me veux garder ni de vous, ni de vous. (1647-68)
2. *Var.* Cette coupe est suspecte, elle vient de la sienne;
Ne prenez rien, Seigneur, d'elle, ni de la mienne.

CLÉOPATRE.

Qui m'épargnoit tantôt ose enfin m'accuser! 1785
RODOGUNE.
De toutes deux, Madame, il doit tout refuser.
Je n'accuse personne, et vous tiens innocente;
Mais il en faut sur l'heure une preuve évidente :
Je veux bien à mon tour subir les mêmes lois.
On ne peut craindre trop pour le salut des rois. 1790
Donnez donc cette preuve; et pour toute réplique,
Faites faire un essai par quelque domestique.

CLÉOPATRE, prenant la coupe.

Je le ferai moi-même. Eh bien! redoutez-vous
Quelque sinistre effet encor de mon courroux?
J'ai souffert cet outrage avecque patience. 1795

ANTIOCHUS, prenant la coupe de la main de Cléopatre,
après qu'elle a bu.

Pardonnez-lui, Madame, un peu de défiance :
Comme vous l'accusez, elle fait son effort
A rejeter sur vous l'horreur de cette mort;
Et soit amour pour moi, soit adresse pour elle,
Ce soin la fait paroître un peu moins criminelle. 1800
Pour moi, qui ne vois rien, dans le trouble où je suis,
Qu'un gouffre de malheurs, qu'un abîme d'ennuis,
Attendant qu'en plein jour ces vérités paroissent,
J'en laisse la vengeance aux Dieux qui les connoissent,
Et vais sans plus tarder....

RODOGUNE.

Seigneur, voyez ses yeux
Déjà tous égarés[1], troubles et furieux,

CLÉOPATRE, à *Rodogune*. Qui m'épargnoit tantôt m'accuse à cette fois!
RODOGUNE, à *Cléopatre*. On ne peut craindre assez pour le salut des rois.
Pour ôter tout soupçon d'une noire pratique,
[Faites faire un essai par quelque domestique.] (1647-56)

1. Il y a *tous égarés* dans toutes les éditions publiées du vivant de Corneille; *tout égarés* dans celle de 16

Cette affreuse sueur qui court sur son visage,
Cette gorge qui s'enfle. Ah, bons Dieux! quelle rage!
Pour vous perdre après elle, elle a voulu périr.
   ANTIOCHUS, rendant la coupe à Laonice ou à quelque autre[1].
N'importe : elle est ma mère, il faut la secourir.
      CLÉOPATRE.
Va, tu me veux en vain rappeler à la vie;
Ma haine est trop fidèle, et m'a trop bien servie :
Elle a paru trop tôt pour te perdre avec moi;
C'est le seul déplaisir qu'en mourant je reçoi;
Mais j'ai cette douceur dedans cette disgrâce
De ne voir point régner ma rivale en ma place[2].
 Règne : de crime en crime enfin te voilà roi.
Je t'ai défait d'un père, et d'un frère, et de moi :
Puisse le ciel tous deux vous prendre pour victimes,
Et laisser choir sur vous les peines de mes crimes!
Puissiez-vous ne trouver dedans votre union
Qu'horreur, que jalousie, et que confusion!

---

1. Les mots : *ou à quelque autre*, ont été supprimés dans l'édition de 1692.
2. *Var.* [De ne voir point régner ma rivale en ma place.]
 Je n'aimois que le trône, et de son droit douteux
 J'espérois faire un don fatal à tous les deux,
 Détruire l'un par l'autre, et régner en Syrie
 Plutôt par vos fureurs que par ma barbarie.
 Ton frère, avecque toi trop fortement uni (*a*),
 Ne m'a point écoutée, et je l'en ai puni.
 J'ai cru par ce poison en faire autant du reste;
 Mais sa force, trop prompte, à moi seule est funeste (*b*).
 [Règne : de crime en crime enfin te voilà roi.] (1647-60)

(*a*) Ton rival, avec toi trop fortement uni. (1660)
(*b*) Voltaire donne ces huit vers dans son édition, et oubliant, je ne sais comment, qu'ils se trouvent dans les premières impressions, jusqu'en 1660, il dit dans une note (1764) : « Ces vers ne se trouvent aujourd'hui dans aucune édition connue. Corneille les supprima avec grande raison. Une femme empoisonnée et mourante n'a pas le temps d'entrer dans ces détails; et une femme aussi forcenée que Cléopatre ne rend point compte ainsi à ses ennemis. Les comédiens de Paris ont rétabli ces vers, pour avoir le mérite de réciter quelques vers que personne ne connaissait. La singularité les a plus déterminés que le goût. Ils se donnent trop la licence de supprimer et d'allonger des morceaux qu'on doit laisser comme ils étaient. »

ACTE V, SCÈNE IV.

Et pour vous souhaiter tous les malheurs ensemble,
Puisse naître de vous un fils qui me ressemble¹!

ANTIOCHUS.

Ah! vivez pour changer cette haine en amour.   1825

CLÉOPATRE.

Je maudirois les Dieux s'ils me rendoient le jour.
Qu'on m'emporte d'ici : je me meurs, Laonice.
Si tu veux m'obliger par un dernier service,
Après les vains efforts de mes inimitiés,
Sauve-moi de l'affront de tomber à leurs pieds.   1830

(Elle s'en va, et Laonice lui aide à marcher.)

ORONTE.

Dans les justes rigueurs d'un sort si déplorable²,
Seigneur, le juste ciel vous est bien favorable :
Il vous a préservé, sur le point de périr,
Du danger le plus grand que vous puissiez courir;
Et par un digne effet de ses faveurs puissantes,   1835
La coupable est punie et vos mains innocentes.

ANTIOCHUS.

Oronte, je ne sais, dans son funeste sort,
Qui m'afflige le plus, ou sa vie, ou sa mort;
L'une et l'autre a pour moi des malheurs sans exemple :
Plaignez mon infortune. Et vous, allez au temple   1840
Y changer l'allégresse en un deuil sans pareil,
La pompe nuptiale en funèbre appareil;
Et nous verrons après, par d'autres sacrifices,
Si les Dieux voudront être à nos vœux plus propices.

---

1. Corneille paraît se rappeler ici un passage de la *Médée* de Sénèque dont il n'avait pas profité en traitant ce sujet :

Quoque non aliud queam
Pejus precari, liberos similes patri
Similesque matri.

(Acte I, scène I, vers 23-25.)

2. *Var.* Encor dans les rigueurs d'un sort si déplorable. (1647-56)

FIN DU CINQUIÈME ET DERNIER ACTE.

APPENDICE.

ANALYSE DE LA *RODOGUNE* DE GILBERT[1],

PAR LES FRÈRES PARFAIT[2].

Rodogune, femme d'Hydaspe, roi de Perse, commence la pièce, et raconte à ses fils, Artaxerce et Darie, qu'Hydaspe, vaincu dans une bataille, et prisonnier de Tigrane, roi d'Arménie, a fait sa paix avec ce roi, en épousant la princesse Lydie sa sœur. Ce récit est suivi d'imprécations contre son infidèle époux, et contre Lydie, qui vient remplir sa place au trône de Perse. Oronte, que Rodogune a envoyé sur la route de la princesse Lydie, pour l'enlever, vient apprendre à cette reine que son ordre a été exécuté, et que Lydie est en sa puissance; mais il ajoute que parmi les morts il a reconnu Hydaspe, roi de Perse. Ce dernier événement force Rodogune à feindre quelque douleur de la perte de son époux; mais la joie de tenir Lydie en sa possession l'emporte sur sa politique. C'est ce qui termine le premier acte.

Le second ouvre par Rodogune et Lydie. La première accable d'injures sa malheureuse rivale. La suite de cet acte ressemble absolument, pour le fond et la marche, au second de M. Corneille : également dans celui-ci Rodogune propose à ses fils de la défaire de Lydie, et met la couronne et le droit d'aînesse, dont elle seule sait le secret, à ce prix. Les princes refusent de servir sa vengeance : ils restent ensemble; et comme ils sont tous deux amoureux de Lydie, Artaxerce, qui tient ici la place de Séleucus dans la tragédie de Corneille, Artaxerce, dis-je, offre à Darie tout ce qu'il peut espérer de sa naissance, s'il veut lui céder Lydie.

DARIE.
De cent peuples fameux il faut être vainqueur,
Avant que de prétendre une place en son cœur.

---

1. Voyez le commencement de la *Notice*, p. 399 et suivantes.
2. *Histoire du Théâtre françois*, tome VI, p. 298-305.

Quoi que vous me disiez et quoi que je vous die,
L'on ne peut séparer l'empire de Lydie ;
Cette illustre beauté veut une illustre cour :
Ici l'ambition s'accorde avec l'amour.
En vain nous opposons ces passions diverses,
Il faut que son époux soit monarque des Perses ;
Et puisque la couronne appartient à l'aîné,
Il faut qu'un seul l'obtienne et soit seul fortuné,
Et sans que le plus jeune en prenne jalousie,
Qu'il ait seul la Princesse et l'empire d'Asie.

Voici comment M. Corneille fait répondre Antiochus, qui se trouve dans le même cas de Darie :

ANTIOCHUS.
Un grand cœur cède un trône, et le cède avec gloire, etc.[1].

Nous abandonnons ici l'extrait de la pièce de Gilbert, qui n'est qu'une copie très-mal faite de la tragédie de M. Corneille, pour passer à la scène où Artaxerce et Darie pressent Lydie de déclarer ses sentiments pour l'un ou pour l'autre. Après quelque refus, enfin elle dit :

LYDIE.
Entre deux grands héros difficile est le choix.
Puisque vous le voulez, je vous veux satisfaire.
Vous et moi nous pleurons la mort de votre père :
De parricides mains l'ont mis dans le tombeau,
Avant que notre hymen fît luire son flambeau.
Je veux de mon amour lui donner une preuve :
Ayant reçu sa foi, je dois agir en veuve.
Soyez dignes de moi, je veux l'être de vous :
Perdez les assassins d'un père et d'un époux ;
Lavez dedans leur sang leur noire perfidie :
C'est par là seulement qu'on peut avoir Lydie ;
Elle n'épousera, quoi qu'ordonne le sort,
Que celui de ses fils qui vengera sa mort.

Rodogune de M. Corneille répond aux deux princes qui la conjurent de prononcer entre eux :

RODOGUNE.
Eh bien donc ! il est temps de me faire connoître, etc.[2].

Passons présentement au cinquième acte de la tragédie de Gilbert, qui n'a rien emprunté de celui de Corneille ; aussi est-il misérable

---

1. Voyez ci-dessus, p. 436 et 437, dans la *Rodogune* de Corneille, les vers 151-168.
2. Voyez ci-dessus, p. 470 et 471, les vers 1011-1047.

du commencement à la fin. Rodogune, qui veut faire périr Lydie, a donné ordre à Oronte de lui amener cette infortunée princesse. Oronte revient avec Lydie et apprend à la Reine que Darie, ayant voulu s'opposer à son dessein, s'est précipité sur les gardes avec si peu de précaution, qu'il est tombé mort d'un coup d'épée, où il s'est enferré. Rodogune regrette ce fils, qu'elle avait déclaré roi, et veut venger sa mort sur Lydie. Survient Artaxerce, qui par ses menaces suspend la fureur de la Reine. Darie, qui n'a reçu qu'une légère blessure, vient chercher sa chère Lydie. Rodogune, surprise de cet événement, change de caractère. Elle embrasse Lydie[1], lui demande son amitié, l'unit avec Darie, et promet de marier Artaxerce avec la sœur de Lydie, qui a été faite prisonnière avec cette princesse.

1. Il y a ici un peu d'exagération dans l'analyse des frères Parfait; il faudrait dire simplement que Rodogune, ayant appris que Lydie avait épousé Hydaspe par contrainte, perd sa haine contre elle, et consent à tous les arrangements de famille qui forment ce singulier dénoûment.

TABLE DES MATIÈRES

CONTENUES DANS LE QUATRIÈME VOLUME.

POMPÉE, tragédie 1
    Notice 3
    A Monseigneur l'Éminentissime cardinal Mazarin...... 11
    Au lecteur.. 14
    Epitaphium Pompeii Magni 15
    Icon Pompeii Magni.............................. 17
    Icon C. J. Cæsaris.............................. 18
    Examen... 19
    Liste des éditions qui ont été collationnées pour les variantes de *Pompée*............................ 25

POMPÉE... 27

APPENDICE :
    I. Passages de la *Pharsale* de Lucain imités par Corneille et signalés par lui...................... 103
    II. Extraits de *la Mort de Pompée* de Chaulmer...... 109

LE MENTEUR, comédie................................ 117
    Notice 119
    Épître 130
    Au lecteur 132
    In præstantissimi poetæ gallici Cornelii comœdiam quæ inscribitur Mendax................................. 135

TABLE DES MATIÈRES.

A Monsieur Corneille, sur sa comédie *le Menteur*...... 136
Examen... 137
Liste des éditions qui ont été collationnées pour les variantes du *Menteur*.................................. 139

LE MENTEUR... 141

APPENDICE :

Parallèle de *la Verdad sospechosa* d'Alarcon et du *Menteur* de Corneille................................ 241

LA SUITE DU MENTEUR, comédie................... 275

Notice... 277
Épître... 279
Examen... 285
Liste des éditions qui ont été collationnées pour les variantes de *la Suite du Menteur*................... 287

LA SUITE DU MENTEUR............................... 289

APPENDICE :

Quelques remarques sur *la Suite du Menteur*, comme imitation d'une comédie de Lope de Vega....... 391

RODOGUNE, PRINCESSE DES PARTHES, tragédie........... 397

Notice... 399
A Monseigneur le Prince........................... 411
Extrait d'Appian et Avertissement.................. 414
Examen... 418
Liste des éditions qui ont été collationnées pour les variantes de *Rodogune*............................ 427

RODOGUNE... 429

APPENDICE :

Analyse de la *Rodogune* de Gilbert, par les frères Parfait... 509

FIN DE LA TABLE DES MATIÈRES.

PARIS. — IMPRIMERIE DE CH. LAHURE
Rue de Fleurus, 9

www.ingramcontent.com/pod-product-compliance
Lightning Source LLC
Chambersburg PA
CBHW051125230426
43670CB00007B/688